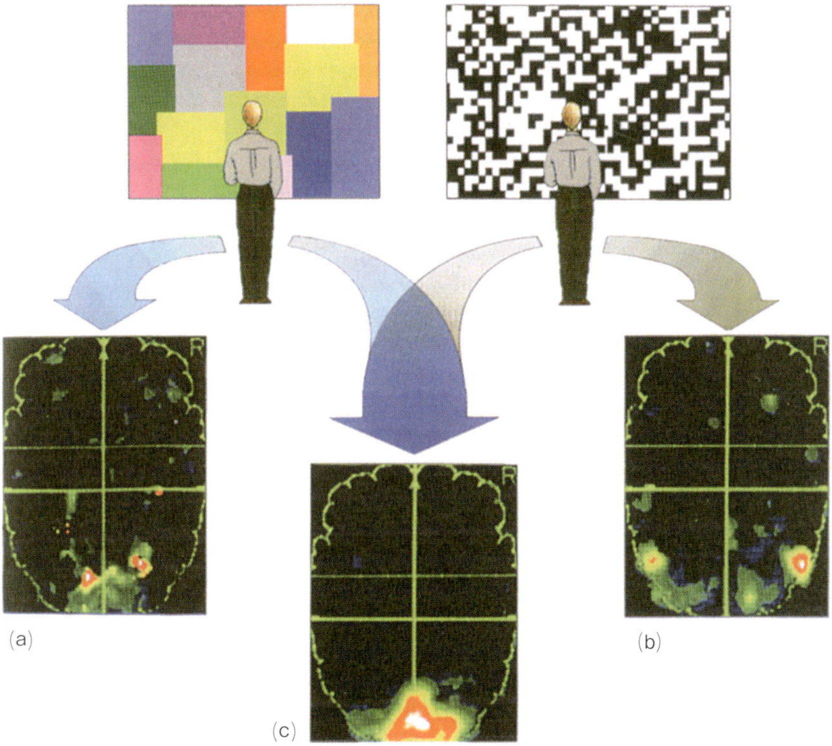

プレート2-1 被験者が(a)多色のモンドリアン（プレート7-2を見よ）のディスプレイを見たときと，(b)動く四角形のパターンを見たとき，人間の脳内の脳血流の増加した領域。最大の増加量は白，赤，黄色で示されている。脳血流の高い領域が大脳皮質全体の水平のスライスに示されている。色刺激によって活性化された領域（人間のV4）と運動刺激によって活性化された領域（人間のV5）の位置の違いに注目。V1野とこれに隣接したV2野は，どちらの刺激でも活性化されることに注意。このことは，色と運動の両方の信号がV1に達した後で，ここから特化した視覚野のV4とV5へと分配されることを示唆している。Zeki（1993）より。

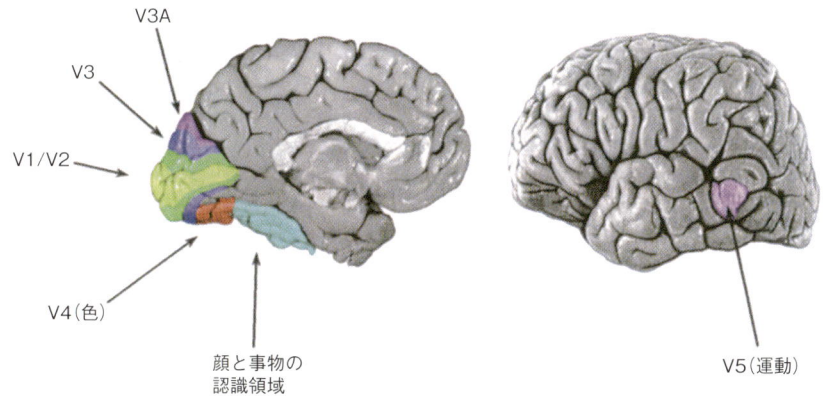

プレート4-1 人間の大脳皮質における視覚野の位置（プレート2-1も参照）。Zeki（1999）より。

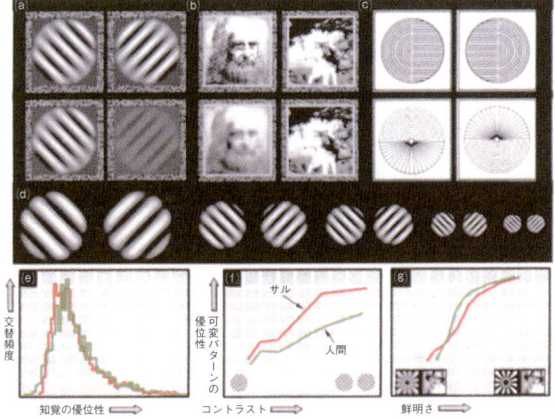

プレート6-1 (a)視野闘争の研究で普通に使われている，直交のオリエンテーションをもつ格子のパターン。パターンの強度（たとえばここではこのコントラストの違い）を変えることによって，各刺激の優位性（predominance）を変えられる。強い刺激は抑制される時間が短い。(b)複雑なパターンの視野闘争。このような刺激の強度は，ぼかしの程度によって操作がなされうる。(c)視野闘争が，2つの目や2つの脳半球の間で生じるのではなく，より高度の知覚統合のレベルで生じることを示すために使われた「カネジャ（Caneja）」のパターン。これらのパターンが両眼分離的（dichoptical）に提示されたときには，同心円または線（上のディスプレイでは水平，下のそれでは放射状）の知覚表象間で闘争が起こる。(d)視野闘争中の1つのパターンの排他的優位性は，その刺激の大きさと空間周波数の両方によって決まる。空間周波数（くりかえし）の低い刺激（左）で，空間周波数の高いパターン（右）よりもはるかに大きなものは，排他的優位性の頻出するフェーズをなおも生じうる。(e)人間とサルの被験体の交替フェーズの分布。(f, g)人間もサルも（プレート6-2を見よ），2つの異なる刺激タイプに対して，同じ優位－強度の関数関係を示している。Logothetis Single units and conscious vision. *Philosophical Transactions of the Royal Society B*, 353, 1801-18 (1998)より。

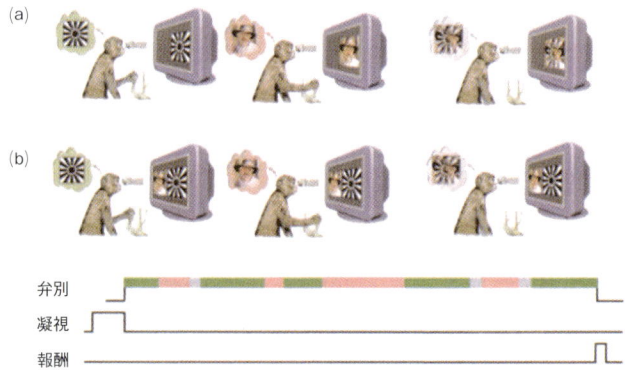

プレート6-2 (a)非闘争。(b)闘争。サルは太陽の爆発のようなパターン（左のオブジェクト）が提示されたときには，左のレバーを引いてそのまま維持するように，そして，その他の図（右のオブジェクト）が提示されたときには右のレバーを引いてそのまま維持するように，訓練された。これに加えて，異なる刺激を混ぜ合わせたもの（ミックス・オブジェクト）には反応しないように訓練された。この行動課題中には，個別の観察時間が，右，左，ミックスのオブジェクトの間をランダムに移行するように構成された。すべての観察時間を成功して終了した場合にのみ，ジュースの報酬が与えられた。視野闘争が起こっている間には，サルは左右のオブジェクトを交替に知覚していることを示していた（プレート6-1の e-g を見よ）。Logothetis Single units and conscious vision. *Philosophical Transactions of the Royal Society B*, 353, 1801-18 (1998)より。

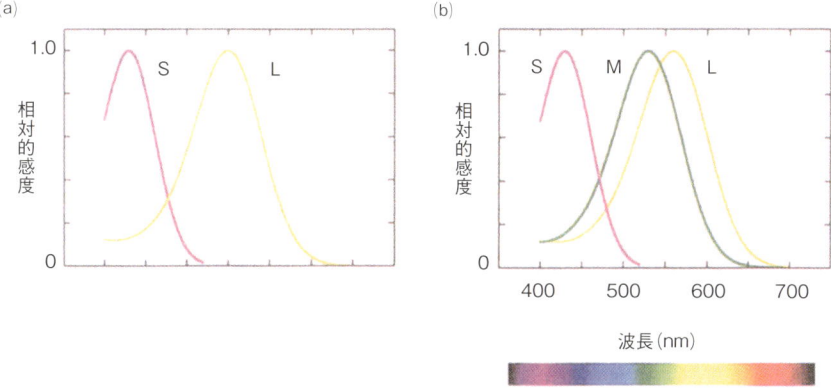

プレート7-1 (b)人間と旧世界ザルの網膜に見出された，波長の短(S)，中(M)，長(L)の光色素に対する感度。(a)哺乳類の先祖に存在していたと考えられる光色素への感受性。

プレート7-2 「モンドリアン」のデザイン。白円でマークされた多角形が小さな隙間を通してそれだけ観察され，残りのデザインがぼかされた場合には，それは白か灰色に見える。左：デザインの残りの部分も見えるようにしたもの。この多角形は緑に見える。Zeki（1993）より。

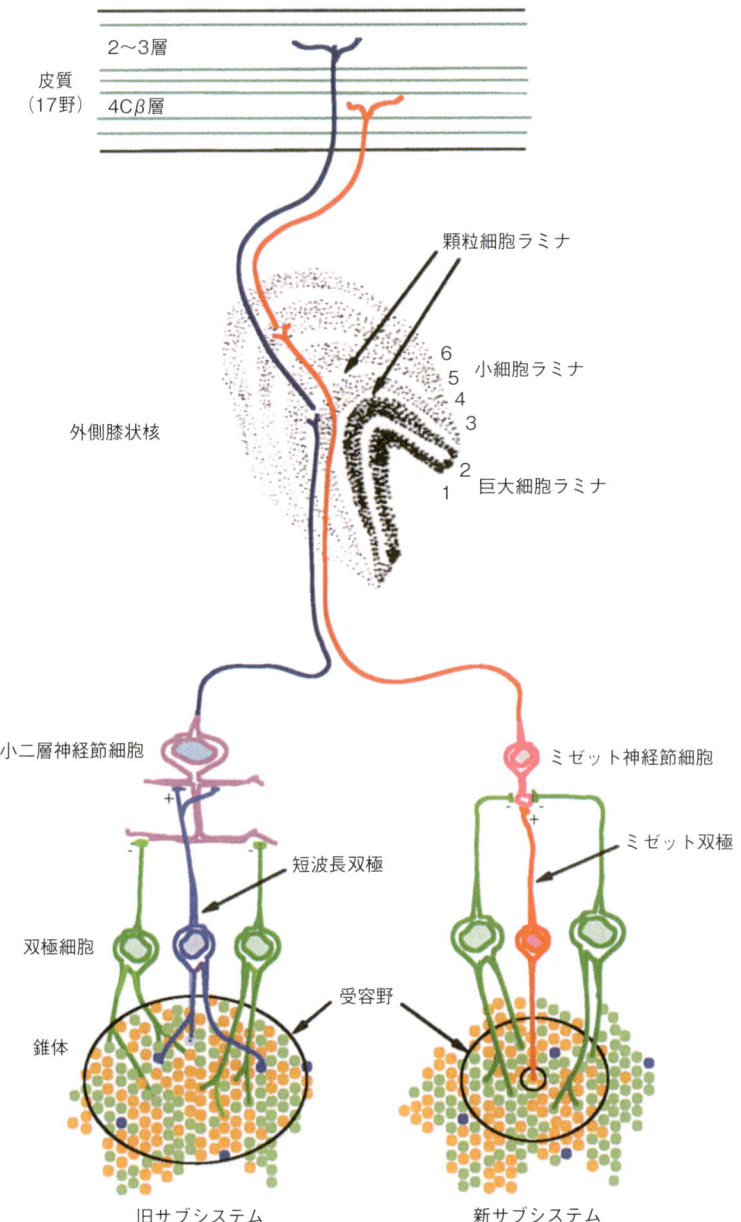

プレート7-3 霊長類の色覚の2つのサブシステム。図式的な光受容体のマトリックスは、それぞれ青、緑、オレンジ色を感受する、短(S)、中(M)、長(L)の錐体(プレート7-1を見よ)を示している。系統発生的に古いサブシステム(左)は、対向入力を、一方ではS錐体から、他方ではLおよびM錐体から、引き出す。その信号は小さな2層の神経節細胞と外側膝状核(LGN)の顆粒細胞の薄膜によって運ばれる。新しいサブシステム(右)は、LとM錐体の信号の比較を行う。その信号は小神経節細胞とLGNの小細胞層によって運ばれる。Regan et al.(2001). 果実、葉、および霊長類の色覚の進化. 王立協会哲学会報(*Philosophical Transaction of the Royal Society*) *B*, 356, 229-83. より。

プレート7-4 (a)レ・ヌーラージュにおける林冠で撮影されたアカテツ科（Manilkara bidentata）の果実。アカホエザル，クロクモザル，フサオマキザルなどはすべてこの果実を食べる。(b)実験室の視覚探査課題からの典型的な刺激配置。課題はオレンジの円が提示されれば，あるボタンを押し，オレンジの円が提示されなかったときには別のボタンを押す。標的のオレンジの円の色度は(a)の果実の色度と同じであり，撹乱変数になっている円の色度は(a)の葉の色度からとったものである。これと同じ写真が，赤の色覚異常者（Lまたは赤の光色素を欠いている色盲の人）には，(c)のように見え，第2色覚異常者（Mまたは緑の光色素を欠く色盲の人）には(d)のように見えるはずであり，色彩視の重要性を示している。Regan et al.(2001). 果実，葉，および霊長類の色彩視の進化。王立協会哲学会報（Philosophical Transaction of the Royal Society）B, 356, 229-83. より。

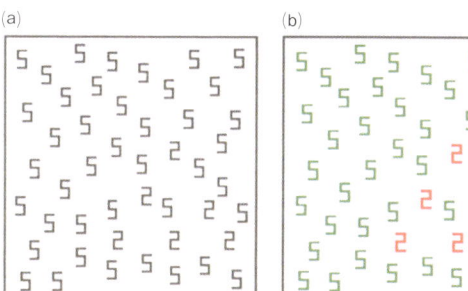

プレート10-1 ラマチャンドランとハバード（Ramachandran & Hubbard, 2001）によって，色彩－書記素共感覚者の視覚的ポップアウトを示すために使われたディスプレイ。(a)5のマトリックスに，2で構成される三角形が埋め込まれている。これを提示されたとき，コントロール群の被験者はこの三角形を識別するのが困難である。(b)しかし，たとえば5は緑に，2は赤に見える色彩－書記素共感覚者の場合には，ずっと速やかにこの埋め込まれた三角形を検出できる。

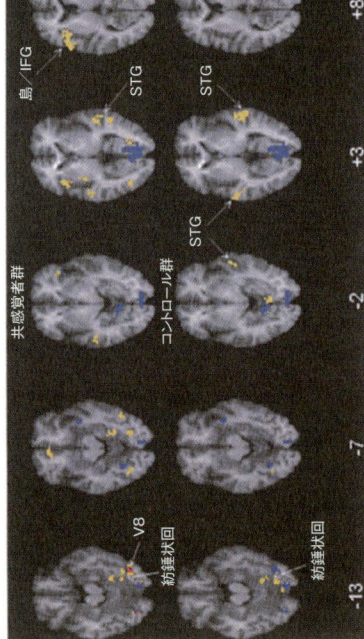

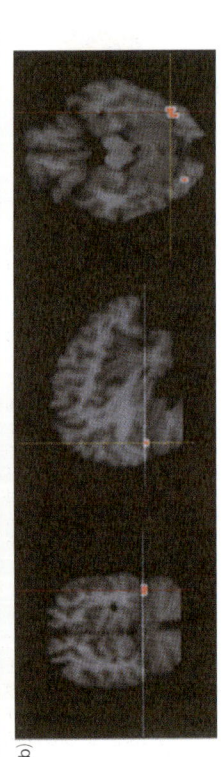

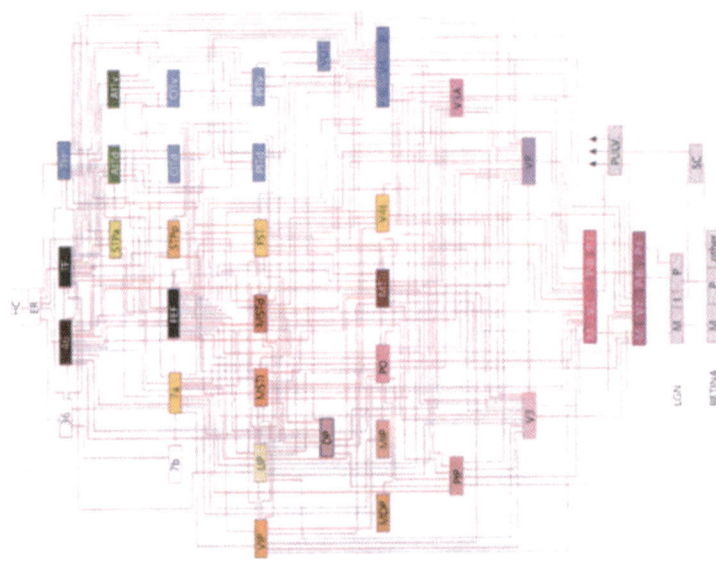

プレート12-1 マカク猿における視覚野の階層。相互結合の層状パターンに基づいている。Van Essen et al. (1992) より。

プレート10-2 (a)色聴共感覚者群とコントロール群と。語を聞いたときにともに生じる脳の活性化反応のマップ。色彩による活性化のマッピングの結果と作図している (Howard et al., 1998)。ここに示したデータは、タライラッハ (Talairach) のz軸面の−13mmから+8mmの間を、5.5mm間隔でスライスしたものである。黄:聞いた語マイナス音。青:色彩モンドリアン (プレート7-2を見よ) のパターンマイナス無色彩モンドリアン。赤:聞いた音と色彩モンドリアンの両方に共通するクラスター。このクラスターの座標は、ハジカニ (Hadjikhani) ら (1998) がV8を視覚系の色彩選択領域だと報告しているのと非常によく一致している。画像の右側は脳の左半球に対応している。STG:上側頭回。IFG:下前頭回。(b)色聴共感覚者が語を聞くことによって生じる活性化の位置と、非共感覚者が色彩モンドリアンのパターンを見て活性化させられる位置の重なり (A) における赤のクラスター) を、直交させて見たもの。左から右:冠状、矢状、軸面。Nunn et al. (2002) より。

プレート13-1　運動の錯視。イシア・ルヴァン（Isia Levant）『謎』Paris: Palais de la Découverte 社，Zeki（1999）より。

量子理論は，原子に近いレベルでの物質とエネルギーとの奇妙な特徴を記述している。これらの特徴には，以下のものが含まれる。①量子コヒーレンス（個々の素粒子は集合的，統一的な波動関数（ボーズ－アインシュタイン凝縮に例示される）にその個別性を譲り渡す），②非局所的量子もつれ（空間的に分離した素粒子状態は，それにもかかわらず，結合し関係をもっている），③量子重ね合わせ（素粒子は2つ以上の状態あるいは位置に同時に存在できる），④量子状態の収縮あるいは「波動関数の崩壊」（重ね合わされた素粒子は特殊な選択へと収縮あるいは崩壊する）である。これら4つの特徴はすべて，一見不可解な意識の特徴にも当てはまる。第1に，量子コヒーレンス（たとえばボーズ－アインシュタイン凝縮）は意識の「結合」や統一の物理的基礎になりうる。第2に，非局所的もつれ（たとえばアインシュタイン－ポドルスキー－ローゼン相関）は，連想記憶と非局所的情動的な対人的つながりの潜在的基礎としての役割を果たす。第3に，情報の量子重ね合わせは，前意識的下意識的過程，夢，そして変性意識状態の基礎を提供する。最後に量子状態の収縮（量子計算）は，前意識的過程から意識への移行の，物理的基礎の役割を果たしうる。

量子計算とは何か？　古典的計算では，2進法の情報は通常0か1のビットとして表される。量子計算では，情報は量子重ね合わせの状態で，たとえば量子ビット，あるいは1と0の両方のキュービットとして，存在することができる。キュービットは絡み合いによって相互作用あるいは計算をし，古典的ビット（1か

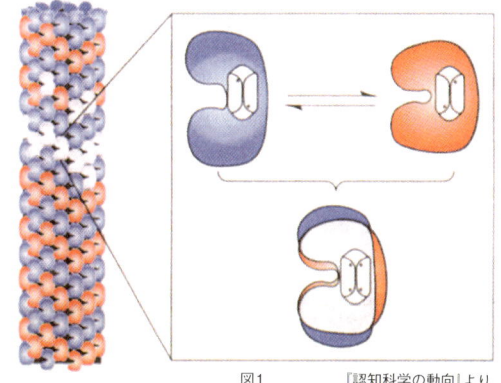

図1　『認知科学の動向』より

0か）で表される解決へと収縮あるいは崩壊していく。Orch OR モデルでは，量子計算は脳神経内の微小管で生じる。微小管は蛋白質チューブリンのポリマーである。Orch OR モデルにおけるチューブリンは，2つあるいはそれ以上の立体配座状態の量子重ね合わせ状態で一過的に存在する（図1）。（たとえば数10から数100のオーダーでの）前意識的量子計算の時期に続いて，チューブリンの重ね合わせは，ペンローズの提唱した量子重力のメカニズムにより，客観的閾値で収縮あるいは「自己崩壊」する（したがって，客観的収縮をする）。微小管結合蛋白質（MAP-2）の結合は古典的なフェーズの間に入力を提供する。こうして量子計算のチューニングあるいは調節（orchestrating）（したがって，調節された対象の収縮，'Orch OR'がなされる）。

各Orch ORの量子計算はチューブリンの古典的出力状態を決定する。このチューブリンは，軸索小丘におけるスパイクの開始のような神経生理学的なイベントを支配し，シナプス強度を調節し，新しいMAP-2の付着場所とギャップ結合を形成し，次の意識的なイベントの出発条件を設定する。このようなイベントは主観的現象的な経験（哲学者のいわゆるクオリア）をもつことも示唆される。というのも，ペンローズの定式化においては，重ね合わせは基本的な時空の幾何学における分離であるからである。汎原心理主義の哲学者（pan-protopsychist philosopher）の見解では，クオリアは基本的な時空の幾何学の中に埋め込まれており，Orch ORの過程は各意識的なイベントに対する特別なクオリアのセットにアクセスし選択するのである。

プレート16-1　微小管の構造を左に示した。これは直径25nmの中空のチューブで，13本のチューブリン二量体——歪んだ六角形格子状に配列されている——から成っている。各チューブリン分子は，2つ（ないしそれ以上）の立体配座（上部右の青と赤）——これは疎水性のポケット内のロンドン力に結びついている——の間のスイッチの切り替えを行うことができる。各チューブリンはまた，両方の立体配座状態の量子重ね合わせにおいても存在しうる（下右の灰色）。Orch OR（調節された客観的収縮）モデルによると，微小管格子内のチューブリン状態間の双極子相互作用は，情報を古典的にも，そして量子計算によっても処理する。Woolf & Hameroff（2001）より。

我々のアプローチでは，Orch OR のメカニズムによる量子計算は，錐体細胞の樹状細胞質内で生じるが，この計算は代謝受容体によって活性化された安定した2次メッセンジャーの化学的カスケードによって，シナプス膜のイベントにリンクされている（図1）。代謝調節型ムスカリン受容体を通して作用するアセチルコリンは，2次メッセンジャーのホスホイノシチドに特異的なホスホリパーゼC（PI-PLC）を活性化する働きをする。これは順に，2つのプロテインキナーゼ，すなわちプロテインキナーゼC（PKC）とCaMC II を活性化する。これらのプロテインキナーゼは次にホスホリル基を微小管結合蛋白質2（MAP-2）分子上の特定のサイトに加える。セロトニン，ノルエピネフリン，グルタミン酸塩，およびヒスタミンもまた，それ自体の代謝調節型受容体の下位群によって，（アセチルコリンよりは程度が低いが）PI-PLCを活性化し，MAP-2の付加的なリン酸化へと導く。

これらの特定のサイトにおけるMAP-2のリン酸化は，MAP-2を微小管とアクチンb-dからデカプルするように作用する。その結果，正味の影響は微小管を細胞膜と環境の影響から隔離することになる（図1(b)）。PI-PLC活性化はまた，アクチン分子を神経細胞膜から直接隔離し，アクチンのゲルに埋め込まれた微小管を

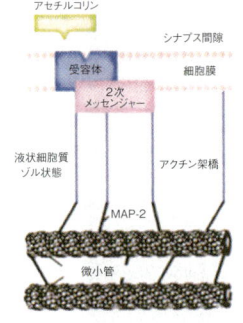 

さらに隔離する。これらの隔離のメカニズムは，微小管における量子コヒーレントな重ね合わせのフェーズを，そしてOrch OR を起こさせる。その結果，現象的な意識が生じるのである。

図1　神経細胞質内部の(a)(b)間のスイッチ切り替え。(a)古典的な「ゾル」状態。ここでは細胞膜と受容体は微小管の情報処理とコミュニケートする。(b)量子の「ゲル」状態。ここでは微小管における量子計算は細胞膜の相互作用から隔離される。アセチルコリンのムスカリン受容体との結合(b)は，2次メッセンジャーを通じて，リン酸MAP-2に働きかける。これによって，微小管を外的環境からデカプルするのである。我々のモデルによると，このようなゾル／古典的状態とゲル／量子状態間の移行は大体25ミリ秒（すなわち約40Hz）ごとに生じる。

プレート16-2　隔離されたマイクロチューブルの量子計算を神経細胞膜のメカニズムに結びつける。Woolf & Hameroff（2001）より。

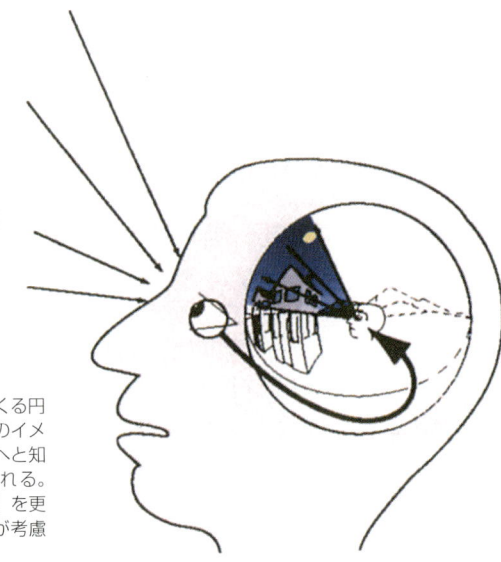

プレート17-1　外界において目に入ってくる円錐状の光の逆アナログとして，網膜からのイメージは凝視方向における中心部から外部へと知覚球面（perceptual sphere）に投射される。この際，知覚空間の適切な部分［の情報］を更新するために，目，頭，身体の定位（オリエンテーション）が考慮される。Lehar（印刷中）より。

意識
難問(ハード・プロブレム)ににじり寄る

J・グレイ 著
Jeffrey Gray

辻 平治郎 訳
Heijiro Tsuji

consciousness
CREEPING UP ON THE HARD PROBLEM

北大路書房

© Jeffrey Gray 2004
Consciousness: Creeping up on the hard problem,
First Edition was originally published in English in 2004.
This translation is published by arrangement with Oxford University Press.

序　文

　意識は大流行のトピックになった。しかし，ずっとそうであったわけではない。私が1971年に，現在「難問(ハード・プロブレム)」——デーヴィッド・チャルマーズ（David Chalmers）の気をひく表現であり，感謝してこの本の表題に借用させていただいた——と呼ばれるものについて書いた論文は，抜刷り請求が総計2件あっただけである。実際，当時は心理学ではなお行動主義が支配的であり，哲学では実証主義が支配的であったため，意識というトピックは実質的にタブーであった。当時は，意識状態は単純に脳の状態と同じと見なせるので，哲学者が彼らの関心事を書き記し始めて以来，ずっと悩まされてきた問題に，平和的に終結をもたらすという見解がポピュラーであった。私の1971年の論文は，この当時ポピュラーな見解（「心－脳同一理論（mind-brain identity theory)」）に疑問を投げかけるものであった。悲しいことに，私にとってこの解決法は，やがては科学バージョンのハード・プロブレムになるべきものからの，単なる哲学的な責任回避であった。つまりこのハード・プロブレムは，意識状態がいかにすれば神経科学（意識が脳によってつくられているようなので）に，そして心理学（意識は行動に関係しているようなので）に，うまくフィットするのか？というものにすぎなかった。

　しかしこの長い無関心の時期は今どうやら過ぎ去ったようである。意識の問題は，著名な著者（いうまでもなく，新しい学会，新しいジャーナル，そしてものすごく多数の論文）による最近の多くの本にバーンと祝福されて，華々しく科学に参入してきた。この興味の回復の多くは，根本問題の難問(ハード・プロブレム)に取り組むという前提に基づいているが，なお70年代の心－脳同一理論よりも優れているとはいえない。現在支配的な理論は機能主義である。この教義では，意識状態は，行動する有機体とそれが行動する環境との間にある機能的関係（入力－出力）の集合と同一視されうる。心－脳同一理論のように，機能主義は哲学的論争の速やかな終結を約束する。というのも，［この立場では］我々が今行う必要のあるもののすべては，入出力機能（確かに難しくはあるが，それでも通常科学の「易問(イージー・プロブレム)」の1部である）を記述することだからである。悲しいことに，この教義もまた責任回避をしている。

　それは意識の問題を，意識を除去することによって「解決」しているのだ。

　それにもかかわらず，現実に進歩はしてきている。意識の問題は実際に自然科学の検討事項の中に適切におさまることが，今では広く認められている。そして，心理学と神経科学の両方におけるデータの蓄積により，将来の意識の理論がとるべき形式に強い経験的制約が加えられ始めている。実際，経験的な「意識研究」に対する現在の熱狂は非常に激烈なので，我々は，何世代もの哲学者によって明らかにされた深い概念的な核心を，見落としてしまう危険性がある。対照的に本書では，意識を自然科学

の枠組みにフィットさせようとするどんな真面目な試みにおいても，これらの核心的問題にはまともに直面していく必要があると考えている。

私は自分がこのハード・プロブレムへの解答をもっていると考えるほど，妄信的ではない。しかし，解答をするには，まず質問をはっきり理解していることが必要である。そして次には，理論家と実験者を同じようになだめて，虚偽の安心感をもたせるような，間違ったあるいは空虚な答えを完全に一掃する必要がある。本書は，このような基盤整備の作業に貢献することを狙っている。こうすることで，多くの読者を驚かせるような結論に至るのである。これらの結論には私自身も驚いている。

本書を書くに際して，私は1年間（2001-2002），静かで美しいスタンフォード大学の行動科学上級研究センターでフェローとして過ごせるという，はかり知れない恩恵を受けた。私はこのセンター，スタッフ，2002年のクラス，あるいは私ががんばって本を書いているのを近しく見守ってくれた鹿やジャック・ラビットを，十分に暖かく讃えられるような歌を歌うことができない。それは素晴らしい年であった。この本が真相解明への道を少しでも前進させていることを期待する。

センターにいた時期には，非常に興奮させられ興奮させた多くのディスカッションがあったが，中でもパトリック・ゲーベル（Patrick Goebel），ジョン・バーグ（John Bargh），アラン・バッドレイ（Allan Baddley），パー・アーゲ・ブラント（Per Aage Brandt），デボラ・ゴードン（Deborah Gordon），そしてリン・ゲイル（Lynn Gale）との議論は出色であった。また，私のしつこい質問に詳細な返事をくれたり，草稿の1部を（あるいは全体さえも）読んでコメントしてくれたりしたことからも，多くの恩恵を受けている。このような人は，スーザン・ハーレイ（Susan Hurley），スチュアート・ハメロフ（Stuart Hameroff），マックス・ヴェルマンス（Max Velmans），ドミニク・フィッチェ（Dominic ffytche），ガレン・ストローソン（Galen Strawson），ガイ・クラックストン（Guy Claxton），デレク・ボルトン（Derek Bolton），フィリップ・コー（Philip Corr），スティーヴ・レハール（Steve Lehar），ステファン・ハルナッド（Stevan Harnad），ジョン・モロン（John Mollon），トム・トロスチアンコ（Tom Troscianko），そしてリュペール・ド・ボルシュグラーヴ（Rupert de Borchgrave）である。私の思考の重要な点は，精神医学研究所の同僚たち（デイヴィッド・パースロウ（David Parslow），スー・チョッピング（Sue Chopping），マイケル・ブラマー（Michael Brammer），スティーヴ・ウィリアムズ（Steve Williams），ロイド・グレゴリー（Lloyd Gregory），メアリ・フィリップス（Mary Phillips），マイケ・ハイニング（Maike Heining），そしてキャサリン・ヘルバ（Catherine Herba））や，他の場所（ゴールドスミス・カレッジのジュリア・ナン（Julia Nunn），ケンブリッジのサイモン・バロン-コーエン（Simon Baron-Cohen），ヨークのアンディ・ヤング（Andy Young），シドニーのリーン・ウィリアムズ（Leanne Williams）による厳しい実験）で集められたデータに向けられている。キャロル・スティーン（Carol Steen）は自らの共感覚の経験に基づく美しい絵「前線における逃走，金（Runs Off in Front, Gold）」を本書のカバーに使うのを許してくれた。ピータ・クレスウェル（Peter

Cresswell）は図2-3に複製した見事なイメージを提供してくれた。センターのディーナ・ニッカーボッカー（Deanna Knickerbocker）と，精神医学研究所のゲイル・ミラード（Gail Millard）は有能な秘書として援助してくれた。私はこれらの友人や同僚に特別な感謝をささげたい。

　何よりも長距離走の最も厳しい議論は，私の妻で恐ろしい批評家のヴィーナス（Venus）とのそれであった。この議論は4人の子どもと3人の孫を通じて続けられた。私はまだ彼女を確信させていない。しかし，私は少なくとも，本書を彼女と家族にささげることができる。この家族とともに，彼女は私にたくさんの褒美をくれた。彼女らは私の正気を維持させてくれた（と私は思う）。

キングズ・カレッジ・ロンドン 精神医学研究所
心理学名誉教授　　ジェフリー・グレイ（Jeffrey Gray）

目　次

序　文 i

第1章　意識の問題へのスタンス 01

第2章　意識の錯覚物語 07
　❶意識はあまりにも遅れてやってくる　07
　❷世界は頭の中にある　09
　❸視覚：知覚 対 行為　15
　❹意志という錯覚　21
　結論　25

第3章　科学と意識が出会う場所 27
　❶生物学における科学的還元　27
　❷意識は神経科学にどれくらいうまく適合するか？　33

第4章　志向性 35
　❶結合問題　35
　❷サールのモデル　39
　❸意識経験の志向性　40
　❹無意識的志向性？　43
　❺カテゴリー的表象に対するハルナッドのモデル　50
　❻志向性を生物学に適合させる　52
　結論　55

第5章　現実と錯覚 57
　❶外的世界の非現実性　57
　❷錯覚のパラドックス　61

第6章　クオリアに入っていく 65
　❶動物における意識　67
　❷随伴現象説　71

第7章　意識の生存価？　75

1 遅延性エラー検出　75
2 コンパレータ・システム　77
3 意識的知覚の本質　80
4 色覚の進化　85
結論　87

第8章　ハード・プロブレムに這い登る　89

1 前提仮説　89
2 遅延性エラー検出 対 変化盲　92
3 知覚の本質　96
4 エラーを修正する　98
結論　105

第9章　随伴現象説再訪　107

1 因果性と意識　107
2 言語，科学，美学　112
3 意識にとっての進行中の因果的効力？　115
4 意識の進化と個体発生　118
結論　122

第10章　機能主義を吟味する　123

1 除外したもの　123
2 意識のあるコンピュータ？　125
3 意識のあるロボット？　129
4 機能主義　131
5 共感覚に関する実験　134
6 機能 対 組織　136
7 共感覚が機能主義に対してもつ意味　139
8 異質色彩効果　141
結論　144

第11章　デカルトの劇場からグローバル・ワークスペースへ　149

1 デカルトの劇場は存在するのか？　150
2 平等主義的な脳？　155
3 実行機能　162
4 グローバル・ワークスペース　165

結論　171

第12章　グローバルなニューロンのワークスペース　173
■1 共通のコミュニケーション・プロトコル　173
■2 いくつかのニューロンの細目　175
結論　182

第13章　意識と相関する神経活動部位　185
■1 V1の活動と視覚的気づき　186
■2 前頭結合部　195

第14章　ボトム–アップ 対 トップ–ダウン処理　199
■1 ボトム–アップとトップ–ダウンの組み合わせ　199
■2 海馬　201
■3 海馬の機能と意識　212

第15章　自己中心的空間と頭頂葉　219
■1 空間無視　219
■2 バリント症候群　225
■3 空間の接合　227
■4 真実の知覚におけるV1の役割　231
■5 スライスした脳に意識はあるのか？　233

第16章　物理学をまじめに取り上げる　235
■1 ゲシュタルトの原理　236
■2 ペンローズ–ハメロフ理論　243
■3 量子の計算　246
■4 量子波動関数の客観的収縮　247
■5 量子脳の内部に降りていく　249
■6 精神物理的同型性　256
■7 クオリアはどこから？　257
結論　262

第17章　自己の意識：視点　263
■1 視点　263
■2 所属　267

第18章　身体感覚 269
　1 志向性再訪　269
　2 脳幹からのアプローチ　271
　3 情動　276
　4 エラーの信号？　280
　5 中核意識？　284
　6 進化のシナリオ　292

第19章　責任 295
　1 エージェンシーの感覚　295
　2 責任の概念　298

第20章　総括 303
　1 問題：クオリアとただのクオリア　303
　2 還元　306
　3 意識経験の機能　310
　4 脳はどこでクオリアを創造するのか？　317
　5 量子力学に入る　322
　終わりの言葉　325

文　献 327
索　引 337
訳者あとがき 352

第1章

意識の問題へのスタンス

　我々は「意識という難問(ハード・プロブレム)」の探究にこれから乗り出す。科学的，哲学的に見て，意識経験は，行動と脳との関係にどう位置づければよいのだろうか？[1] このようにいうと，第1章では「意識」の定義から出発するのだなと期待されるかもしれない。しかし有益な定義は，問題解決の前ではなく，後で出てくるものである。雨が降っているとき，明るい閃光が空に現れ，大きなゴロゴロという音が鳴り響くことくらいしか知らなかった時代に，いかにすれば「電気」の有益な定義ができただろうか？　科学的にいえば，我々の意識の理解はまだこのあたりにある。したがって，私は定義はしない。その代わりに，問題の現象——稲妻——を指摘するのみにとどめて，これが我々の語っていることなのだということにしよう。

　幸い，これらの現象は誰もが自分自身の経験からよく知っている。というのは，それこそが正確に，その意識という現象が何なのかということだからである。つまり，我々の経験であり——そのすべてなのである。

　眠りから目覚めたところを想像してみよう。まずあなたが経験するのは，ややあいまいな感覚かもしれない——温かさや冷たさの感覚，腕の緊張や脚の弛緩，もしかしたらあなたの声あるいは頭の中の言葉（今何時かな？），口の中の金属的な味覚かもしれない。あなたは目をあけて，部屋の中を見まわす。窓から光が入ってきて，隣の部屋で話し声が聞こえる。すべてが，何の経験もせずに（少なくとも今は何も思い出せない）眠っていた直前までとは大違いである——その持続時間はほんの数分かもしれないし，何時間も続いたのかもしれない。あなたは起き上がる。あなたの周りには堅固な3次元的世界の全体が広がっている。その世界は，あなたが見て，触って，聞いて，嗅いで，感じて，味わって，ナビゲートすることができる。これらの現象のすべてがあなたの意識経験を構成しているのだ。あなただけが気づきうる最もあいまいな感覚（脚の弛緩した最初の感覚）から，あなたが他者と共有する完全に堅固な世界まで。というのも，まさにこのような内的感覚と同様に，外部の世界も我々の脳によって構成され，我々の意識の中に存在するからである。非常に現実的な意味で，我々が意識的に経験する世界は外にあるのではない。それは各人のそして我々全員の中にあるのだ。あなた方の多くはこの文章を奇妙に感じられるかもしれない。しかし，私はこれが正確であることをあなたに確信してほしいと希望している。

---

[1] この探究がどこに行きつくのかを前もって知りたい場合には，まず第20章を読むのがよいかもしれない。

定義しないことは区別しないことと同じではない。我々はこの本の議論の展開に伴って，重要になってくる区別に今出会ったところである。あなただけが気づくことのできる意識経験（体内の感覚，頭の中の思考，想起したイメージ等々）と，知覚された外的世界を構成する経験——他者もまったく同じ（あるいはほとんど同じ）ように構成している外的世界の経験——との区別である。言語とコミュニケーションの共有（たとえば「マントルピースの上の棚にある赤い本」というようなコメントをする能力）を可能にしているのは，この後者の類の経験である。私はこれら2つの異なる形式の意識——あなただけが気づいている経験と外的世界を構成する経験——を，それぞれ「私的（private）」および「公的（public）」な空間と呼ぶことにする。
　非常に重要になりそうな第2の区別は，内的な身体経験の意識と外的世界の意識との区別である。これは公／私の空間の区別と重なり合ってはいるが，同じではない。というのも，内的身体感覚に依存しない私的空間の経験（頭の中の言葉，記憶しているシーンのイメージなど）もあれば，それに依存する経験（暖かさ，空腹，体調不良，性などの感覚）もあるからである。また，内的身体感覚は，身体のあらゆる意識経験を含むわけではない。あなたが自分の手の動きを見，鏡に映った自分の顔を眺めるときには，あなたは他者がそれを経験しているのと同じように，外から見た自分の身体を経験しているはずである。このルートを経たあなたの身体知覚は，したがって，外的世界の経験の1部を構成することになる。
　この第2の区別を内的身体の意識と外的世界の意識の差として記述してしまうと，外的世界という概念をとりまく多様なあいまいさのゆえに，混乱を生じる危険性がある。したがって，別の用語が必要になる。外的世界の意識は，内的身体意識よりも，ずっと多くの認知処理を含む。これについては本書の後のほうでもう一度注目するつもりである。したがって私は，「認知意識（cognitive consciousness）」（公私いずれの空間も含む外的世界の意識）と，「内的身体意識（inner bodily consciousness）」（もっぱら私的空間に位置する意識）の区別をしておきたい。
　これらの区別は，本書の全体を通じて洗練していくが，図1-1のように要約できる。
　我々はまた，意識の「内容」と意識の「状態」を区別しなければならない。今まで私はもっぱら前者に注意を集中してきた。つまり，人は何を意識しているのかである（外的世界の様相，その世界のイメージや記憶，身体感覚等々）。これに対して「意識の状態」は，主として覚醒から睡眠にいたる連続体のことを指している。ちょっと見には，これらの状態とこれを生み出す脳のメカニズムとの違いの研究は，意識の神経生物学的洞察に導く王道であるように見える。しかしこの見通しは魅惑的ではあるが，蜃気楼のようなものである。その理由は2つある。第1に，覚醒と睡眠の違いは，単なる意識経験をもつかもたないかの違い以上のものを含んでいる。というのは，脳の無意識の能力の範囲が，睡眠時にくらべて，覚醒時により大きく広がっているからである。そして，脳が意識的に達成することと，無意識的にできることとを解きほぐすことも，これから見ていくように，恐ろしく煩雑な問題を提起するからである。第2に，睡眠は意識の欠如状態と見なすわけにはいかない。というのも，我々誰もが知ってい

るように，睡眠は夢として知られる非常に豊かな意識経験によって規則的に中断されるからである。そこで，私はこの方向にはあまり曙光を期待せず，意識の状態については本書ではほとんどものをいわないことにする。

最後の区別は，時に浮かび上がってきてトラブルを生じるものであり，意識一般と特殊な自己意識との区別である。さて意識のハード・プロブレムは，人はそもそも，いかにして，なぜ何かを意識するのか，ということに関係している——この問題は自己意識の経験について考えた場合にも，扱いやすくも扱いにくくもならない。大体のところでは，したがって，この区別は気にせず放っておける（ただし，特に自己意識を扱っている第17, 18章を参照のこと）。

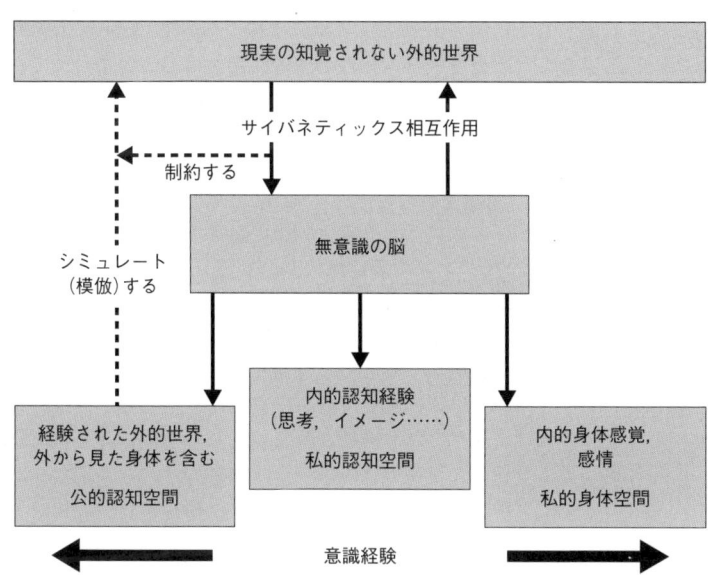

図1-1 意識経験の異なる空間。この図に示した概念を完全に説明しようとすると，本書全体が必要になる。しかし簡単にいえば，脳は無意識的，連続的，サイバネティックス的に，現実の未知覚の外界との相互作用をする。これらの相互作用に制約されながら，脳は同時に意識的に知覚される世界のシミュレーションを構成し，あたかもそれが現物であるかのように経験する。構成された意識の世界は3つのスペース（空間）にうまく分割できる。「公的認知空間」：これは見て触れるというすべての栄光のもとで経験される外界であり，外から見える身体をも含んでいる。「私的認知空間」：これは思考，記憶，イメージなどのような内的な認知経験を含む。「私的身体空間」：内的な身体感覚や感情を含む。

したがって，これらが本書で扱う「意識経験」である。そして「意識」とはこれらが生じる（未知の）過程をいう。意識経験は我々の人生の最も重要な局面を構成する。意識なしには，実存は文字どおり無意味なものになったであろう。意識経験は我々の行動と非常に緊密に関係しているようである。我々は「のどが渇いた」と考えて（頭

の中で自分自身の声で話す言葉を聞いて），グラスに水を注ぎ，のどの渇きが癒されるのを楽しむ。この一連のイベントにおける意識経験と行為は不可分につながっているように見える。意識経験はまた，脳とも緊密な関係にある。もしあなたが脳のある特定部位に損傷を受けたとしたら，色彩を見る能力を永遠に失ってしまうだろう。あなたの視覚世界は完全に黒，灰，白の陰影だけの世界に減衰してしまうはずである。別の部位が損傷を受けると，嗅覚を失うことになろう。また，脳外科医が第3の部位に電気刺激を加えたなら，あなたは生々しい記憶を経験するだろう。このような例は実質的にほとんど無限にある。

　科学は行動，脳，そして脳による行動の制御法に関する理解を，ものすごく進歩させてきた。脳と行動が共に意識経験と緊密な関係をもっているなら，意識の理解もきっと同様に大きく進歩したはずであるが，いかがであろうか？　いくらかの科学者や哲学者は実際に進歩したと考えている。しかし別の人たちはもっと懐疑的である。あなたがどちらの陣営に与するかは，いわゆる意識の「ハード・プロブレム」（この有用な用語はデイヴィッド・チャルマーズ（David Chalmers）による）に対してとるあなたの見解によって変わってくる。

　大雑把にいえば，意識の問題に対してとりうる視点には，4つの異なる視点（「スタンス」）がある。

　第1の（「ナイーブ」な）スタンスは，意識についてまだほとんど考えたことのなかったときの我々のすべてがとってきたスタンスである。この立場は意識経験を当然のものと受けとめ，これをあらゆる他の問題にアプローチするための確固たる基盤と見なす。意識そのものは問題を提起するものとは見なさない。このスタンスはただナイーブというだけではない。哲学の内部では，この立場は有名な強い影響力をもつルネ・デカルトによって詳細に述べられ，洗練された。そして意識は非常に深い問題を提起していると信じる人でさえ，日常の仕事は，この最初のスタンスにしっかりとすがりついて進めている。実際，こうしなかったとしたら，彼らは日常の仕事を進めるのに大きな困難を来していただろう。

　第2の通常科学（normal science）のスタンスは，多くの科学者，哲学者がとっている立場である。このような人の中には意識についてはほとんど考えていない人も，すごく考えている人もいる。彼らはナイーブなスタンスに同意して，意識は特に難問を課するものではないとする。しかしそれは，彼らがデカルトのように，意識をあらゆる他の信念の基盤と見ているからではない。反対に，彼らが基盤として重視しているのは，科学——神経科学，認知科学，コンピュータ科学等々——である。意識はしたがって，（やがて）これらの科学が精力的に開発している概念的枠組みの範囲内で，簡単に説明されるはずのものなのである。確かに，まだ埋められるべき細部がたくさんあることは彼らも認めている。脳がどのように働くのか，脳内ではどのように計算が行われるのか，脳が行動と環境との相互作用をいかに制御するのか，といったことについては，もっと知る必要がある。そして疑うまでもなく，この細部を埋めていくことは，実験的にも理論的にも困難であろう。しかし，この困難は——「通常科学」

のスタンスの考えでは——科学が扱いなれている完全に普通の類の困難である。これ以上に特別な「ハード・プロブレム」などというものは存在しない。

　第3の「新理論（new theory）」のスタンスは，このような通常科学の問題の重要性を容認する。このような問題が解決できれば，疑うまでもなく，現存する科学的枠組みの中で，脳と行動についての価値ある新しい理解が得られるはずである。しかしこのスタンスでは，さらに解決されるべき理論的「ハード・プロブレム」が存在し，この解決は現在の科学的正統性の限界を越えるものになるはずだと考えられている。このハード・プロブレムを予備的に簡略化して述べてみると，この問題が生じるのは，現在の脳と行動の理論モデルには意識経験の存在を説明するものが何もなく，その詳細な特徴の説明となるとさらに困難だからである。あるいは本質的に同じことを別の局面から見てみると，誰もが，それは経験的事実（我々一人ひとりの人生における）だと知っているにもかかわらず，意識経験が神経科学や行動科学の概念との科学的に理解可能なリンクをもっていないということである。そしてこのようなリンクがなければ，意識は，物理的世界との相互作用を可能にするはずの，理解可能な説明力をもたないことになる。それゆえこのスタンスは，この大きな穴を埋めるためには，新しい科学理論が必要だと主張するのである。

　このような新理論の候補は，本書の後の方で見るように，1つ2つはある。が，いずれもまだ有望とは見られない。しかし，新理論の創造をあきらめるのには早すぎる。結局のところ，ハード・プロブレムの次元が明らかになり始めたのは，このほんの20～30年のことにすぎない。それゆえ我々は，たぶん19世紀末に物理学に直面した人と同じような状況にあるのだ。当時の物理学では，解けない問題の存在することが知られていた。多くの科学者は，データを加え，当時の標準理論をいじくりまわせば，解決が生み出されるだろうと考えていた。しかし結果的には，これらの問題はラジカルに新しい，相対性と量子力学の理論の発見によってのみ解決を見出すことになった。これらの理論が構成される前には，それがどんなものになり，さらにはこの理論を支持するにはどんなデータ（一時(いっとき)に1つ以上の位置を占める波動／粒子）が必要になるのかは，想像することさえできていなかったはずである。「新理論」のスタンスも同様に，脳と行動に関する現在の理論は（意識経験を説明できないので）決定的に不完全または不正確である。が，新理論がどんな形をとる必要があるのかは（まだ理論が構成されていないので）想像すらできない，と考えている。

　第4の「非科学的（non-scientific）」スタンスは，ハード・プロブレムが存在するという新理論と同じ立場をとる。しかし，科学の中で解決が見出される可能性を認めない。非科学的スタンスは2つのバージョンをとる。第1バージョンは哲学的なものである。ここでは，ハード・プロブレムは明瞭に認められるが，それはすべて杜撰(ずさん)な思考によると考えられる。ハード・プロブレムのように見えるものは，そこに含まれている問題に関する我々の語り方（ways of speaking）のエラーを理解したときに，問題ではなくなるのだ。この道筋をたどって成功したなら，我々は通常科学のスタンスともう一度合流することになるはずである。すなわち，我々の頭がまともになった

ら，科学は再び，経験的知識の細部を埋める仕事をうまく進められるようになるだろう。第2のバージョンは，ハード・プロブレムは現実的なものである（単に悪い言語習慣によるものではない）が，科学的なものではまったくないと考える。そして，種々の霊的な信念（伝統的なものも異教的なものも）によって，この結論に心地よさを感じる。ダン・デネット（Dan Dennett）はこのスタンスをとる人たちを指すのに「新神秘主義者（New Mysterian）」という有用な用語をつくった。あまり有用ではないが，同じ言葉がしばしば第3の新理論のスタンスの主唱者を揶揄するのにも使われている。ただし，この揶揄は間違っている。解決の可能性を排除してしまうのではなく，未解決な問題を認めているのだから，「神秘主義者」などではありえない。本当の神秘家であるためには，（多くの神秘主義者がそうであるように）答えの出ないことを喜ぶ必要があるのだ。

　本書は第3の新理論のスタンスの見解をとる。ハード・プロブレムは確かに存在する。それは科学の問題であって哲学の問題ではない。そしてこれを解決するには，ほぼ確実にラジカルな新理論が必要である。その解答がどんな形をとるかはまだわからないが，科学的探究によって発見できる能力をはるかに越えていると考える理由はまったくない。

第2章

意識の錯覚物語

　意識を論じる際の最初の困難は，とにかく現実の問題が存在することをわかってもらうことである。この説得を試みるに際して，私が追求する探究の方向は2つある。第1は本章の方向で，観察のほうに主眼を置く。第2は次章の方向で，理論により重点をおく。

　我々の意識経験が我々に対してもっている権威は絶大である。我々は自分の感覚によるエビデンス以外は，何でも疑う。しかし，この意識経験への信頼は間違っている。それは無数の実験で明らかにされているとおりである。そこで，あなたの意識生活の多くは錯覚（illusion）だということを発見する覚悟をしてもらおう。しかしそれでもなお，デカルトが彼の偉大な概念の殿堂を打ち建てたその岩盤にはこだわってみよう（他の点ではそれがどれほど不満足であることがわかったとしても）。他の何が錯覚だとしても，あなたが意識的な生活を送っているという事実そのものは錯覚ではありえない。というのは，錯覚がつくられるのは意識の中においてであるからである。意識がなければ，錯覚の可能性もないのだ。

　意識経験は強烈な物語構造をもっている。その物語の重要人物は，外界との相互作用を不断に行っている行為者（あなた自身）である。語られる物語の筋はふつうこの元型的な形式をとる：私はそこにこれを知覚した（意識的に見た，聞いた，味わった等々），だから私はそれを行った（意識的に行う意図を構成して，それから行った）のだ。時には物事が実際に多少ともこの物語の筋書きにしたがって進むこともある。しかし大概はそうはいかず，ただそんなふうに進んでいるように見えるだけなのだ。

　この元型的な物語の筋には，いくつかの重大な欠陥がある。

1 意識はあまりにも遅れてやってくる

　第1に，多くの行動は非常に速やかに生じて，意識的知覚など待ってはいない。意識的知覚には時間がかかるのだ。どれくらいの時間を要するかの見積もりは，どんな実験計画かによっていくらか変わってくる。しかし普通の推定値は，あるイベントが1つの感覚器官に作用した後，あなたがそれに気づくまでには，約250ミリ秒（優に1/4秒）はかかるとされている。

　さて，この時間の長さを何か素速い運動行為，たとえばグランドスラム・テニスに当てはめてみよう。サーブ後のボールのスピードは非常に速く，その移動時間は非常

に短い。したがってレシーバーは，ボールがサーバーのラケットから離れるのを意識的に見る時間をとるよりも前に，打ち返さなければならない。意識的な気づきはあまりにも遅いので，これを待ってストロークを決めるわけにはいかないのである。同じことは，レシーバーが打ち返す際の知覚にも当てはまる。彼は意識的には自分の腕の動きを見も感じもしないうちに，打ち返し終わっている。さて，脳はもちろん，打ち返す前のサーブの視覚的な軌跡情報を受け取っている。また，それがなされている間の視覚および固有受容器（腕の動きの感覚）の情報も受け取っている。この情報なしには，打ち返すことはできなかったはずである。しかし，脳がこの情報を使って計算をし，打ち返しを実行したのは，無意識に，つまり意識的な気づきを伴うことなく，行ったのである。この情報のいくらか（しかし，決してすべてではない）は，そのイベントの後で意識できるようになるのだ。そして意識されるときには，その意識は（通常）そのイベントと同じ正真正銘の時間的構造をもっている。したがって，人はボールがサーバーのラケットから離れるのを意識的に知覚して，その後に自分の打ち返しを意識的に知覚する。この錯覚が存在する場は，あなたが意識的にボールを見たので，意識的にボールを打ち返せたのだという見かけ（appearance）にあるのである。

これを疑うのなら（そうしてよいのだが），ジョン・マクローン（John McCrone）の「内面にはいる（*Going inside*）」（pp.145-6）から引用した，もっと詳細な分析を見てほしい。

速いサーブを受ける場合には，プレーヤーはせいぜい400ミリ秒の持ち時間しかない。この間にボールの方向がフォーハンド側か，バックハンド側かを見て，それからボールのコート面での予期せぬ滑りや弾みに合わせて事後調整をする。単に肩をまわしてラケットを後方に振りあげるだけでも1/3秒かかり，遠くまでボールを拾いに行くのには1/2秒かかる……とすると，気づきが現実に即時になされたとしても，間に合うようにコートを縦横に走るのには，十分に速いとはいえないだろう。

このような速いサーブを兎にも角にも打ち返せる唯一の方法は――意識的であれ無意識的であれ――ボールの軌跡を前もってうまく予測することである。そして確かに，上手なプレーヤーはこれを行っている。人がサーブをしている映像を見せる実験では，プロのテニス・プレーヤーは，「ボールを打つ40ミリ秒前に映像を止めた場合，かなり正確にサーブの方向を予測できていた」。同じような実験で，上手なクリケット・プレーヤーは，短いピッチの投球を予期したときには，ボーラーがボールを投げる100ミリ秒ほど前に一歩前に出ることを見出している。このような観察では，意識の役割は省けるように見えるかもしれない。しかし，そうでもない。

トップ・プレーヤーでも，彼らが手がかりを得るために実際に何を見ていたのかは，誰も説明できなかった。質問されても，彼らは特に何かを見ていたとは感じていないといった。実際，多くのプレーヤーは，彼らが前もって推測していたことに気づきさえしていなかったと語った。彼らは，単純に集中力を高め，ボールがバットやラケットに当たるのをしっ

かり観察しただけだと確信しており，打った瞬間の打球を非常に意識していたのだと信じていた。

　このように，ボールの軌道の予期は無意識になされている。このテーマは本書の後のほう（第7，8章）でもっと十分に展開していくことにする。
　あなたはもしかしたら，これは現代のハイスピードの運動競技という特殊な条件下で生じる例外的なケースだと考えるかもしれない。しかし，決して例外ではない。1991年にマックス・ヴェルマンス（Max Velmans）は，膨大な実験的文献を精査して，ここから，以下のような過程のすべてが，実行したことに意識的に気づくよりも前に，無意識のうちに完了できるし，普通はそうするものだと結論した。その過程とは，感覚入力の分析，入力の情動内容の分析，聞いた言葉の音声と意味の分析，自分自身のしゃべる語と文の意味と音声の準備，学習，記憶の形成，自主的行動の選択と準備，運動の計画と実行である。それは膨大なリストである（くわしい例は本書全体を通して提示してある）。進行中のことがらに無意識でいられる程度は，ケースによっていくぶん異なる。しかし一般には，人はある過程が終了した後に，それがいかに実行されたかではなく，その過程の知覚された結果のみを意識する。他者や自分の話した意味のある言葉や，やった後の運動のフォーム等々を。びっくりするような例——より単純な機能の現実を思い起こさせてくれる例——として，痛みについて考えてみよう。熱したホットプレートにたまたま手を触れたとしよう。するとあなたは，痛みを感じるよりも前に手を引っ込めるだろう。
　人間であれ，人間以前の動物であれ，我々の祖先が生き残れるかどうかは，大きくて動きの速い肉食動物から逃げきり，戦いきり，抜け目なくふるまいきる能力にかかっていた。今日では，1/10秒の違いが100メートル走の勝敗を決める。過去には同じ1/10秒の差が，家に帰って食事にありつくか，自分がライオンの食餌になってしまうかの違いを生じた。ライオンに意識的に気づくのに1/4秒ほど待つというのは，あまりよい考えではない。素早く動くライオンやテニスボールに意識的に気づくことは，もちろんできないわけではない。しかし，その意識的な気づきが，それらに対する即時的な行動的反応を導くということは，実験的エビデンスを見るかぎり不可能である。

2　世界は頭の中にある

　元型的物語の筋書きに関わる第2の重要な誤りは，世界は我々の外にあって，我々の感覚がそれを多少とも意識的にアクセスするのだという仮説である。しかしそれは間違っている。我々の脳が世界を構成し，世界は脳の中にあるのだ（図1-1参照）。
　私はこの反直感的な主張をできるかぎり強力に進めていく。というのも，これはあまりにも反直観的なので，あなたの注意を完全に捕まえておく必要があるからである。スティーヴン・レハール（Steven Lehar）はこの主張をさらに強力に行っている（彼

の考えの説明図はプレート17-1に再現しておいたので，それを見ていただきたい）。しかし私は，あなたが狂人の書いたと見える本を読むのをやめてしまわないように，すぐ，この主張に制限を加えるべきなのかもしれない。私は現実の外的世界が外にはないといおうとしているのではない。それは存在するし，頭の中にあるのではない。しかし，現実の外的世界についての知識は間接的なものにすぎない。そして見かけとは反対に，意識的に知覚された世界は現実の世界ではないのだ。というよりもむしろ，本書全体を通して縷々説明するように，それは現実の世界のシミュレーション——我々が現実の世界だと思い込むほどに，よくできたもの——なのである。そしてこのシミュレーションは，脳によってつくられ，脳の中に存在するのである。

　我々の精神生活は視覚によって非常に強く支配されているので，マット上のネコを見るというようなケースに議論を絞りたいという誘惑に駆られる。私は真面目に（知覚された）ネコとマットはそれを見る人の頭の中にあるといおうとしているのだろうか？　うん，そう，そういおうとしているのだ。しかし私は，どちらかといえば別の視覚的でない例から出発したい。

　あなたは今コンサートホールにいる。誰かが譜面台に楽譜を広げてピアノの鍵盤を叩いている。そして，ベートーベンのソナタが聞こえてくる。この場合音楽はどこにあるのだろうか？　物理的に起こっていることは，鍵盤がピアノの弦をふるわせ，これが空気の振動を生じ，あなたの鼓膜をふるわせている。ここでこれらは電気信号に変えられて，神経細胞を通って脳に入っていく。この場合あなたは，外なるピアノの弦の振動あるいは空中の振動に存在する音楽を聴いているのだろうか？　振動は音楽ではない。ベートーベンのソナタが音楽プレーヤーで演奏され，誰もそれを聞いていないとすれば，そこには音楽はなく，ただ空気の振動があるだけだということにならないだろうか？　音楽は，脳によってそれが構成されたとき（耳から脳に届く神経インパルスのパターンに対する反応として），あなたが自分の頭の中で経験するものである。しかし，音楽が存在するのはそこだけではない。他の聴衆もまた，ベートーベンのソナタを経験しており，それも非常によく似た聴き方をしている。それゆえに，コンサートがすんでから，みんなでそのピアニストの演奏のよかった点を熱く語り合うこともできる。彼らの脳もあなたの脳と同様に音楽を構成しているのだ。さらに，そこにはピアニスト自身もいる。彼は演奏を始める前にそのフレーズのイメージを思い描いていたはずである。実際，ベートーベン自身が晩年のソナタをひいていたのだとしたら，この時期までに完全な聾になっていたので，イメージすること以外に音楽を経験できる方法はなかったはずである。彼にとっては，空気の振動はあてにできなかった。それでは，彼はいかにしてそのソナタを我々，現在コンサートに出かける人間に伝えたのであろうか。それは，空気の振動をつくり出すことによってではなく，未来のピアニストが鍵盤を叩けるように教示する走り書き（楽譜）を紙に残すことによってである。これらの走り書きは，ピアノの鍵盤を正しく叩ける技能をもつピアニストであればどんなピアニストでも，また，全聾のベートーベンが音楽的イマジネーションの中で創造したものを，楽譜を目で見てイマジネーションの中で再創造できる

人ならどんな人でも，ソナタを現実のものにする可能性がある。空気の振動は，ピアニスト，CDプレーヤー，ラジオ，オーディオテープ等々のどれでつくられたものであっても，我々残りのものが同じようにソナタを経験する可能性を与えてくれるにすぎない。しかしどの場合であっても，この経験は頭の中の脳によって——現実の外的世界が与えてくれるものに基づいて，またこれによって——構成されたものである。そして，この経験が構成されたときにのみ，意識——そしてそれとともにハード・プロブレム——が物語に入り込んでくるのである。（ついでにいえばこの例は，音楽が精妙な芸術作品だという事実に依存しているのではない。まったく同じことが雷鳴についても当てはまる。）

このように分析してくると，さらに疑問がわいてくる。もし音楽が外の世界にあるのではなく，各人，各聴衆の脳によって構成されるのなら，我々各々が同じ音楽を経験しているということは，何が保証してくれるのだろうか？　これに対する最初の答えは，何の保証もないというものである。実際，「まったく同じ」音楽作品の経験が個人によって大きく異なることは，ありふれた普通のことである。

しかし，堅固な事物の世界になると，こんな回答は役に立たない。全般に，レンガ塀や自動車などについては，我々はふつう，根本的に異なる経験はしない。そして音楽の場合でも，ベートーベンのピアノソナタを楽しむ1群の人々に張りついてみると，同じ曲の同じ演奏を聴いているときに，その人たちがそれほど類似した経験をしていないということはなさそうである。もしこれらの経験のそれぞれが別々の脳によって別々に構成されているのなら，この類似性はどこから来るのだろうか？　もし人が，我々の知覚の仕方とは独立にそこに存在する外界を，直接知覚[1]したのだとすれば，その類似性は知覚されるものの特徴にあるのではないだろうか？　明らかにこれは，私がここで推進している知覚の「構成主義者」の見解に立ったとしても，ある程度まで事実である。耳から脳への一連のイベントを開始させた空気の振動——これがベートーベンのピアノソナタの経験を生じさせるのだが——が変化したとしたら，我々は何か違うものを経験する。しかし，異なる脳が同じ空気振動について行った構成が，結果的に（ほぼ）同じになるのはなぜなのか，これにはさらなる説明が必要である。この疑問に対する答えは，次のようなものになるはずである。我々の脳はすべてほぼ同じようにつくられており，外界から同じような入力がくれば同じような経験を構成する，そういう同じような傾向をもっているからだ，と。

ここで音楽の例から視覚の例に移ろう。我々が自分の外の世界を直接経験しているという印象は，何よりもこの感覚から来ている。脳が音楽経験を構成していることを，

---

[1] 私は「直接知覚（direct perception）」という語を，哲学的な意味（「直接実在論（direct realism）」ともいう）で使っている。これは，現実のありのままの外的世界を無媒介的に知覚するという意味であり，（心理学や神経科学では普通なのだが）ギブソン（J. J. Gibson）の理論を指しているわけではない。ギブソンの場合には，我々が距離，奥行き，視覚対象の移動などを見るのに必要な情報はすべて，網膜への感覚入力のパターンの中に得られるので，これらの属性の付加的な表象を高次の脳中枢に求める必要はないという。

私がいくらあなたに確信させたとしても，この見解をここから3次元空間の堅固な事物の現実的世界にまで一般化することには，あなたは依然として抵抗を感じるのではなかろうか。この抵抗の最大の弱点——これを私は突こうとしているのだが——は，色の経験である。これは，形，3次元の広がり，固体性などと同じくらい，あなたの周辺の事物の重要な部分であるように思われる。しかしいうまでもなく，色の経験はこれらの物体の物理的特徴によって直接決定されるものではない。確かに色の経験はふつう物の発する物理的刺激——正確にいえば，網膜に映る光の波長の混合によって決定される。しかし，これは非常に間接的にである。

　光の波長はなだらかに連続的に長いものから短いものへと変化する（スペクトラムの赤外線から紫外線に）。波長には，異なる色の間に見られる移行——赤からオレンジ，緑，青……へ——に対応するような突然のジャンプはない。このような移行は，異なる網膜細胞の別々の色素がそこに落ちる光に反応し，その後複雑な変換網を経由して，最終的に電気信号が脳内の深部へ深部へと送られていく。このような光色素は通常は3つあり，その特徴はすべての人にほぼ共通している。それゆえ，多くの人は異なる色の物体に同じように異なる反応をするのである。しかし，いくぶん異なる特徴の色素をもつ人もおり，1つあるいは2つの色素をまったく欠いている人もいる。このような人は普通の人とは大きく異なる色彩経験をする。よく知られている色盲現象である。したがって人が見る色彩は，明らかに，その表面が色つきに見える物体に内在するものではない。それは脳によってつくられるものなのである。

　脳が色を構成するのには，網膜に作用する視覚刺激さえ必要としない。このことを示す日常的な例はたくさん見られる。たとえば目を閉じていても色つきの夢を見ることがある。もっと劇的な例は，現在よく報告される実験であるが，一群の人々（たいがいは女性）に見られる「色聴共感覚」として知られるものである。このような人は特定の語を見たり聞いたりすると，特殊な色を経験する。この場合，ある個人は常に同じ色を見るが，見る色は個人によって大きく異なるという。この現象については，後で意識的経験と行動的機能との結びつき方について一般的な議論をする際に重要になってくるので，少し時間をとって説明する。

　我々は機能的磁気共鳴画像法（fMRI）を使って，このような共感覚をもつ人が単語を聞いたとき，脳がどのように活動するかを目に見えるようにしてみた。単語は視覚系のまさにV4として知られる部位だけを活性化した——この部位は一般の人では色彩パターンを見ることによってのみ活性化され，同じパターンでも黒白でははっきり違っていた（プレート2-1参照）。さて，もしV4がたとえば交通事故で損傷したとすると，色彩感覚はまったくなくなってしまう。この不幸な人はこれ以後灰色の濃淡しかない世界を経験することになる。したがってV4の活動は，色彩の経験には必要条件（脳損傷のケース）であり，かつ十分条件（色聴共感覚）でもある。色彩が構成されるのは，この部位においてであり，物体の表面においてではない。もし音楽を聴く人（適切につくられた脳をもつ）が誰もいなかったとしたら，音楽は存在しなくなるのと同じように，色を見る人（適切につくられた脳をもつ）がいなければ色も存在

しなくなるのである。

　あなたはそろそろ，私がすぐ（唯心論を唱えた）バークレー司教のように，外なる世界が完全になくなるといい出すのではないかと，心配されるかもしれない。しかし，そんなことが私の目論むところではない。外なる現実世界が存在することは，私の既に認めるところである。しかし，それは我々が見ているとおりの世界ではない。それは物理科学によって，驚くほどの正確さと予測性をもって，最もうまく記述される世界である。この世界についての我々の知覚は，我々がその世界を生き抜くのに十分にうまく導いてくれること，すなわち，知覚する生物のダーウィン的な生存を保障し，ひいては知覚メカニズムそのものの存続をも保障するものでなければならない。しかし，知覚表象はこれ以上に優れている必要はない。我々は光の波長という基本的な連続変数をとびとびに弁別して，これに色（名）を重ね合わせているが，この程度の色彩弁別能力でも十分生存に役立ってきた。しかしこれは，あらゆる種の生存に有益であったわけではない。哺乳類でさえ，すべての種に有益であったわけではなく，その多くは3色型色覚をもっていない。色覚の進化はサルで生じた。それはおそらく色覚が，森の緑の中で赤やオレンジに色づいてぶら下がっている果物をとるのに，役立ったからであろう（より詳細な議論は第7章4節を参照）。同じ理由で，この種の色彩は一般に快いことが見出されている。進化は生存に役立つものを定着させ，それらを楽しむ能力と，それらに近づき，味わい，消化する能力を与えてくれたのだ。

　この部分の議論をまとめてみよう（図1-1が役に立つかもしれない）。世界は2つある。物理学で記述される世界と，我々が意識的に知覚する世界である。物理学で記述される椅子は原子や量子力学の栄光の中に存在する。そして，私が見て，嗅いで，触る……ことのできる椅子もある。私が座る椅子はこの2つを混合したものである。椅子に私の体重を支えてくれる物理的特性がなければ，私はそれに座ることができない。しかしそれが椅子だという知覚は，私の脳の中で構成されたものである。知覚された椅子は，ある条件のもとでは，私の物理的な椅子との相互作用に多少の役割を果たすとしても，大した役割は果たしそうにない。それゆえ，慣れ親しんだ環境で慣れ親しんだ椅子にすわる場合には，意識的な知覚の指導がほとんどなくても，座ることができる。しかし他の条件のもとでは，たとえばチッペンデール様式の家具を称賛しているような場合には，意識的に知覚された椅子がずっと重要な役割を果たす。

　さいわい，知覚された椅子と物理的な椅子との対応関係は，私の椅子に関係した行動が通常非常にうまくいくほど十分に緊密である。この点については，我々は進化に感謝している。脳は，知覚，行動，物理的世界の間のよい調和（生存を助けるのに十分によい調和）を保つのに必要な計算ができるように，進化してきた。また，あなたの知覚と私の知覚を一致させてくれたことについても，進化には感謝しなければならない。この人間が進化してきた環境内での生存に対する同じ制約条件が，同じ遺伝子プールを通じて，本質的に同じことを同じように行う脳をつくるように作用した。だから，我々は皆，（ほぼ）同じ椅子を見，（ほぼ）同じソナタを聴くのである。

　私はもちろん，椅子を見て座れるだけでなく，イメージすることもできる。このイ

メージされた椅子は，私が座っている椅子とも，物理的な椅子とも違う。イメージされた椅子はまた，私の意識経験の一部であるが，私の見ている応接室の椅子以上にそうだとはいえない。意識の問題は，我々が個人的にイメージする経験の部分よりもはるかに広範囲に及んでいるのだ。

　このような議論を支持するためには，知覚世界の中にある色以外の実体の特徴も，また「すべて心の中にある」（あるいは，同じことだが，「すべては脳の中にある」「精神は単純に――あるいは単純でないかもしれないが――活動する脳である」）ということをあなたに確信させねばならない。これを行うためには，脳自体がまさにこの反対のこと――これらの特徴はすべて外側にあるのだ――を我々に確信させようとして行う強力な努力を克服しなければならない。というのは，意識経験の3次元の外的世界への「投射」は，まさに意識が最善を尽くして行っていることであり，それが目指しているものの一部でさえあるからである。

　ふたたび音楽の例を取り上げてみよう。音楽は外的空間には明瞭な位置づけができない。たとえ知覚に対する外在化のアプローチを決然ととったとしても，音楽経験の物理的な引き金となる空気の振動は，鼓膜に位置することになる。しかし鼓膜は，コンサートホールでトランペットが聞こえる位置ではない。あなたはそれをトランペット奏者がいる場所に聞いている。トランペットの音があなたの居間のラウドスピーカーから流れてくる場合には，あなたはそれをトランペット奏者（その位置は室内の各スピーカーの相対的な音の大きさによって変化する）からの音として聞く。イアホンを通してトランペットを聴くという特殊条件においてのみ（だから，いつもではない），あなたはトランペットの音を両耳の間の空間でつくられたものとして――この場合には実際にここでつくり出されるのだが――聴く。これらの特殊状況は，鼓膜における音波パターンの情報を除去してしまう。この情報は，ふつう脳が3次元の音響空間を構成して，その空間にトランペットをはめこんでいくのに使う。物理的な世界で成立する予測可能な音波――トランペットから発してあなたの耳に届く音波――間の関係は，（コンサートホールの音響が与えられるなら），脳がこの情報を使ってトランペットの位置を推定するのを助けてくれる。しかし，鼓膜とトランペット奏者の推定位置で，これを音楽として体験するわけではない。あなたはトランペット奏者から来るものとしてしか音楽を経験できない。そして脳は音波がコンサートホールのトランペット奏者から来るものであっても，居間のラウドスピーカーから来るものであっても関係なく，同じ情報をまさに同じように使う。

　痛みの経験も脳の投射力を示すしっかりした基盤になりそうである。「どこが本当に痛いのか」を医者に伝えるのが困難なことはよく知られている。しかし，「幻肢痛 (phantom limb pain)」現象は，脳の投射力を示す劇的な例である。四肢あるいはその一部を失った人は，その後何年も痛みを感じ続け，しばしばなくした腕や脚を正確にゆるぎなく痛めつけられる。明らかに，その腕はもうないのだから，痛みはその腕には生じえない。しかし脳内の神経のメッセージは，その腕に痛みがあったとしたら伝達するであろうものを伝達し続ける。結果としての痛みの経験は，脳の他の部分（た

とえば視覚系）が腕のない事実をはっきりと記録しているにもかかわらず，その腕に投射され続けるのである。「痛む場所そのもの」は脳内に存在するとは感じられない。しかしそれは正確に，苦痛を生じるイベント（神経インパルスの通過）が位置する場所なのだ。

触覚もまた，このテーマの固い基盤になりそうである。しかしここでは，ヴェルマンスがそれについて著書『意識を理解する（*Understanding Consciousness*）』（p. 117）で語っていることを見ておこう。

> 指で押さえたときの，この本の固さを感じてみよう。ここで経験される固さは，指と本との接点で刺激された触覚受容器の領域に，主観的には位置している。しかし，このような感覚の原因となる中心的な神経は，体性感覚皮質の領域に位置している。それでは，固さの感覚はいかにして指先まで戻っていくのであろうか？　さて，本を置いているテーブルを鉛筆の先で押さえてみよう。テーブルは押さえている鉛筆の先で固いと感じられる。しかし，鉛筆の先に感覚器官はない！（鉛筆でテーブルを抑えながら），鉛筆が肌に及ぼす剪断力を解釈する際に，脳は習慣的に抵抗感の起源を，鉛筆の先とテーブルとの接触点に求める——接触感覚は皮膚の表面を越えて日常的に錯覚的な投射をしているのである。

3　視覚：知覚 対 行為

しかし，感覚の女王は視覚である。そして，この感覚から得られる印象には完璧な説得力がある——我々は自分の目で，完全に曇りのない透明な窓を通して見るかのように，世界を単純に現実に存在するものとして見る。これに反証するエビデンスに対して頑固に抵抗するのが，印象である。そのエビデンスには数多の錯視が含まれている。その多くは非常によく知られており，ずっと以前から学校の教室，博物館，美術館などにも入っている。これらの錯視は，我々の見ている世界が，脳によって押し付けられた規則にしたがって構成されていることを，くりかえし示している。これにはほとんど誰もが引っかかる。しかしほとんど誰もが必要な結論を出さない。すなわち我々の視知覚表象は，はっきりとした錯視だけでなく，すべてが脳によって構成され，脳の中にとどまり，脳によって投射されて，外なる3次元世界（これ自体脳によって構成されたものだが）の一部を構成しているように見えているだけだということである。ここでは，その一般的な意味連関を引き出せるように，無数の視知覚の錯誤例の中から少しだけ選び出して述べることにしよう。

最初に明確にしなければならないのは，視覚系は1つではなく，2つだ（実際には2つ以上だが，最初の有益な接近値として2とする）ということである。これらはどちらも，網膜細胞に落ちる光によって引き起こされる網膜細胞の活動パターンに含まれる情報を，出発点としている。この出発点が両者を「視覚」系にしているものなのである。しかしその後この2つは，この情報を各中継点で変換しながら高次神経系に

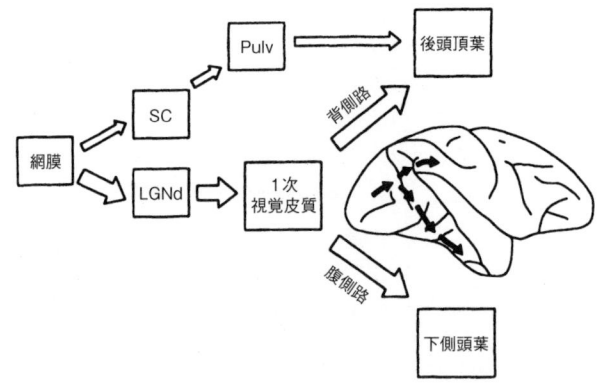

図2-1 網膜への入力が腹側および背側の視覚路に至る主要ルートを図式的に示したもの。差し込み図は，マカク猿の脳の右半球の皮質への投射を示している。LGNd：背側部外側膝状核（lateral geniculate nucleus, pars dorsalis），Pulv：視床枕核（pulvinar nucleus），SC：上丘（superior colliculus）。Milner & Goodale（1995）より。

伝達していき，その過程で急速に分岐していく。そして最後に両者は別れたまま，非常に異なる方法で行動を制御するところまで行く（ある段階ではこれらはたぶん再び収束する。しかし神経科学のこの部分のストーリーはまだあまりよくわかっていない）。2つのシステムはどちらも非常に複雑であるが，ここはその複雑なところに入っていく場ではない（よい出発点はデイヴィッド・ミルナー（David Milner）とメル・グッデイル（Mel Goodale）による優れた本『活動する視脳（*The Visual Brain in Action*）』がある。図2-1はこの本から引用した非常に単純化された図式である）。我々の目的にとって，2つのシステムの最も重要な特徴は次のとおりである。1つは「知覚システム（perception system）」（図の腹側路）といい，我々が意識的に見て言語的に報告できるものを基礎づけるシステム，もう1つは「行為システム（action system）」（背側路）で，視覚意識とはまったく関係がなさそうに見える。意識的気づきなしに実行される迅速な運動行為中に関与しているのは，この行為システムであり，本章の前のほうで見たテニスの例のとおりである。その例でも見たように，知覚システムはイベントの後でないと働かないので，迅速な運動行為からはあまりにも立ち遅れてしまい，これに直接影響を及ぼすことはできないのである。

この2つの視覚系は，その異なる目的に適合するように，非常に異なる特徴をもつ。行為システムは，情報の素早く変化する特徴——これは光線が網膜の神経細胞に落ちたときの電気化学的な活動によって捉えられる——に敏感である。そして，この情報を迅速な運動制御に使って，しばしば光を反射する対象と接触するか，それとも接触を回避するか，いずれかに方向づける。これらには，頭と目，胴体，四肢，指等々の運動が含まれる。視覚システムが正確には2つ以上あると述べた理由は，行為システムが，どの運動群を制御するかによって，いくつかの異なるサブシステムを構成して

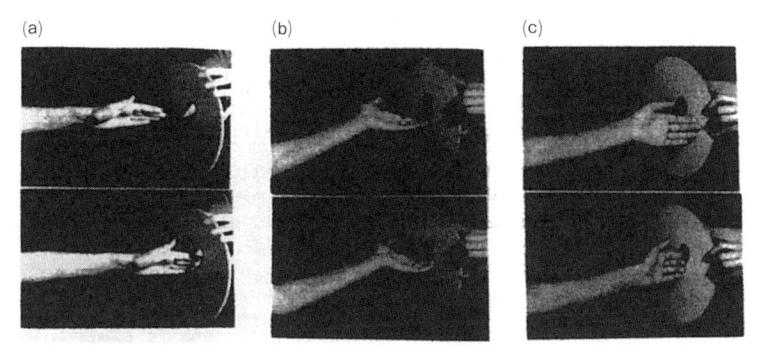

図2-2 傾きのあるスロットに手を伸ばして入れようとするときに，視覚性運動失調の患者が失敗した例。(a)は正常な反応，(b)は手の向きのエラー，(c)は位置のエラー。患者は右頭頂葉の中央部に腫瘍をもつ。これらの例では，(a)は右半視野（hemifield）に，(b)と(c)は左半視野に，左手を伸ばしている。各写真はすべて別の試行で撮られたもの。Milner & Goodale（1995）より。

いるからである。それゆえたとえば目の運動は，しばしば関係する事物を中心視し続けるという目標をもち，その目標に特化された1群の脳細胞——これはその特化された要求に適する視覚情報を受容する——によって制御されている。他の目標に関する運動群についても同じで，各サブシステムは次章で議論を展開するように，別々の「自動制御機構（サーボメカニズム）」として活動する。

このような視覚運動系のサーボメカニズムが相互に孤立している程度と，その生存のために特化された役割は，我々のように高度に進化した哺乳動物よりも，あまり複雑でない種において特にはっきりと認められる。たとえばカエルは，目の前を飛ぶムシを見つけてつかまえるのに特化したシステムと，進路にある障碍物を見つけて回避するもう1つのシステムをもっている。それゆえ，カエルの脳の一部を傷つけると，この動物はムシを見る能力を失ってしまうが，障碍物を見るのには何の問題も生じない。一方，カエルの脳の別の部位を損傷させると，これとは反対のパターンの能力喪失を生じる。同様の視覚運動系の特化されたサブシステムは，サルや人間でも明らかにされてきた。たとえば大脳皮質の頭頂葉にある種の損傷を受けた患者は，空間内の対象の位置に正しく目を向けるのが困難になるが，その対象を正しくつかまえることには困難を来さない。一方，脳の同じ全般的な領域でも異なる部位に損傷を受けた場合には，これと反対のことが生じる。物をつかむのには失敗するが，そこに視線を動かすことには何の問題も生じない（視覚性運動失調；図2-2参照）。

行為システムは視覚的情景の速やかに変化する局面の検出に関係しているが，知覚システムは反対に，視覚の安定性の維持に奮闘している。我々が意識的に見て，そしてそれゆえに簡単に話したり考えたりできるのは，この知覚システムのおかげである。それゆえに，このシステムが安定性を求めて大奮闘をしていることは，はっきりとは

図 2-3 放射状の視点（遠近法）を使うことによって，2次元の手がかりが非常に強い奥行き感覚を生じる。ピータ・クレスウェル（Peter Cresswell）によって描かれた絵。Velmans（2000）より。

見えてこない。が，うまい具合に多くの錯視は，こうして奮闘する知覚システムが採用する機構の働きを映し出している。このように，錯視は視覚世界における窓の役割と同程度に，知覚システムにおける窓の役割をも果たしている。（この窓は20世紀の初頭にゲシュタルト心理学者によって特にうまく使われた。彼らの仕事の詳細は第16章で論じるが，先に進む前に第16章1節を読んでおくと，役に立つかもしれない。）

知覚システムの直面する最大の課題の1つは，本質的には2次元に並んだ網膜細胞——これはそこに落ちた特定のパターンの光線への反応として発火する——から，3次元の世界が構成されるという問題である。さて，あらゆる知覚システムがしなければならないのは，3次元の現実世界を開いて，それがどんなふうであるのか示すことだと仮定するなら，我々の見るものが圧倒的に3次元に見えるということは，驚くべきことではないのかもしれない。しかしその場合でも，平面を見ているのに，まったく同じ3次元効果を生じる知覚システムの能力——この能力は，遅くとも画家が遠近法を発見したルネッサンス期以降には，よく知られ十分に利用されてきた——にはあなたも驚くはずである。図2-3はこの能力を遺憾なく示す最近の例である。紙を丸めた筒を通してこの図を見てみよう。こうして見ると，そこに3次元空間がないときでさえ，脳が3次元空間を構成していることが確信できるのではなかろうか？

ついでに次のことにも注目を促しておこう。図2-3のような絵を見ていただきたいといったとき，私は，ほとんど誰もがそれを見たときに経験するのと同じ経験を，あなたも当然するはずだと考えていることである。（しかし）哲学者は時に，意識的経

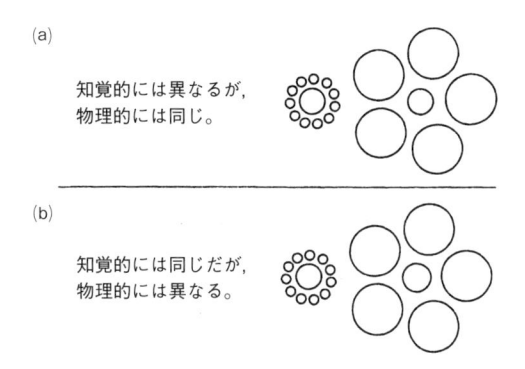

(a) 知覚的には異なるが，物理的には同じ。

(b) 知覚的には同じだが，物理的には異なる。

図2-4 「ティチェナーの円」錯視。(a)では2つの中心円は実際の大きさが同じであるが，見えの大きさは異なる。(b)では中心円の大きさが等しく見えるように，大きな円に囲まれた中心円がいくらか大きくしてある。

験に不可侵のプライバシーを認め，科学の経験的観察の再現性への要請を満たすのは不可能だと宣告する。(しかし)他のいろいろな現象の中でも，錯視の信頼性によって証言されているように，これほど真実からかけ離れたものはない。

奇妙なことに，人はふつう，この種の透視画法の使用が「錯覚」を生じるとは考えていない。しかし，それが確かに生じるのだ。この用語は通常，実験室科学者が発明した特殊な小さなだまし絵を指すときにだけ使われる。これらの錯視図形のうちのいくつかはまた，その効果を，2次元の刺激パターンから3次元の世界を創造しようとする脳の試みに，おそらくは依存している。単純な例では「ティチェナーの円」錯視がある。図2-4のように，1つの円が小さな複数の円で円環状に囲まれると，大きな円で囲まれたときより大きく見える。この効果を説明する1つの仮説は，小さな円の環は，大きな円の環よりも遠くにあると脳が解釈する（物は遠くなるほど，その反射光の落ちる網膜の領域が小さくなるから）というものである。脳はまた，2つの中心の円がそれぞれ，それをとりまく円の環と1群を構成していると解釈する。それゆえ，2つの中心円を定規で測れば同じ大きさであっても，一方が他方より遠方にあると解釈する場合には，(遠方から来たほうの網膜上の大きさを補正することによって)，遠いほうが大きくなるはずだということになる。

このことは，脳がティチェナーの円のような錯覚を生じるために使っている論拠（複雑ではあるが一貫している）が，命題論理の形式をとっているということではない。そうであるなら，その論理を理解すれば，これに疑問をもって，変える試みをするはずであり，結果的に我々が知覚するものも変わってくるはずだからである。しかし，そんなことはまったく起こりえない。錯視（すべての知覚と同様に）は所与である。それは無意識的に構成され，浮かび上がり，完全な意識的気づきに入ってくる。あなたは（定規をあてた後には），図2-4(a)の2つの内円は実際には同じ大きさだと，自分

にいい聞かせることができる。しかし，どうしても異なる大きさに見えてしまう。そして，脳がその真実のすべての経緯を知っているにもかかわらず，そうなってしまうのだ。それは別のシステムで知っているのであり，知覚ではなく行為システムで知っているのだ。

　この知識はメル・グッデイルの実験室でなされたきれいな実験により，明らかにされた。2つのディスク（円盤）が，図2-4(a)(b)に示したディスプレーの中心円として，使用された。被験者は2つのディスクの大きさが図2-4(b)のように同じ大きさに見えたら，実際の大きさが異なっていても，左側のディスクを取り上げるようにと教示された。しかし，2つのディスクの大きさが図2-4(a)のように違って見える場合には，実際の大きさが同じであっても，右側のディスクを取り上げるようにと教示された。被験者はティチナーの円のミステリーについては何も教えられていなかった。それゆえに，彼らは自分の知覚が錯覚だとは気づいていなかった。2つの円盤が同じ大きさだと判断するためには，直径2mmの違いが必要であった。この方法によって，グッデイルらは錯視の存在を示し，その大きさを測定することができた。しかし同時に，彼らは被験者がディスクに手を伸ばしたときのグリップ（握り）の隙間（拇指と他の指との距離）をも記録していた。そしてこのグリップの隙間は，実際のディスクの大きさに適した状態を維持していた——知覚された大きさの錯覚には何の影響も受けなかったのである。

　この重要な実験はいくつかのポイントを明らかにした。

　第1に，視覚における行為システムと知覚システムとの間には，驚くほどの隔絶がある。行為システムは世界に関する1つの「見方」をもち，知覚システムは別の見方をもつ。2つのシステムの分離は，脳損傷患者に驚くほどはっきりと現れることがある。視覚性運動失調（optical ataxia）の患者は，障害にもかかわらず，（図2-2に示したように），視覚野内の物体の位置，距離，相対的な位置などを正確に判断して言語報告することができる。反対に，他の患者（後頭葉の1次視覚皮質に損傷をもつ）は，ラリー・ワイスクランツ（Larry Weiskrantz）のいわゆる「盲視」になる。彼らは，普通なら視覚皮質のその損傷部分で表象されるはずの，視野のその部分（暗点；scotoma）が全然見えないと，言語的には報告する。しかしながら，たとえば指さすとかただ推測してみるとかいうような，いろいろな方法で行動を含むテストをしてみると，彼らは高度の正確さを示す。つまり，見えない物の位置を示したり，線の傾きをいったり，あるいは視覚刺激が動いているか止まっているかを判断できたりするのである。

　第2に，両システムは同時並行的に処理を進めることができ，それぞれが独自の異なる仕事をしている。我々が後で考える必要のある問題の1つは，それにもかかわらず，この両システムがどのようにして相互にコミュニケーションをもち，協力することができるのかということである。

　第3に，ティチナーの円錯視はもっぱら知覚システムに属しており，円盤をつかまえる行為には影響しない。私の知るかぎりでは，これは一般的な真実である。錯視

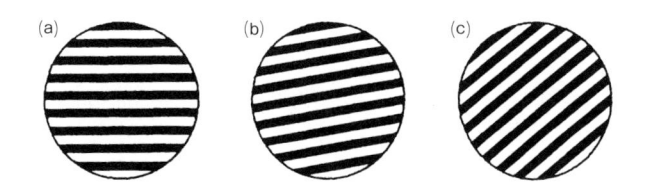

図2-5 盲視の被験者D.B.の目の見えない視野において，強制選択推測法によって方向弁別（orientation discrimination）を測定するのに使われた刺激。彼は，短時間照射された刺激の方向が(a)水平か，否かを推測するように求められた。彼は実質的に完ぺきに(c)の格子模様は水平でなく，(a)は水平だと正しく推測できた。また，(a)に対する(c)の角度差を小さくしていくと，それだけ弁別が困難になっていくが，(b)のような刺激を使って，その閾値（限界能力）を測定してみると，水平から10度であった。この課題では，格子が提示されたとき，被験者は何も見えないと報告し，短時間の照射がなされたこともわからなかったと報告している。Weiskrantz（1997）より。

は知覚システムにおいてのみ生じ，行為システムでは生じない。それは必然的真実でさえあるようだ。というのも，我々の知覚するものは，意識的に知覚しているからである。実際，後で議論するつもりだが，知覚は意識的経験のとる唯一の形式である。対照的に，盲視患者の残存視覚能力に見られるように，視覚の行為システムは，これと相互作用する対象への意識的な気づきなしに進行する。この意識的な気づきなしには，錯覚がどんなものでありうるのかを理解するのは困難である。行為は有効または無効であり，真や偽ではありえないのである。

4 意志という錯覚

　ここで，我々が吟味している意識経験の元型的な物語構造について思い起こそう。これは物語が一般にどのように進行していくかということである。私はこれをそこに知覚した（意識的にそれを見たり聞いたり触ったりした），そして次に，それを行った（意識的に意図を形成してそれを実行した）。本節では，この物語の知覚し行為する主体ということになっている「私（I）」を，もっとくわしく見ていくことにする。ここではっきり仮定されているのは，この「私」が意識的自己だということである。しかしこの仮説には，2つの重要な問題が見られる。

　第1に，既に見たように，テニスボールがネットを越えて，コートの左の奥深いところに来るのを見たので，ボールを追ってそちらに走り，バックハンドで返す決定をしたのだと，私がいくら熱弁をふるっても，それは実際の経過とは異なっている。私は意識してボールを見るよりも前に，決意をする必要があったはずだし，それに基づいて実際の行動をしていたはずである。

　第2に，被験者が意思決定をしたことに意識的に気がつく前に，長い時間をかけて決定がなされていることを示す，優れた実験的エビデンスがある。いいかえれば，こ

の主体(エージェンシー)の感覚にとっての状況は,視覚と痛みの感覚にとってのそれとまったく同じである。意識はイベントの後で生じるのだ。

このことは20年以上前にベンジャミン・リベット(Benjamin Libet)の有名な実験で示されている。彼は被験者に対して,自分で時間を選んで特定の運動(手首あるいは指を曲げる)をするよう教示した。被験者は陰極線オシロスコープの前に座って,点がスクリーン上を時計の第2針のように回るのを見る。被験者は自分の手首あるいは指を動かそうと最初に意識的に決定したとき,この決定をした時間をはっきりさせるために,その点の位置を記録した。また,この実験を通して,被験者の脳の電気活動が,脳波計(EEG)の電極を頭皮につけたものによって記録された。さて,EEGは何らかの意図的な運動を遂行するよりも前に,いわゆる「準備電位(readiness potential)」すなわち緩やかなネガティブ・シフトを示すことが古くから知られている。リベットの実験が示したのは,この準備電位が運動に先立って生じるだけでなく,運動しようという意図が最初に意識的に経験されるよりも前に生じるということであった。この意識的気づきの前の時間的な遅延は小さくはなかった。EEGの変化は運動の意図を意識するよりも350msないしそれ以上前に生じていた。このような発見(この実験の本質的な部分はパトリック・ハガード(Patrick Haggard)とマルチン・アイマー(Martin Eimer)によって最近再現された)については,リベットの最初の報告以来何年にもわたって,熱い論争がくりひろげられてきた。このことはさして驚くほどのことではない。なぜならば,これらの発見が,「人は意識的にそうしようと決定したときに,そしてそう決定したことによって,行動するのだ」という,我々が心の奥深くにもっている直観に対して,途方もない挑戦になるからである。しかし,この論争はこの発見とその意味連関をそのまま今に残している。意識的に経験される行為への意図は,脳の無意識的活動によって,既に意図の形成されたことを脳が示した後に,生じうるのである。

振り返ってみると,リベットの発見はそのままでは著しく直感に反するが,それにもかかわらず,科学や哲学の世界ではそれほど大きなスキャンダルを生じるにはいたらなかった。それは,これらの世界の大部分がそれまでにデカルト的二元論を捨てていたからである。二元論では,心的イベントの流れは,物理的イベントの流れとは完全に切り離されたメディアの中で進行する。この2つの流れの間のコミュニケーションは,デカルトによると,松果腺——今日ではむしろメラトニンというホルモンをつくる場としてよく知られている——で生じている。したがって二元論の立場をとると,指を曲げたいという意識的願望は,随伴する脳の活動に先立って,あるいは一緒に,生じるはずだと考えられる。しかし,リベットが彼の実験を行った20世紀の最後の1/4世紀ころまでには,哲学的な議論と経験的なエビデンスの重みにより,二元論は大きく退去させられていた。原則として,心的イベントは何らかの方法で,脳内の活動によって引き起こされるということが,既に一般に受け入れられていた。この見解に立てば,リベットの実験では他にどんな結果が期待されえたであろうか?

原因はその結果に先行しなければならない。脳の活動は心的イベントを引き起こす。

ゆえに，脳の活動はその特定の心的イベント――何かをしようと意識的に意図を形成すること――に先行しなければならない。したがって，この見解からすると，リベットの研究結果で唯一驚かされるのは，脳の活動と意識的な決断との間の時間的なズレの長さにある。350ミリ秒はどう見てもひどく長い時間である。しかし，デカルト的二元論は，日常的な意識経験の表層的事実とよく一致する哲学的教義である。そのために，多くの人が二元論を，世界を自発的に解釈するのに有力なデフォールトの選択肢として，なおも持ち続けているのである。そして，自分は唯物論者だと公言し，脳の活動が心的イベントを引き起こすのだと信じている人でも，初めてリベットの見出した結果を知ると，普通にびっくりしてしまうのである。

　実際，意思決定の意識的な気づきの遅れは，我々がすでに見た他の遅れともよく一致する。今一度テニスの例を考えてみよう。先に明確にしたイベントの時間的経緯は以下のとおりであった。サーブされたボールの視覚刺激→ボールの打ち返し→サーブされたボールを意識的に見ること→打ち返したことの意識的気づき，である。次にこれを読みに拡大してみよう。サーブされたボールの視覚刺激→打ち返すためにどこに走るか等の無意識的決定→ボールの打ち返し→サーブされたボールを意識的に見ること→どこに走るべきか等の決定の意識的気づき→打ち返したことの意識的気づき，である。いいかえれば，意識はイベントの正確な順序を忠実に記録している。が，それはイベントが終わった後で生じているにすぎない。

　行動が無意識から意識へと経過していく過程をこのように1つの直線的継起として表すのは，もちろん単純化しすぎである。行動と意識経験とはいずれも時間的な継ぎ目なしに進んでいく。したがって，いくらかの時間的な遅れ（明らかに1/4秒程度であるが）はあっても，1つの行為（あるいは行為の1部）の実行は，すでに終結した別の活動の意識的記録と同時に起こる。このいくぶん奇妙な配列は，いかにして，そしてなぜ，という疑問を生じる。これらの問題については後で立ち戻ることにする。また，脳が無意識的決定を行うということは，一体どんな意味があるのかについても，後で考える必要がある（特に第19章を見よ）。我々は，意識的決定をするとはどういうことなのかということについての直観的理解を，単純に無意識領域に置き換えてすませるわけにはいかない。実際，そして一般的に，意識の内でも外でも正確に同じことが起っているのなら，そもそもなぜ脳はこの2領域を分割したのかというミステリーを，いっそうミステリアスなものにしてしまうのではなかろうか。

　無意識になされて，意識的決定には依存しないように見える行為については，誰もがよく知っている。ある行為はあまりにも完全に自動化されており，意識的な気づきが伴ってこなかったので，我々は普通それが行為であるとは思わないことがある。人が座っていた椅子から，あるいは横たわっていたベッドから突然立ち上がったときには，身体は筋肉の緊張や血圧等々に対して，あらゆる種類の自動調節をする。人がこれらの調節に気づくのは，それに失敗してめまいを感じたり，転倒したりする場合にかぎられる。また，かつては意識的な気づきを伴っていたが，反復練習によってあまりにもルーチン化されてしまったため，意識が伴わなくなった別の行為もある。水泳,

自転車乗り，車の運転などの移動行為には，特にこのような例が多い。それゆえリベットの実験の影響力は，行動が意識的気づきなしに進行する過程によって支配されていることを示したことだけにあるのではない。それよりもむしろ，我々が意識的に決定したと思っている場合でさえ，その決定は意識的気づきよりも前になされていることを示したところにある。リベットの発見がスキャンダルであるのは，意識的な意志力の気づきが錯覚であることを示したところにある。

リベットの発見はこのことを示した唯一のものではない。他にも，行為に対する責任と責任の意識とが解離されてしまうというエビデンスがある。この解離は2つの方向をとりうる。1つは，ある行為に対して責任はあるが，その責任に気づいていない場合，いま1つは，自分のしていない行為に対して責任があると信じてしまう場合である。前者——気づきなしの責任——の劇的な例は，いわゆる「他人の手症候群（alien hand syndrome）」である。ある種の脳損傷の後，患者は病気の手が自分のものだという感覚を喪失した。このような報告の1つがある婦人についてなされている。彼女の左手はしつこく近くの何かをまさぐってつかまえ，自分の服をつまんで引っ張り，睡眠中には自分の喉をつかんで締めつけようとさえした……彼女は夜間の問題行動を防止するため，その手を縛って眠った。彼女はその左手が自立した実体であるかのように話したが，その手が自分のものだということを決して否定はしなかった（Banks et al., 1989, p.456）。後者の例——責任に対する間違った信念——としては後催眠暗示がある。この現象は非常に頑強なので，パブリックなステージ上での見世物として現在も残っている。たとえば催眠下で被験者に「トランス状態から覚めると，催眠家の合図に対する反応として，あれこれのこと（星条旗を広げて激しく振る）をするだろう」という暗示をかける。そして催眠家は決めたとおりに（催眠から目覚めた被験者に）合図を出す。すると，被験者はそのとおりの行為をする——しかし，そうすることを選択したあらゆる理由をあげて，自らの行為を正当化しようとする（アメリカ人の友達を見つけたので，挨拶をしたかったのだ）。

したがって，ある行為に対する責任を自分に認めることと責任そのものとは切り離すことができる。この切り離しは次の疑問を生じる。責任帰属を行うとき，人はどんな情報を使うのだろうか？

ウェグナー（Wegner）とホイートリ（Wheatley）のきれいな実験（1999）は，この疑問に対する答えを出し始めている。彼らは，行為が起こる直前にその行為について考えていたならば，人はその行為の責任を認めやすくなるだろうと論じた。この仮説を実証するために，彼らはかつて流行したウィジャー盤から思いついた課題を設定した。2人の参加者（一方は本当の被験者，他方は実験協力者＝サクラ）は1つのコンピュータ・マウス上にいっしょに手を置き，これを使ってスクリーン上でカーソルを動かした。スクリーンには自動車や白鳥などの小さな物の絵が約50示されている。2人の参加者は時々カーソルの動きをストップさせねばならなかった。そしてストップしてから，各自がどの程度ストップさせる責任を果たしたかを，「私は相手がストップさせるのを許してしまった」から「私がストップをさせようと意図した」までの

スケールを使って，評定するように求められた。被験者はまたヘッドホンを通して音楽や単語を聞かされた。ストップのうちのいくつかは（被験者には知らされないけれども），サクラによって強制された。そしてヘッドホンを通じて時々聞こえてくる単語は，サクラが強制的にストップをかけようとしている絵に関係していた。この関係語は，被験者にはストップの30秒前から1秒後までの範囲で提示された。強制的なストップの前にこの関係語を聞くと，被験者は自分がストップを意図したのだという評定を増大させた。ただし，その単語がストップの1〜5秒前に提示されたときに限られていた（30秒前でも1秒後のときでも生じなかった）。このようなストップに対して被験者にはまったく責任がない場合でも，それが1〜5秒前の範囲内にあるときには，彼らの責任の評定は，はっきりと中間点を越えていた。この発見は実験仮説——イベントの直前に関係のあることを考えると，それを生じさせるようなことは何もしていなくても，そのイベントに対する責任の感覚を増大させる——を明瞭に支持している。

したがって明らかに，人は行為に対する責任がなくても，責任を意識的に認めうる。あるいは実際には責任があるのに，意識的な責任感が欠如することもありうる。そして真正の責任感をはっきりと意識している場合でさえ，その決断の意識は，無意識的な決断が既に実行されてしまった後で，やってくるのである（リベットの実験が示しているように）。より一般的にいえば，本節で論じた実験は，元型的なナラティブにおける中心的な役者である自己は，自己が相互作用する世界がそうであるように，脳が構成したものなのだという可能性を示している。これについては第17，18章で再論する。

結　論

　意識経験の元型的なストーリーはこのように語られる：私はこれをそこに知覚した（意識的に見た，聴いた，味わったなど）。それゆえに次に，私はそれを行った（意識的にそうする意図を形成して，行ったのだ）。
　我々はこのストーリーを次のように解きほぐした。
　① 意識的な知覚は行為に先立つものではない。むしろ，行為をした後に続いて，あるいはせいぜい並行して生じるものである。
　② 「外にあるもの」の意識的経験は実際には外側などに存在するものではまったくない。それは頭の中に存在する。
　③ 意識的な「私（I）」はストーリーの真の主人公ではない。主人公は無意識の脳なのだ。
　これらの結論はパラドックスを含まないわけではない。本章では，私は表面的には相互に矛盾しているように見える，2つの命題に身を委ねてみた。
　① 意識経験は外なる世界をただ表象するだけではない——それは外なる世界そのものなのだ（やはり外にあるもう1つの世界——物理学によって記述される

もの——はさておいて)。

② 意識経験は錯覚でありうる——実際，錯覚はもっぱら意識経験に属する。

しかし，経験それ自体が現実のイベントであるなら，どのようにしてその経験が錯覚だと判断できるのであろうか？　その判断に至るためには，何か他の現実査定の方法が必ずなければならない。

これは，我々が後に解決を試みることになる1つのパラドックスである（第5章を見よ）。しかし次章ではまず，別の角度から，次の質問をすることによって，この意識のハード・プロブレムにアプローチしていく。意識経験の事実は現代の脳と行動の科学的理解にどれほどうまく適合しうるのであろうか？

第3章

科学と意識が出会う場所

　前章では，意識の問題が実際に存在することを，あなたに確信してもらおうという課題にとりかかった。そこで展開された議論は，主に意識経験に関する事実の問題に向けられていた。本章でもこの課題を引き続き検討していくが，より広い理論的図式——意識に関する事実は他の科学的世界観にどの程度しっくりと適合するのか？——を見ることによって，進めていく。

1　生物学における科学的還元

　この難問（ハード・プロブレム）のこの側面を把握するために，あなたには今，脳あるいは行動を研究する科学者の立場に立ってみてほしい。さて，科学とは帝国主義的な追求をするものである。それは自然界全体の統合理論を求めて邁進し続けている。ある限定された領域で経験的観察を演繹・予測できる理論が生まれると，科学はすぐにその理論を，より広い（近接領域を包括する）あるいはより深い（もっと基礎的なレベルの説明へと還元する）別の理論に，また願わくは，この両方の特徴をもつ理論に，組み込もうとするようになる。たとえば化学は生化学を包括し，それ自身がまた物理学に還元される。確かに，こういう拡張や還元には時に障碍もある。実際，意識の領域における最も厳しい論争の1つは，これがまさにこのような還元への障碍を包含するかどうかである。したがって，このような還元不可能性が何に存するのかを理解するのに，少し時間をかけてみる価値はあるだろう。

　還元不可能性の最もよい現存例は，おそらくこれであろう。自然選択（淘汰）の過程（したがって生物学的過程）は，物理学や化学の法則に完全には還元できないということである。しかしながら重要なのは単純に，還元への障碍がこの点にあるということではない。ここには障碍の本質についての原理的な理解もまた存在するのである。

　この重要な議論は最初にマイケル・ポラーニ（Michael Polanyi）によって明確に述べられた。それは以下のとおりである。自然選択は生物学的な適応度を最大にするように作用するが，これを基礎づける物理学と化学は，個々の動物の染色体を構成するDNAのそれになる。DNAはヌクレオチドあるいは塩基と呼ばれる化学的単位の連鎖からなっている。このヌクレオチドには，A（アデニン），C（シトシン），G（グアニン），T（チミン）の4種類がある。二重らせん構造をもつDNAの各ポイントでは，物理学と化学の法則（最小のエネルギー配座をとる構造を求める）は，次の2つの方

法の1つで等しく満足されうる。1つのらせん構造上のAは他のらせん上のCとペアになり、またTはGとペアになることができる。自然選択の働きを可能にしているのは、次に何とつながるかに関するこの物理化学的無差別性である。どの塩基対が連鎖の中のどれにつながるかが完全に物理化学的に決定されていたとしたら、何の変異も生じえないはずであり、ある変異を選択するよりも別の変異を選択するほうが生物の適応性が増すなどという可能性もなくなっただろう。この場合には、生物の世界は出発の号砲が鳴った時点で失敗ということになるはずである。

したがってここまでのところでは、生物学が物理学と化学に還元しうるという立場からすると、何らかの生物学がとにもかくにも存在するということは、それがそんなふうには還元できないという理由のみによる。同じポイントを等価だがより広い観点からいいかえてみると、情報（たとえば哺乳類のつくり方に関して、ヌクレオチドの連鎖に含まれている教示）は、別の選択肢の中から選択が可能である場合にしか存在しえない。もちろんこのような可能性は、物理法則を尊重する必要性がある。しかし、定義によれば（というか、それらは可能性ではないのかもしれないが）、これらは物理法則によって完全に決定されるものではない。ただし、このような還元主義の失敗は科学的理解の失敗を表しているわけでは決してない。反対である。科学的探究の偉業の1つは、生ける有機体の存在が、もはや生の躍動（élan vital）のような、完全に新しい特別な過程を仮説しなければならないほどのミステリーではなくなったことにある（かつてはそのように思われていたようだが）。

したがって、1つの科学（生物学）を別の科学（物理学と化学）に還元できないことがはっきりしているこの場合でさえ、どちらの部門で採用されている理論の間にも、何のミステリーも、ギャップも、結合の欠如も存在しない。しかし、脳－行動と意識経験との出会う点に来ると、それがまさに我々の見出すもの——ミステリー、ギャップ、失われた結合——になるのである。

生物学はかつての生命の問題を処理するのに成功したが、その成功は、科学がいま意識に対してアプローチするべき方法のモデルとして、しばしば支持されている。この示唆について考える際には、生物学を物理学と化学にリンクするには、2つのタイプの動きが必要だったということを、忘れないことが大切である。まず、今までに見てきたように、自然選択の役割とDNAの情報内容の役割は、それぞれ独立しており、物理学や化学の法則に完全に還元されるものではない。が、さりとて矛盾するものでもないことを理解されるべきである。第2に、しかし、自然選択を生き抜く有機体に見出される、生命を定義づける特徴（呼吸、生殖等々）は、それ自体物理化学的過程に還元できる。我々はこの種の「2焦点」の見方、すなわち物理化学プラス選択（淘汰）主義者の見方をしっかり保持する必要がある。

生物学に関する2焦点の見方の2つのレベル間の差異については、もう1つ有用な考え方がある。物理学と化学によって支配されるシステムが時間とともにどう進化していくのかを予測するには、これらの科学法則と1群の初期条件さえわかればそれでよい。物理学と化学はこんなふうに作用するものである。この進化の結果は予測を必

要としない．これに対して，ダーウィン的自然選択（法則）に支配されている生物学的進化は，個々の有機体を構成する遺伝子コードをつくっている鎖に，あれではなくこの塩基対をはめ込んでいく，その結果に正確に依存している．鎖にどの塩基対が入ったかによって，その個人の生存と生殖は強められたり弱められたりするのだ（別の塩基対が挿入された他の個体の生存と生殖にくらべて）．そして次の代になると，生物の世界はこれに対応して，より多いあるいは少ないDNA（あれやこれやのヌクレオチド対を鎖の特定の位置に含んでいる）の拡散を生じることになる．この「結果による選択」の過程には，何の目的論も神秘もない．が，簡素な物理学や化学にはこれ（結果による選択）に類したものは何もないのである．

　結果による選択が生物学の法則の最上層で果たす役割——自然選択のそれ——は，もっと低い層でも類似しており，玉ねぎの皮のように，純粋の物理化学的な中心にいたるまでくりかえされる．その理由は，自然選択が，非常に多様なホメオスタシスや「フィードバック」のメカニズム——常に変化し続ける気まぐれな環境に対して，有機体の統合と生殖能力を守り，生き残るチャンスを高めるのに役立つメカニズム——を備えた有機体を生み出すように働いてきたからである．これらのメカニズムの遍在性と多様性と影響力は，それらを処理するためのサイバネティックスとして知られている，工学理論のすべての部門の創造に反映されている．我々はその理論の詳細に入り込む必要はない．我々の目的にとって重要なのは，その理論がどんな働きをするのかを知るためには，我々がまたしても2焦点の見方をとる必要があるということである．その1つは，物理学と化学の法則のみを使うレベルの見方であり，もう1つは，これらの法則を尊重しながらもそれを越える見方である．

　フィードバック・メカニズムのシステムというものは，あれこれのいくつかの要素群から構成される必要がある．それゆえ，このシステムの構成には，これらの要素に特定的な物理学と化学を尊重する必要がある．しかしこのシステムはまた，それがどんな要素から構成されているにしても，同じ特徴（サイバネティックスの数学的方程式で記述される）をもっている．したがって，よく知られている例では，技術者は金属とワイアーを構成要素としてサーモスタットを組み立てる．サーモスタット・システムの中では，環境の温度はある種のセンサーによって測定される．この測定結果は，次に制御装置にフィードバックされ，この装置によって望ましい設定点との比較がなされる．この比較の結果は，このシステムによって熱出力を生じさせて（あるいは低減させて），温度を設定点に近づけるように使われる．これが環境の温度を変化させ，この温度がさらにフィードバックされて，設定点への接近を最適化するのである．家庭用のサーモスタットは技術者によってつくられる．しかし自然選択もまた，温度変化に反応する細胞，筋肉細胞，筋肉を制御する神経細胞等々から，サーモスタットを作ってきた．さて，これらの種類の異なる構成要素の物理的・化学的特徴を尊重しないようなサーモスタットは，つくりの悪いものになるだろう．しかし，これらの特徴だけでサーモスタットとしてのシステムの行動を予測しようとしても，十分にはできない．そうするためには，そのシステムの構成のされ方を考慮に入れなければならな

い。逆に，サイバネティックスの方程式からシステムとしてのシステムの行動を予測することは可能である。しかし，システム内の要素の行動を予測するためには，その特定のタイプの要素に適用可能な物理学と化学の法則を考慮に入れる必要がある。そして完全な説明をするには，両方のレベルの説明が必要である――どちらも十分には他方に還元できないのである。

　この種の一般的なフィードバックは，生物学のどのレベルでも働いている。（自然選択それ自体のレベルに加えて）細胞内小器官のレベルから，細胞全体の行動，細胞群間の相互作用，脳の部位間の相互作用，そして最後に人間存在の複雑な心理過程のレベルにいたるまで。（この人間行動へのアプローチがどれほど複雑で遠大なものであるかを理解したいと思うなら，スーザン・ハーレイ（Susan Hurley）がニック・チェイター（Nick Chater）とともに編集した本の，模倣に関する導入章を見られたい。）特に重要なレベル（特に責任の概念については第19章を見よ）は，賞罰による学習と行動の誘導である。しかしそれほど明確でないのは，この入れ子構造になったフィードバック・システムの中で，自然選択の議論に既に出現しているものを越えて，さらなる原理の区別をする必要があるのかどうかである。

　意識の問題に関連のあるかもしれない2つの区別が存在する。それらはどちらも，システムが制御しようとしている変数を表象する仕方に関係していなければならない。

　フィードバック・システムが制御する変数，その変数がいかにして測定されるか，そしてこれらの測定結果がいかにして残りのシステムにフィードバックされるかは，システムの記述において決定的に重要な要素である。サーモスタットの場合には，制御される変数は外気温である。（ここでは，このシステムが1変数を制御する，最も単純な場合についてのみ考える。実際には，生物学的システムはどのレベルでも，相互に複雑に作用し合う多数の変数を，同時に制御しているのではあるが。）さて，人はこのような1変数について，このシステム内のどこにそれを表象する座があるのだろうか？と尋ねることができる。サーモスタットで制御される家庭の暖房システムの場合には，この座を指摘するのは普通，わりあい簡単である。たとえば気温は，熱いと伸び，冷たいと縮む2枚の金属片の長さによって表される。それが，制御される変数がどれくらい望ましい設定点に近づいているかという情報の，このシステムの他の部分による受け取り方なのである。そして，気温が2枚の金属片の長さによって表されるといえるのは，まさにこのシステムが温度情報を受け取って作用するように設計されている事実によるのである。金属片が温熱で膨張し冷熱で縮小すること（これはほかの多くのものと共有する特徴である）だけでは，サーモスタットを十分に表現しているとはいえないのである。

　今度は，これとは対照的な自然選択のケースを考えてみよう。ここでは生存価の計算，あるいは，生存に有利か不利かのDNAヌクレオチドの鎖へのフィードバックがなされるが，その計算やフィードバックを行う何か特定の時間的空間的な座を指摘することはできない。また自然選択が何かを測定したり制御したりするように設計されているわけでもない。「設計」という概念は，人間の技術者が行う何かという考えか

ら出発している。したがって，この概念を自然選択がすることにまで拡張するのは，（概念的なリスクがないわけではないが），合理的ではある。鳥は上空を飛べるように（自然選択によって）「設計」されている。実際，鳥の翼が現在のようになったことについては，これ以外に一貫した説明はほとんど不可能である。しかし，自然選択の過程それ自体が設計されたわけではない（何がそれを設計しえたであろうか？）——それはただ存在しているだけである。

　そこで，我々は2種類のフィードバック・メカニズムを区別せねばならなくなる。第1は，サーモスタットの場合と同様に，被制御変数は，そのシステムが反応するように設計された明確な表象の座（locus）をもっている。第2の場合（自然選択）には，被制御変数は明確な表象の座をもたず，またこのシステムは何かに反応するように設計されてもいない。第1のものは自動制御機構（サーボメカニズム）と呼ぼう。自然選択もサーモスタットもどちらも「フィードバック・システム」であるが，サーモスタットだけが「サーボメカニズム」なのである。自然選択のような分散型のフィードバック・システムに，意識経験の座を帰属させるのは，馬鹿げているように見えるのではなかろうか。しかしながら，これをサーボメカニズムに帰属させるのは，それほどはっきり馬鹿げているわけではない。ましてや，多くのサーボメカニズムを構成する複雑なシステムにこれを帰属させるのは，もっと馬鹿げているとはいえない。実際，現在有力な意識問題へのアプローチ——機能主義（第10章でくわしく考える）——は，本質的にまさにこれを行っているのである。

　意識の問題に関連している可能性のある第2の区別は，被制御変数の現在の状態を報告するシステムの能力に関係している。自然選択の場合には，こういう「報告」に相当するものは何もなさそうである。有機体は生き残るか生き残らないかのいずれかであり，ある遺伝子は勢力を拡大し，別の遺伝子は消失する。しかし，（人間の実験者が自然選択のフィードバック・システムとはまったく独立の方法を使うようになるまでは），その計算書は，有機体にも遺伝子にもどこにも保存されていなかった。サーボメカニズムは対照的に，被制御変数の測定を行い，それをシステムの他の部分に報告しなければならない。そうでなければ，このシステムは適切な行為（実行するように設計された行為）をとることができず，その変数を制御できなくなるはずである。

　サーボメカニズムはまた，他のシステムにも測定結果を報告するかもしれない。したがってたとえば，哺乳類の脳はサーボメカニズムをもっており，周辺視野で動く刺激に対して，眼窩の中の眼球を動かして視野の中心に入るように反応する。眼球運動と眼球の新たな位置情報は，同時に脳の他の部分にも伝えられる。脳の他の領域は，この情報を使って，そうでなければ他の視知覚対象の側が空間的位置の運動や変化として知覚されるのを，キャンセルする。このすべてが，サーボメカニズムの作用を意識することなしに生じる（このメカニズムの出力結果は，視界の新しい断片の知覚という形で，意識的な気づきにアクセスされ，報告される可能性はあるが）。

　自然選択の冗漫なフィードバックと，サーボメカニズムのより焦点化されたフィードバックとの違いは，それ自体が自然選択の所産である。この自然選択の過程は，物

理学と化学の法則に限定されずに残されている境界条件によって，ランダムな変異によって，そして有機体と常に変化する環境との相互作用によって，決定される。この過程の結果として，サーボメカニズムが出現する。それは生存に有利であるからである。このサーボメカニズムは，環境の変化にもかかわらず，構造と機能の統合性を保持する能力を，有機体（細胞小器官から動物全体に至るまで，生物界のあらゆるレベルの）に与えることで，これを行う。結果による選択は自然選択を決定する。そして自然選択は次には選択された結果を最適にする専門的サーボメカニズムをつくるのだ。

さて行動は，統合的階層をもつサーボメカニズムがこの自己保存能力に加える1つの方法（非常に重要なものではあるが）にすぎない。このフィードバック・メカニズムの高レベルの階層には，学習の過程が存在する。個人の人生を通じて，報酬（普遍的というわけではないが一般に，生存に役立つ）を最大にして，罰（一般に生存に脅威を与える）を最小にする行動パターンの獲得である。自然選択が生存に役立つ遺伝子を受胎時の個人に備えさせるのと同じように，学習は生涯にわたって生存に役立つ行動を個人に備えさせる働きをする。

我々はふつう，サーボメカニズムが被制御変数を表象し報告する能力には，これらの変数の意識的気づきが伴うとは考えていない。しかし行動となると，これはまさに我々が意識的気づきを見出すものである。被制御変数（そのうちのいくつか，いくらかの時に：たとえば暑さ，寒さ，痛み，栄養のある食物の美味さ）は，意識的気づきを伴っている。[しかし]この意識との連合はいかにして生じるのであろうか？　このシステムの作用にどんな違いをもたらすのであろうか？　それは必要な連合なのか？　もしそうだとすれば，なぜか？　これらは意識に関するハード・プロブレムの提起の仕方であり，本書の後のほうのいくつかのポイント（特に第7, 18章）で，立ち返って議論する問題の提起になる。

あなたは，前のいくつかのパラグラフで，サーボメカニズムに関して「報告」という語が使われたことに困惑しているのではなかろうか。普通の意味では，「報告」とは1人の人間が別の人間に言語的，意識的に伝えることをいう。サーボメカニズムが何かを報告するというのは，もちろん，メタファー（隠喩）的な意味合いにおいてである。しかし，この語を使用したのは，ペンが滑って間違ったのでもなければ，ことさらに不明瞭化をねらったものでもない。というのも，意識の問題になると，サーボメカニズムの働きを記述するのに使った「報告」と，人間のいうことに適用される「報告」との違いが，意識を問題とするときに差異を生じるようなものなのかどうか，我々はよく知らないからである。もし人間の言語報告能力がこのような違いを生じるのなら，他のどんな要素によってそうなったのであろうか？　誰かが暑すぎるといったとき，これは温度計や印字装置を備えたサーモスタットが同じことを示すのとどう違うのだろうか？　これはもう1つのハード・クエスチョンの提起の仕方である。多くの理論家は意識には人間の言語が必要だと提案してきた。しかしそれは本書でとる立場ではない（第6章1節参照）。

したがって非常に一般的な用語では，生物学は2つのタイプの概念を用いる。物理

化学的法則とフィードバック・メカニズムである。後者のフィードバック・メカニズムには、自然選択において働くフィードバックと、サーボメカニズムとの、両方が含まれている。一方の自然選択システムでは、生存を決定する被制御変数はどこにもはっきりとは表象されない。他方のサーボメカニズムでは、被制御変数の値を、システム内の他の要素にも他のシステムにも報告できる、特殊な表象の座がある。生物学における2焦点の見方では、物理化学的法則とサイバネティック・メカニズムとの関係は、それほど深刻な問題を投げかけるわけではない。それは一種の契約にある。サイバネティックスが物理学と化学の法則を尊重するなら、その原理は、目的に役立つどんな種類のフィードバック・システムの構成にも使えるだろう。このような行動は、それを説明するのに、どんな付加的な原理も必要とはしないように見える。しかし我々は、(時として)行動に伴う意識経験の出現を、これらと同じ原理で説明できるのかどうかを、問うてみる必要があるだろう。これは、物理学に対する化学のように、(意識をそれ以外の生物学を支配する原理に)完全に還元してしまえるケースなのだろうか？ あるいは、化学に対する生物学のように、還元不可能であり、なぜ不可能なのかを我々が知っている類のものなのであろうか？ このどちらの立場も確証できないのなら、我々は再び、今度はより広い理論のレベルで、意識のハード・プロブレムに直面することになる。本書の残りの多くの部分では、我々はどちらかといえばボクサーのようになって、この最高レベルの一般性において、このハード・プロブレムにジャブを加え、身をかわし、まわりこんで進んでいくことにする。

2 意識は神経科学にどれくらいうまく適合するか？

我々が意識について確実に知っていることはわずかであるが、そのうちの1つは、成人の人間では、意識は脳の活動に依存しているということである。この命題に対する証拠は山ほどある。いくつかの例は前章で見た。しかし我々はこの結合が必然的なものかどうかは知らない。たとえば、意識はシリコン・チップでできたコンピュータでも生じうるのかどうかを我々は知らない。また意識の生起には、どんなタイプの脳内活動が必要なのかということも知らない。それゆえ、以下のような質問にはまだ答えることができない。子どもが最初に意識経験をもつのは何歳か？ チンパンジーやネズミやハチもこういう意識経験をもつのか？ しかし我々は、あらゆる種類の脳活動が意識の十分条件にはならないことを知っている。というのは、前章で見たように、脳はまったく意識を伴わずに、多くのことを成し遂げているからである。

これらは後で立ち戻らなければならない問題である。しかし当面は、より広い一般性のレベルにとどまっておきたい。意識経験を成人の脳内活動との関係に限定するならば、この関係をうまく説明できる科学理論を、もしそんなものがあるとすれば、どうすれば見分けることができるだろうか？ このような理論は、メカニズムについての2つの疑問と、進化についての2つの疑問に答えるものでなければならない。

メカニズムに関する疑問は
　① 脳の活動はどのようにして意識と意識経験の内容を生み出すのであろうか？
　② 意識と意識経験の内容はどのようにして行動に影響を及ぼすのであろうか？
進化に関する疑問は
　① 意識はどのように進化したのであろうか？
　② 意識は，それをもつ有機体に，どんな生存価を与えているのであろうか？

　疑うまでもなく，他にも多くの疑問がある。しかし，この4つの疑問に答えられる理論をもつことができれば，意識を科学的な生物学に統合するのに大きな進歩をとげたことになるはずである。また，以下のようなもう少し特殊な疑問にも，もっと明確な答えが出せるはずである。コンピュータは意識をもちうるのか？　赤ん坊は意識経験をもっているのか？　ネズミは？　上記の4つの大きな疑問に答えようとする理論の1つの検証は，これらのより特殊な疑問に対して原理に基づいた回答ができる能力にかかっている。もしすぐに答えられないのなら，コンピュータ，赤ん坊，ネズミにどんなテストをすれば，意識があるか否かを決定できるのかということだけでも，はっきりさせるべきである。この基準に近いところにまで来ている理論は，現在のところまだない。

第4章

志向性

　この前の2つの章では，私は意識の 難問(ハード・プロブレム) が実際に存在することを，あなたに確信してもらおうと努めてきた。本章では，意識と脳活動との間のギャップの本質を考察することにより，この問題のもっときめ細かで詳細な探究を始めることにする。意識と脳活動を交差させるのは，なぜそんなに難しいのだろうか？

1 結合問題

　脳の活動がいかにして意識経験を生じるのかに関する理論が，直面する最初の困難は，両者の特徴の間に見られる純然たる違いにある。その違いは数種類ある。

　比較的表層のレベルでは，意識と脳の時間的空間的なスケールにかなりの違いがある。脳の活動のよく知られている主要な要素は，数百万（10^{13}程度）もの神経細胞に沿って，そして神経細胞の間を結ぶ，ミリ秒単位の電気化学的な電流の通過にある。これらの脳内のイベントを感覚入力に関係づけることには，何の概念的な困難もない。というのも，この類似性が，あれこれの形式の物理化学的エネルギー（光線，音波，熱，力学的圧力，味とにおいの特殊な分子など）に反応するように特化された，何百万もの個別の神経細胞の発火にあるからである。また，脳内の神経活動を運動に表れる行動と関係づけることにも，何の概念的な困難もない。実際，脳が筋肉収縮を生じさせる神経筋接合部の生理学は，神経活動の最もよく理解された要素の1つである。さらに，少なくとも原理的には，脳内の活動がいかにして感覚入力を適切な行動出力に関係づけるのかを理解することにも，大きな概念的困難はない。これを理解するためには，前章で学んだのと同種の2焦点の見方（bifocal view）をとることが必要である。すなわち，人は，中枢神経系を構成する複雑に絡み合った回路を周回する神経インパルスの通過を，物理化学的法則とサイバネティックス（別の記述言語では，脳機能のシステム水準に適用される「情報処理」）の法則の両方にしたがって，考えていかねばならない。これらは後でもっと長々と論じる必要のある問題であるが，後で見るように，これらの問題は科学の分野間に障碍を打ち建てるものではない。

　前のパラグラフで触れたイベントはすべて，時間と空間の共通のスケール上で生じている。生理学者は，感覚刺激が適切な受容器を活性化してその神経のメッセージを中枢神経系に伝える時間と，脳が適切な行為の計算をして適切な筋肉反応を生じさせるのに必要な時間を加算することができる。同じことを観察して，心理学者は感覚入

力から行動反応までの全時間を測定することができる。この2つの測定結果はほとんど同じ答えになる。単純で無意識的な感覚運動反応（たとえば網膜の周辺に動くものを見つけて，その動くものが網膜の中心窩（中心）に落ちるように反射的に眼球運動を生じること）の場合には，その回答は100ミリ秒のオーダーになる。空間的なスケールに関しては，関連のあるすべてのイベントが，脳とその内外の神経によって提供される限局された領域の中で生じている。

　しかし，意識経験の時間的特徴を見てみると，意識経験はもっとゆったりした時間スケールで生じている。第2章で見たように，ある感覚イベントが（感覚インパクトから始まって）意識的気づきに至るまでには1/4秒が必要である。それからこの意識は1/10秒以上続く。意志的行為の意識に関しては，リベットのデータはさらに長く350ミリ秒以上かかることを示している。それにもかかわらず，我々は少なくとも時間に関しては，同じ種類の時計を利用している。対照的に，空間スケールに関しては，脳の活動と意識経験との比較は，空間的位置を意識経験に帰属させてよいのかどうかがわからないので，いっそう困難である。ある視点から見ると，意識の空間的スケールは，経験世界の全体を含んでいるので，巨大である。しかし別の視点から見ると，意識的に経験された思考は，どんな種類のはっきりした空間的位置ももたない。また意識経験の空間的特徴は，脳活動に特徴的に見られる，いかなる「粒状性（graininess）」（何百万もの神経細胞がそれぞれミリメートル以下のスケールで発火し始める）も示さない。

　脳の活動には特徴的であるが，意識経験には当てはまらない，もう1種類の粒状性がある。この違いはいわゆる「結合問題（binding problem）」を生じる。この結合問題には（少なくとも）2つのバージョンがある。

　第1の最も古いものは，（多くの感覚に依存する）意識経験の多モード性（multimodality）から生じる。我々はたった1つの感覚だけに孤立した意識的イベントを経験することはまずない。反対に，我々はどんなときでも典型的には統合された多モードの「シーン」（この言葉を通常の純粋に視覚的な意味を超えて拡張するなら）を経験する。我々はある範囲のイベントやモノを，同時に見，聞き，感じ，におう……。時にはこれらはそれぞれが，感覚ごとに異なることもある（たとえば椅子を見，後ろに足音を聞き，かゆみを感じ，珈琲の香りを嗅ぐ）。そして，時にこれらはそれぞれが同じモノの異なる側面であることもある（私はカップを見て，それがソーサーの上でカチンというのを聞く。そしてそれをカップから飲むとき，舌に熱さを感じ，珈琲の香りを嗅ぐ）。（私はこの記述で，哲学が提供してくれるもっとテクニカルな用語よりも，「モノ（thing）」というあいまいな言葉を使うことで落ち着いた。それは，哲学用語が多少とも概念的なお荷物を背負っているので，これを回避したかったからである。）

　この「意識の統一性（unity）」は，以下のエビデンスの隣で，不安げに鎮座している。すなわち，我々の各感覚システムは，感覚器官（眼，耳，舌等）から脳（ここには視覚，聴覚，味覚等に特化したまったく異なる領域がある）に至るまでの全体を通じて，かなり厳密に他から隔絶されているというエビデンスがある（ただし，第10章で共

感覚について考察するとき，驚くべき例外に出会うことになるが）。この物理的隔絶は，我々の異なる感覚経験を分離したままで維持するのに，ほぼ確実に重要である。各感覚の特に意識的な特徴の重要な決定因（たとえば視覚経験を生じるものは直ちに音と区別され，この2つはまた味とも区別される）は，刺激された特定の神経と，これらの神経が接続している脳の領域とにある。したがって，まったく同じ電気刺激が視覚神経あるいは聴覚神経に与えられると，一方では視覚経験に，他方では音響経験を生じる。そして，これらの神経が投射している大脳皮質の諸部分に，同じ電気刺激が与えられる場合にも，同じことが生じる。それゆえ神経系は，1つの感覚を別の感覚とはっきり区別する能力の，優れた解剖学的基礎を提供していることになる。スーザン・ハーレイ（Susan Hurley）とアルヴァ・ノエ（Alva Noë）によって強調されたこのような根拠の第2は，その感覚器官の調節にそれぞれ異なる反応をすることによって，異なるモダリティに属する感覚入力間の区別をする能力にある。あからさまな例をあげれば（他にもたくさんあるのだが），私が目を閉じれば，視覚（聴覚や嗅覚ではなく）刺激は除かれてしまう。

　それにもかかわらず，あらゆる感覚は意識の中ではいっしょになる——どんな瞬間にも1つの統一されたシーンがあるのだ。最初の結合問題は，この統合の生じるはずの脳内に，これに対応する部位（counterpart）がまだ見出されていないことである。デカルトのいわゆる意識の劇場のことである。最初に結合問題について述べたのは，哲学者ダン・デネット（Dan Dennett）によって広く知られるところとなった最初の結合問題の表現法は，デカルトの劇場などは実際には存在しないというものであった。現実には，デネットはこのフレーズで結合問題を表現する以上のことを狙っている。彼はその解決を目論んでいるのだ。彼の答えはこうだ。意識経験の見かけの統一性は，まさにそれ——見かけだけのものなのである。

　結合問題の第2のバージョンはモ・ー・ド・内（intramodal）のもので，1つの感覚だけに関係する。モード内結合問題は，この数十年間に霊長類と人間の視覚系の成り立ちの理解が大きく進歩したことによって，出現したものである。視覚の研究は非常に多くなされており，他の感覚の研究をすべて寄せ集めても，これにははるかに及ばない。それで，他の感覚の組織化のされ方も視覚と似ているのか，また，それらもモード内結合問題をもっているのかどうかは，まだわからない。しかし，それらの組織化のされ方が視覚のそれと根本的に違うとわかったとしたら，私はびっくりするだろう。そして既にその組織化が同じだというエビデンス（聴覚の場合）もいくらかは出てきている。

　我々は既に第2章で，視覚のモード内結合問題については，いくらか見た。そこで論じたのは，視覚の知覚システムと行為システム間の分離である。この2つのシステムは相互に大きな独立性をもって機能している。1つ（意識的知覚システム）は錯視を生じるが，もう1つ（無意識的行為システム）は生じない。そして，一方が損傷を受けても，他方は無傷でいられるので，2組の障害のうちの一方（物をつかまえるか見るかのどちらか）のみが生じることもありうる。しかし我々の意識経験は，この

2つのタイプの視覚が脳内で分離しているという知識をもち合わせてはいない。我々が何かを見てつかまえて，自らがつかまえるのを見るときには，このすべてが意識にとっては1つのシーンの部分を構成することになる。

　しかしながら，我々の現在の目標は，脳の活動と特に意識経験とを対照させることにある。それゆえ，意識的および無意識的な視覚の基礎にある脳のメカニズムの間の差は，意識的視覚を生じる機構内の他の分離（split）とくらべると，関連性が低い。事実，一連のこのような分離は非常にたくさん存在する。というのも，サルの脳を実験的に損傷したり，人間の脳の活動中の画像を（fMRIやPETで）撮ったりする研究では，正常な意識経験からすると，著しく反直観的な状態がはっきりと示されているからである。

　あなたは，澄みきった青空に，風にあおられながらあちこち漂う赤い凧を見ていると想像してみよう。この凧ははっきりした色（青を背景とする赤）と位置（あなたからの方向，距離，高さ），輪郭のはっきりした形，そしてはっきりした動きのパターンをもっている。したがってあなたは，それが凧だと確信をもって同定できる。あなたが凧について意識的に経験したすべての特徴は，切り離せないつながりをもっている。いくら頑張っても，あなたはその色，運動，位置などをいっしょに見ずに，形だけを取り出して見ることはできない。また，その色や運動や位置だけを取り出して見ることもできない。いざとなれば，あなたは凧以外の何かを見ることができるかもしれない。しかし，それさえもおそらく努力が必要であろう。意識的には，これらの特徴はすべてが一緒に生じるのである。しかし，脳に関するかぎり，そうはならない。視覚システムは多くの分離したモジュールから成り立っており，それぞれが主にこれらの特徴の1つの分析のみに専念している（プレート4-1参照）。それゆえ，大脳皮質のV4あるいはV8と呼ばれる領域は凧に色を割り当てる責任をもつ。V5あるいはMTとして知られる別の領域は運動を割り当てる責任をもつ。第3の領域は凧を特定の事物として識別する役割をもつ。これらの領域の1つが損傷されると，まさにその特徴の視覚が奪われるが，他には異常は生じない。しかし我々は，脳のその領域だけを意識的に使って，他の特徴を除き，1つの特徴だけを見るということはできない。意識的な視覚は，脳がばらばらに放置しているものを結び合わせるのである。というわけで，これがモード内結合問題なのである。

　脳と意識経験がこのような異なる特徴をもつということは，一方が他方にいかにして結びつくのかという，どんな理論にとっても重大な問題を提起する。たとえば，視覚システムの種々のモジュール内で分断された特徴は，これから発見されるはずの脳のどこか他の部分で統合されるのだろうか（視覚のデカルトの劇場）？　それともこの結合は，脳内にはこれに対応する結合が見られなくても，意識経験それ自体の中で生じるのであろうか？

2 サールのモデル

　しかしながら，脳と意識との間のこの種の差異は，それ自体，科学が今までにうまく克服してきた他の問題と，根本的に違う問題を構成しているわけではない。哲学者ジョン・サール（John Searle）は，1987年の論文で，この文脈でもうまく機能するのではないかと思われる，大成功するタイプの科学理論に注意を向けている。これはシステム内の「ミクロな要素（micro-elements）」に，そこからそのシステムの「マクロな特徴（macro-properties）」を推論し予測できる特徴を，帰属させるものである。それゆえ，たとえば大量の水の流動性は，それを構成している水の分子の特徴によって，また机の固体性は相互作用する原子の特徴によって，説明がなされうる。しかし我々が，これらの説明を仲介する理論ではなく，一方でただの原子と分子，他方で固体性と流動性について考える場合には，ミクロな要素とこれに関連するマクロな特徴とのギャップは非常に大きくて，橋渡しが不可能なように見える。したがって同じように，ニューロン（神経細胞）のミクロな要素に，意識経験のマクロな特徴を説明できる特徴を，もしかしたら付与できるのかもしれない。（このタイプの議論は，当然のことながら，意識経験を生じるのは実際に脳の特徴なのだと仮定している。誰もがこの仮定を受け入れているわけでは決してないが，これはすべての現代科学と多くの現代哲学の共通の仮定である。それゆえ私も，特に吟味する必要がないかぎり，この仮定を当然のものとして受け入れることにする。）

　サールの議論の難点は，しかしながら，それが少なくとも現在のところでは白地の小切手だというところにある。というのも，ニューロンの既知の特徴は（神経系の他の要素のどんな特徴も，またたとえば脳波（EEG）に見られるような，ニューロンの統合された活動の特徴も），どれもが，まだ意識経験のマクロな特徴を説明できるサインを示していないからである。したがって，いつかはその説明が与えられるだろうと仮定するのは，信仰行為になる（絶対に説明できないと仮定するのが絶望行為であるのと同様である）。サールが提案した科学的類推を前提とするなら，次のことは実に驚くべきことである。すなわち，我々は既にニューロンが何をするのかについては非常に詳細な知識をもっている。しかるに，この知識が意識経験の特徴を説明するのには何の役にも立っていないということである。しかし，これには理由があると私は思う。サールの例は，科学者が大量の物質のマクロな特徴（液体，固体などの）の説明を開始したケースに言及したものである。そこで彼らは，大量の物質の組成（分子，原子等々）が，まさに必要な説明をしてくれそうな特徴をそなえているという理論を，開発したのである。理論がいったん実験的検証を通過してしまうと，大量の物質のマクロな特徴をどう説明するかという問題は生じえなくなる。その疑問に対する解答は，その理論が構成されたときには既に内蔵されていたのである。

　しかしこの点では，サールの例ほど意識の問題と非類似なものはなさそうである。この非類似性は3つの局面をもっている。

　第1に，ニューロンに与えられてきた特徴は（理論によって，そして，その実験的

検証にパスすることによって），意識経験の説明を意図したものではまったくなかった。それらは，いかにして感覚中枢における物理的エネルギーの入力が，一連の脳内の変換を経た後に，行動出力を生じるのか，を説明しようとするものであった。この理論的な企ては究極的な成功のあらゆるサインを示している。

　第2に，このタイプの理論構築は意識への言及なしに大成功したのであるから，いま意識経験を科学的なストーリに含めなければならない理由はまったくない。そもそも意識が存在するなどということは，科学的ストーリにとっては恥なのである。現存する神経科学理論は，ありがたいことに，意識なしにうまくやっており，意識に対する説明を提供できるものではないのだ。

　第3に，意識に言及しなくても，感覚入力から行動出力まで，継ぎ目なく進行する科学的なストーリがあるとするなら，このストーリに意識経験を復活させようとしても，我々は意識がなすべきことを何も見出せない。意識は因果的な力をもたず，因果的な連鎖の外側にあるようである。1群のニューロンの発火がそれらに影響を及ぼす他のニューロンの活動によって既に完全に説明し尽くされているなら，意識はこの入出力間の連鎖の中で，いかにして1群のニューロンの発火に影響を及ぼしうるのだろうか？　この疑問は，この連鎖のどのポイントでも提起できるが，答えることはできない。

　神経システムのミクロな要素を意識経験のマクロな特徴に結びつける理論に対する，サールの一般モデルは，正しいとわかる日が来るのかもしれない。しかし実際には，今のところこの要件を満たす理論は存在しない。もしあなたが意識のハード・プロブレム（第1章を見よ）に対して「新理論」のスタンスをとるのなら，あなたは希望をもってこのような理論の到来を待つことになるだろう。あなたが神秘主義者なら，こんな理論が現れるはずはないという見解をとるのだろう。

3 意識経験の志向性

　本章のここまでのところで考察してきた，意識経験と脳活動との間のこの種の違いは，意識の統合的，神経科学的な説明を構築するのに，深刻な問題をもたらす。が，永遠に解決不可能とは見えない。しかしながら，脳と意識とのギャップは，志向性（intentionality）の観点から見ると，さらにずっと大きいようにも見える。それは，意識経験が（ほとんど）常に何かについての（代表や表象をする）ものであるのに対して，脳の活動はこういう「について（aboutness）」を欠いているからである。

　実質的にすべての意識内容の中心的な特徴（しかし，内的身体感覚に関する重要な限定については，第18章を見よ）は，何やかやとして経験されることにある。これは脳組織という観点から見ると，結合問題を構成するコインの裏側にあたる。もし私がバナナを見て触れて食べるとしたら，自分の経験を以下のように記述するのは奇異だということになろう。黄色いパッチを見る，そして曲がって細長い形体を見る，そ

図4-1 アヒル・ウサギあいまい図形。この図は90度回転すると，1つの可能な解釈がもう一方の解釈より好まれるようになる。Gregory (1997) より。

して手の中で表面のなめらかさを感じる，そして甘い香りを嗅ぐ，そして甘い味を味わう，そして口中に暖かい果肉の感覚を感じる（「感覚データ」を信じてきたある世代の哲学者たちは，我々にこのような語り方をさせようとしてきた）。この記述の奇妙さは，我々が知覚したものの志向性を見失っているところにある。すなわち，我々が見て触って食べるのはバナナであること，我々が見て触って食べるのはバナナとしてだということである。実際，この記述の香りを嗅いで味わう部分に来たとき，見失った志向性を取り戻して，香りと味はバナナのようだとでもいわないかぎり，それについて何かを伝えるのは困難である。これは我々の正常なバナナの経験の仕方であるだけでなく，それを何か別のものとして経験するのは極度に困難だということでもある。

外的世界の認知意識の場合には（第1章を見よ），この志向性のルールに対する唯一の重要な例外は，このルールを証明する類のものである。というのも，それらの例外は，ある形式の脳損傷の結果にあるからである。その結果は「失認症」と呼ばれている。すなわち，それは何なのかという，経験を認知する能力の喪失である。損傷の部位によって，失認症はあれこれの感覚モダリティ——視覚，聴覚，嗅覚等々——に選択的に影響を及ぼす。たとえば神経学者のオリヴァー・サックス（Oliver Sacks）は，著書『妻を帽子と間違えた男』の中で，ある視覚失認患者のことを生き生きと記述している。この気の毒な男は脳損傷の結果，自分の帽子の輪郭と妻の頭のそれとを混同してしまった。それぞれが普通に知覚される意味を喪失していたからである。（「意味」は志向性のもう1つの語り口である。）しかし，脳損傷がなければ——すなわち正常なケースでは——，実質的に1つの有意味な項目から次のものへの連続的な移行とし

てしか，外界を経験できないのである。

　このことがわかってもらえるように，次の単純な実験をやってみよう。街を歩いているとき，車のナンバー・プレートを見よう。その文字と数字をただの模様として経験するように試みよう。それを見たとき，頭の中でその名前（AZX 279Pなどの文字と数字）を聞かないようにできるかどうか，見てみよう。私はこれを何回も何回も試みたが，できなかった。それを見るたびに必ず，その名前が聞こえてきた。私はそれを文字と数字としてしか経験できず，他の経験の仕方はできなかった。志向性が意識経験を持続させるもう1つの例は，実験心理学者が好きなあいまい図形に見られる。私のお気に入りは，アヒルかウサギかどちらかに見える図形である（図4-1を見よ）。これは，そのどちらでもないとは見えないし，また同時にどちらでもあるとも見えない。さらに，一方から他方への移行時間はまったくない。あるときにはアヒル，次にはウサギになっているのだ。

　さて，大多数の人が志向性の特徴をもつ意識内容を有するということは，哲学者が多くのインクをこぼしてきた問題であった。というのは，脳の状態（唯物論者が心的事象の原因として，あるいは心的事象そのものとして扱う）は，一見したところ，志向性をもっていないからである。電気生理学者の電極はまったく普通の電気のスパイクに出会うし，神経化学者の小瓶は完全に普通の化学物質で満たされている。我々はふつう，電気や化学物質が何かを代表したり，意味をもったり，そのもの以外の何かを表したりするとは考えていない。それではなぜ，我々は電気や化学物質が脳内をぶんぶんと飛びまわるのを発見しただけで，それらにいくぶん神秘的な特徴を授けるのだろうか？　同じことをいいかえればこうなる。物理学と化学の世界は因果律にしたがって動いている。これらの原理は神経系の活動にも完全にうまく当てはまる。人は感覚入力から脳を経由して行動出力にいたる因果的な連鎖を途切れることなくたどることができる。しかし，イベントやモノの意味は——最初は（第4章5節を参照）——因果的な分析にしたがうようには見えない。それは，単純に知覚されたイベントやモノに内在する特徴であるように見え，それに先行する因果的な連鎖がそれに意味を与えるのではないのである。

　この種の議論は，脳の状態と意識経験はどうしようもなく異なるという，ラジカルな結論を正当化するために使われてきた。脳の状態は志向性をもたない。意識経験はそれをもつ。ゆえに，意識経験は（どんな種類の）脳の状態とも同一ではありえない。この議論はしかし，「脳の状態は（明らかにそれと同一ではない）意識経験を引き起こす」という命題に対抗して使われる場合には，それほど強力ではない。当然のことながら，原因はその結果と非常に異なるものでありうるからである（実際，普通はそうなのだ）。それにもかかわらずそれは，脳の状態についての仮説から意識についての結論を演繹しようと真剣に試みるどんな神経科学理論に対しても，手ごわい挑戦となっている。ともかくこの理論は，志向性のマクロな特徴を，それを欠く神経のミクロな要素から，演繹（サールの用語法を使うなら）しなければならないのだ。

4 無意識的志向性？

　第2章では，デイヴィッド・ミルナーとメル・グッデイルの仕事にたよりながら，視覚系を2つの分離した部分に分けてみた。知覚システム（意識的に見ることに関与）と行為システム（ほとんどあるいは完全な無意識モードで，たとえば握るというような感覚運動的行動に関与）である。これと類似した区分が他の感覚についてもできるかどうかは，まだわかっていない。しかし私はそれができると仮定する。私は，脳の活動がいかにして志向的になるのかについての，最初の理論モデルのスケッチを開始しようとしており，このモデルを一般に適用可能なものにしようと思っている。それゆえに，この仮説——どんな感覚でも，知覚システムと行為システムに区別される——は，このモデルからの経験的な予測になる。このような予測をする能力は，科学と哲学との境界の目印になる。そして我々はこの境界の科学の側に立っているのだ。
　やはり第2章で見たように，視覚の行為システムは1つではなく，いくつかある。異なる行為サブシステム間の区分線は2重になっている。この区分は一方では解剖学的である。脳の異なる部分が損傷すると，視覚運動行為の障害も異なる形をとる。また他方では，機能的である。異なるサブシステムはそれぞれ異なる行動の終結点を目指している。たとえば刺激を中心視できるように目を動かし，手を伸ばし，物をつかむというように。これらの解剖学的および機能的な区分は，結果的にいっしょにして，実際には分離可能な視覚運動サブシステムという観点から考えていくのが合理的だということになろう。
　これらのサブシステムはすべて，第3章で論じた意味での自動制御機構（サーボメカニズム）と見なすことができる。どの場合にも，そのシステムが最小化しようとする被制御変数がある。中心窩と周辺視野の刺激との距離，腕や指の先端と手を伸ばす対象との距離，グリップの開きとつかまえる物の大きさとの差。これらの変数は，網膜から得られる視覚情報に，運動を指令する脳中枢からの運動情報と，筋肉が収縮するときの筋肉からのフィードバック情報を加えることによって，定義される。どちらの部類の情報も，意識的な気づきを伴うことなく，受理され処理される。私が判断できるかぎりでは，これらの視覚運動システムが，このサーボメカニズムの見解の直接的適用の限界を越える方法は，1つしかない。これは，そのサブシステムによって制御される諸変数の詳細なパラメータの，その時々の大きな変動性（「目標変動性」）に存する。それゆえにたとえば，人は大きさ，形，一貫性等々の大きく異なる多様な事物を，短時間でうまくつかまえることができるのだ。我々は意識的処理から得られる可能な貢献について議論するときに，脳の無意識のサーボメカニズムに現れる目標変動性に立ち戻ることにする。しかしながら，この問題はしばらくおいて，我々は視覚行為システムがストレートに1群のサーボメカニズムよりなるものとして，合理的に考えてよさそうである。
　そこで，志向性と意味について最初に問わねばならない疑問は，これらの概念が脳の無意識のサーボメカニズムのレベルでも既に適用可能なのかどうかということである。グッデイルの実験について考えてみよう。この実験では，被験者はグリップの開

きをディスクの実際の大きさにあわせて正しく調節した。このディスクは，視覚システムでは，ティチェナーの錯視（図2-4を見よ）の影響を受けていた。この実験では把握行動が無意識にコントロールされているという証拠がないので，これについて無理なくいえることは，意識の元型的なナラティブ（第2章）にしたがっていたのだろうということになる。すなわち，被験者はディスクを（より大きい，より小さい，あるいは同サイズの）ディスクとして見て，適切なものに手を伸ばして取り上げている。この行動が実際に無意識に行われるという知識に照らしてみるなら，こういう志向的な物いいはやめるべきなのか？　やめるべきだとすれば，それはどんな根拠に基づくのか？　その行動が無意識であるからか？　単純なサーボメカニズムに基づいているからか？　あるいはこれらの違いはどちらも密接な関係はなく，サーボメカニズムを志向性のあるものとして扱うべきなのか？　もしそうなら，このことは人間がデザインしたただのサーモスタットに至るまで，すべてに適用されるのか？

　これもまた，哲学者が盛んに論争してきた問題である。私自身はデレック・ボルトン（Derek Bolton）とジョナサン・ヒル（Jonathan Hill）が著書『こころ，意味，精神障害（Mind, Meaning and Mental Disorder）』の中で，サーボメカニズムの行動に志向性の言語を適用するのは素晴らしく意味のあることだと議論しているのに説得された。ボルトンとヒルは「機能的意味論」（この用語を，彼らは本書で採用しているのとよく似た立場を記述するのに，使っている）の中で，あるシステムが信号Sを環境条件Cのサインとして適切に「解釈」しているとどれほどいえるのかについて，以下の定義を示した。「もしSの受容が，そのシステムに，それがCである場合に適しているような反応を生じさせるなら，そのシステムは信号SをCのサインとして解釈していることになる」（前掲書，p.198）。この定義は，我々が今まで考えてきた類のサーボメカニズムに，すぐ適用できる。たとえば眼球運動システムは，網膜細胞の周辺刺激に対して，中心窩をその刺激源に適切に関係するように反応させるものとして，記述できる。明らかに，このような適用をする際には，「適切性（appropriateness）」をさらに明確にする必要がある。しかし我々は，原則的にこの明確化がいかに役立つかということのアウトラインを既に示した。眼球運動システムは，自然選択を通して，対象を中心視にもってくることを達成した。その理由は，対象を視力の一番よい中心視にもってくる能力が，このような働きをする眼球運動システムをもつ有機体の全般的な生存を高めることが証明されているからである。

　しかしながら，非意識的（non-conscious）なサーボメカニズムの活動に志向性という言葉を当てはめることに意味があるのかどうかは，ここで追求してきた議論にとってはさほどの重要性をもつわけではない。我々が関心をもつのは意識の問題である。非意識的なメカニズムに何ができ何ができないのかを，最初にはっきりと見ておく必要があるのは，その問題についての手がかりを得るためだけである。これらの非意識的能力の記述に使われる言語は，ここでは2次的な重要性しかもたない。しかし，「志向性」や「意味」などの用語が，完全に意識的な知覚表象に，そして，日常言語でこれらの知覚表象を指すのに使われる単語に，適用されているからといって，非意識シ

ステムの能力が「志向性」や「意味」などのパラダイム的なケースには適しないと考えて，その可能性を締め出してしまうのは，賢明ではなかろう。それゆえ，非意識的なシステムの明らかに志向的な能力を論じるのには，別の語彙をあてたほうが有益ではなかろうか。ステファン・ハルナッド（Stevan Harnad）は，このような能力についての卓越した議論（彼の1990年の論文を参照）の中で，「記号接地」〔シンボルグラウンディング〕〔訳注：記号システム内のシンボルがどのようにして実世界の意味と結びつけられるのかという問題〕という語句を使っている。この用語法に我々はこれからしたがうことにする。それゆえ，我々の疑問はこうなる。非意識システムのシンボルグラウンディングは，意識的な人間存在の志向性にどういう点で（それがあるとして）及ばないのだろうか？

視覚行為システムにはっきりと帰属させうるものは，次のものである。所与の視覚的サーボメカニズムは，①特定のフィードバック・ループの活性化に適した（網膜細胞の活動の変化という形での）環境入力を検出でき，②これらのループを活性化することができ，③フィードバック・ループの成功裡の完了を検出できる。したがって，少なくともある意味では，このシステムは与えられた入力を，ある種の環境イベントの存在を示すものとして扱い，それに対して「適切に」働きかけていく。このシステムはまた，その被制御変数の状態を他の視覚行為システムに報告することができる。それゆえ，たとえばこんなケースがありうる。視野の周辺で素早く動くもの（ハエとでも呼んでおこう）を中心視にもって来て，次には手を伸ばして捕まえる視覚運動系を活性化しながら，そのハエをたたこうと試みる。これらのシステムは視覚情報を中心窩から受け取ったときに最もよい働きをする。そしてこの情報は，眼球運動システムの事前の活性化の結果として，利用が可能になるのだ。これらのすべてが，視覚入力にも視覚運動行為にも意識的な気づきを伴うことなく生じるということを，思い出してほしい（第2章）。この気づきのない状態はこれらの活動がすべて終わるまで続き，最後にその結果が意識に入ってくるのである。

したがってそのときになって，ハエの，そしてそれをたたくのに伸ばした腕や手の，意識的視覚表象が存在することになるのである。この小さくて素早く動くものをハエとして，そして叩くべきものとして意識的に見ることは，志向性の問題に何かの実質を加えることになるのだろうか——無意識的視覚行為システムにおけるシンボル・グラウンディングに対して，既に提供されている説明以上の説明を必要とする何かを加えることになるのだろうか？　明らかに何か非常に重要なものが加えられている。すなわち，意識的視覚経験をそういうものにつくり上げるクオリア（質感；qualia）である——トム・ネーゲル（Tom Nagel）の有名な言葉によると，何かを意識的に見るということは，それはどのようであるか（what it is like）ということである。このクオリアの問題は，我々を意識の問題の核心に引き込む。しかし，今は適切に語れないので，後に持ち越すことにする。疑うまでもなく，クオリアは原則として（常にではないが。第18章を見よ）志向性の特徴をもっている。しかし，このような志向性の問題は，それを現出させるのがクオリアをもつシステムだという理由だけで，さらに解決が困難になるわけではない。したがって，クオリアによって提起されるさら

に困難な問題に取り組む前に，シンボル・グラウンディングと志向性の探索を継続することには価値があるのだ。

さらに，視覚表象と，視覚行為システムを活性化させる視覚入力との間には，重要な違いがある。後者はその命名にふさわしいシステムとして，行為と分かち難く結びついている。しかし，意識的な知覚表象はそうではない。もちろん，意識的知覚表象は行為の可能性を許容はしている。私はしばらく意識の中でハエについて考え，それから，それを叩こう（あるいは叩くまい）と決意するかもしれない。（私はここで，第2章で提示した意識の元型的なナラティブが，今までに論議してきたほかのケースよりも，行為の現実により緊密に適合しているケースを思い描いている。）しかし，視覚運動システムに対して私が適用してきたシンボル・グラウンディングの分析にとっては，単に行為の可能性があるというだけでは不十分である。というのも，これらのシステムの場合には，環境入力の「意味」が，この入力によってサーボメカニズムがうけおわされている行為に正確に基礎づけられているからである。しかし内省してみると，視覚表象の志向性は行為とそれほど緊密に結びついているわけではないことが，かなりはっきりしているようである。ここで，ピカソあるいはブラックのキュービズム絵画を数分かけて見させてもらうと，それは，今はギターに見え，次にはテーブルトップに見え，それから1枚の新聞に見える。しかし，こういう別の見方が弦をつま弾いたり，皿を並べたり，新聞を読んだりするような行為と結びつくわけではない。したがって，これがすべての違いを生じうる違いなのだ。というのは，視覚行為システムのケースにおけるシンボル・グラウンディングの分析は，（それが正確に行為に基礎をおいているので）そのグラウンドを離脱することのないことが示唆されているからである。

したがって，無意識的行為のシンボル・グラウンディングとは違って，意識的知覚の志向性は，直接にはサーボメカニズムによる分析に従わない。しかし，もっと間接的なこの種の分析なら適用できるかもしれない。志向性の重荷を無意識的処理のメカニズムに負わせる，ある種の分析の必要性が，以下の考察によって示唆されている。意識内容はふつう意識の内部で構成されるものではない。それよりもむしろ，それらは完成された形で意識に飛び込んでくる。そしてその完成形には，その志向的地位も含まれている。たとえば今一度，図4-1を見てみよう。あなたは耳をもったウサギか，くちばしをもったアヒルのどちらかを見る。耳とウサギ，あるいはくちばしとアヒルを意識して結びつけているわけではない。これらの動物は，あなたの意識に入ってきたときには，既に全体として形成されているのだ。しかし，意識それ自体がこのような志向的対象を構成しないのなら，この構成はデフォールトで無意識に達成されていなければならない。そして，もし実際にそうであるなら，志向性のメカニズムを探求せねばならないのは無意識の脳の処理の中だということになる（あいまい図形を，今はウサギ，今度はアヒルと見るのは，ほぼ完全に出来上がった志向性の1例だからである）。

実際，無意識的処理が，完全に出来上がった志向性の特質をほとんどもっていると

いう推測を支持するエビデンスは大量にある。このエビデンスの多くは，1991年公刊の「行動と脳の科学（*Behavioral and Brain Sciences*）」に掲載されたマックス・ヴェルマンス（Max Velmans）の論文にレビューされている。彼のあげている例は，広く多様な行動的および認知的な機能からとられているが，ここでは2つだけ示しておこう。

現代の「認知心理学」の創始者，ドナルド・ブロードベント（Donald Broadbent）の重要な仕事以来，人は一方の耳に提示された言語的材料には選択的に注意を払うが，同時に他の耳に提示された他の材料にはまったく気がつかないことが，よく知られている。きちんとした実験条件下では，被験者は注意を向けていない耳に提示された刺激材料については何も報告することができなかった。これは現在手に入る非意識的処理の最もよい実験的指標である。（しかし，意識的な処理を言語報告できることと同一視することには気をつけなければならない。これは，言語をもたない動物は意識的ではありえないという独断的決めつけ——私はこの結論を第6章1節で却下した——に等しい。）しかし，注意を向けていない耳に提示された材料が，それにもかかわらず，もう一方の耳で意識的に注意を向けた材料の解釈に影響を及ぼしうるという実験的証拠もたくさんある。

グレーガー（J. A. Groeger）によるこのような1つの実験では，被験者は，たとえば「彼女は自分の毛皮のコートに……を見た」というような文章を，注意を向けている側の耳で聞かされ，文章の空白部分に，「smug（キザな）」あるいは「cozy（暖かい）」の2語のうち1語を選んで，その文章を完成させるように求められた（図4-2）。同時に被験者は，注意を向けていない側の耳に「snug（暖かい）」という語を，意識の閾上か閾下か，どちらかで聞かされた。snugが閾値より上で提示された場合には，注意側の耳で聞いた文章を完成する語としては，smugの選ばれる確率が増加した（このタイプの効果を短縮していえば，snugがsmugをプライムしたことになる）。しかし，snugが注意を向けていない耳に閾下で提示された場合には，これはcozyをプライムした。この注目すべき結果からは，いくつかの重要な推測が導き出せる。第1に，snugの無意識的な分析は，smugよりもcozyをプライムしたのであるから，意味的なレベルでなされたはずである。このように語の意味が抽出されたということは，志向性が完全に出来上がっていることの1つの証明である。第2に，snugが気づきの閾値よりも上で提示されたときには，smugがプライムされたので，この語の知覚的（音声的）特徴に支配されていたはずだと分析される。したがって直感には反するが，無意識レベルの処理のほうが，意識レベルの処理よりも，より志向的であるようである。しかし反対に，snugという語を意識的に処理するためには知覚的側面が重要だということは，この本で採用された意識へのアプローチの中心的な特徴とよく符合する。意識経験はここではもっぱら知覚的特徴をもつものとして扱われるからである。あるいはこのポイントを少し変えて，そして，本書の後のほうでもっと広範囲な議論をするための準備として述べるなら，機能がクオリアを身にまとったとき，意識が作用し始めるのだ。

(a)
In her new fur coat she looked decidedly……
新しい毛皮のコートを着て，彼女は確かに……に見えた。

[SNUG] 暖かい

音韻プライム　　（smug, complacent）きざな，自己満足した
意味プライム　　（cosy, wealthy）暖かい，富裕な

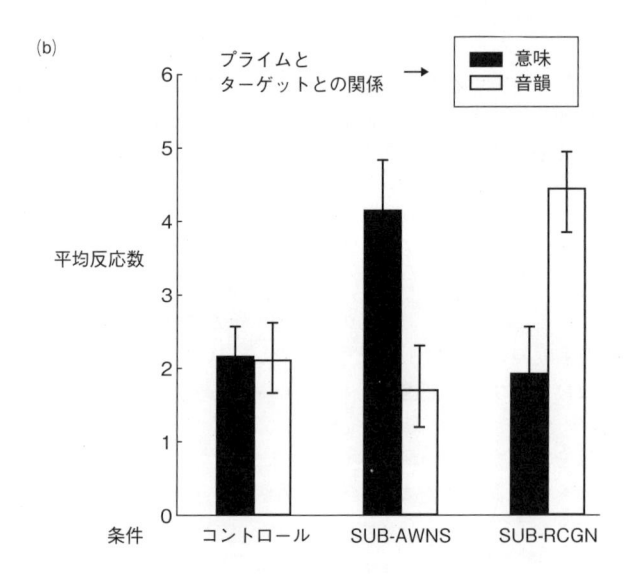

(b)

図4-2 グレーガー（1988）の実験。(a)文章完成課題の例。上段：被験者は視覚的に提示された文章の最後の空白を埋めるために，2語のうち1つを選ばなければならない。中段：被験者には同時に，語（snug）が聴覚的に提示される。このプライム語は意識的な気づきの閾値よりも下，あるいは上だが，認知閾よりは下である。下段：被験者が選択する2語。ここにはプライムと音韻的に類似した語（smug 対 complacent），または意味的に類似した語（cosy 対 wealthy）が含まれている。(b)コントロール条件（左）では，プライムが提示されない。この場合には，意味プライムも音韻プライムも同程度に選択されている。プライムが意識的な気づきのレベル以下で提示された場合（中央：SUB-AWNS）には，プライムと意味的に関連している語のほうが選ばれやすい。プライムが気づきのレベル以上ではあるが，認知閾以下の場合（右：SUB-RCGN）には，プライムと音韻的に関係した語が選ばれやすくなる。

　グレーガーの実験はしたがって，無意識的処理がいかに高度の志向性を示しうるかのよい例である。第2の例は聞いた語の識別に要する時間の長さの研究からとってきたものである。
　これは，順次長くなっていく語の断片を提示して，被験者にその語の再認を求めることで推定された。この語が文脈内で，すなわち普通につながったスピーチの流れの中で，提示される場合には，正確な再認には約200ミリ秒（1/5秒）かかった。この

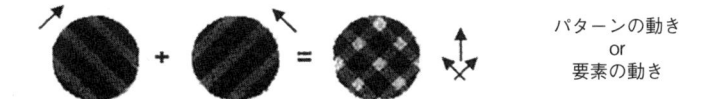

図4-3 要素的な動き（2つの格子が直交方向に重なってスライドしていくのが見える），あるいはパターンの動き（これらがいっしょになって1つの格子縞として垂直に動くのが見える）をつくるのに使われた動く格子。要素の動きか，パターンの動きか，どちらが見えるかは，格子の交わる部分の明るさ，格子の相対的な太さなどの要因によって変わってくる。

時間は2音素（スピーチを知覚できる最小単位）のみを提示するには十分に長い。ヴェルマンスによれば，

　2万の米語の辞書を考えてみると，最初の音素がわかれば，可能な語群は中央値1,033まで絞り込まれる。第2音素まで知れば，語群のサイズは中央値87まで，減少する，等々。このように感覚的分析（大部分はデータ駆動型処理）は語の識別に寄与する。しかし2音素の後は，まだ多くの可能な語（中央値87）が残されている。したがって，最初の2音素に基づいてその語の同定ができる被験者は，残されたどの語が正しいのかを決定するのに，文脈の知識を利用しなければならない（認知駆動型処理）。

　感覚入力と，スピーチ文脈の認知的分析との，この高度に精緻な相互作用は，「志向性」，つまり感覚入力が特定の語として聞こえることが，一体何なのかということである。しかし200ミリ秒は（他の研究から知られているように），意識的処理によって志向的な解釈を達成するには短すぎる。

　無意識的志向性を示しうるのは我々人間だけではない。驚くべき例が，ウルフ・シンガー（Wolf Singer）の実験室でなされたネコ研究の最近の実験に見られる。

　この実験は出発点として人間の視覚の報告を取り上げる。人間の被験者が相互に90度の角度をもつ2つの格子を見る。そして，この2つは格子の傾きに直交する方向に動いていく（図4-3参照）。ここで，格子の交差部分の明るさや格子の相対的な太さなどの要因によって，被験者は次の2つの知覚表象のうちの1つが見えたと報告する。第1は「透明運動」で，2つの格子がそれぞれの方向に動き，一方が他方にスライドしながら交差して，透明な重なりを生じるように見える。第2は「パターン運動」であり，2つの格子が1つの格子縞パターンをつくって，個々の格子の動きの中間の方向に動いていく（たとえば45度と135度方向の動きが一緒になって，垂直方向の動きになるのが認められる）。もし刺激条件が透明運動とパターン運動の条件間をスムースに変化していく場合には，知覚表象はある点で突然一方から他方に変化する。それゆえ観察者は，2つの別の格子が異なる方向に動いていくものとして刺激を見るか，それとも格子縞がいっしょに動いていくものとして見るか，いずれかに知覚的分類を行う。これは明らかに「志向的」な知覚と見なされる。ほとんど同じ刺激パターンが，今は一方，また今はもう一方と解釈されるからである。

シンガーはこの種の刺激をネコに提示して，動物の目の動きを観察した。その結果，ネコは人間の知覚報告とまったく同じように透明運動とパターン運動を区別していることがわかった。彼はまた，透明運動とパターン運動の区別かあいまいな刺激を提示しながら，ネコの脳内のニューロンの記録をとった。これによって彼は，一方または他方の知覚表象に特有の反応パターンの記録を識別できた。こうして識別されたパターンの決定的な局面は，視覚皮質の別領域に大きく離れたニューロンの同期的発火が含まれていたことである。この種の同期的発火は，脳が結合問題を解決する手段として，提案されてきたものである。これは上（第4章1節）で考察した問題であり，第15章でも再検討する。

　シンガーの実験はこの仮説に対して感動的な支持を与えている。視覚系内のニューロンはいわゆる「場（fields）」をもっている。この語はそれに対して反応するように調整された視空間の領域を指す。シンガーの実験では，ネコの視覚系の異なる領域のニューロンは，これらのニューロンがともに同じ面を取り囲む輪郭内に場をもっている場合には，同時に発火する。が，異なる面を取り囲む輪郭に属する場をもっている場合には，そうはならない。さて，透明運動とパターン運動の間の区別があいまいな刺激を使うときには，同じあるいは異なる面に属する視空間の領域は，視覚表象が反転すると，変化する。格子縞が垂直上方に向かって動くように見えるときに1つの面に共に属している2点であっても，相互に交差して動いているように見えるときには，もはやそうではなくなっている。人間の知覚の違いと同じように，パターン運動の知覚を生じやすい刺激条件下で同期的に発火したネコの脳内のニューロンは，透明運動を生じやすい条件下では発火を停止する。

　これらの実験はネコでも，そして実際にはネコの脳の働きにおいても，志向性があることを強力に示している。しかし，私は今までのところでは，シンガーの実験的設定の1つの重要な特徴を隠してきた。彼の神経記録は全身麻酔された動物でなされたということである。したがって，彼の実験が示したのは，ネコの脳の無意識的志向性だということになる。彼の動物が麻酔をかけられた状態だったということは，また，結合が脳の別領域にわたるニューロンの同期的発火によって達成されるという仮説に対しても，重要な意味をもっている。もしこの仮説が正しいなら，結合も志向性と同様に，無意識の脳が達成したものだということになる。

5　カテゴリー的表象に対するハルナッドのモデル

　無意識的な処理はしたがって，完全な志向性をもつことができる。ただし，志向性マイナスクオリアではあるが。しかし，もっとはっきりしないのは，いかにしてこの志向性が達成されるかである。我々が前に行った，サーボメカニズムの被制御変数による分析は，いま吟味した例——ウサギ・アヒル図，グレーガーの実験，あるいはスピーチの知覚——のどれにも当てはまらないようである。単純なサーボメカニズムの被制

御変数と完全に出来上がった志向性（マイナス クオリア）とのギャップは橋渡しできるのだろうか？　そして，無意識過程における志向性の説明が，他の生物学に，そして特に脳生理学にうまく適合するように，橋渡しできるのだろうか？

ハルナッドはまさにこれができそうな1つの説明を提案した。これは志向性を3層の階層間の相互作用から生じるものとして取り扱う。

① 最初のレベルは，ハルナッドのいわゆる「アイコン的表象——感覚面上の近刺激の相似体」である。もう少し詩的にいえば，彼はこのような表象を「対象があなたの受容器に投げかける影」と呼んでいる。より散文的にいえば，それらは私が単純なサーボメカニズムの被制御変数と呼んできたものである。しかしながら我々は，この種の表象を，物理学と化学の用語による感覚入力の記述の近くにとどめる命名を選択する。これは行動学者になじみのあるレベルの記述であり，その全盛期にはこれが唯一の許される呼び方であった。まさにアイコン的表象を仮定するなら，有機体は入力が同じか，違うか，あるいは多少とも似ているか，の弁別はできるが，それ以上のことはできない。ある刺激が特定のカテゴリーに属していると識別すること，すなわち志向性の出発点は，具体的にはこの能力を越えているはずである。このような識別が可能になるのはハルナッドの次のレベルになってからである。

② この階層をあがっていくと，ハルナッドは次に，分類（sorting）を助ける「カテゴリー的表象」を仮定する。ここまでは我々にうまく仕えてくれた単純なサーボメカニズムの見解を越え出るのは，このレベル1から2への移行においてである。しかし我々はフィードバックの見解を完全に置き去ったわけではない。というのも，レベル2は，正誤の選択に関して受け取ったフィードバックの結果として，あるカテゴリーの正事例と負事例を弁別する学習過程に依存しているからである。レベル2の「分類（sorting）」は，このフィードバックの結果として学習された行動である。分類が成功すれば，その行動はそのカテゴリーによって設定されたルールにしたがっているということができよう。レベル2の「カテゴリー的表象」は，中枢神経系内のニューロン・セット間の結合性にある。このような結合性は，フィードバックへの行動に，アイコン的表象を関係づける，パターンへの反応において変化する。いったん行動が成功すると，この結合性はその関連カテゴリーを表象しているといってよかろう。

ハルナッドがこれらの過程について1990年に記述したときに，存在していたかもしれない謎はいずれも，その後長く一掃されていた。それは，これらの過程がいわゆる「神経ネットワーク」によってすべて発動されうるからである。この神経ネットワークは（現実のニューロンのネットワークに基づく特徴をもつ）諸要素のネットワークをコンピュータ・シミュレーションしたものである。これらの要素は，最初はランダムな相互結合をもち，それらに結合している他の要素を，ランダムな重みをもって「発火」させる能力をもっている。これらの「ニューロン」は，典型的には，いくつかの層に構造化されている。このうちの1つは入力層（したがって「アイコン的表象」を受容する），もう1つは出力層（行動的反応を生じる）であり，さらにこれらの間に1つまたはそれ以上の「隠れた」層がある。ニューロンの結合はこれらの層内でも

層間でも生じる。このネットワークは，ある入力に対する反応としてのある出力が「正しい」か「間違っている」かのフィードバックによって「鍛えられる」。そして，このプロセスは何試行もくりかえされる。このネットワークはルールを備えており，このルールによると，1つの「ニューロン」を次のものに結合する重みは，その結合が各成功あるいは失敗試行においてアクティブであったか否かによって，変化する。このルールを一般的な形式で表記すると，「成功試行においてこの結合がアクティブになっていた場合には，重みは増大し，失敗試行でこの結合がアクティブであった場合には，重みは減少する」となる。これらのルールは，実際の脳内で生じることが知られている変化に基づいて構成されたものである。すなわち，特定のニューロンの結合がアクティブになった直後に，（報酬または罰をもたらすような）行動の成功が増減することによって，1つのニューロンが他のニューロンを発火させる効率に変化が生じるのである。フィードバックと結合の重みを変化させるルールの働きの結果として，出力（行動反応）は成功することが次第に多くなってくる。その頂点に近づいた段階では，ネットワークの要素間の最終的な結合状態は，ネットワークの出力の規則性に示されているように，そのカテゴリーのわかりやすい表象をもたらすことになる。こうして，たとえば神経ネットワークは，語や事物を非常に成功裡に識別するように，訓練されてきたのである。

　③　ハルナッドの階層の第3のレベルでは，レベル2で達成された行動カテゴリーに，ラベルが与えられる。我々は今や人間という種の中で泰然としていられるのは（レベル1や2をこのように限定する理由はないのであるが），このようなラベルの唯一知られている自然の例が，人間の言語における語やもう少し長い言語連鎖であるからだ。意識は人間という種だけに見出され，言語と不可分に結びついていると信じる人は多数いる。しかし，後で論じるように，これは本書の立場ではない。したがって，私はここではハルナッドの第3レベルにはあまり注意を向けないことにする。

6　志向性を生物学に適合させる

　我々の現在の目的にとっては，ハルナッドのレベル2が重要である。単純なサーボメカニズムを越えて，完全な志向性（刺激をカテゴリーCの1例として同定）に入って行くのは，ここにおいてである。前章で見たように，生物学は全体として，物理化学的法則とフィードバック・システムという，2つのクラスの概念を操る。これらの概念は相互に両立が可能であるが，一方を他方に還元することはできない。我々はまた，ハルナッドのカテゴリー的表象は謎ではないこと（それは直ちに神経ネットワークでシミュレートできる），そして，カテゴリー的表象の支える志向性は，必ずしも意識を伴わないこと（グレーガーの研究とスピーチ知覚の実験例に見られるように）も見てきた。したがって，本章で残された疑問はただ1つ——カテゴリー的表象とこれが生じる志向性は，他の生物学が打ちたてた原理を越えた，何か付加的な基本原理

を必要とするのか？——である。

　この疑問にアプローチしていく場合には，もう1つ別の疑問を立ててみるのがよさそうである。この種のカテゴリー的表象を必要とするシステムは，単純なサーボメカニズムとどう違うのか？　明らかにこれらは両方ともフィードバックを含んでいる。ここに含まれているフィードバックの間には質的な違いがあるのだろうか？　これらはまた，いずれも入力から出力への変換（「情報処理」）を含んでいる。これらは質的に異なるのだろうか？

　この2つのケースでフィードバックが作用する仕方には，少なくとも1つの潜在的に重要な違いがある。

　単純なサーボメカニズムの場合には，被制御変数に対する設定点（セットポイント）はふつう一定である。あるいは変化するとしても，狭い1次元的な範囲にかぎられている。たとえば眼球運動のサーボメカニズムは，視野周辺に最初に検知された刺激（特にそれが動いている場合には）と中心窩との間の網膜上の距離を最小にするように設計されている。この被制御変数の明細は，脳が正常に発達していく間に，眼球運動システム内に組み込まれていく。これらの発達経路そのものは，もちろん，ダーウィン的な生存と進化の結果として生じる。したがって，環境からサーボメカニズムへのフィードバックは，その時点での動作の有効性が示せるように，このシステムの作動中にのみ作動する。フィードバックは，このシステムや被制御変数それ自体の細部の決定に参与するわけではないのだ。

　対照的に，カテゴリー的表象の場合には，環境からのフィードバックはそれ自体が，入出力間の関係と，これに対応する仲介神経ネットワークの状態を設定する責任を負っている。なお，このネットワークは，このシステムが刺激Sをカテゴリー C に属するものとして分類するように作用するときに，働くようになる。これら2つの過程——カテゴリー的表象を仲介するネットワークの設定と使用——はしかしながら，時間的には切り離すことができない。このシステムは，関連する選択を行うときに，そしてその選択を行った結果として，最高のパフォーマンスに向かって漸近的発達を続けていく。しかしそれにもかかわらず，我々は同じフィードバック（ある出力が，関連カテゴリーに関して，正しいか間違っているかを示す）が2方向で作用すると見ることができる。第1にフィードバックは，ダーウィン的生存が眼球運動システムの進化に向けて発動（discharge）させる役割を，発動させる。第2にそれは，ネットワークがカテゴリー的表象を仲介して，その結果が成功か失敗かを示すフィードバックとして作用する。さて，フィードバックがカテゴリー的表象のために作用するこの第2の方向は，意識的な気づきなしに進行しうることを我々は知っている。たとえば先に述べたグレーガーの実験を思い起こしてみよう。この実験では気づきの閾下で提示されたsnugという語は，cosyに似た意味をもつものとして分類された。それは，その後の処理でsmugよりもcosyの方向にバイアスがかかったからである。フィードバックが——カテゴリーを設定するように——作用する第1の方向が，意識的気づきなしに生じるのかどうかは，まだこれから見ていかなくてはならない。この問題は第8

章（特に4節）で戻って論じる。

　フィードバックは，単純なサーボメカニズムの場合と，カテゴリー的表象の場合とでは，それぞれに異なる作用をするが，その第2の違い方は，その一般性の程度にある。単純なサーボメカニズムによって制御される変数は，そのサーボメカニズムにのみ有効で，その他のものには（あまり）適合しない。たとえば，グリップの開きと掴まえる対象の大きさとの差異は，把握を仲介するその視覚運動系にしか通用しない。これに対して，カテゴリー的表象を設定し，これを作動させるという両方に使われるフィードバックは，非常に一般的である。前言語水準では，このフィードバックは，直接的な生存価（ただし，価値はその設定前にはその関連カテゴリーとは無関係であった）をもつ限定された少数のイベントと緊密に関係している。このイベントは，たとえば，飢え，渇き，体温，痛みや不快，実際のあるいは潜在的性パートナー，捕食動物の近さ等々の変化である。これらのイベントは，非常に多様な異なるカテゴリー的表象の設定に対してフィードバックを提供する。このような「生物学的強化子」（報酬や罰）はカテゴリー形成に不可欠なわけではない。たとえば，十分に証明された現象である「知覚学習（perceptual learning）」には，種類の異なる視覚パターンへの単純反復接触（mere repeated exposure）のようなものも含まれる。知覚学習は次には，生物学的強化子との連合を迅速に学習させる基礎として，これらのパターンを用いる準備性を高めることが，明らかにされている。しかし，カテゴリー的表象を設定する際の単純刺激接触のこの役割は，これもまた非常に一般性をもつイベントなので，指摘された強調点を損ねるものではない。さらに重要な一般的フィードバックの起源は，社会的相互作用にある。若いサルは，ヘビが危険である（が，トカゲはそうではない）ことを，母親がそれを見たときの恐怖に歪んだ顔を見て，学習する。人間の言語はもちろん，社会的相互作用の有効性を非常に拡大する。我々人間にとっては，カテゴリー形成のための最も一般的なフィードバックは，「よい」や「悪い」，「正しい」や「間違っている」等々を意味する語からもたらされる。生物的，社会的，言語的な一般的フィードバック間の区分は，意識の問題にとっては，差異をもたらすような違いではなさそうである。しかし，カテゴリー的表象とその形成に対するフィードバックの一般性は，単純なサーボメカニズムの狭いフィードバックと比べると，はっきり違いがある。これもまた，第8章で再考する問題である。

　さらに，カテゴリー的表象と単純なサーボメカニズムとの違い方は，次元性にもある。単純なサーボメカニズムは，1つのタイプの物理的エネルギー入力でもって働く。たとえば眼球運動系にとっては，これは，網膜神経細胞に落ちた一定量の光によって引き起こされる電気化学的変化に存する。これに対してカテゴリーは，知覚のそれであれ言語のそれであれ，このように単一の感覚モダリティに限定されることはまずない。たとえばバラは，その特徴的な形，色，香り，あなたを突き刺すトゲなどによって認識される。神経ネットワークはこのようなモダリティの異なる複合入力を，原理的には，何の苦もなく処理できる。しかし多くの意識理論は，モダリティの異なる刺激の共起（conjunction）を，意識と緊密に関わるものとして，取り扱おうとする。と

いうのも，彼らは意識を，すべての異なる感覚が一緒になる媒体（medium）と見なすからである。したがって，もう1つの疑問が出現する。それは，モダリティの異なる感覚入力を同時的横断的に処理するのには，意識が必要なのかどうかである。しかし，これは当面そのままにしておく（第8章参照）。

　脳はサーボメカニズムとカテゴリー的表象において，それぞれフィードバックを実行しており，その実行法にはこれらの違いがあるが，どちらも前章で概説した理論生物学の一般モデルにうまくフィットしている。物理学と化学の法則に対して，彼らは多少とも巧妙なやり方で，結果による選択（カテゴリー的表象）を加えるとともに，この被制御変数を実行するためにセット・ポイントを設定するよう設計された機構（サーボメカニズムとカテゴリー的表象の両方を含む）を付け加えた。したがって，ポラーニによって自然選択と物理化学的法則とのインターフェースに役立つことが示された，同じ「2焦点」の見方（第3章）が，ここでもまた働いているのだ。我々は脳と行動の生物学と生理学の間の継ぎ目については，これ以上の対応はしてこなかった。ここで求められていたかもしれない問題提起は，還元すべきか，還元すべきでないかである。

結　論

　我々は本章で2つの重要な結論に達した。第1は，志向性は無意識に達成される過程にも付着しうる。したがって，志向性の特徴をより掘り下げて吟味しても，これ自体では，意識の難問の解決にはつながりそうにはない。第2に，物理学と化学の法則にサイバネティックスの原理を加えると，原理的には，謎を残すことなく，志向性と表象を調和させることができる。これらの結論はしたがって，無意識的な脳・こころの強力だが包括的な能力を越えて，意識それ自体が我々にもたらしてくれるものを，我々が自由に見られるように解放してくれるということである。

第5章

現実と錯覚

　志向性と意味という現象によって提起された悩ましい疑問は以下のとおりである。「脳の状態，たとえば私が牛を見たり聞いたり考えたりするときにはいつでも活性化される状態は，（こういう脳状態があるとしたら），世界の中のそこにある現実の対象（その牛）をいかにして表象することができるのであろうか？」私は前章で，ハルナッドの「カテゴリー的表象」という用語を使ったことによって，この疑問を招き入れるリスクを冒した。しかし私は，こんなリスクを冒す必要はなかった。というのは，第2章で，世界の中でそこにいると知覚される牛は，実際にはそこにいない。それは私の脳の中に構成されたものだ，と論じたからである。（疑惑を避けるために，弁護士ならこういうだろう。現実の外的な，しかし知覚されていない世界もまた存在する。この現実の世界はかなり確実に，その知覚された牛と多少とも緊密に対応する何かをもっている。しかし，人間が言及し伝達する牛は知覚されたものであると。）それがそういうものなら，表象についての疑問は出発点で阻止されてしまう。もし頭の中の牛（脳状態）が世界の中の（知覚された）牛とまったく同じ1つのものであるなら，一方が他方を表象あるいは代表することはできないことになる。

　この結論は非常にはっきりしており，わかりきったことのようにも見える。しかしなお，「表象（representation）」という概念は，これらの問題についての科学的および哲学的な議論で広く用いられている——実際，あまりにも広く用いられているので，私はハルナッドのアイデアを紹介したとき，この語の使用を避けることができなかった。それでは，この自明の理の受け入れを阻むものは何なのか？　このことは大部分，視覚が，他の感覚器官に対して，そして実際に人間の論理的思考一般に対してもつ，大きな支配力を反映していると考えられる。このこと自体は驚くほどのことではない。脳はその全能力の非常に大きな部分を視覚にささげているからである。しかし，意識の理解には，我々の経験の全体を当てにする必要があり，このことは単なる視覚以外の多くの情報源にも依存するということである。これらの他の情報源を考慮すると，我々の視感覚の清明さを曇らせる2つのポイントが明確になってくる。

1 外的世界の非現実性

　第1は，我々の感覚によって知覚される外的世界の現実性に関係している。我々が対象を見るときには，外なる世界をありのままに直接見られる開かれた窓をもってい

るという印象に圧倒される。それはもちろん、その印象が正しいという意味ではない。我々は夕日が海に沈むのを見るとき、太陽が地球の周りを回っているという印象にまさに圧倒される。普通の人が、地球が太陽の周りをまわっているというコペルニクスの天体運行に関する見解（地動説）を受け入れるまでには、長い期間を要したのも不思議ではない。今日ではもちろん、この見解は、少しでも科学的な知識をもつ人には、当然のことと受け止められている。まったく同じように、外的世界は脳によって構成され、脳の中に存在するという、反直感的な命題もすぐに受け入れられるようになるだろうと、私は信じている。

　さいわいこの命題は、視覚以外の感覚に適用される場合には、それほど反直感的ではない。たとえば誰も、バラの香りをバラと混同したりはしない。また、バラの香りを、そこからやってきてあなたの鼻孔内で嗅覚受容器を刺激する分子と、同一視することもないだろう。明らかに、バラの香りは、バラでもその分子でもなく、これらがあなたの心の中に創造した印象にすぎない。まったく同じ考察が、熱い炎に感じる痛みや、コンサートホールで聴く音楽にも当てはまる（第2章を見よ）。そして視覚は、これとは正反対のように見えるが、他の感覚と何ら違わないのだ。

　視覚以外の感覚について考えると明らかになる第2のポイントは、第1のポイントと密接に関係している。いったんあなたが現実に存在する牛（cow-as-it-really-is）を直接的（無媒介的）に知覚するのだという見解を捨てたとしたら、これに代わる魅惑的な見解は、脳内にある牛（cow-brain-state）も現実に存在する牛も両方とも存在し、前者が後者に「類似」、あるいは、前者が後者を「表象」していると考える立場になる。この思考路線に対する哲学的な障碍は、手ごわいものであり、よく知られている。それは直ちに明らかになるものに端を発している。あなたが牛についてもっている唯一の知識が脳内の牛であるのなら、これと、もしかしたらそこにいるかもしれない現実に存在する牛との、類似性を判断する方法を、あなたはもっていないことになる。したがって、前者が後者を表象するという主張は空虚なものとなる。

　この代案をとろうという誘惑は、視覚以外の感覚の場合にはずっと弱くなる。バラの香りはバラには似ていないし、その香りがバラを表象するということにもあまり価値はない。むしろそれは、その姿、不用心な指に刺さる棘の感覚等々の、知覚されたバラを構成している他の属性の複合的な感覚構成体が存在しているようだという信号（シグナル）である。そして、あらゆるシグナルがそうであるように、それは間違いやすいものである。周囲には香り以外にバラの属性は存在していなくても、ただ香水や香水をつけた女性がいるだけでも、あなたはバラの香りを嗅ぐかもしれない。この状況では、バラの香りは女性のシグナルにもなりうる。そしてこの香りと女性との関係は、原理的には、その香りとバラの姿との関係と違いがない。後者は（少なくとも庭や花屋にいる場合には）より信頼性が高くなるだけである。同様に、痛みはピンで刺すことと似ていないし、それを表象するわけでもない。弦楽四重奏のサウンドは演奏者や楽器や空気中に生じる振動とは似ておらず、表象もしない。だから、見た牛が現実に存在する牛と似ているとかそれを表象しているとか主張することには、大した

意味はないのだ。他の感覚の場合とまったく同様に，牛の視覚的な感覚は，今までに見た牛に対してもつすべてなのである。

　より有益なアプローチは，私の信じるところでは，あらゆる感覚モダリティのすべての知覚情報を，バラの香りの場合にしたのと同じように，シグナルとして取り扱うことである。シグナルは，それが伝えるものとの類似性も，それの表象（代表）性も必要としない。ギャングにとっては，警官が来たことを告げるホイッスルは，警官に似ているわけでもなければ，警官を代表しているわけでもない。むしろ，つかまらないように適切な行為が必要だというシグナルである。この例では，ホイッスルは「慣習的（conventional）」なシグナルであり，ギャングのメンバー間の合意によって定着したものである。シグナルとそれによって指し示される所記（signified）との間に固定した関係のないのが，慣習的シグナルに必要な特徴である。そして，ホイッスルが警官に似ていないのが，十分に自然なのである。同じ関係が知覚的シグナルの場合にも当てはまる。このシグナルは慣習によって変更することはできないが。感覚刺激は，安定して（完全とはいえないが）先行，同伴，あるいは従属する，他の感覚的イベントのシグナルになり，それらのイベントに適した行為を準備できるようになりうる。したがって，ベルベット・ドレスを見るということは，あなたがそれに触れたり，頭からかぶって着たりしたときに何を期待しそうかということのシグナルになるのだ。（このシグナルとしての知覚表象の分析は，多くのケースにかなり自然に当てはまる。しかし，しばしばそうであるように，音楽はその反対例を提供する。それは，言葉が添えられるようになった場合を除くと，何のシグナルにも表象にもならない——それはそれだけのものなのだ。この議論は第20章2節でも続ける。）

　ここで，シグナルとそれが指し示すもの（所記）との連合は，すべて等しくあなたの頭の中にあり，脳のいろいろな部分の細胞間の結合のパターンによって構成されていることに注目しよう。すると，心の中の何かがいかにして外の世界の何かに言及（あるいは表象あるいは類似）できるのか，という頑固な問題（何世代もの哲学者がそう認めてきたように）は生じなくなる。この問題の位置に，我々は脳内の1つのニューロン・セットが他のこのようなセットといかにして連合を形成するのかというもっと扱いやすい問題を，置き換えるのだ。先ほどの例では，バラの香りを構成するセットとその視覚的な見えを構成するセットとの連合や，ベルベットの見えを構成するセットと手触りを構成するセットとの連合ということになる。同じ論理は言語にも当てはまる。あなたや私によって話されたり聞かれたりした「ネコ」という語が，我々どちらにとっても外なる世界で動きまわる動物をいかにして指すのかという厄介な哲学的問題は，扱いやすい問題になる。1つのニューロン・セット（知覚されたネコを構成する）は，同じ脳内の別のニューロン・セット（「ネコ」という語を構成する）と，いかにして結合するのかという問題である。

　これらの問題の哲学的論議では，しばしばジョン・ロックにならって，「第1性質（primary quality）」と「第2性質（secondary quality）」の区別をしてきた。前者——主に形状，質量，運動——は，知覚者とは独立しており，真の外的世界の特徴とされ

ている。後者——音，色，味，香りを含む——は，観察者によって創造されるものとして受け入れられている。これは本書の立場とそれほど強く矛盾するものではない。本書の立場はしかしながら，第1性質もまた，知覚者の脳が構成したものとして扱っている。我々が外的現実に対してもつ唯一の接近法(アクセス)は，知覚とは独立であり（無意識的，サイバネティックス的に制御される，その現実との交流によらずに），究極的には自然科学に至るような類の合理的探究を通してなされることになる。それにもかかわらず，第1，第2性質間の区別は，生物学の事実に興味深い残響を残す。というのは，上で分析したもの以外に，第2性質はしばしば，しかし第1性質は稀に，シグナルとして働くという，第2の意味があるからである。

　自然選択は適応に寄与するために，同種あるいは異種のメンバー間のシグナルの通過に依存するメカニズムを，しばしば進化させてきた。その多くは，あれこれの第2性質を，伝達のメディアとして利用している。例はたくさんある。種の内部では，これらはしばしば性選択（sexual selection）に依存している。孔雀の尾の明るいパターン，メス猿の熱くなった赤い尻，あるいは小鳥の歌声などはよく知られた例である。種間では，花の甘い香りと明るい色は，受粉してくれる昆虫の強力な誘引物質になる。もっと近いところでは，熟したフルーツの赤や黄色は，我々を含む霊長類にその食べごろを知らせてくれる。この例は（次章で詳細に論じるが）特に教訓に富んでいる。ここには共進化の驚くべき過程が含まれている。フルーツはサルに取って食われることによって利益を受ける。サルが種をまき散らしてくれるからである。サルもまたよりよい食料によって利益を得ている。しかし，この関係がうまく働くためには，フルーツの表面がうまく色づくように進化するだけでなく，サルも完全に新しい感覚モダリティ——3色型色覚——を進化させなければならない。これが，今日あなたや私が多くの色を見られる理由である。

　したがって，フルーツの色は常にそこにあって見られるのを待っていたのではなく，それが見られる可能性をつくりだしたのは，サルの色覚との共進化だったのである。またこれは，孤立した例ではない。リチャード・ドーキンス（Richard Dawkins）が著書『ありえない山に登る（*Climbing Mount Improbable*）』で見事に記述しているように，花の色と香りは，同様に，受粉してくれる昆虫の適切な感覚システムとの共進化に依存している。こんな過程がどれくらい頻繁に起こったのかは，何ともいい難い。しかし，興味深い課題としてタイム・トラベルをして，生物が生まれる前の，草も木も昆虫も動物も存在しない，地球という惑星を訪ねたと想像してみよう。色，香り，味などの経験を生み出す可能性への途上にあるものがほんの少し，そして音も風，雷，岩の落下などによるものがわずかにあっただけであろう。というのは，今日の地球上では，これらの［感覚］モダリティで存続するものはほとんどが，1つの植物や動物から他のものへのシグナルの通過から成り立っているからである。

　それでは次に，我々自身の考え（第2章）にしたがって，あらゆるものの中で最大の錯覚を捨て去ることにしよう。それは知覚された世界が我々の脳の外にあるというものである（しかし——今一度疑惑を避けるために——まずは我々の脳の外に何らか

の現実世界が存在するという考えを受け入れてみる）。そこでこれ以後は，表象について語るのをやめることにしよう。

　もちろん，まだ大きな疑問は残されたままである。脳状態はいかにして，それが生起させる（あるいはその脳状態と同一視される）知覚表象に，明らかに神経系を構成する微小要素のもっていない志向性を，与えるのか？　前章では，我々はこの問題への答えを出すために，かなりの前進をした。そうすることで，意識的な処理に特有の志向性の諸側面を探る，グラウンドを狭めることができた。しかしなお，前章で我々が志向性をもつ無意識的処理に見出せなかった特徴が，ほんの少しだけ残っている。それは，(1)サーボメカニズムの被制御変数の設定（および実行）に使われるフィードバック，(2)一般的な強化子（生物的，社会的，あるいは言語的）によって提供されるフィードバックで，単一のサーボメカニズムに適した変数に限定されるフィードバックとは区別されるもの，(3)1モードよりも多モードの用語で特定される情報処理とフィードバックである。第8章ではこれらの特徴が，意識的処理の特殊機能に関して，有益な手がかりを提供してくれるかどうかをたずねていくつもりである。

2　錯覚のパラドックス

　しかしながら，まず，いくつかの未解決の仕事に立ち戻らなければならない。知覚された世界は脳によってつくられ，そこに宿るという結論を支持するエビデンスの1部は，錯覚という現象に見られる。しかし第2章の終わりで見たように，我々はもう1つのパラドックスを突きつけられている。ある経験が錯覚だという判断は，その経験それ自体が現実的なイベントである場合には，どうすればできるのだろうか？

　このパラドックスの解決法は，感覚および知覚システムのまさにあの多様性——これは我々が解決しようと奮闘してきた他の多くの謎を生んできたものである——に存在する。知覚された世界は脳がつくったものだという事実は，外なる現実の世界はないということを意味するわけではない——これはバークレイ派の観念論の論文ではない。現実の世界は存在するのだが，我々はそれを直接には知覚しない。しかし，我々は現実世界と継続的に，能動的に，そして無意識的に相互作用をしている。錯覚テストにだまされるのは，これらの相互作用の成果なのである。しかしながら，これらの相互作用さえもが，我々を現実世界に直接触れさせてくれるわけではない。これらもまた，感覚面における部分情報——これは脳内の部分システムによって独自の様式で統合されている——によって媒介されているのだ。

　錯覚におちいるのは，意識的な知覚システムである。無意識的な感覚処理における「錯覚」については，人は理にかなった話さえできない（エラーについてならできても，錯覚についてはできない）。意識的知覚システムは我々に，外なる世界を本物だという保証書付きであるかのように提示してくれる。その本物らしさが他のエビデンスによって疑われるときには，それを経験している被験者は，自分は実際に錯覚に直面し

ているのだという結論をもつかもしれない。それでも，錯覚そのものは持続する（たとえば図2-4を参照）。したがって人は，自分は錯覚を経験しているのだと自分自身を説得するかもしれないが，錯覚経験を斥けてしまうことはできないのである。実際，芸術やエンターテインメントがこれほど見事に錯覚を利用できるのは，知識や思考が錯覚を取り除くのに失敗するからである。映画における運動（馬が疾走し，列車が突き進む）の描写が，実際には静止画像の連続だということを，誰もが知っている。あなたのホームビデオではこの動きを思いのままに停止させることさえできる。また，画家がいくら器用でも，その画が現実に3次元の世界を現出したとは誰も信じない。しかしなお，この知識は——我々の楽しみにとってはさいわいなことだが——いかようにも錯覚を弱めないのだ。

しかしながら，錯視経験を修正できる状況がいくつかある。これらの状況の本質はパラドックスの解決——意識はそれ自身の現実を構成するが，それでもなお，時には錯覚に陥っていることを認識する——を与えてくれるかもしれない。

一連の古典的実験（スーザン・ハーレイ（Susan Hurley）が彼女の透徹した著書『活動する意識（*Consciousness in Action*）』の中で行ったレビュー；p. 285およびp. 346以下を参照）では，人がいろいろな種類の歪んだレンズあるいはプリズムのメガネをかけたとき，視知覚に何が起こるのかを研究してきた。これらは，網膜上のイメージの左右あるいは上下を逆転させる。最初はこれをかけた人の知覚経験は——動揺しながらも——逆になってしまう。厳密にいえば，これは我々が今までに考えてきた類の錯覚ではない。なぜならその起源は，脳が単独で行ったものにではなく，脳への正常な入力を妨げた実験者にあるのだから。にもかかわらず，この後に起こったことは非常に教訓的である。というのも，最終的には——メガネを数日間あるいは数週間かけ続けた後には——被験者はこれに順応して，世界が再び正常な方向で見えるようになったからである。

この順応の必要条件は，歪められた視覚環境との相互作用を徹底的に練習することにあるようである。左右の逆さメガネをかけたある被験者は，右側の本を左手で取り上げそれを右手の椅子に置くようにというような教示をくりかえし与えられた（ジェームズ・テイラーによる実験）。また別の被験者は逆さメガネをかけて自転車乗りをさせられた（アイヴォ・コーラーによる実験）。さて，このような感覚運動的相互作用は，もちろん，我々が第2章で考察した視覚運動行為システムとまったく同じ領域に属する。したがって，（結果的に）意識的視覚システムにおける錯覚経験を修正する「現実」は，無意識的視覚システムによって提供されることになる。しかしながら，あまりにも経験的なエビデンスが少ないので，この結論があらゆる状況とあらゆる感覚モダリティに一般化できるかどうかは，まだ確かではない。

それでは，「現実」はどこに置き忘れられたのか？　意識的なこころの構築物を越えたところに存在する現実の外的世界，あるいはイマヌエル・カントのいわゆる物自体（*ding an sich*）とは何なのか？

疑うまでもなく，物自体への最善の接近法は，自然科学の理論と発見によって提供

されている。しかしながら，感覚運動的サーボメカニズム——視覚運動行為システムはその重要な例である——もまた，必然的に，外的現実と緊密につながっている。しかしこのつながりは，種々の形式の物理的エネルギーによって引き起こされる感覚受容器の変化——網膜への光量子，鼓膜に対する空気の振動，嗅覚粘膜に対する種々の分子等々——にあるだけである。そして，これらの形の物理的エネルギーでさえ直接感じられるのではない。それらはエネルギーと受容器とのインターフェースにおいて，種々の複雑な変換を受ける。そしてそれらはさらに，それらが活性化させるサーボメカニズムそのものの働きによって変化させられる。さらに悪いのは，これらの変換の前でも後でも，それらは（科学的な分析によらずには）意識されえないのだ。

　意識が利用できるのは，無意識的メカニズムの活動に基づいて自ら世界を構成したものにかぎられ，今までに見てきたように，それは（時にまたある程度まで）修正が可能である。この種の修正は，しかし，しばしば必要がない。意識的知覚は大部分が，外部の現実世界に対する十分によい指針になるので，その中を進んでいくのにかなりうまく使えるものになっている。（もし我々が頼りがいのある無意識的感覚システムをもっていなかったとしたら，このことが真実だといえるかどうか疑わしい。）意識的経験と外的現実がよくフィットするように，観念主義哲学者バークレイは神を呼び込む。しかし，この物質主義的な時代においては，我々が感謝をささげねばならないのは進化である。

　我々はしかしまだ，意識のハード・プロブレムの核心にまでは到達していない。それは次章で行う。

第6章

クオリアに入っていく

　今までの議論の要点は，時に相互に矛盾するように見える2つの方向に向かっていた。1つの方向は，意識経験が自然科学にとっての難問（ハード・プロブレム）を構成しているということを，あなたに確信してもらうことであった。しかし，同時に私は，どれほど多くのことが無意識に作動する脳によって達成されうるのかを示すことで，この問題の範囲を漸進的に縮小していこうと試みた。これらの無意識的な達成は，さらにいえば，一般的な生物学の原則と何の矛盾もない方法で分析できる。それゆえ，たとえば第4章では，まさにこういう方法で，（無意識的）志向性の分析をすることができた。しかし今や，意識の問題の核心――クオリア（qualia）――へと進むべきときが来た。

　「クオリア」は「クエール（quale）」の複数形である。［訳注：日本語では単数，複数にかかわらず，クオリアと呼び習わしているので，以後は特に区別する必要のないかぎり，この慣習に従う。なお，「感覚質」「質感」などという訳語もあるが，ここではクオリアと片仮名書きしておく。］この語は意識経験の示差的な質的特徴を指すのに使われる。赤いバラの赤さや空を背景とした木の輪郭のような特徴，バイオリンで弾く高い「C音」，あなたが理解する言語の言葉の音声，あなたが理解しない言語を話す音声（したがって，別の語を区別することさえできそうにない），ベルベットの感触，シャネルの5番の香り，エスプレッソの味わい，肌に感じる日差しの暖かさやスチール製品の冷たさ，長く歩いた後の脚の疲れ，テニスボールを打ったときの腕の震えとラケットのパシッという音，恐怖や飢えの身体感覚，痒みやくすぐったさ，空想したバナナ，赤色のパッチを長く凝視した後で経験する緑の残効，（あなたが私と似ているなら）頭の中で一連のスピーチとして聞こえてくる「雨が降るのかな」という思考，誰かが，あなたが，あるいはあなたが頭の中で，歌うメロディ，昨夜あなたが見た夢の内容（おぼえているなら），そしてもしかしてたまたま経験するとすれば，幻覚。

　私はこのリストを無限に続けることができるが，ここまでのところで，あなたは多分私の意味するところをよく理解されたことと思う。すなわち，あなたがゾンビでなければ。このゾンビとは，人間とまったく同じようにふるまうが，どんなクオリアも経験しない存在の可能性を，カバーする意図をもって発明された哲学用語である。現在のところ，ゾンビが現実に存在しうるのか否かを誰も確信することができない。ということは，我々が意識の機能を理解できていないということの厳然たる実例である。すなわち我々は，どんな種類の（もしあるなら）情報処理や行動が，クオリアなしに実行できるかできないかを，推測できる理論をもちあわせていないということである。

私があなたに延々とクオリアの定義を述べても，あるいはその存在や本質に関する長々しく入り組んだ哲学的論争に入って行っても，あなたのクオリアの理解を加えられるとは思いにくい。しかし，いくつかの負事例をあなたに提示することによって，理解の増進を援助できるのではないかと思う。あなたが呼吸し，歩き，自転車に乗り，テニスボールを打ち，熱いものから指を引っ込め，文章を作り，他者の話した文章を理解し，1ページの詩を読み，思考を生み出すというような過程——これらの行為の過程はすべて，クオリアの助けなしに，発動される。確かに，これらにはクオリアが伴っている。しかし，クオリアは行為の過程を直接反映するものではない。クオリアはむしろ，行為の結果あるいは行為の引き金を反映しているようである。あなたの呼吸の結果としての胸のふくらみ，あなたの乗っている自転車のよろめき，熱いものに触ってあなたが指を引っ込めたときの痛み，あなたが話したり読んだり考えたりする言葉の音声などを感じる（あるいは聞く，見る）。

　したがって，第4章で展開した概念によると，クオリアはサーボメカニズムによって制御される変数を反映するのであって，サーボメカニズムがそれらを制御する過程を反映するわけではない。あるいはもっと身近な心理学用語で要約すると，クオリアは知覚的である。私はこの要約を非常に強い意味で行っている。クオリアはもっぱら知覚的[1]である。さらに意識のハード・プロブレムはもっぱらクオリアの存在の中にある。今までの数章で見てきたように，このような感覚運動的フィードバック・メカニズムの活動に基礎をおく感覚検出，感覚運動的行為，そして有意味な（志向的）カテゴリー抽出などを説明するのには，生物学の他の部門から借用したなじみ深いタイプの説明を使うことができる。まだ説明ができずに残っているのはクオリアだけである。この前線で成功すれば，ハード・プロブレムを解決することになるだろう。

　これは哲学における議論ではない（もっととんでもない形の哲学的なエラーを避けるために，哲学の情報を十分にもっておきたいとは思うが）。我々が求める成功は，経験科学の中にある。それを達成するためには，（他の自然科学とうまく連携することによって）クオリアについて知っておく必要があるだろう。

① クオリアとは何か？
② 脳はいかにしてクオリアを産出するのか？
③ （クオリアなどなくても，脳が志向性のレベルに達するほどの，非常に多くの複雑な操作を遂行できるのだとすれば），なぜ脳はクオリアを産出するのか？
④ クオリアは何をするのか？

---

1) 用語法についての警告。「知覚」は哲学では成功したあるいは真実の知覚を指すのに使われる。すなわち，現実の何かが世界のそこに存在し，これが知覚されているものなのだというケースを指して使われる。この用語法は，本書で採用されている構成主義者の立場では用をなさない。それは知覚された牛を世界内に存在する牛と同一視しているからである。いずれにしても，神経科学や心理学では，幻覚のような経験をも「知覚的」と記述するのが一般であるが，幻覚にはこれに対応するものが外的世界にまったくないので，「成功した知覚」になる可能性も存在しないからである。本書ではしたがって，「知覚」は，それが真実であろうがなかろうが，すべての感覚経験をカバーするものとして使用する。

⑤　クオリアはどのように進化したのか？
⑥　クオリアはどんな生存価を与えてくれるのか？
⑦　クオリアを産出しうるのは脳だけか？

　どんな理論も，現時点ではまだこれらの疑問のすべてに答えられる状況からは程遠く，また疑問の1つにさえ満足には答えられない。第7の疑問に対する回答は，ほぼ確実にその他の疑問に対する回答が得られるまで，待たねばならないだろう。なぜならば，意識の一般理論がない状況では，コンピュータ，ロボット，あるいは火星人がクオリアをもっているかどうかを見分けるための行動テストが存在しないからである。①-③の疑問は最も理解が難しそうである。疑問④-⑥はひっくるめていっしょに考えていくことになろう。クオリアが，ほかの方法では有機体にできないことを，可能にしてくれるものの存在を，我々が知ったとしたら，そのときにはこの機能の生存価が明らかになるはずである。

　我々はどこからか出発しなければならない。そして，第4の疑問が他のものより多少は扱いやすそうである。それは，クオリアがどんな付加的な機能（行動的であれ，認知的であれ）をもたらしてくれるかが明らかであるからではなく，むしろ（我々がくりかえし見てきたように），脳はクオリアなどなくても恐ろしいほど多くのことができるということを，実験的なエビデンスが示しているからである。このことは，そうでなければ非常に常識受けのする多くの可能性を，除外することになる。我々はたとえば，素早く活動し，自主的に行為し，あらゆる感覚モダリティの刺激を感受し，刺激の中から意味のあるカテゴリーを抽出し，情動的に反応し，問題を解決し，学習したり記憶したりするのに，クオリアを必要としない。（このリストのいくつかの項目については既に論じた。他のものについては後で論じる。そして，これらすべてが，マックス・ヴェルマンス（Max Velmans）の1991年の「脳と行動の科学（*The Brain and Behavioral Sciences*）」所載の論文に見ることができる。）

　それでは，クオリアは何をするのか？　さらにいえばクオリアは，今までにクオリアが進化するのに十分な生存価を与えられてきたはずの，どんなことをするのか？この疑問に対する可能な回答は，第2章（1節を見よ）で論じたように，意識的な気づきの遅延性（lateness）によって示唆されている。しかし，この回答（第7, 8章）にとりかかる前に，本章では2つのわき道に入っていく必要がある。1つは動物の意識，もう1つは随伴現象説である。

1　動物における意識

　復習のために。我々がイベントを意識するのは，そのイベントに対して行動的に反応する時間を確保して，しばしばその反応をやり終えた後である。このルールは，リベット（Libet）の有名な実験（第2章4節）が示しているように，自分自身の意志的行動にも当てはまる。我々は，脳が決定を下してから，その決定を意識するようにな

るのだ。このパターンはクオリアが投入されうる可能な用途の範囲を厳しく制限する。クオリアは明らかに，オンライン行動と呼びうるもの（現在ではあなたを交通事故から救ってくれ，大昔には祖先がライオンの胃袋に入ることから守ってくれたあの素早い反応）に必要不可欠なものではない。進化論的な観点からすると，それはかなり直接的に生存に寄与する，非常に多くの行動を排除してしまうのである。

　残存する非常に大量の生存価は，配偶者をかち取ることにある。そして実際，性選択が人類の進化に決定的な役割を果たしたと信じている理論家がいる。この線にそって考えてみると，メス孔雀がつがいになる前のオス孔雀に派手な尾羽根を求めるのと同様に，人間の女性は夫となる人に高知能やよい歌声を要求する。最近の人間の進化における知能や芸術的才能の急速な発達は，もしかしたらこのように説明できるのかもしれない。それはそうかもしれない。が，それはクオリアの進化にはほとんど役に立っていない。第1に，知能がクオリアに依存しているというエビデンスはまったくない。よりよい証明になるのは，歌とあらゆる芸術である。実際，これらはクオリアによるインパクトに，かなり特別に依存しているようである（第9章2節を見よ）。しかし，クオリアは芸術的経験にとっては不可欠であるかもしれないが，時に示唆されるように，芸術的経験が意識に生存価を与えるという見解は，あまりにも現実離れしていて，まじめに取り上げることはできない。

　この線の思考を拒絶する強い理由は，ほぼ確実にクオリアを人間だけに限定していることにある。私は前にこの限定に嫌悪感をもっていることを示した。この嫌悪が正当であることを示す時期が来たようである。

　我々はまだ，クオリアがなぜ，あるいはいかにして，特定の形式の脳の機能と行動に結びつくのかを知らない。しかし我々は，これらが安定してシステマティックに結びついていることを知っている。もし私が熱いものに触れてすぐ手を引っ込めたとしたら，私は確実に痛みを感じているはずである（その痛みが来るのは遅すぎて，手を引っ込めるのには間に合わないとしても）。これはほとんど誰にも確実に当てはまる（正常な痛感覚をもたない若干の人々を除けば）。もし我々がモルヒネのような麻薬性鎮痛薬を与えられ，この実験をくりかえしたとしたら，我々誰もがほぼ確実に苦痛感覚が減少すると報告するだろう（そして手をひっこめる速さもいくぶんか遅くなるだろう）。我々はラットやマウスに苦痛を感じるかと尋ねることはできないが，熱いものから離れるスピードを観察することはできる。齧歯動物は人間とまったく同じように麻薬に反応する。これらの動物がこのような反応をするのは，彼らの脳が人間の脳と同じように，麻薬に対する同じ受容器と，これらのリセプターに働きかける同じ体内麻薬をもっているからである。それでも，コペルニクスの観察後にも天動説を主張する人がいたのと同じように，人間だけが痛みを感じるのだと強弁できないわけではない。しかし，このような観察はすぐ容易に反復されうるので，こんなことをするのは節約の原理に反する。

　ここで，もう1つだけ例をあげよう。それは視野闘争という現象を利用したものである。立体鏡がその道具であり，これにより1つのイメージを一方の目に，そして

同時に別のイメージを他方の目に提示する（両眼分離提示）。このメガネで見ると，脳は通常2つのイメージを1つの視覚表象に融合しようと試みる。しかし，この1対のイメージの違いが大きすぎると（例としてプレート6-1(a)-(d)参照），融合はできなくなる。このような条件下であなたが意識的に見るものは，今は一方のイメージ，そして今度は他方のイメージとなる。2つのイメージ間の交替は大部分自動的であり，一方あるいは他方を一所懸命に見ようと努力しても，そんな努力はほとんど何の効果も及ぼしえない。刺激の特徴によって，一方（たとえば明るいほう，あるいはより鋭い輪郭をもつほう）がより長い時間見られるかもしれない。が，2つの間の交替そのものは持続する。

　これはすべて，人間の観察者に見たことを報告してもらうことで，明らかにできる。しかし，人間の観察者をサルに置き換えても，まったく同じ結果が得られる。動物は両眼に同一の刺激を提示され，立体鏡のイメージのうち一方（たとえばプレート6-2の星型）を見たときには一方のレバーを押し，もう一方（顔）を見たときには他方のレバーを押して，お気に入りのフルーツ・ジュースをもらうように，予備訓練を受ける。その上で，両眼視野闘争の条件下でテストすると，動物は知覚的に優位なほうを，今は星型，今度は顔というように（レバーを押して）「報告」する。しかも，サルが刺激の一方あるいは他方を報告する頻度は，人間が報告するのとまったく同じ刺激の特徴に基づいて行っている（プレート6-1(e)-(g)）。

　我々は経験科学の確率の世界を扱っているのであり，数学の確実性や哲学で望まれる確実性を扱っているのではない。したがって，ニコス・ロゴテティス（Nikos Logothetis）によってなされたこのエレガントな観察は，視野闘争実験においてサルに見られたこの交替が，同一条件下で人間が報告している2つの意識的視覚表象間の交替とまったく同種だとするのを，回避するような解釈がもしかしたらなされうるのかもしれない。しかし科学の節約の原理によれば，可能な場合にはいつでも，同じ観察は同じメカニズムで説明することが求められる。人間でもサルでも，視野闘争実験においては，報告（たとえば星型か顔か）が変化するとき，2つの目の網膜上の刺激パターンが変化するわけではない。人間の場合に報告されるのは，意識的に知覚された表象であることを，我々は知っている。このことはサルにも当てはまると考えるのが，節約原理にかなっている。

　さらに，人間の被験者の研究からは，ある瞬間に競合刺激のどちらが意識的に知覚されるのかの決定は，視覚的処理の流れの比較的中心点で，すなわち1次視覚皮質のV1領域（プレート4-1を見よ）の後でなされることが知られている。ロゴテティスの実験室でのさらなる実験では，サルについても同じ結論を導き出している。彼は視野闘争実験中のサルの脳の視覚システムのいくつかのポイントで，個別のニューロンから記録を取り出している。こうして細胞の発火パターンは，現在サルが見えたと報告する刺激と相関していることを観察した。すなわちある細胞群は，サルが顔だと報告したときではなく，星型だと報告したときに激しく放電し，また別の細胞群はこの逆のパターンを示した。このような発火細胞の比率は，視覚システムのより高次の領域

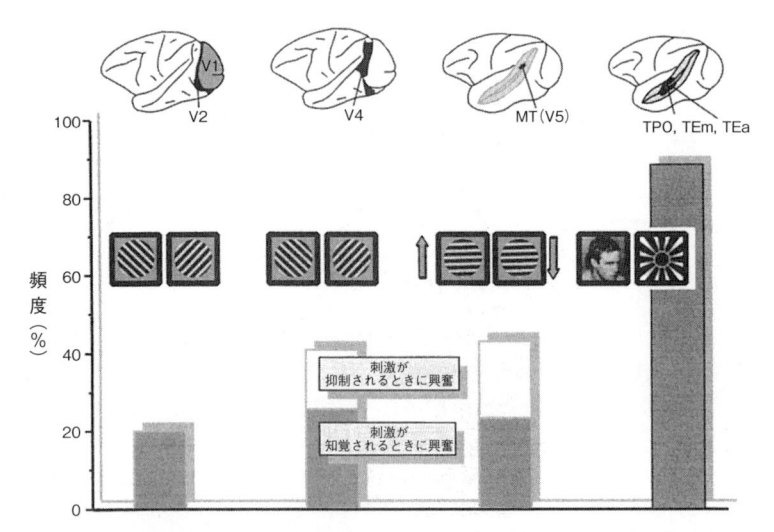

図6-1 両眼視野闘争実験における，そしてサルの視覚皮質における，知覚関連活動の記録（プレート6-1および6-2参照）。視覚システムでより高次になるほど（図の左側のV1/V2から右側の下側頭葉の領域へと進んでいくと），知覚関連神経反応の頻度が高くなる。Logothetis（1998）より。

まで逐次的に細胞の記録を進めていくと，上昇していった（図6-1）。さらに，これらの発火細胞はすべて，どちらか一方の目からの信号によって駆動されながらも，両眼性であった。したがって，視野闘争は，両眼の間の単純な交代のメカニズムを反映するものではない（このことは人間の被験者の知覚実験でも明らかである。プレート6-1参照）。むしろ，脳が既に完全に構成している2つの知覚表象（星型か顔か）のうちの1つの知覚を，何かしらその時々に選択しているのである。人間の場合には，この選択は意識的知覚に対してなされる。したがって，サルの場合には違うと考えるのは，偏屈だということになろう。

さらにロゴテティスの実験からは，志向性に関しても推論ができ，我々が第4章（4節；ウルフ・シンガーの実験の議論を参照）で引き出した結論を補強してくれる。思い出していただきたい。視野闘争の実験では，その全体を通じて網膜上の刺激パターンが一定であった。それにもかかわらず，サルは時には星形を時には顔を報告した。これはまさに哲学者が志向性の概念に含めた現象である。すなわち，外界からの一定の入力がこれとして，あるいはあれとして解釈されたのだ。それゆえ，サル（実際にはロゴテティスが記録したサルの脳のニューロン）は，シンガーのネコおよびその脳内のニューロンと同様に，志向性を示しているのだ。

これらの結果を，サルのクオリア（星型や顔の）にも，志向性（まったく同一の刺激パターンをこの，あるいはあの視覚表象として見る能力）にも帰属させずに，解釈しようと試みるのは，どんな天動説的神経科学であっても，実際には無理であろう。

そこで私は，以上および第4章で考察したあれこれの実例から，動物はクオリアと志向性をもっていると結論する。また，ロゴテティスとシンガーのやったような実験は，志向性を支える神経メカニズムの発見に向かって着実に進んできていると結論しよう。さらに，彼らはクオリアの神経学的基礎を発見する途上にあるということを付け加えることができればと思う。ただし，これは後で明確化しようと試みるより高いハードルになっている（特に第13章を見よ）。

2 随伴現象説

したがって，動物――少なくとも哺乳類（今までの短い議論ではこれに限定してきた）――はクオリアをもつ。こう考えると，多くの誤った先例を排除できる。意識はギリシャ人とともに始まったとか，意識には人間の言語が必要だとか，あるいはその生存価は（性選択によって）特に人間の知能や芸術的感性に寄与するところにある，というような示唆を，まじめに取り上げる必要がなくなるのだ。

しかし我々は，意識経験の機能，さらにはそのダーウィン的選択を媒介するのに十分な行動力をもつもの，を見出すことに関しては，なお謎を残したままである。我々は捕食動物を避けるのに必要な素早いオンライン行動の類（それは意識に入ってくるにはあまりにも早く生じる）に，その機能を見出すことには失敗した。また，メスのネズミ，ネコ，あるいはサルさえもが，番（つが）う相手の意識生活の質で，相手を選択しているのではなさそうである。それでは，我々はどこに置き去りにされたのだろうか？

我々は石を残らずひっくり返して調べるべきである。そうすると我々は，意識が実際には現実的な機能をもたないということ，すなわち単なる随伴現象にすぎないという可能性さえ，まじめに考えなければならなくなる。正直にいえば，この回答は非常に魅力に欠ける。しかし，これはいくらかの著名な思想家たちによって提唱されてきたものなのだ。

随伴現象とは，いわば因果関係に半分だけ関与するものである。それは影響を受けるが，それ自体はそれ以上の原因となるような影響力をもたないものである。アナロジー（トーマス・ハックスレーによって最初に提案された説明）がこの概念をよりはっきりさせてくれそうである。蒸気機関車における蒸気は列車の車輪を動かす原因になる。しかし，通風筒を通じて排出される過剰な蒸気が，シュッシュッポッポ（"She'll be Coming Round the Mountain When she comes"）のメロディを奏でるとしても，このメロディは，動力を与える同じイベントによって引き起こされるものではあっても，列車の動力供給には何の役割も果たさない。同様に，随伴現象説を説く人々は，意識経験は行動を駆動するのと同じ脳の過程によって引き起こされるが，それ自体はこの過程に何の因果的影響も加えないと仮定するのである。

この随伴現象説の立場は，極端に走ると，意識の因果的な影響をすべて否定する可能性がある。この場合にはくだらない道筋があって，ここではそれはあまりにもはっ

きりと間違っているので，どうして誰かがそんなものを信奉できるのかが理解しがたいほどである。まず，意識経験が何の因果的影響力ももたなかったとしたら，意識の問題に関する本は書かれなかったはずである。というのは，本を出版するのもその1つの効果になるからである。（哲学者は，意識経験をもたないゾンビなら，こういう本を書く行動的能力を発達させたかもしれないと考えてきた。しかし私は，こんな奇妙な空論にはつきあわないことにする。）もっと一般的には，言語も芸術的創作も，我々が知るかぎり，クオリアなしには不可能であろう（このポイントの論証は第9章2節までとっておく）。

　しかしこの随伴現象説の立場には，軽くは見過ごせない重要な核心が残されている。それは，どんな瞬間にもクオリアを生じると同時に他の機能を発動させるように見える脳内過程において，クオリアが果たす役割に関係している。そこで，テニスの戦いの例に戻ると（第2章），ウィリアム・ビーナスが妹のセリーナのサーブを，自分が打ち返した後でのみ見るというときには，この知覚は返球のストロークに対してどんな役割を果たすのであろうか（脳の無意識の感覚運動的機能によって完全に説明されているのに）？　この観点（あるとしたら，意識経験の「進行中の因果的効力」の観点；第9章3節参照）からは，随伴現象説の立場ははるかに魅力的に見える。蒸気機関車のアナロジーは，極端な随伴現象説と中核的な随伴現象の立場とを関係づけるのに役に立つ。列車がたまたま"She'll be Coming Round the Mountain"と汽笛を鳴らしながら通り過ぎるとしたら，あなたはこれについて所感を述べたり，口笛を返したりするかもしれない。そうすると，このメロディは因果的な影響をもつことになる。しかし，汽車に動力を与えることにはまったく寄与しそうにない。

　ステファン・ハルナッド（Stevan Harnad）は，2002年に出した論文で，随伴現象説の議論を，進化の文脈の中で特に力強く述べている。意識経験が何であれ，その経験はその他の生物学的な集合（stable）に対して，やや重要な補強を構成しているように見える。ダーウィン以来，生物学の重要な部分に対する標準的な反応は，その生存価がどうなのかを尋ねることであった。そして実際，それがまさに本節で意識について尋ねていることである。さて，ある特徴が個人の，①生き続ける機会や，②より多くの子孫を残す機会を増大させるならば，生存価は高められることになる。それゆえ，脳はその機能を強化し生存価を高める一連の遺伝的突然変異によって，影響を受けると仮定しよう。そしてまた，これらの突然変異は同時にいくらかの新形式の意識経験へと導くとも仮定しよう。生存価を高めるためには，（個人は捕食者から逃れるためにより速く走り，よりうまく番いになれるように等々の）行動の変化が必要である。これらの変化は（ハルナッドの議論によると），新しい突然変異から生起する脳の過程とその行動への出力によって，すべて説明できる。それゆえ，随伴する意識経験はそれ自体が生存価の増強に寄与するわけではない。それらは便乗してやってくるものなのである。

　1つの具体例がこの点をはっきりさせてくれるかもしれない。多くの哺乳類は完全な3色型色覚（trichromatic color vision）をもっているわけではない。上に述べたよ

うに，霊長類以下の哺乳類が（少なくとも）クオリアをもっていることを受け入れたとしても，これらの動物は多くの人間よりもずっと色の種類の少ない世界，あるいは黒白灰色の（我々が夜間に見るような）影の世界を見ているはずである．3色型色覚は哺乳類の系統の中でも霊長類のレベルで進化した（ただし，非常に豊かな形の色覚は，たとえば鳥やハチなどを含む別の系統でも進化している）．霊長類における色覚の進化は，網膜に，スペクトラム上の赤緑部分の波長によって光を分類する新しいタイプの細胞と，色覚に特化した視覚システムへの新しいモジュールとを加えることによって，可能になった．このような発達によって，サルは異なる色彩をもつ面に対して異なる反応をする能力（たとえば緑の葉の背景から赤く熟れた果実を取る）を獲得し，それによって食餌が改善された．このような発達は生物学，生理学，そして行動学の標準的な理解の範囲内で，すべて説明できるし，たぶん完全な説明さえできる．この説明には，クオリアへの言及を加える必要はまったくない．しかしなお，人間と他の霊長類が進化において緊密に関係していることを考えると，サルにおける色覚の発達は，赤，緑，オレンジ，黄色等々の，我々がもっているのと同じクオリアの発達を伴っている可能性がある．それでは，これらのクオリアはこの仲間にどんな生存価を加えたのか？　何も加えなかったのなら，ハルナッドの論じるように，これらは随伴現象にすぎなくなる．

　我々が随伴現象説の道を進んで行きにくいのは，純粋に経験的であると見えるかもしれない．確かに，我々はもう少し待って，もう少し研究を進めれば，誰かが意識の生存機能を見つけ出してくれそうにも思える．実際，私は次章でまさにこういう機能を提案するつもりである．しかし，問題はもっと深いところに入っていく．意識経験が脳の活動の結果だということは，今や誰もが当然のことだと認めている．二元論——意識は別の「心的」領土を占有しているという見解——は絶滅寸前である．それゆえ，意識に関する機能が見出されたとか提案されたとかいう場合に，常に仮説されるのは，意識経験を随伴する（あるいは広く認められた見解では，意識経験と同一の）脳過程が存在する，ということになる．これらと同じ脳過程が，一見閉じた自然科学の世界に参入してくる．これらの脳過程は脳内の他の過程によって（そして，感覚器官を通じて環境から受容した関連入力によって）引き起こされ，次の脳過程に，（そして，筋肉と腺への出力によって）行動へと導かれていく．この連鎖の中には，意識経験からの追加的な貢献を受け入れる余地などどこにもなさそうに見える．そして，この連鎖にギャップがあったとしても，意識経験が，連鎖の残りの部分の作用の仕方と矛盾しないように，その穴を埋めるのに貢献しうるような方法は，今までに誰も提案してこなかった．それゆえ，これは単なる経験的な困難ではなく，概念的な困難でもあるのだ．これがハード・プロブレムの一部になっている理由である．

　したがって我々は，大切にしてきた仮定のどちらかを選択しなければならないという困難に直面してしまったようである．

　もし我々が随伴現象説とともに歩むのなら，我々は自然科学的アプローチ一般と，特に自然選択を，捨てねばならなくなる．一般に，標準的な科学的世界観では，ある

クラスの実体が，他のクラスの実体との因果的相互作用から完全に手を引くなどという余地は存在しない。そして特に，どんな意味のある生物学的現象も，自然選択の枠組から離れては成立しえないのだ。

意識経験が他の生物学的現象（そして特に脳過程と行動）との因果的な相互作用に完全に参加するべきだと要求する場合には，我々は脳機能と行動を，現存する神経科学と心理学の概念的枠組み内で，完全に説明しきれるという前提を，捨てなければならない。さらに悪いのは，現代の意識論では二元論を拒否することが大きな勝利だと広く認められているにもかかわらず，この思考路線をとると，その二元論に逆戻りする危険性があることである。このような二元論への回帰を調節する必要のある概念的革命は，激震的なものになるだろう。

このジレンマに直面して，私は現在のところ，好みをいう以上のことはほとんど何もできない。意識経験が蒸気機関車の汽笛のメロディのような随伴現象であるなら，科学的にはそれ以上にはいうことがない。したがって，随伴現象説をとるのは，このハード・プロブレムに降参する1つの方法である。しかし，あきらめるのはまだ早すぎる。科学がこの問題を真剣に考えるようになったのは，この20年ほどにすぎない。意識的なイベントの因果的なパワーを見出すことは，容易ではないだろう。しかし，研究は続けられるべきである。そしてその結果，二元論に引き戻されるのなら，それもありだろう。

しかしながら，状況はそれほど悲惨ではないかもしれない。第4章2節で概観したサールのモデルはこのジレンマから脱出する可能な道筋を示してくれている。これは意識経験を，脳を構成する「ミクロな要素（micro-elements）」（神経細胞等）の特徴に完全に依存する，「マクロな特徴（macro-property）」として取り扱う。このマクロとミクロの関係は，事物の固さが，その物を構成し相互作用する原子の物理的な特徴に依存しているのと同様だと見なすのである。物の固さは，原子レベルの特徴を越えた別の因果的特徴をもつわけではない。しかし，テーブルやバター容器などのもつ様々な程度の固さは，あなたが熱いお茶の入ったカップをその上に置こうとするときには，非常に異なる因果的影響をもつことになる。意識も結果的には，固さが相互作用する原子に関係しているのと同じように，相互作用する脳細胞の特徴に関係していることが示されるかもしれない。この場合には，随伴現象説の罠から脱する，概念的に首尾一貫した方法をもったことになるだろう。しかし，サールのモデルは今のところ白紙の小切手であることを思い起こそう。脳細胞の特徴がいかにして意識の特徴を生じさせるのかについては，今のところ誰も理論構成に至ってはいないのである。

第 *7* 章

意識の生存価？

　第2章1節で述べたように，意識経験の生存価を説明する場合には，意識経験は，それが随伴する行動に比べて，遅進的であることを尊重しなければならない。意識の機能に関する現存する提案は，ほとんどがこの制約を無視している。その結果，エビデンスによれば，意識が働き始める前に無意識に発動されている機能を，意識の役割の中に取り込んでいる。したがって私は，ここではこんな提案は考慮しないことにする。そのかわりに，私自身が1995年に「行動と脳の科学（*Behavioral and Brain Science*）」に発表した提案──その出発点で意識経験の遅延性をはっきりと取り上げたもの──に集中することにする。

　この説明によると，意識経験によって発動される主要な機能は，「遅延性エラー検出器（late error detector）」のそれである。この説明では，意識経験をもつことで果たされる目的は，既にオンライン行動が生起した後で生じるのだ。しかし我々はまた，意識内容を構成している間（数百ミリ秒）に，脳が何をしているのかの説明も必要としている。私の1995年の論文は，まさにこの問題のこの側面を扱ったものであった。ここでは，脳がその瞬間その瞬間のベースに基づいて次に何が起こるべきかを予測し，この予測からのズレを検出する「比較器システム」の役割を果たすのだという提案をしている。この仮説は現在も正しい軌道上にあるようだが，今は補足が必要だと思う。特に，意識によって構成された知覚世界は，無意識の脳によって生じた感覚運動的相互作用とは異なっており，その違い方を考慮に入れる必要がある。本章ではしたがって，私は3つの観点からこの仮説の輪郭を描いてみる。まず，意識経験の遅延性エラー検出という機能に関する提案を示す。次に，この機能の発動に必要なコンパレータ・メカニズムについて概観する。そして最後に，無意識的感覚検出とははっきり異なるものとして，このコンパレータ・メカニズムを，意識的知覚の本質に関する一般理論によって提供される，より広い視界に位置づけてみる。

1　遅延性エラー検出

　第6章で結論したように，ネズミや猫のような動物も人間同様の意識的な生活をもっているとするなら，我々は，それ相応に基本的で系統発生的に古い，意識の生存価を探す必要がある。我々はこの生存価をオンライン行動の直接性に見出すことはできない。というのも，意識は後からやってくるからである。しかし，それはほんの100-

200ミリ秒遅れにすぎない。意識がやってくるときには，それは特に新奇性とエラーが関係しているようである。予期しないことは，得体のしれない様相をもっているので，意識にアクセスされるチャンスが特権的に高くなるからである。したがってここでの提案は，意識は遅延性エラー検出器として働くということになる。

　私の意味するところを2つの例で示そう。

　第1は痛みに関係している。痛みは，いろいろな意味で，外的世界の実体（痛みが指し示している，たとえば手足などの場所以外）の表象によって，あるいは概念的複雑さによって混乱をしずめられる，典型的な意識経験である。痛みが生じると，そして特にそれが強いと，それは経験を支配して，他のあらゆる意識内容を排除してしまう。それは，その基礎となる生理学が実際にそうであるように，系統発生的にいって古代的と感じさせる，原始的な切迫性と単純さをもっている（第18章参照）。それでも，それは他のクオリアと重要な特徴を共有している。それはやってくるのが遅過ぎることである。痛みが感じられるよりもずっと前に，手は炎から引っ込められている。したがって痛みは，潜在的な損傷の発生源からのオンライン退却という目的には役に立たない。それは無意識に達成されるのだ。もう1つは，痛みが退却に導く行為をリハーサルするのに役立つということである。いいかえれば，あなたは手を炎に近づけすぎる，（無意識に）手を引っ込める，それからあなたは痛みを感じて，その結果，炎にあまりにも近くに，そしてあまりにも不用意に近づけすぎたと，その行為を振り返る。この過程の進化的な利益は，今度同じような状況が巡ってきたときには，同じエラーをする可能性を減少させる（その結果，生存のチャンスが増大する）というところにある。これが，私が「遅延性エラー検出」と命名した過程である。

　第2の例として，テニスゲームに戻ろう。セリーナ・ウィリアムズは今ビーナスのサーブを丁度受けて，打ち返そうとしているところである（すべて無意識になされる）。が，今回はボールを見失ってしまった。第2章の議論にしたがえば，これはすべてイベント後に意識の中で「再生（リプレイ）」されるものである。しかし我々は今や，このリプレイを目的にかなうものと見ることができる。これによってセリーナは，どういう間違いをしたのか，そして（必要で可能なら）次には同じエラーをくりかえさないように対策を講じることができる。我々はテニスをするために進化したのではない。しかし，同じ遅延性エラー検出のメカニズムが，我々の祖先が炎や捕食動物を避ける技能を完成させるのを助け，今はもっと楽しい用途にも使うことができるのだ。

　ここで我々は，「やった！」と喜んで，帽子を空高く放り上げたい誘惑に駆られる。我々はやった。意識の生存価を見出したのだ。しかも，それは時間的な事実にも適っている。しかし，注意。2パラグラフ上の私が傍点を付したフレーズを見ていただきたい。これは意識に原因としての役割を与えるものである。あなたが自分の行為を振り返るのは，痛みの結果においてである。うん，そう，もちろん，それが正確にどう感じられるかということなのだ，そうではないだろうか？　それが，本書のような本では非常に簡単に——そして非常にしばしばなされるのだが——最初にハード・プロブレムについて述べ，それからそれをカーペットの下に滑り込ませてしまう理由なのだ。し

かし，我々がこれを試み続けようとするときには，ステファン・ハルナッドが現れ出てきて，まったく正当に，それをもう一度引きずり出そうとする可能性が高い。というのも，意識経験が，正当な生存価を備えているように見えるか否かにかかわらず，いかにすれば，それが随伴する脳過程の影響とは別の，それ自体の因果的影響をもちうるのかを，我々が今のところ理解していないからである。これがハード・プロブレムの中心的な特徴である。それゆえ私は，これをカーペットの下に滑り込ませる誘惑を排除して，むしろ今はそれを空中にぶら下げて，よく見えるようにしておこう。

2 コンパレータ・システム

　正しい状態がどのようであるべきかという期待さえあれば，システムはエラーの検出ができる。この定式化は，人間が言語で表現できるようなはっきりと意識的に経験される類の期待を意味するわけでは決してない。結果を予測し，その結果を予測と比較できる機械的な実行システムが一般である。たとえば誘導ミサイルがどのような方法で，移動する標的の軌跡を推定し，それとミサイル本体のコースとの距離を最小にするように調整しながら，本体のコースを変化させていくのかを，考えてみよう。実際，予測（望ましいセットポイント）と予測との比較（フィードバック）は，あらゆるネガティブ・フィードバックのサーボメカニズムにとっては不可欠の特徴である。このような「比較システム」の生物学的な例はたくさんある。たとえば対象に手を伸ばしてつかむということは，図2-4で例示したグッデイルの実験で研究されたように，手を伸ばす対象の位置，伸ばした手の位置，対象の大きさと現在のグリップの開き等々の間の関係の連続的な比較が必要である。それゆえ，環境の新奇な側面が意識に入り込むのは，このようなコンパレータ・システムの作用の結果だと仮定することには，何の目覚ましさもない。このシステムの作用はそれ自体無意識でなければならないことにも，注目しておこう。我々は通常，環境の中のある要素が新奇であったり予想外であったりすることに気がつくのは，そのものに気づくのと正確に同じ瞬間である。したがって，その要素の新奇性は，我々がそれに気づく前に計算されていなければならない。

　たいていの脳のコンパレータ・システムは——たくさんあるのだが——カプセル封入されている。すなわちそれらは，手を伸ばしてつかむという例に見られるように，ただ1つの限定された機能を果たす。私が意識について提案したコンパレータ・システムは，しかしながら，もっと多くの一般的な活動範囲をもっている。このことは，意識経験が広範囲に及ぶ多モード性をもつことから来る，不可避の結果である。我々の意識的な気づきは，それが視覚的，聴覚的，嗅覚的等々何であれ（あるいはあれこれの感覚のどんな結合であっても），どんな瞬間にも最も予期せぬものに「鷲づかみ」にされる。この多様な新奇要素を意識に注ぎ込むコンパレータは，これに対応して，何でも包容できるものでなければならない。私はこのようなシステムに求められる情

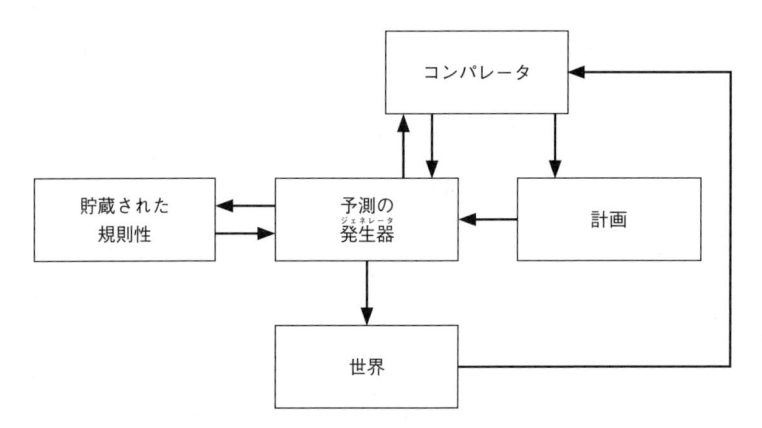

```
                    ┌─────────────┐
         ┌─────────→│ コンパレータ │←──────┐
         │          └─────────────┘       │
         │            ↑      ↑            │
         │            │      │            │
┌──────────┐      ┌─────────┐      ┌──────┐
│ 貯蔵された│←────→│  予測の  │←────│ 計画 │
│  規則性  │      │  発生器  │     └──────┘
└──────────┘      │ ジェネレータ │        
                  └─────────┘             
                       │                  │
                       ↓                  │
                  ┌──────┐                │
                  │ 世界 │────────────────┘
                  └──────┘
```

図7-1 コンパレータ・システムがうまく機能するのに必要な情報処理の種類（詳細は本文を見よ）。Gray & McNaughton（2000）より。

報処理能力を捉えようと試みてきた。そのスケッチが図7-1である。私はまた，その機能を発揮する脳の特定領域について，いくつかの示唆を行った。これらについては，さしあたり，ちょっと見るだけにとどめておく（しかし，第14章を見よ）。

　図7-1に描かれたシステムの働きを理解するためには，まず時間を量子化する——すなわち，連続する離散的な瞬間を単位として考えていく——必要がある。このような瞬間を t と，そしてその次の瞬間を $t+1$ と呼ぼう。この瞬間の持続時間は1/10秒（100ミリ秒）のオーダーとする。この時間は，コンパレータ機能を発動させると仮定される神経メカニズムの，いくつかの生理学的特徴から割り出されたものである。このシステムの全体的な機能はしたがって，時間 t においてこのシステムが利用可能な情報に照らしてみたとき，時間 $t+1$ に知覚される世界がどうなっているかを予測すること，それからこの時間 $t+1$ における世界の現実の状態をこの予測と比較して，それが対応している（世界は予測したとおり）か，それとも対応していない（予測と違う）か，を検討することになる。もっと詳しくいえば，このシステムの作用は次のとおりである。

① 時間 t において，世界の現状を記述する情報が脳の感覚系によって（無意識のうちに）受容され分析されたちょうどそのときに，このシステムはその情報を取り入れる。これらのシステムは主に脳の新皮質の後方にある感覚領と，視床と呼ばれる脳の中央の領域を占めている。したがって有益なラベルとして，私はこれらを「視床皮質感覚システム（thalamocortical sensory system）」と呼ぶことにする。さて，第4章で見たように，この無意識的な感覚分析は志向性のレベルにまで進みうる。したがって，この段階ではまだ何も意識に入ってきていなくても，我々は感覚分析の結果を，完全に意識的で多モードの知覚になりうる表象を成立させるものとして，思い描くことができる。たとえば，暖かい陽ざしの中で匂い

立つような赤いバラが微風に揺れ，近くの木では小鳥がさえずっているというように（もっと推敲したかったら，どうぞご自由に）。

② このシステムはまた，脳自体の「運動プログラム」や「計画」に関する情報をも受けとる。あなたが次に何をしようとしているかを考慮に入れることによってのみ，脳は次にあなたが何を知覚するかを予測できるのである。

③ このシステムはさらに，記憶貯蔵庫に蓄えられている情報をアクセスできる。これらは，被験者の歴史における過去の規則性に基づいており，ここから連合が抽出され学習されるのである。このような規則性は，たとえばイベント間（e.g. 稲妻に続く雷鳴)，あるいは，行動とイベントの間（e.g. スイッチを押すと，電灯がつく）の，いろいろな形の予測的関係をとりうる。

④ これらの情報源を一緒にすることによって，このシステムは世界の状態が $t+1$ の時点でどうなっているかを予測できる。言語的に表現すれば，この予測はこんなふうなものになろう。「私が今いるのと類似した世界の状態にこの前にいたとき，そしてその状況で今私がしていることを行ったとき，世界は次に以下の様相を呈した。」ただし当然のことながら，この予測は，脳内の多くのシステムを横断するニューロンの発火に際して実際に定式化される場合を除く（このシステムについては，本書の後のほうで問題にする）。

⑤ 次のステップは世界が $t+1$ の時点でどう見えるかという予測を，視床皮質感覚システム（ポイント1で定義した）によって計算された感覚分析（なお無意識的）と比較することである。この比較過程は，予測されたものと実際の状況とが一致する要素と，不一致の要素を明らかにするだろう。ミスマッチは，予測された要素が出現しない（スイッチを押しても電灯がつかない）か，予測しない要素が出現する（電灯が勝手につく）かの形をとるだろう。

⑥ 我々は最後に，脳が無意識に分析してきたことのいくらかが遂に意識に入ってくるところに到達する。これは私が提案している仮説の中心的特徴である。我々はどんな瞬間にも，脳がほぼ完全だが無意識な分析へともっていった完全な感覚的情報の，ほんの1かけらしか意識的には気づけないということを，数々の実験データは示している。この意識に入ってくる断片は，仮説が示しているように，コンパレータ・システムの出力の1部（サブセット）を構成している。このサブセットは，(a)予期しない要素からなっているか，あるいは (b)進行中の運動プログラムに顕著なフィードバックを提供するか，のいずれかである。

本書では複雑な理論の完全な説明をするつもりはない（私とニール・マックノートンとの共著『不安の神経心理学（*The Neuropsychology of Anxiety*)』第2版，2000年発刊を見られたい）。それで，意識内容のコンパレータ仮説のこの簡単な概説がこの目的に役立つことを期待する。しかし，いくつかの起こりそうな誤解を避けるためには，補足が必要である。

第1に時間の量子化は，ビデオを超低速で再生して，各コマをバラバラに見るように，意識経験を細切れにするべきだという意味ではない。（こうなると，もちろん，意識

が連続的に経験されることとも甚だしく矛盾することになる。）脳はどんなときにも，最後の「比較プラス選択過程」の結果を意識に入れていく，と同時に次の予測を準備する。それゆえ各瞬間は，上記の説明によれば，tと$t+1$の両方になる。無意識的処理と意識的処理は，並行的(パラレル)に進行するが，無意識が常に先行する。さらに，意識的経験には最小限の持続時間があり，この時間内では時間的な順序が不鮮明になる。この持続時間は1/10秒のオーダーであり，コンパレータが逐次的に行う比較のそれぞれに要する時間とほぼ同じである。

さらに，ほとんどの意識内容は少しずつ時間を追って見ていく分には同じままである。これはおそらく，現実の外的世界のしつらえの大部分が，意識の構築物を適度の知覚的近似値に押しとどめて，刻一刻と見ていく分にはほとんど変化しないからである。コンパレータ仮説によると（そして多くのエビデンスとも一致して），この変化しない背景あるいは「文脈」において，我々は主としてその瞬間に変化する要素や，我々にとって特に重要な（我々が何かを達成しようとしている場合の）要素に，意識的に気づきやすくなるのである。この文脈の安定性が（意識的に知覚されるかぎり。というのも，その多くはまったく意識経験に入ってこないので），意識経験の連続性に寄与し，各々の逐次的な瞬間を継ぎ目なく統合していくのである。

もう1つ，上記のように，ぎざぎざになるリスクを冒しそうな過程を滑らかにするのは，コンパレータによってなされる決定のタイプに存する。これは単にマッチかミスマッチかの2項選択ではない。むしろコンパレータは，比較過程にかけられる全要素のリストを作成し，各要素にマッチ・ミスマッチの程度（いいかえれば，要素とそれについてなされた予測との詳細な対応の程度）による注記をつけるのだ。要素は次に，このミスマッチの程度に応じて意識に入ってくる。そして結果的に，完全に予期していなかった，少し予期していなかった，予期していた等々と知覚されうる。最後に意識に入ってくるのは，したがって，微妙なニュアンスをもつ1群の要素である。その中のいくつかは，予期とのズレの大きさによって際立って注意をひきつける。さらに予想どおりであっても，現在の運動プログラムの進行にとって重要であるために，注意をひきつける他の要素もある。すなわち，本書の前のほうで使った用語によると，これらの要素は，現在活性化されている，あれこれの脳のサーボメカニズムの作用に関する被制御変数として働くのだ。

3 意識的知覚の本質

我々は，意識の内容がコンパレータ・システムからの出力よりなっているという提案について，後でもう少し語るつもりである。しかし，この提案を押し進めていく前に，我々はこれをより広い文脈の中に位置づける必要がある。意識の内容は知覚的なものである。しかし，ここまでで我々が考えてきたのは，新奇性や意外性の程度というかぎられた側面だけであった。それらの発するもっと一般的な知覚機能の本質は，

一体何なのだろうか？　そして，違いがあるとするなら，意識的知覚は無意識の感覚運動的サーボメカニズムによって作動される感覚検出とどう違うのだろうか？

　この問いに対するよさそうな回答は，我々が既によく知っている，意識的および無意識的な感覚処理の時間的特徴の違いに，直接関係している。今までに強調してきたように，意識経験の時間ベースは無意識的感覚処理のそれよりも遅い。視覚的誘導によりつかまえたり打ったりするパフォーマンスがうまく行われるためには，特につかまえたり打ったりする対象が素早く動く場合には（猫が小鳥に跳びかかったり，テニスプレーヤーが速いサービスを打ち返したりするときのように），対象の位置と，これから移動するはずの距離と軌跡を決める視覚情報が，せいぜい数十ミリ秒の時間スケールで更新されねばならない。脳はこの速い時間スケールで，非常にうまく働いている。しかし意識的知覚となると，どんな感覚モダリティであっても，それは各々の意識的な「瞬間」や「シーン」につき百から数百ミリ秒のスケールで，はるかにゆっくりと働くことを選択する。今まで我々は意識経験の遅延性を，大部分が意識には何ができ何ができないのかの分析によって調整されねばならない1つの限界として，取り扱ってきた。しかし私は，今度は，この事実をもっとポジティブな視点から考えてみたい。意識をこんなにのんびりと作動させることによって，どんな機能が達成されるのであろうか？

　コンパレータ仮説は以下のような機能を提案する方向に進んできている。コンパレータ・システムによって要求される計算の努力（図7-1）には，時間がかかるはずである。そして実際，コンパレータ回路において時間の量子化に採用される単位（$c.$ 100ミリ秒）は，計算自体と，それらを発動させると仮定される神経機構の両方に適用される，あの種の考察に基づいている。しかし，忘れないでほしい。コンパレータの操作のほとんどは無意識に遂行されていることを。注釈つきの比較リスト（予期しない雷鳴；一瞬前とあまり変わらぬ空の翳り）が意識に入ってくるのは，これらの仕事がすべて終わってからである。最後にこのような注釈つきのリストが意識に入ってくるのは，それ自体，意識経験のゆっくりとした動きを説明するのには十分ではなさそうである。

　今までの我々の説明では抜け落ちていた別の構成要素が，視覚科学者のセミール・ゼキ（Semir Zeki）によってエレガントに表現されている。彼が（色覚について）書いているところでは，「脳はそこに到達した情報――これ自体は決して恒常的でないのだが――から，表面の恒常的な特徴を再構築しなければならない」(Zeki, 1993, pp. 233-4)。この常に変化し続ける感覚入力から（相対的に）恒常的な知覚表象を再構築することが，意識経験の志向している主な仕事である。この再構築が成功裏に達成されたという証拠は，これを「そこにある」現実世界と区別することが極度に困難だということに示されている。そして，この構築されたものは実際には，現実世界に対する1つのモデルとしてしか働かない。そして，コンパレータの機能に戻ると，この現実世界のモデルの重要な変化を検出できるのは，このように刹那的な変化を滑らかにした背景があればこそなのである。そうでなければ，何もかもが流動的となり，すべ

てが同等の重要さをもつことになるだろう。

　それでは意識的知覚は，どのようにして常に変化し続ける変転を恒常的なものにするのであろうか？　この質問の出し方は2つある。第1は，脳が関連する計算を遂行する詳細な機構の説明を求めることである。これは（非常に難しい）易問（イージー・クエスチョン）である。我々はこれから，1つの詳細な例，すなわち色覚を取り上げることによって，この問題を扱っていく。第2の問いは，特に意識経験が変異に寄与することの説明を求める。これはハード・クエスチョンの一部なので，次章までとっておく。

　網膜細胞は光の量子（光子（フォトン））を吸収して，これによって活性化される。光子はその細胞を発火させて，シグナルを視覚系にまで伝達する。これは神経系の他のこのようなシグナルと同様に，神経化学的活動（「活動電位」または「スパイク」）の連続的な波動から成り立っており，その活動は1つの細胞を他の細胞につなぐ繊維（軸索）を通って伝達される。細胞の放電の強さは，周波数コード——発火率あるいは1秒あたりのスパイク数——に反映される。もし網膜のすべての細胞が等しく，波長とは無関係に，光子に反応したとしたら，視覚世界はまったく色彩をなくしてしまうだろう。このことは，異なる波長の光には異なる細胞が反応するように特化する遺伝機構があるのだが，これに欠損のある人の場合には，実際に起こっていることである。この機構は，中心窩（網膜の中心領域）にあって，3つの異なる視覚色素のうちのどれかをもつ細胞である「錐体」によって成り立っている。錐体が色素を吸収するスペクトラム（範囲）は，プレート7-1(b)に示したように，それぞれ短（S：紫），中（M：緑），長（L：黄赤）の波長のいずれかにおいて最大の感度をもつ。これらのスペクトラムはかなり重なり合っており，特にMとLの色素の間が相互に非常に近くなっている。それゆえ，網膜が行う光の波長の区別はカテゴリカル（範疇的）ではない。またどんな場合にも，入射光はS，M，Lのカテゴリーにきれいに分離して入ってくるわけではない。というよりもむしろ，実験室以外では普通は見られないような特殊な状況を除くと，目はあらゆる波長の光に継続的にさらされている。それゆえ，S，M，Lの錐体は，普通は入射光によって，すべて同時に活性化される。しかしながら，その発火率は光の波長に依存している。他の条件が同じなら，紫から緑へ，そしてスペクトラムの端の赤へという波長の移行は，それぞれの吸収カーブの形（プレート7-1b）にしたがって，S，M，L錐体の発火率の変化を反映している。しかしこれらの比率は，色の信号でもなければ，波長の信号でさえない。ある細胞の発火率は，そこに落ちる光の強さの信号になるだけであり，その細胞に捉えられた全光子量を表している。どの特定の光子の波長も，それとある特定の錐体の吸収スペクトラムとの関係も，その光子がその錐体に吸収されるだろう確率に影響するだけである。しかし，結果としての発火率は，その波長がどうなのかということに関する情報は何ももっていない。

　色覚のゲームの狙いは，表面から優先的に反射される光の波長に関する情報を引き出すことである。いかなる均一面も，どの波長についても，入射光をそれぞれに特定の比率で反射する。そしてこの「反射率（reflectance）」の特徴は比較的持続的である。したがって，神経系が反射率を測定できたなら，それは有益な情報をもたらすことに

なるだろう。そして実際，知覚された色が最も緊密に関係している特徴は，表面の反射率だということがわかってきている。しかしながら，神経系がこの情報を得るための第1の問題は，今も見たように，神経系が，一義的に波長に関係する網膜細胞からは何の信号も受けとっていないことである。第2の問題は，表面で反射した光の波長の混合は，照明条件が違うと変化することである。あらためてゼキ（前掲書 pp.227-8）から引用すると

 たとえばオレンジやバナナを，タングステン電球のついた部屋で，それから蛍光灯のついた部屋で，そして順に曇りと晴れた日の日中に，そして夜明けと夕暮れ時に見るとしても，オレンジはオレンジ色に見え続けるし，バナナも黄色く見え続けることがわかるだろう。黄色とオレンジの色合い（陰影）にはいくらかの変化が見られるかもしれないが，色そのものは同じであり続けるはずだ。しかしこのような異なる条件下で，これらの表面から反射される波長構成を測定してみると，大きな変化が見出されるだろう。自然観察条件下では，したがって，特定の色に，そしてその色のみに導くような，前もって特定された波長構成あるいはコードは存在しないことになる。実際，もし事物の色彩が観察される照明条件の変化で変わるものなら，色彩は生物学的な信号メカニズムとしては，その意味を失うだろう。そうなると，事物がその色ではもはや正確に認識できなくなるからである。

 それでは，網膜の3つの錐体について考えることにしよう。錐体はそれぞれが（S, M, Lの）異なる色素を含んでおり，その上に同じ均一面から光が反射される。脳はこれらの錐体の各々が発火する強度を比較でき，比較する。そしてこれによって，これらの発火率間の比率を計算することができる。しかし，これらの比率は2つのよくわからない変数——入射光の波長構成と表面の反射率——の関数である。したがって，たとえばS錐体が最速の発火をしているのは，入射光がスペクトラムの紫側の端にあるからなのか，それとも表面が短い波長の光に対して比較的高い反射率をもっているからなのかは，この比率では確定できない。同じ議論がMおよびL錐体の発火率についてもできる。このことから，我々は脳が単一面の反射率を決定するのは不可能だと推測できる。実験的には，これが実際に事実だとわかってきている。プレート7-2のデザインを取り上げてみよう。なおこれは，この種の抽象画を世に広めたオランダの画家，ピエト・モンドリアンにちなんで「モンドリアン」として知られている。この絵は四角やより複雑な多角形を並べたもので構成され，それぞれに別の均質な色がつけられている。さて，いろいろな波長をミックスして構成した光で照明しながら，これらの多角形のうちの1つ（たとえばプレート7-2の右手のパネルから緑のもの）だけを，小さな隙間から覗いてみると，それは照明の強さにもよるが，表面の色（反射率）とは無関係に，白または灰色に見える。だから，四角の色が赤，緑，青，黄，その他何色であっても，観察者は常に白いと報告するのである。

 しかしながら，さらに計算すれば，このあいまいさは解決できる。この計算には，一方では片方の面がS, M, Lの錐体を発火させる比率と，他方では他の面の反射光から生じる同じ比率との間の，比較が必要になる。このような「比率の比率」は，目

に見えるスペクトラムの，短，中，長波長の部分の相対的な反射率によって，面の整序（ordering）を可能にする。脳が面の色として知覚するのは，この整序なのである。実験的には，まず，プレート7-2で○印をつけた四角形を上記のようにそれしか見えないようにして，そして次にはのぞく隙間を広げてその周囲の他の四角も見えるようにして，観察者にその色を報告してもらう。こうすれば，このことは明示できる。この視界の拡張によって，白に見えた四角形は直ちに緑に（あるいは赤や青等に）見える。観察条件が変わっても，反射光はまったく変わらないのだが，見える色は変わってくるのである。この計算はもちろん，意識的になされるものではない——しかし，知覚された色は（意識的な気づきに関する限り）変化したのである。あらゆる意識経験と同様に，それは人が意識する最終的な知覚の結果——白あるいは緑の四角形——にすぎないのだ。

　これらの実験は——エドウィン・ランド（Edwin Land）をその嚆矢とするが——，色がこのように，面に固有の特徴ではないことを明瞭に示している。隙間覗き条件で視界が1つの四角のみに限定されると，それは白に見える。同じ四角形を同一照明条件下で見る場合でも，それがモンドリアンのデザインのように他の四角形に囲まれると，色がついて見える。この色は神経の発火率の比率（異なる色素の錐体による）の比率（四角形どうしの）の取り入れによって決定されるのだ。しかし，比率の比率をとって完全に計算されるときには，色が対応する面には固有の特徴がある。面の反射率（光のすべての波長を通じて，しかしS，M，L錐体においてのみ誘導される相対的活動によって推定されるものとしての）である。

　さて，面の反射率は外なる現実世界の特徴である。カントはこの現実世界を物自体と呼び，これは不可知だと信じた。ここで私がとる立場も，知覚された世界が物自体とはまったく異なるという点で，カントに一致している。しかし我々の立場では，物自体の知識は相当程度まで獲得でき，それには2つの方法があるとする。第1に，脳によって構築された知覚世界は，多くの点で，物自体の（いくらか）準永続的な特徴への忠実なガイドになる。ここであげた例では，色は面の反射率へのよいガイドである。そして面の反射率そのものは，生物学的に最高に重要な事物へのよいガイドになっている。第2に，自然科学の発展は，合理的思考の意識的知覚への適用に基づいて，裸眼の知覚能力をモデル化する能力をはるかにしのぐ程度にまで，物自体の特徴の解明を可能にしている。面の反射率はこのポイントを示すよい事例である。

　この色覚の議論の主目的は，意識的知覚がいかにして現実世界の諸側面の近似モデルを，急速に変化する視覚入力——これに対しては，視覚行為システム（把握や手伸ばしなど）が最もよく順応している——よりも長い時間ベースで，構築するのかを説明することにあった。対象に入射しそこから反射する光の波長構成の細目は，絶え間なく急速に流動している。これらの細目は，錐体が吸収する光スペクトラムと結合して，網膜細胞の発火率のさらに急激な流動パターンを生み出していく。脳の色覚システムは，これらの細目を使って（比率の比率をとることによって），面の反射率のより持続的な特徴をモデル化する。そしてそれらを使い終わると，このシステムはそれ

らを捨ててしまう——この流動する細目は，色覚がモデル化に励む持続的な特徴と積極的に矛盾するので，必ずそうするのだ．それゆえに，我々は色彩を意識するのだ（色彩は脳によって創造され，外界における反射面と関係づけられるが，その面の1部ではない）．しかし我々は，光の波長構成の刻一刻の変化——実際にはこれが網膜にインパクトを与えているのだが——には気がつかないのである．

　私は，世界の知覚的なモデル化が特に色彩のモダリティではっきりと解明されてきているので，色覚を例として選んだ．しかしながら，意識的知覚がこの役割を実行しているというのが，一般的な真相のようである．つまり，無意識の感覚運動的行為の時間スケールよりも長い時間スケールで，生物学的に有用であり，かつ情報も与えてくれる，現実世界の諸側面に関するモデルを構築する役割である．（よりよい語を望むなら，私はこの時間スケールとモデルを「準永続的」あるいは「相対的に持続的」と呼びたい）．この仮説は，これらの議論で進められている意識経験の理論を，経験的に検証するための有意味な手がかりを提供するはずである．

　しかし通常の人間の用語では，意識的知覚の準永続的な時間スケールは，なお非常に短いということに，注目されたい．急速な無意識的感覚運動的行為の時間スケールは，数十ミリ秒で測定される．意識的知覚のそれは数百ミリ秒になる．しかし，いったん何かが数百ミリ秒続いていると同定されると，それは数分間，数日間，ある場合には数年間続く可能性がある．面の反射率もそうなのだ．

4　色覚の進化

　さらに色覚の例が優れているのは，それがどう進化したのか，はっきりしたアイデアをもちやすいところにある．実際，特定の表面——その反射率が色覚の進化を進める上で十分に意味のある生物学的役割を果たしている——について，何かを推測することは可能である．

　前に注目したように，人間の色覚は「3色型」である．すなわちそれは，網膜の異なる錐体に含まれる3つの光色素に基づいている．驚くべきことに，この3つの出発点を用いれば，我々は潜在的には200万以上の色を区別できると推測されている．3色型色覚は，旧世界の霊長類の進化に伴って，人間の祖先筋におよそ3千万年前にまず出現した．たいがいの哺乳類は「2色型色覚者」であり，プレート7-1(a)に示したように，2種類の錐体光色素をもっている．人間はこの系統発生的に古いシステムをもっているが，より最近になって，より進化した旧世界霊長類のシステム（プレート7-3の右側）を獲得した．旧システム（これはS錐体の活動を，MとL錐体の混じったものの活動と対照させる．プレート7-3の左側を見よ）は最大で可視スペクトラムの紫から黄色領域の色を識別できる．新システム（これはLとM錐体の活動を対照させる；プレート7-3の右側）は，赤から青にわたる領域の弁別が最もよくできる．かくして新システムは，赤，オレンジ，黄色の物体をより鮮明に区別する能力を，旧

世界ザルに与えたのだ。このような物体とはどんなものか？

　旧世界ザルは果実をたくさん食べる。多くの種で，優に50％以上の食餌がこの形のものである。彼らが食べる果実はある典型的な特徴をもっている。重さは5-50g，小さな種をもっており，熟すると黄，オレンジ，赤に色づく。3色型色覚がなければ，プレート7-4に示すように，森の群葉を背景にして果実を見分けるのは非常に困難である。同様に，赤みがかった柔らかい若葉ももう1つの好みの食餌であった。したがって，旧世界ザルに3色型色覚の進化をもたらした重要な生存価は，新しい食餌の機会を与えたことにあると考えるのは妥当であろう。しかし，これはおそらく真っすぐな進化の道ではなかったはずである。よい例が，特にジョン・モロン（John Mollon）によってあげられている。すなわち，サルが食餌を依存している植物は，自らの種を広くまき散らし，それによって自らの遺伝子の存続を増大させる主要なルートとして，サルを利用しているというのである。なぜならば，サルはその果実を発見した植物からかなり離れたところで，その種を排出するからである。それゆえ，この植物とサルとは共進化してきたのだ。植物はサルにとって見分けやすく魅力的な果実を進化させた。ちょうどそのときに，サルも新しい色覚の知覚システムを進化させ，それによって果実を探せるようになったのだ。

　さて私は，今まで追求してきた議論によって，この進化の物語が，色づいた果実の意識的知覚に関わるものだと，あなたに思い込ませかねない大きな危険を冒している。[しかし]もちろん，そんなふうに考える必要はまったくない。色彩は，次の点で，他のすべての視覚世界に類した特徴をもっている。すなわち人間の観察者は，たとえば赤とオレンジを（赤を見たときには左のボタンを，オレンジを見たときには右のボタンを押すという反応によって）弁別することができ，しかも，意識的にこれらの色の知覚表象を形成するのにかかる時間よりも短時間でできる。同様に，「盲視（blindsight）」という現象（図2-5を見よ）は，色覚にも当てはまる。それゆえに，アラン・カウエイ（Alan Cowey）とペトラ・シュテーリッヒ（Petra Stoerig）は，視覚システムに損傷を受けて，意識的な色知覚ができない患者でも，光の波長の異なる視覚刺激を弁別する能力はなお持続することを示している。彼らはまた，同様の効果がサルでも見られることを明らかにしている。それゆえ，旧世界ザルが新しく進化した三色型色覚を使って赤く実ったベリーを摘むためには，ベリーあるいはその赤さの意識的な表象が必要だと推測するのは間違っている。視覚的知覚システムと視覚的行為システムとの区別は，前者が必ず意識的な知覚表象を含み，後者が無意識的感覚検出を含むというような単純なものではない。この区別はもっと微妙なものである。感覚運動的行為がその基礎としている，急変する視覚情報は，（私がいえるかぎりでは）意識的に気づくことができない。しかしながら，知覚表象を生じる情報は，意識的にも無意識的にも，両方で利用できる。後者のほうが前者より先にはなるが。したがって色（単なる波長の弁別とは区別される）は，視知覚の構成体であり，意識に入りうる。しかし，すべての他の知覚表象と同様に，それはまず無意識の脳によって構成される。そして無意識のレベルのままでも，行動への影響を及ぼしうる。したがって，

残された疑問——ハード・プロブレムの重要な部分——は，次のことに関係してくる。知覚表象は，それらが意識に入ったとき，そして意識に入ったことによって，行動的なそして因果的な影響を及ぼしうるのかどうか，そしてもしこのような影響を及ぼしうるのなら，それはどのようにしてなのか。

結　論

　本章では，3つのアイデアがスケッチされた。①意識的知覚は，遅延性エラー検出の方法を提供することによって，ダーウィン的生存を助ける。②遅延性エラー検出を達成する機構の中心的要素は，一般目的のコンパレータ・システムである。③知覚は，現実世界の準永続的な特徴について，感覚運動的行為システムが機能するよりも時間的に遅いベースで，モデル構成をする。これらのアイデアは，次章でさらに発展・統合させて，意識経験の生存価に関する一般理論の主要な筋道を提示していく。

第8章

ハード・プロブレムに這い登る

　我々は意識のハード・プロブレムのまわりをぐるぐるとまわって長い時間を費やしてきた。どこまで近づいたのか見てみよう。
　本章で私が意図しているのは，第1に一連の出発点となる前提仮説（assumptions）——どんな意識の理論も，仮説を立てるか選択するかの，どちらかが必要である——の設定である。そして第2に，これらの仮説に基づく（部分的）理論をスケッチすることである。

1 前提仮説

　大部分の仮説（以下の(1)-(9)）は今までの章でその正当性を説明してきたものである。

(1) 意識経験の範囲

　知覚世界の全体は，最も実体的な特徴（固さ，3次元の広がり等々）にまで及んでおり，脳が構成したものである。この構成されたモデルと，「そこにある」現実の外的世界とは，よく合致していなければならない。そうでなければ，我々が現実世界との相互作用に傾ける努力は，現在のような素晴らしい成功をおさめなかったであろう。また，一人ひとりの脳によって作られた世界の構成体は，他のすべての人間の脳によって作られた世界の構成体と，よく合致していなければならない。そうでなければ，我々の世界との相互作用の様式が，今ほどしばしば一致することはなかったはずである。それにもかかわらず，我々が現実の外的世界と直接接触をもつのは，唯一，我々の無意識の感覚運動的行為システムによってである。

(2) 知覚は世界の永続的特徴をモデル化する

　我々は色覚を，知覚のこの側面の比較的よく理解されている例として取り上げた。復習すると，網膜に落ちる光の波長構成は一定の流動状態にある。色覚の目的にとっては，この流動は，脳が直接接触する現実の外的世界の，ほんの1部を代表するにすぎない。脳は光の反射面とは直接には接触しない。しかしそれでも，非常に複雑な変換と計算のセットを通じて，事物の重要で比較的持続的な特徴，すなわちその面の反射率を，モデル化することができる。これらの面の反射率の知識は，生物学的に重要な，生存に役立つ情報を提供してくれる。このモデル化は，経験される色（プラスこ

れらのクオリアを意識に取り込み，色彩経験を生じるか構成するかする，無意識の脳過程）の形をとる．この例を一般化して，私は，あらゆる知覚が外的世界の比較的持続的な特徴をモデル化する性格をもつと仮定する．

(3) 生存価

意識が何であれ，それはあまりにも重要なので，他の生物学的な力の単なる偶然の副産物だと片づけるわけにはいかない．意識経験が生存価をもつと仮定する強い理由は，ここにある．我々の世界の知覚とそれに対応する行為との間に，あるいは私の知覚とあなたの知覚との間に存する，よい一致（フィット）を，進化の選択圧に訴えることによらずには説明できない．強い選択圧のかからない生物学的な特徴は，ランダムな漂流をして，その一致が破壊されてしまう．それゆえに私は，意識はそれ自体が生存価をもつと仮定する．そうすると，随伴現象説は排除されるが，意識それ自体の因果的影響を同定するという問題が残されることになる．

(4) 意識の必然性

意識が生存価をもたらし，自然選択の主題であり続けてきたという仮説から帰結される命題は，それがおそらく必然的な進化的発達であったということである．脳には，意識を展開しなくても，無数の素晴らしいことをする能力がある．意識など進化させなくても，何であれ意識的処理が付加的に可能にするものを，脳のレパートリーに加えることができていたならば，進化はきっとそうしていたはずである．それゆえ私は，少なくとも生物進化のその段階では，意識は脳のレパートリーを拡大する最も簡単で，おそらく唯一の方法であった，と仮定する．

(5) 動物の意識

人という種の発達に比べると，意識経験は系統発生的に古い．それがどれくらい古いかは，私は知らない．実際，成功した理論に期待したいと思う便益の1つは，ある種が意識経験をもつか否かの客観的指標である．しかし私の信じるところでは，我々は哺乳類が意識経験をもつと安心して仮定することができる．このことは，意識の生存価としては，人間に特有の何かだという可能性を排除することになる．たとえば言語は意識経験にとって必ずしも必要なわけではない．しかしながら，この逆も真実であるかもしれない．言語（および他の機能）は意識経験なしには進化しなかったかもしれない．

(6) クオリア

意識経験の内容は，純粋にそして完全に知覚的である．このことは，意識経験が哲学者のいわゆる「感覚データ」――すなわち，有意味なあるいは「志向的」な全体に統合されるのを待っている，まだ解釈されていない感覚の断片――にあるという意味ではない．反対に，意識の内容はほとんど常に（しかし，第18章を見よ）志向的で

ある。すなわち，意味のあるものとして解釈される。

(7) クオリアは無意識の脳によって構築される

この点は自明であるように見えるかもしれない。なぜなら，意識経験が脳の産物だということは（ほぼ）普遍的に受け入れられているからである。そして，これらの構成概念そのものを離れても，脳の活動は無意識のままである。それにもかかわらず，このことは強調しておく価値がある。意識経験はある意味で随意的（voluntary）だと一般に考えられている。が，これほど事実から程遠いものはない。知覚表象はただ生じるものである。それらは意識に自動的に，意図することなく「入り込む」ものである。我々は赤いリンゴに目を向けないようにすることができるし，目を閉じることもできる。しかし，リンゴが視界内にあるなら（そして注意を向けているなら），我々にはそれを見ないという選択はできない。あいまいな知覚表象の場合でも，図4-1で見られるように，1つ（アヒル）あるいはもう1つ（ウサギ）の意識的知覚の反転は，意識的検討の影響をほとんど受けることなく，自動的に生じる。

(8) 意識経験は選択的である

脳は非常に多様な過程を実行する。そのほとんどは非常に複雑であり，その多くが同時処理される。我々が意識的に気づくのは，これらの過程のうちの，ほんの小さな，非常に選ばれた一部にすぎない。意識経験に取り入れられないものは，2つの形をとる。

① 人がまったく気づかない過程が存在する。これは仮説(6)を補完するものである。我々は，結果的に知覚表象を生じるとき以外は，脳の処理過程を意識することはない。我々は，たとえば行為を方向づける目標の知覚表象によらずには，どのように行為を企てるかを意識することはない。

② 意識経験が可能な知覚領域の中でも，実際に意識されるのは，そのとき意識的に経験される可能性のあるものの，ほんの小さな一部に限られる。

この2種類の無意識過程は，前者を「無意識（unconscious）」，後者を「前意識（preconscious）」と呼ぶことによって，区別することができる。これらの考察は，たとえばダニエル・デネット（Daniel Dennett），マーセル・キンズバーン（Marcel Kinsbourne），スーザン・グリーンフィールド（Susan Greenfield）らによって提案された仮説を大きく弱めることになる（第11章参照）。その仮説によると，人が意識するようになる神経活動は，脳内のどこにでも位置づけられ，1つの活動のセンターを他と比較したときの，相対的な広がりと強度によってのみ決定されうるとされている。

(9) 意識経験はやってくるのが遅すぎて，オンライン処理と行為に影響を及ぼしえない

これは仮説以上のものである。これは，マックス・ヴェルマンス（Max Velmans）が1991年にレビューしているように（第2章を見よ），多くの実験的エビデンスによって支持されている。リベット（Libet）の実験は，この遅延性が自らの意思決定の

経験にも当てはまることを示している。決定は無意識の脳によってなされ、そのイベントがすんだ後でのみ、意識的気づきに入ってくるのだ。

これらの仮説を前提として、この上に、どんな種類の理論が構築できるのかを見ていこう。その要素のいくつかは今までの章で紹介したが、その他は新しいものである。

2 遅延性エラー検出 対 変化盲

意識経験の生存価は、即時的行為でうまくいかなかった何かについて（オンライン行動反応が可能になった後の100〜200ミリ秒で）見直しをするメカニズムを提供することにある。このうまくいかなさは、運動プログラムのエラー、あるいは、単純に予期された環境状態からのズレ——予期せぬことが起こったり、起こるべきことが起こらなかったりする——という形をとる。このエラー信号は特定的（運動プログラムにおいてこの特定の下位目標に到達しなかったとか、環境内のこの特定の要素が予期せぬ変化をこうむった）であるかもしれないし、また、痛みの場合のように、非常に一般的であるかもしれない。（この2タイプのエラー信号の区別は第18章でくわしく追究していく。）痛みは、それが重要な（組織損傷の可能性のある）エラーの未分化で普遍的な信号になるものだと仮定すると、実際に、エラー検出機構の進化のごく初期段階を反映しているかもしれない。

エラーと変化の検出のためには、エラーや変化のない予期状態の予測がなければならない。意識経験に入ってくるエラーがあらゆるモダリティにわたっていると仮定するなら、コンパレータも同様に多モード（multimodal）でなければならない。また、多くの意識経験に志向性を仮定するなら、このコンパレータは、知覚システムがたとえば事物の完全に解釈される知覚表象を（必要なら）構成できているというレベルで、作動しなければならない。意識経験が自動的、非意図的で、それらが意識に入ってくる過程も意識されないとするなら、コンパレータ・システムの作動とエラーの検出も、前意識的になされなければならない。

実際、補足的な主張——意識経験それ自体は（意識内容が構成される前意識的過程とは区別されるものとして）、期待からのズレに極度に鈍感である——にはエビデンスがある。この主張は、「変化盲（change blindness）」に関する一連の実験で支持されている。変化盲は、最低限の装置の実験室から複雑な日常生活に至るまで、いろいろな状況で示されている。

多くの実験室実験はサッカード中に何が起こるのかに焦点を当ててきた。この急速な眼球運動は、（眼球が動く正確な距離によるが）1サッカードあたり1/10秒ほどの時間で、視界のある部分から他の部分へとジャンプしていく。その目的は、連続的な視野の部分に、中心視（視角度あたりの受容器が高密度になっているところ）を関係づけることにある。サッカードは、その大部分が意識的に気づかれることなく、また、その生起中には視覚が完全に妨げられていることへの気づきもなしに、毎秒数回起こ

図8-1 トム・トロスチアンコ（Tom Troscianko）教授に提供してもらった一対の写真。ブラックモアら（1995）が変化盲を研究するのに用いたのと同種のもの。説明は本文。

る。変化盲の実験では，被験者が見ている視覚ディスプレイに変化を引き起こすのに，サッカードの発現が使われる。そして，「被験者はこの変化に気がついているか？」と質問される。その答えはこうだ。大きな変化がある場合でも，被験者は，驚くべきことに，しばしば何も気がつかないのである。スーザン・ブラックモア（Susan Blackmore）とその共同研究者は，たとえば図8-1(a)のような写真を，図8-1(b)（机の上の黒いファイルの箱がなくなっている）のように変化させた。ここで被験者が求められたのは，写真が同じか違うかを報告することである。同じような写真を使った一連の研究では，いくつかの写真は同じで，いくつかは異なっていたが，被験者が正しく変化したと答えたのは，たった55％であった。これは完全にランダムに答えたとき

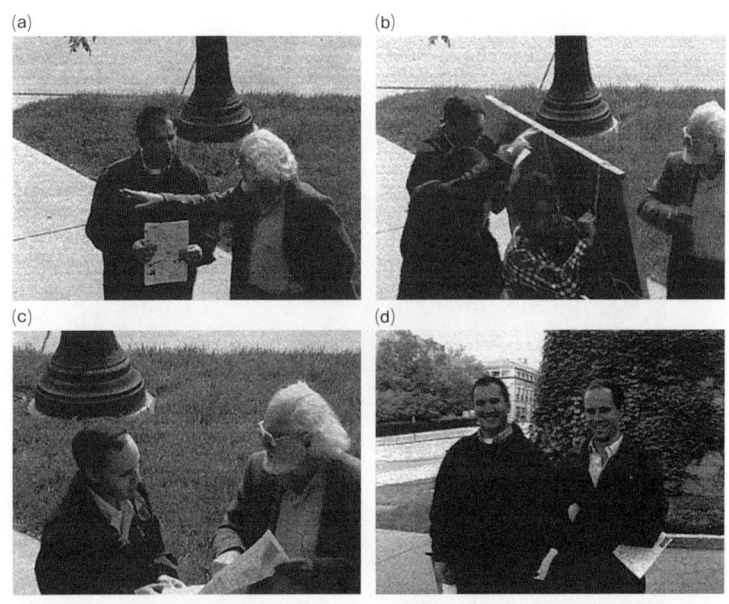

図8-2 サイモンズとレヴィン（1998）による自然状況での変化盲の研究。(a)第1実験者（左）が何も知らない被験者に近づき，道を尋ねる。(b)間に割り込んできたドアに隠れて，2人の実験者が入れ替わる。(c)第2の実験者が被験者との会話を引き継いで行う。(d)2人の実験者が並んでいる。

に期待される正答率50％と有意差がなかった。より最近の実験は，変化盲がこのようなサッカードと必ずしもリンクしていないことを示している。それよりもむしろ，視覚処理に対するどんな妨害でも同じ効果を生じるようで，たとえば変化が生じている間に，単純な白の空白のフィールドを1/10秒単位で露出した場合でも，それが確認できた。

もっと劇的な変化盲の例は，サイモンズ（Simons）とレヴィン（Levin）によって実施された自然状況での研究から得られている。彼らが用いた方法は非常に冴えているので，詳細に述べる価値がある。この実験はコーネル大学のキャンパスで行われた。

1人のキャンパス地図をもった実験者が，何の疑いももたない歩行者に，近くのビルへ行く道を尋ねる（図8-2(a)）。歩行者は歩道を歩いているとき，20mほど離れたところからやってくる実験者をはっきりと認める。実験者と歩行者が10～15秒ほど話をしたとき，1枚のドアをもった他の2人の実験者が彼らの間を荒々しく通り抜けていく（図8-2(b)）。ドアが通り過ぎるとき，最初の実験者がそのドアの後ろをつかみ，そのドアのその部分を運んできたもう1人の実験者がその場にとどまって，道を尋ね続ける（図8-2(c)）。このドアは歩行者の視野を約1秒間妨げた（図8-2(b)）。被験者の視点からは，ドアは会話の相手

図8-3 サイモンズとレヴィンの第2実験。2人の実験者は建設労働者の服装をしている。

を短時間見えなくしたことになる。そしてドアが行ってしまったときには，別の人が現れたのだ。ドアが通り過ぎるときには，被験者は典型的には第2実験者と目を合わせており，それから道案内を続けた。すべての相互作用は2〜5分であった。2人の実験者は異なる服装をしており，身長も約5cm違った（図8-2(d)）。彼らの声もはっきり区別できた。

　この相互作用の終わりに，第2の実験者が，何か変なことに気づかなかったかと被験者に尋ね，被験者が会話の相手がすりかわったことに触れなかったときには，「私があなたに近づいて道を尋ねた人と違うことに気づきましたか？」と尋ねた。その結果は，15人中7人が気づいただけであった。この小さな比率は第2実験ではさらに減少した。これは，自分の話し相手が自分と同じ集団に属していると知覚するほど，その人の個人的特徴により注意を払うようになるだろうという仮説の検証を目的とするものであった。第1実験では会話の相手は学生風に見え，そういう服装をしていた。第2実験では彼らは建築労働者のような服装をしていた。2人のにせ建築労働者ははっきり異なっていたにもかかわらず（図8-3），今度は12人中4人がすり代わりに気づいただけであった。

　サッカードの短い時間スケールにおいても，正常な社会的相互作用の長い時間スケールにおいても，意識的な知覚は，かなり大きな変化に対して，けた外れに鈍感である。このような観察は，意識が遅延性エラー検出の機能を発動させるという見解と，どの程度フィットするのだろうか？ そしてこれらは，新奇な，普通でない，あるいは予期せぬイベントが，意識的な気づきに対して特権的なアクセス権をもっていることを示す他の観察とどれくらいフィットするのだろうか（たとえば第10章5節の視覚的ポップアウトの記述を見よ）？

　いったん無意識的な脳の活動に正当な信頼が与えられるなら，これらの2組のデータ間の対立は，現実的というよりも見かけのものだとわかる。本節の初めに見たように，コンパレータ・システムの働きは無意識になされる。新奇な，普通でない，ある

いは予期せぬイベントが検出されて意識的気づきに入ってくるのは，この無意識的処理の結果である。それに対して，意識的な知覚は外的世界の比較的持続的な特徴のモデル構成に関わっている。これは，既に明らかにされ，次節で更に発展させられる仮説である。この持続的な特徴の構築には，一瞬一瞬の感覚検出における揺らぎの正確な平準化が求められる。それゆえ，意識的知覚のメディアは，変化に対する大きな敏感さを期待するようなものではない。無意識のメカニズムが変化を検出して，必要なとき，必要に応じて，意識システムに警戒をさせられれば，こんなことは問題にならない。意識システムは，その後で，世界のもっと持続的な特徴を構築することで与えられる枠組みの内部で，これらの警告を評価することができるのである。

このように考えると，変化盲の実験は以下のように理解できる。これらの実験は変化の無意識的な検出を妨げるようにデザインされているのだ。たとえば，サッカード中は視覚入力が抑制されることが知られている。同様に，サイモンズとレヴィンの実験では，会話の相手を見るのがドアで妨害された1秒間は（図8-2bを見よ），その妨害の前後の視覚入力パターンの変化の，無意識的検出作用を妨げるのに十分に長いといえよう。したがってどちらの実験においても，変化の検出は意識的処理のみに依存していたものと思われる。

3 知覚の本質

以上で見たように，知覚システムの中心的な機能は，外的世界の比較的持続的な特徴（感覚受容器表面での物理的エネルギーの急流にくらべて）のモデル構成をすることにある。このモデルは，実際に外的な世界であると素朴に経験される。この知覚モデルは，コンパレータ・システムが期待，エラー，そして変化を報告する媒体（メディア）を提供する。知覚は，それがモデル構築に使う情報源の感覚的な起源を保持している。したがって我々は，たとえばネコの視覚的，聴覚的，あるいは触覚的な側面に気づくだけでなく，これらの側面が視覚的，聴覚的，あるいは触覚的であることにも気づく。しかしながら知覚は，異なる［感覚］モダリティを結合して，私の膝に座って，私がトントンと叩くと，ゴロゴロとのどを鳴らすフェリックスのように，1つの知覚表象をつくる。このモダリティの結合は錯覚である可能性がある。したがってたとえば，上手な腹話術師は声を出すとき，このメカニズムを利用する。自分の唇は動かさず人形の唇を動かす。これによって観衆は（自動的に，意識的推論なしに），腹話術師の声を人形に結びつけてしまう。それゆえ意識的知覚は，多様な感覚情報の比較的持続的な起源――「物体（objects）」――を構成する方向へと突き動かしていくのである。

こうして構成された物体は，限定的な空間的時間的枠組みの中に位置づけられる。これらの枠組みは，知覚対象がその枠組みの中に位置づけられるのと同じように，脳によって構成される。実際，イマヌエル・カントによって明晰に語られているように，知覚する主体によって構成され提供された空間と時間は，他のどんなものを知覚す

のにも必要な前提条件なのである。

　行為システムのための空間は自己中心的である。すなわち，その計量は身体の部分からの方向と距離の座標の中でなされる。それが，たとえばつかんだり蹴ったりするような誘導に必要なもののすべてである。しかし知覚システムにとっての空間は，他者中心的でもある。すなわちそれは，物と物との位置関係を，観察主体の位置とは独立に特定しうる地図を活用する。もちろん，観察者自身もこの同じ地図上に位置づけられる。意識経験はほとんど常に（しかし第18章参照），このような3次元の他者中心的空間の枠組みに位置づけられるのだ。逆にいえば，その枠組みの活用は，意識的処理に強く依存しているように見える。このことは，パラダイム的には無意識的な処理がなされる迅速な類の行為の場合でさえ，そうである。私がいっぱいコブのある斜面をスキーによって急速度で滑り降りるときには，私の身体や手足の動きは意識的な気づきなしにコントロールされている。しかし，私は意識的に斜面上のコブの位置を吟味し，その吟味の結果を次回の滑降計画に利用しているようである。しかし，私は慎重に「ようである（seem）」という。我々は第2章で我々の意識的な直観がいかに間違いやすいものかを見た。私は，意識的処理が他者中心的空間の方略的な使用に果たす特別な役割（私の例では，スキー場の斜面に空間的に分布するコブの並びをナビゲートしてくれるような役割）に関しては，これらの直観の正確さを決定できるどんな実験的研究も知らない。しかし，このことはこういった実験がなしえないということではない。

　脳は，自己中心的および他者中心的空間を構築するのに，異なる領域を使う。これは，意識経験の構築に際して特定の脳領域の機能について問う（第14, 15章）ようになったとき，重要な手がかりになるだろう。視覚は，第2章で見たように（たとえば図2-3について考えて見よ），3次元の他者中心的空間を構築するのに，重要な役割を果たす。しかしほかの感覚モダリティ——音や前庭平衡感覚のような——もまた，この構築に寄与している。この多モードの空間的枠組みは，同時発生した特定モードの複数のクオリアを，統一体としての結合に導くのに，使われる。たとえば腹話術の錯覚では，声の聴覚表象は主観的には空間内を移動して，人形の動く唇の視覚表象といっしょになってしまうのだ。

　事物はまた，時間的枠組みの中にも位置づけられる。これはある瞬間を次の瞬間と分離したり，これらの瞬間を結びつけたりするのに使われうる。どちらの操作も，運動知覚のところで縷々説明したように，錯覚を生じうる。ストロボ照明のあるディスコに行ったことのある人ならだれでも，熱狂的に踊るダンサーの動きが一瞬一瞬フリーズされて，連続的な静止画像のように見えたことがあるはずである。逆に空間的に離れた2つの光が，一方が消えれば他方がつくというように切り替えられたとしたら，（時間間隔と2つの光の間の距離にもよるが），1つの光が2点間を動いているように見える。映画やビデオにおける運動（もちろん，実際には何も動いていない）の知覚は，このいわゆる「ファイ現象」によって生じる。脳によって構築される時間的枠組みは，モノやイベントを連続的な動きの中で解析し，その瞬間のそれらの「異同」の見分け

を助けるのに使われるのである。

4 エラーを修正する

　定義によれば，遅延性エラー検出のメカニズムは，エラーが起った後でのみ作動する（この点は以下で限定が加えられるが）。しかしながら，遅延性エラー検出は，将来，類似の状況でもっとうまく適応できるように，行為計画に変更を加えることを許容する。この理論には，これらの変更と変更を加える方法に関するいくつかの仮定が含まれている。これらの仮定の背後にある中心的な見解は，脳が，無意識的サーボメカニズムによってコントロールされる変数の設定点(セットポイント)を修正するのに，意識的な過程を使えるということである。（これはもちろん，意識的処理がいかにしてこれや他の何かを達成するのかという疑問——ハード・プロブレムの一部——を生じる。）この一般原則にはいくつかの異なる事例が含まれている。

(1) 被制御変数の並置

　我々は無意識的行為システムが多少とも複雑なサーボメカニズムの事例(インスタンス)よりなっており，それぞれのサーボメカニズムが1つあるいは若干の変数をコントロールするように働くと考えてきた（第3章1節）。サーボメカニズムの間では，いくつかの被制御変数群の状態について，ごくわずかのコミュニケーションがあるだけである。対照的に，異種の被制御変数を結合する必要のあるイベントについては，意識的知覚に入ることが特別に許されているようである。この点で特に重要なのは，1つのモダリティの変数を制御するあるサーボメカニズムの機能が，異なるモダリティで作用する別のサーボメカニズムに関係して，エラーに導いてしまう場合である。こういう条件下では，意識的知覚は，多モードで葛藤する情報を並置して，その葛藤の解決を可能にするメディアとして，役立つようである。心理学者のバーナード・バース（Bernard Baars）は，この種の過程を「グローバルな作業空間(ワークスペース)」と呼んでいる。彼の見解によると，意識は，そうでなければ各サーボメカニズム内に封じ込められている内容を，相互に比較できるように「広めること（broadcasting）」を可能にする。ここで私が主唱してきた見解はバースのもの（第11章を見よ）とは重要な点で異なるが，彼の用語法は適切である。

　個人的経験からとってきた次の例について考えてみよう。私はスキーに熱中している。私は自分のスキーをもっているし，スキーのことならよく知っている。ある日私は昼食を終えて，自分が向かう斜面のほうを見ながら，そこに進んでいった。私はスキーを雪に突き刺していたので，そこに到着すると，何も見ずにそれを左手で取り上げた。それから2〜3歩進んだところで，私は自分の左目の隅に小さな青い光がきらめいているような，そういう経験をした。私はこの光が何なのかを見ようとして，そこに顔を向けた。そしてこのスキーが結局自分のものでないことを発見した。この

スキーにはビンディングの部分に小さな青いデコレーションがあったが，私のものにはそんなものはなかった。これは，私のコンパレータ・システムが，無意識に働いて，自分のスキーとビンディングを取り上げていたとしたら，私の視野の周辺に入ってくるはずの入力とのズレを認めて，取り上げたものであった（その一瞬前にその説明を求められていたとしたら，私はまったく何も説明できなかっただろう）。それゆえ，行為のサーボメカニズムは，私の取り上げたスキーのサイズにも重さにもズレを見出せなかった。しかし視覚システムは，青がないはずの場所に青色を見つけた。結果的に，青が私の意識的気づきの中に（自動的，非意図的に）浮かび上がってきたことによって，それぞれが別のサーボメカニズムをもつ異なるモダリティからの出力の並置が可能になり，それによって，間違ったスキーを取り上げた運動プログラムの修正が可能になったのである。

(2) 行為プログラムの文脈的あいまいさの除去

(1)で記述したタイプの事例は，間違ってしまった運動プログラムの1回かぎりの修正である。別のタイプの事例は，2つ（ないしはそれ以上）の運動プログラムの区別が必要になる場合である。これらは両方とも正しいのだが，異なる状況下でそうなのである。外的世界の意識経験が組み入れられる空間的枠組みが真価を発揮するのは，このタイプの事例においてである。というのは，この枠組みによって与えられる空間的文脈は，このような葛藤するプログラムから選択をするのに役立ちうるからである。

たとえば，巣穴から遠いところで食物を採集する動物を考えてみよう。その動物が巣穴に戻ってくるルートは，その採取がなされる地点によって，かなり違ってくるはずである。動物はある位置から出発して，左に（右よりも）曲がらねばならない，あるいは特定の目印（ランドマーク）に向かって進んでいかなければならない（そのランドマークから離れて，別のものへと向かっていくよりも）。他者中心的な空間地図がなければ，環境内のそれぞれ異なるポイントから巣に戻れる運動プログラムをそれぞれ個別に学習し，なおかつこれらのプログラムを相互に分離して保持するという，ほとんど対処不可能な問題に直面することになるはずである。いずれにせよ，これは（少なくとも）哺乳類がとっている方法ではない。こんな方法をとったとしたら，動物は必要な新ルートを試行錯誤によって学習しないかぎり，新しい場所から巣に戻る道を発見できなくなったはずである。この面倒なシナリオとは対照的に，多くは実験室のネズミでわかったことだが，ネズミはいったん若干の位置から基地へのナビゲーションを学習すると，主要なランドマーク間の関係に変化がないかぎり，違う場所からでもその基地にすぐナビゲーションできるという，豊かなエビデンスがある。ここで開発された理論によれば，この永続的なランドマークの構築は，それらの相互関係を定義する空間的枠組みとあいまって，意識的知覚という仕事の一部を形成しているのである。

同じ基本的な機構が，純粋に空間的ではない条件でも，正しい運動プログラムのあいまいさをなくするために展開されうる。たとえば，都会で生きているネズミは，しばしば特定のゴミ箱へ行って食料を探すようである。しかし，ネズミをそのゴミ箱へ

と誘導する運動プログラムは，ネコの匂いが漂ってきたときには，無効にされる必要がある。ネズミが今日は食餌をとりに行き，明日は（ネコがいるときには）捕食者を避ける。これらの異なる状況を並置することによって，この両方を可能にする適切な文脈のタグづけが獲得されるのだ。これらは，この理論では，意識的知覚が重要な貢献をする機能なのである。

(3) 新しい被制御変数の付加

　高度に技術的で複雑な運動行為プログラム（たとえばテニス競技）は，あまりにも素速く進むので，意識的な処理が何かの役割を演じる余地はない。この事実は，私がしばしば強調してきたところである。しかしながら，これに対しては反論もなされうる。すなわち，これらのスキルが最初に学習されるときには，新しい行為パターンの必要条件に意識的に気づくことが，この学習に重要な役割を果たしているというのである。この反論はおそらく正しい。しかし我々は，意識的な気づきが，このような初期の学習で果たす正確な役割を，理解する必要がある。1つの重要な側面はフィードバックになる重要な変数とその望ましいセットポイントの同定にあるようである。次に，いくつか個人的な例を示そう（たいがいの読者は疑うまでもなく，自らの他の例を出せるはずである）。

　スキーヤーが学習しなければならないことの1つは，自分のスキー板がくっついた状態を維持することである。が，進行方向を見る必要があるので，スキー板を見下ろしてどれくらい離れているかを見るのは，あまり好ましいことではない。しかしある日私は，スキー板がくっついているときには，時々エッジが触れて小さなカタカタ音が聞こえることに気がついた。それゆえその音は私にとって，自分が望むようにスキーをしていることのチェックに使えるフィードバック信号（被制御変数）の役割を果たしていたのだ。この信号がいったんこの意識的なルートによって確立されると，それは脳によって無意識に使われるようになる。実際，それが何かの役に立つのなら，いったん運動プログラムが速やかに起動されると，それは無意識に使われなければならない。上手な相手にゲームをあきらめさせるのによく使われる策略は，どんなことでも自分のしていることに意識的な注意をしっかり向けさせることである。逆に，人の最高のパフォーマンス（ここではダンスが他のどんなスポーツとも同様によい例になる）は，自分の動きをガイドするものに意識的な気づきが最も少ないときに，最もしばしばなされるのである。

　上手なスポーツ・インストラクターは，しばしば初心者の注意をこの種のフィードバックにひきつける。私がパラレル・ターンの後で体重を適所にもっていくのをマスターしようとしていたとき，私のスキー・インストラクターは，背筋をまっすぐにして静かに立ちながら，屈んで一方のスキー靴の後ろに触れるようにと教えてくれた。そして，これをするときには脇腹の感覚に注意するようにといった。確かに私は，コブのあるスロープをうまくターンしたときに，まさにその感覚が感じられた。それゆえ私はこの感覚を，どの程度うまくスキーしているかをモニターするフィードバック

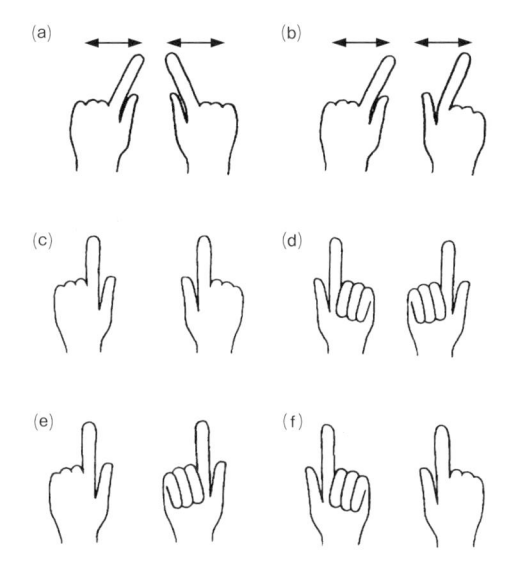

図8-4 同期的な指の動きのパターンの教示。(a)対象運動、(b)平行運動、(c, d)掌が両方とも上向きあるいは下向きで一致、(e, f)一方の掌は上向き、他方は下向きで不一致な位置。Mechsner et al.（2001）より。

として使えるようになった。この種のフィードバックで別起源のものは、最初の学習の後で直接使用できない場合でも、しばしば貴重な役割を果たすものである。私の跳び込みの能力は、ある夏にプールで大進歩を遂げた。ここでは私は水中に自分の鏡映像をいつでも見ることができた。そのときまでは、私は跳躍してから着水時に腹の痛みを感じるまでの間、自分の身体が何をしているのか、まったく何のイメージももっていなかった。今や、私は自分の姿勢を正すのに、鏡映像が使えるようになった。その夏の学習は、跳び込みを誘導してくれるような反射像がない条件にも、転移した。おそらく視覚からのフィードバックによって、それ以前には無意識のサーボメカニズムではうまくできなかった（筋肉やストレッチ受容器などの）他のフィードバック信号の正しい設定が可能になったのだ。

　ここで注目してほしい。この議論は、前の第3章のサーボメカニズムの議論と同様に、行動出力が感覚入力を生じるようにデザインされていると仮定されていることに。より一般的な見方はこれとは正反対で、感覚入力が行動出力を生じるとされている（第2章で意識の元型的な語りの中で記述された通りである）。この仮説をもっとはっきりと証明するときがきた。これを簡単に行うために、ミュンヘンのマックス・プランク研究所のフランツ・メヒスナー（Franz Mechsner）らの効果的な実験に依拠することにする（より詳細な説明は、ハーレイ（Hurley）の著書『活動する意識（*Consciousness in Action*）』を見よ）。

　人が自発的に両手を動かしたときには、鏡面対称（mirror symmetry）——たとえば両手がお互いに向かいあったり離れたりする動き——へと向かう、よく知られている傾向がある。伝統的にこのような「両手の対称性」は、たとえば両手の対応する筋

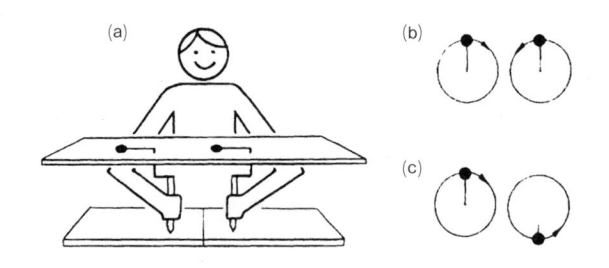

図8-5 同期的に旗を回すように教示。(a)装置。参加者は隠された手を使って、目に見える2つの旗を回す。左の旗は左手と一致した動きをし、右の旗は右手との関連で明確に定義された角度や回転数の変換がなされて動く（本文を見よ）。(b)対称、すなわち相対的角度が0度。(c)逆位相、すなわち相対的角度が180度。Mechsner et al. (2001) より。

肉を同時に動かす傾向のような、出力側の要因に帰属されてきた。ミュンヘン・グループは図8-4の両手の対称性の検査を用いた。この検査の標準形は図8-4(a)と(b)に示されている。被験者は両方の人さし指をお互いに向きあわせたり離したり（鏡面対称）して連続的に動かすほうが、同じ方向（平行）に動かすよりもずっと簡単だということを見出した。この標準形のテストでは、どちらの手も同じ向きで操作しているので、出力（運動）要因と入力（感覚）要因との寄与を分離できない。しかしながら、図8-4(e)と(f)に示されたテストでは、被験者に手のひらの向きを変えさせることによって、この2つのタイプの要因が区別できる。さて、対応する筋肉（あるいは何か他の運動変数）の同時活性化が両手の鏡面対称性への好みに影響しているのなら、今度は被験者は指を対称的に動かすよりも、平行に動かすほうが容易になるはずである。しかしこの実験の結果は正反対で、指を連続的に向き合わせ離させる動きのほうが容易であった。したがって、両手の鏡面対称傾向は、運動ではなく感覚に基礎づけられたものであった。（また）関係する感覚は必ずしも視覚に限らない。なぜなら、指を見えないようにしたときでも、同じ結果が得られたからである。このような条件下では、感覚的フィードバックはおそらく、固有受容性（proprioception）の感覚（指を動かした時の筋肉と関節の受容器に生じる感覚）によって与えられたものであろう。

同じ報告の第2実験はこの第1実験の結論を補強するものである。この実験では、被験者は、普通の条件では実質的に不可能な行為——2つの回転ハンドルを4：3の比率で回すこと——を求められた。しかしこの課題は、2つの回転ハンドルがギアで目に見える旗につながれ、ハンドルを4：3の比率で回すと、旗が同じスピードで動くようにすると、簡単にやることができた（図8-5）。この両手の運動パターンは、他のものと同様に、旗が鏡面対称的に動くと、平行に動く（つまり、両方が同時に同じ方向にまわる）場合よりも容易であった。

要するに、運動行為パターンの最も重要な決定因は、このパターンを方向づける感覚的な被制御変数（フィードバック）にある。フィードバック信号の意識的知覚は初

期の学習中には運動パターンの設立を助けるかもしれない。しかし，いったんこの行為パターンが素早く流動的になってしまうと，フィードバックの意識的知覚はもはや決定的な役割を演じない（感覚的フィードバックの無意識的検出は重要な役割を演じ続けるが）。

(4) 強化子の価値の修正

フィードバックの最も一般的な形式は，学習と学習した行為の遂行とを動機づける，報酬と罰（「強化子」）にある。アンソニー・ディッキンソン（Anthony Dickinson）とバーナード・バレーン（Bernard Balleine）は，強化子の価値の変化が，少なくとも部分的には，意識的知覚によって決まることを示唆する，独創的な実験を報告している。

彼らの実験は喉を渇かせた実験室のネズミを使って行われた。ネズミはまず2つの異なるタイプの報酬に対して2つの行為——蔗糖を求めるときにはレバーを押し，塩が欲しいときにはチェーンを引く——をするように教えこまれた。（この種の実験室実験がすべてそうであるように，すべてが実際に「カウンターバランス」され，被験体の半分は行為と報酬のタイプの組み合わせを逆にされた。こうしてレバー押し対チェーン引き，蔗糖対塩の影響は結果から除かれた。）この種のセッションの後，ネズミは（嘔吐剤の塩化リチウムの注射によって）吐き気を催させられた。さて，どちらの味覚（蔗糖か塩か）の後に吐き気が生じたのかによって，動物が次にどちらの味覚に出会ったときに不快の条件反応を生じるのかが決まってくることは，かなり前から知られている。これは「条件性味覚嫌悪」として知られている。「条件づけ（条件性）」という語は，もとはイワン・パヴロフによる研究に発するもので，動物が時間的に前後するイベントどうしを連合させる過程を表す一般的な用語であり，（ほとんど同じことが放射線治療を受けて吐き気を催した人間にもしばしば生じる。彼らにおいては，治療期間に食べた食事が，後に不快感を催させるものになるのであろう）。もっと前の研究では，ネズミは，かつては報酬であったものでも，その後不快感と連合させられたものに対しては，（レバー押しやチェーン引きによって）仕事をするのをやめてしまうものだということが見出されている。

ディッキンソンとバレーンは，この報酬を求めて働こうとする動機づけの喪失は，最初の条件づけセッションの後，ネズミが（再エクスポージャ・セッションで）かつて報酬価をもっていた液体を飲むことが許された場合にのみ現れることを，すでに明らかにしていた。それゆえたとえば，ネズミが蔗糖を求めてレバーを押し，塩を求めてチェーンをひくことを学習し，それからこの両方の物質を飲んだ後で吐き気を生じさせられたと仮定してみよう。さてここで，蔗糖を飲むことのみが許され，塩は許されなかったとしたら，そして今一度レバー押しとチェーン引きをする機会が与えられたとしたら，ネズミはレバー押し傾向のみを減じ，チェーン引き傾向は弱めることなく続ける。それはあたかも，ネズミが蔗糖を飲んだとき，もはやあまり美味くない（あるいは吐き気さえ催させる）ことを，この情報が蔗糖の報酬価を下げる（それゆえに

レバー押しをあきらめる）のに使えるようになる前に，発見することを求めているかのようである。

　私がここで擬人的言語をネズミに使ったのは偶然ではない。ディッキンソンもこれらの観察と彼自身に生じたこととの類似性をはっきりと述べている。彼はイタリアでの夏の休暇中にスイカを食べて，なかなか美味しいと思った。しかし，スイカを食べたすぐ後で，そしてスイカとは無関係な理由で，彼はひどい吐き気に襲われた。翌日，彼はもう一度スイカに出くわし，喜んでかぶりついた。が，わけもわからず（今なら我々は条件性味覚嫌悪だと説明できるが），ひどく気分が悪いことに気がついた。彼の実験のネズミも，蔗糖が，それを試すまでは，気分を悪くするとは思っていなかったはずだと，彼は確信している。

　これらの実験に基づいて，ディッキンソンとバレーンは次の仮説を提唱している。意識経験の機能は，情動反応（この例では，今まではおいしかった蔗糖液への条件性味覚嫌悪）が認知的および行動的な行為プログラム（レバー押し行為をして蔗糖を得る）と相互作用できるインターフェースとして作用するのだと。特にこの条件性味覚嫌悪の意識的な知覚の役割を検証するために，彼らはこの一連の研究の最後の実験を実行した。この実験では，重要な再経験のセッション中に（リチウムによって吐き気を催させた後の最初のセッションでネズミが蔗糖液を飲んだとき），彼らの半分にオンダンセトロンという薬（人間の場合には嘔吐抑制剤として働く）を与えた。すると確かに，もう一度蔗糖を得るためにレバー押しをする機会を与えられると，蔗糖＋オンダンセトロンを再経験させられた群は，蔗糖が今まで同様に美味だと期待しているかのように，愉快そうにレバー押しを続行した。

　これらの実験から，（抽象化のレベルと危険性は増加するが），我々は以下の推測をしてよかろう。(1)再経験のセッションでは，1度は報酬価をもった蔗糖の価値を貶めるようにネズミに教える特定の身体反応が，蠕動の抑制を生じた。(2)（この効果がオンダンセトロンによって阻止されるために）オンダンセトロンによる蠕動の抑制の阻止にともなって，吐き気の意識的知覚の喪失を生じた（これは，オンダンセトロンを与えられた人間で生じることなので）。(3)もしこの(2)が正しいなら，（我々の前の結論は補強され），ネズミは意識的表象を人間と共有することになる。(4)強化子の価値の変化の意識的知覚は，行動をその強化子の獲得へと方向づけるサーボメカニズムをリセットするのに，重要な役割を果たす。このようにディッキンソンとバレーンはもっと一般的な推論――すなわち，意識経験の重要な機能は，情動反応がこのような目標指向的行動に影響を与えうる媒体（メディア）を提供することだというもの――を引き出すことを望んでいる。私自身の推論はさらに広い。すなわち，ディッキンソンとバレーンによって示された現象は，意識的知覚が無意識的サーボメカニズムによってコントロールされる変数の変化を可能にするという点で，意識的知覚の一般的な役割のさらなる1例だと考えるのである。

結　論

　要するに私が提案しているのは次のことである。意識の重要な機能は，知覚経験のシミュレートされた「現実世界」のメディアにおいて，別の無意識的サーボメカニズムによって制御される変数を，特にこれらが異なる感覚モダリティにある場合に，並置し比較するのを許容すること，そして，どんな1つのサーボメカニズムで手に入れられるよりももっと広範囲の情報に照らして，そのセットポイントを修正することである。これは，第11章で考察——そして批判——する「グローバルな作業空間(ワークスペース)」理論の1バージョンであることに注目されたい。またこのような理論は，意識の機能主義的説明を提供していることにも，注目していただきたい。彼らの仮説では，このハード・プロブレムの解決は，その機能を発動させるのに意識経験を必要とするような，特殊な情報処理機能を記述することにあるべきなのである。この仮説はまだ納得のいく説明がなされていない。それよりも悪いのは，第10章で見るように，これが間違いだというエビデンスがあることである。したがってここには，本書で展開した議論の緊張の節点（nodal point of tension）がある。この解決は後に回す。

第9章

随伴現象説再訪

　前章では大風呂敷を広げて，意識がいろいろなことをすると示唆した。しかし多くの思想家は，意識が何かをなしうるという類の可能性を受け入れない（前に第6章2節で論じた随伴現象説の議論を参照）。それゆえ，意識に因果性があると主張する人は誰であれ，これがどのようにして達成されるのかについて，少なくとも何らかの形の説明を提供しなければならない。このイラクサをつかまえる時期が来た。

　私は第7章3節で意識は「メディア」だといった。この言葉で何をいおうとしたのか，説明しよう。この説明は多くの反デカルト派の魔物をよみがえらせる危険性がある。しかし，これはまた，つかまえなければならないイラクサである。前に述べた主要なポイントのいくつかを復習するところから出発しよう。私はそれらが事実であるかのように述べるが，もちろん，その大部分は仮説である。

1　因果性と意識

　第6章で概略を述べたように，意識経験は3つの関連する機能を果たしている。
　① それは外的世界の比較的持続的な特徴のモデルを含んでおり，そのモデルはそれ自体が外的世界であるかのように経験される。
　② このモデルによって与えられる枠組みの中では，進行中の運動プログラムに特に関係する諸特徴や，期待はずれの諸特徴がモニターされ，強調される。
　③ このモデルの枠組みの中では，被制御変数と脳の無意識的なサーボメカニズムのセット・ポイントとが並置され，結合され，修正されうる。このようにしてエラーは修正されうるのである。
　ポイントの②と③はいっしょになって「遅延性エラー検出」を構成する。これは（系統発生的にいって）意識に最初の生存価をもたらすものである。外的世界のモデル（ポイント①）は，遅延性エラー検出が作動する主要なメディアを提供する。

　これら3つの機能は，したがって，意識経験が何のためのものなのかを示している。しかしポイント①～③は，意識が何かをするとはっきりとはいわずに定式化されていることに，注目していただきたい。というのも，なすこと（doing）のほとんど，というか多分すべてが無意識のメカニズムの責務であるからである。無意識のメカニズムは，①の意識に入ってくる外的世界のモデル構築に責任を負っている。そしてこの無意識的な構築は，意味や志向性が対象やイベントに投入されるところにまで進んで

いく（第4章4節参照）。無意識のメカニズムは，また，②のコンパレータの過程にも責任を負っている。これは運動プログラムが「計画通りに進行」していることのチェック，あるいは新奇性やエラーの検出，のいずれかに責任を負っている。すると，③だけが残ることになる。すなわち，無意識的サーボメカニズムの活動の変更によって，エラーを修正することである。これが意識的な処理か無意識的な処理かどちらで達成されるのかは，実験的研究がなされる価値のある開かれた経験的問題である。エラーの修正がしばしば感覚モダリティの異なる被制御変数の並置を必要とすると仮定するなら，この問題と「結合問題（binding problem）」（第4章1節）との間には，潜在的に重要な重なりがあることになる。その場合には，この問題は次のようになる。異なるサブモダリティ（たとえば色と可視的な運動），あるいは異なるモダリティ（たとえば視覚と聴覚）を横断した特徴の結合は，無意識に生じるのか，意識内で生じるのか，それとも両方で生じるのか？　これは実験的にいうなら，ほぼ確実に扱える問題である。

　もし無意識的な脳が，すべてあるいは少なくともほとんどの仕事をするのなら，意識経験はどんな役に立つのだろうか？　この質問に対しては，私は古い答えを出すことにする。すなわち，意識はディスプレイのメディアとして作用するのだ。

　この回答は，今日では大きなあくびと，お決まりの反論——無限後退という——を招く危険性がある。もしディスプレイがあるのなら，そのディスプレイの観察者がいるはずである。そして，もしディスプレイの観察者がそれを見るのに意識経験を使わねばならないのなら，誰がこのディスプレイを見る次の観察者の役割を果たすのであろうか？（等々と無限に続く）。しかし，哲学者ジェリー・フォーダー（Jerry Fodor）の『思考の言語（*The Language of Thought*）』（p. 189）から引用すると，「これはとんでもない議論である。それは，まったく何の理由もなく，外的環境からの情報を再生するにはイメージを持つ必要があり，イメージからの情報を再生するにはまたイメージをもつ必要があるはずだと仮定している。しかし我々は，なぜそんな仮定をしなければならないのだろうか？」いずれにせよ，このお決まりの反論はここで示したポイントを見失っている。意識のメディアは無意識的な脳によって使われているのであって，第2の意識的実体によって使われているのではないのだ。

　この議論を進めていく前に，もう1つのイラクサをつかまえておこう。その因果性が物理学と化学の法則に適合する過程によって別途に与えられている世界において，意識経験はいかにして因果的影響をもちうるのか？　我々は以下のように仮定している。意識経験は，外的世界（の1つの構成されたモデル）をディスプレイするためのメディアとして働く；無意識的な脳は，このメディアにおいて，「遅延性」のエラー検出を報告する；意識経験のこのメディアはこのエラーの修正に役割を果たす，と。これらの機能を発動させるためには，意識はどんな因果的相互作用に携わらねばならないのだろうか？

　この問いに対する最初の回答の仕方は，無意識の脳の因果的な力にかかっている。というのも，意識経験を生じるのは無意識脳だからである。今日では，この仮説は論

争の余地がないとされている。意識は脳の産物だという理解は，科学者も哲学者も同様に，当然のこととして受け止めている。しかし実際には，この一致にもかかわらず，この脳から意識への因果の方向は，その逆の意識から脳へと同じくらい困難な問題を提起している。しかし，この問題は後の章までとっておくことにする。ここでは我々は，（二元論でもって我々を脅かすがゆえに）これと相補的でスキャンダラスな可能性——意識経験は無意識脳に因果的影響を及ぼす——のほうに集中することにする。

　比喩は危険な道具である。意識に関係する場合には特にそうである。しかしそれにもかかわらず，私はこの比喩が有効だと思う。私は今ベニスのサンマルコ広場にいて，そのちょっとしたスケッチをするのに十分な芸術的才能をもっているとしよう（これは事実に反する例ではあるが）。後に，私はサンマルコを思い出す補助具として，このスケッチを使う。したがって，スケッチは私の記憶力——原因としての影響力——を高める。しかし，スケッチは明らかに，この原因となる影響力そのものをもっているわけではない。このスケッチは脳によって（手で絵筆をコントロールしながら）なされる。そして，後に脳が使うのだ。この因果のすべてのメカニズムは脳内にある。それでも，サンマルコの想起に至るまでの因果の連鎖を完全に記述するには，このスケッチが果たした役割の説明も含まれなければならない。

　この例では，スケッチの果たす因果的役割の本質には何の問題もない。しかしこの比喩は，サンマルコの私の最初の意識的知覚にも，必要な場合には，きちんと適用されうるのであろうか？　それを見ていこう。

　私のスケッチと同様に，サンマルコの視覚表象は私の（無意識の）脳によって構築される。スケッチと同様に，この知覚表象は私の脳の力を拡大してくれる。盲視（第2章3節参照）は意識的視覚のないところで生じる。しかし，その範囲は非常に限定されている。それはたとえばその広場の，その色の，その対称性等々の，完全な3次元のレイアウトの認識を許すものではない。盲視しかもたない人は，広場の一方から他方へのナビゲーションができなかったはずである。それゆえ，意識的な視覚は，原因となる影響力をもつ何かを含んでいる。晴眼者は世界の中でそしてその上で，意識的視覚なしには不可能なやり方で行為をしている。（しかしながら，この推論は完全には安全でない。盲視患者の損傷は意識的な視覚処理と同時に無意識的なものをも傷害しているからである。）ならば，意識的な視覚はどのようにしてこれらの因果的効果を及ぼすのだろうか？　スケッチの比喩は，意識的な知覚が，サンマルコのスケッチのように，それ自体の因果的なメカニズムを展開しているわけではないことを示唆している。知覚表象は，スケッチのように，単なるディスプレイとして，無意識脳に使われるものとして，そこにあるのだ。

　この示唆は，しかし，さらなる疑問を生じる。無意識の脳はいかにしてそのディスプレイを見るのか？　この疑問に対する可能な回答を考える前に，見るべきものが2つあるわけではないことを思い起こそう。その2つとは，サンマルコと私のサンマルコの知覚表象である。私のサンマルコの知覚表象はサンマルコである——それが存在するすべてである（それを見るときの私にとっては）。そして，この知覚表象は私の

脳内にあり，視覚皮質と，視覚皮質と相互作用する他の脳部位との中で，どんな回路がその知覚表象の構築に際して活性化されていたとしても，その知覚表象はその回路の中の活動で構成されている。

無意識の脳はいかにしてこのディスプレイを見ることができるのか？ この質問に答えることのできる方法には，主要なものが2つある。

第1は，そのディスプレイの構築に関与する神経回路と活動から，脳の残りの領域にいたる直接ルートに依存している。このようなルートはたくさんあって，その裏づけも増加してきており，このルートに沿ったコミュニケーションも問題なくなされている。その関連情報は普通に——電気化学的信号が神経路を通過することによって——伝えられる。それゆえこの説明によれば，意識的知覚のディスプレイは（サンマルコのスケッチのように）因果的影響力をもっているのだ（内省的および実験的エビデンスの両方があるのなら，事実のように見える）。しかしこれらのことは，周知の脳の電気化学的活動がもつメカニズム以上には付加的な因果メカニズムを意識に帰属させることを必要とはしない。

この問題への解答は魅力的ではあるが，さらなる疑問も生じる。もし意識的表象の構成に責任をもつ脳活動が，それが構成したものを脳の他領域に直接伝達できるのなら，一体なぜ脳は意識的知覚表象の構成などという面倒なことをするのだろうか？ この議論を進めていくと，意識的なディスプレイは，それが基礎をおく脳活動の影響力を越えるような，独自の付加的な影響力はもたないということになる。いいかえれば，この道をたどっていくと，我々は随伴現象学派のジレンマの角（horn of the dilemma）を前にして進退きわまることになる。意識的なディスプレイは，蒸気機関から漏れだす蒸気によって奏でられるメロディのようなものである。それは何の仕事もせず，人生に形而上学的なスパイスを加えるだけなのである。

随伴現象説があなたの趣味に合わないとしたら，あなたは意識的な知覚ディスプレイに，何かそれ自体の現実的な仕事を与えなければならない。このことは，無意識の脳が何らかの方法でディスプレイそれ自体を見て，それを見た結果を利用しているということを意味する。さて内省的には，それはもちろんそんなふうに見えるというだけのことである。もし私がサンマルコ広場にいて，大聖堂を訪れようとしているのなら，私はそれを意識的視覚の中におさめて，それに向かって歩いていく。この見解に対しては，素朴な内省から，重要な制限が加えねばならない。すなわち，知覚された広場（その通りぬけを私はナビゲートしていくのだが）は，そう見えたとしても「外にある」のではなく，（知覚された身体がナビゲートするのに並行しながら）私の脳の中にあるのだ。今日のバーチャル・リアリティの機械の世界では，この主張は以前ほど荒唐無稽なものには見えないかもしれない。というのも，もしあなたがこのような機械にのめり込んで，視覚的触覚的に知覚される環境を，ジョイスティックを使ってナビゲートしまわったとしたら，その環境は不思議なほど「現実世界」のように感じられるはずだからである。この場合にはもちろん，あなたはそれが「現実」ではなく，コンピュータによって完全につくられたものであり，あなたの脳と共謀してコン

トロールしているショーだということを知っている。この類推をしていくと，「現実世界」は同様に，脳によって意識内に構成されたバーチャル・リアリティのショーであり，これを通じて無意識の脳がナビゲートしているのだということになる。この思考の筋道は内省的事実に対しては正当であり，究極的な理論発展のモデルに導くかもしれない。

しかし我々は今までに，他の方法でも支持されないかぎり，内省を信じてはならないということを学習してきた。そして，この線で議論を進めると，二元論という危険なもう1つのジレンマの角（選択肢）に近づくことになる。というのも，それは次の継起を示唆しているからである。

① 無意識の脳は，メディア内に意識的知覚というディスプレイを構築する。これは通常のメディア——神経細胞内および神経細胞間の電気化学的活動——とは根本的に異なる。
② それ（無意識の脳）は意識できるように構築されたディスプレイを視察する。
③ それはこのディスプレイの結果を使って，通常の電気化学的なメディアの働きを変化させる。

それにもかかわらず，この継起は，作動する意識的知覚ディスプレイの効果の説明に加えて，意識経験の進化において作用する何かを，自然選択に与えるはずである。というのも，選択は今や脳回路で生じるだけでなく，それが生じさせる脳回路と意識経験でも生じるはずだからである。それゆえ，この問題に対するこの回答は，全体としての科学的因果関係を保持しつつ，意識をダーウィンとその他の生物学の陣営につなぎとめることになる。これらは二元論という犠牲を払っても，大きな長所になるのではなかろうか。

二元論の陥穽に陥ることなく，随伴現象説の罠からも逃れる方法が，何かあるのだろうか？　今のところ出されている解答の多くは，ただ言葉だけのもののように思われる。中でも重要なのは，いろいろな形の「二面（dual aspect）」理論になっていることである。

これらの理論は，意識経験を生じさせる脳の活動と意識経験それ自体が，見かけは違っても，同一（アイデンティカル）だと述べている。これらはたまたま別の方法で観察されただけだというのである。脳科学者は「第3者的（3人称）視点」から，神経の電気化学的イベント等の1側面を見る。一方，経験している被験者は，同じイベントを観察しているのだが，それを「1人称の視点」から見ている。この種の理論はずいぶん詳細に彫琢されてきており，ごく最近ではマックス・ヴェルマンス（Max Velmans）の著書『意識を理解する（*Understanding Consciousness*）』にそれを見ることができる。これらの理論は，見かけの異なる2つの実体が実はまったく同じものだとわかったという，科学史の事例によってしばしば補強されている。よく知られている実例は，明けの明星と宵の明星が金星という1つの惑星と同じものだったこと，電気と磁気が統合されて1つの電磁気学理論になったこと，あるいは，雲と呼ばれる空中の白いパフェのようなものが，その中に入っていったときに出会う大量の水滴と同じものだということ

などである。しかし，これらの例と意識の問題との間には大きな違いがある。これらの例では，見かけの異なる実体がどのように同一なのか，そしてその2つの見かけの違いがどのようにして生じ，相互にどう関係しているのかについて，詳細な説明がなされている。たぶん我々もやがては，脳の活動と意識経験との関係に関する，このような理論をもつことになるのだろう。しかし，意識経験に関しては，まだその説明がなされていない。したがって，現在の二面理論は信仰のような願望以上のものではない。それは理解のできる希望であり，私もそれを共有している。もし二面理論が正しいのなら，それは随伴現象説も二元論もどちらも回避することになる。しかし，ハムレットが鷹と鷺について語っているように，私は希望と理論の違いをいうことができる。

2 言語，科学，美学

　断固とした随伴現象論者は，意識的知覚それ自体（意識的知覚を生じる脳活動とは区別されるものとしての）が，因果的影響力をもつことを否認しようとする。このような否認は，単純に何か——たとえばサンマルコ広場——を見るような場合には，それほど困難ではない。しかし人間の活動には，意識的知覚の演じる因果的な役割を否認しにくい，もっと複雑なものがある。これには，言語，科学，美学などが含まれる。

　我々が無意識に感知するものは，適切なサーボメカニズムを活性化させるが，文字通りそれについては語れないので，言語的な把握にはつながらない。我々が世界について語れるのは，世界が意識的知覚の中に構築されたときだけである。これに対応して，言語の粒子（grain）は，意識的知覚の中にモデル構築された世界の準永続的な特徴のレベルにおいて，ほぼ完全に確定される。したがって意識的な知覚は，人間の言語にとって不可欠の前提条件のようである。それは言葉が指し示す実体を提供するのだ。したがってここには，意識的知覚に帰せられうる大量の因果的影響が存在する。

　スケッチの比喩は，言語の場合にはうまく当てはまるようである。知覚されたバラ（それが何であれ，バラそのものではない）は，バラについてのスピーチの因果的な基礎を提供する。したがって，①その活動がバラの知覚表象の構築に責任を負う脳の回路と，②その活動が言語的に表現された概念の「バラ」を例示する回路との間には，因果的な相互作用があるはずである。このような相互作用は，知覚表象の背後にある概念の確立に，特に重要な発達的役割を果たしているようである。そしてこれらの相互作用は，この概念が使われるときにはいつでも，重要な役割を果たし続けるはずである。それゆえ，単純な視知覚について上でくりかえし論じられてきた随伴現象論者の議論は，一見したところ，言語についても有効なようである。すなわち，バラについての語りは，①と②の2つのタイプの回路間の直接的なリンクに完全に基礎づけられている。そして，バラの意識的な知覚それ自体は（あるいはついでにいえば「バラ」という語は），それを生じさせた神経回路の活動以上には何の因果的役割も果たしてはいない。

しかしながら言語は，自らの知覚内にモデル構成された，外的世界の特徴に基礎をおいているだけでなく，同じ言語の異なるユーザー間の一致(コンセンサス)にも基礎づけられている。このコンセンサスがなかったとしたら，言語は存在できなかったはずである。このコンセンサスが可能になるためには，共通の指示対象群(レファラント)がなければならない。なんびとも無意識の感覚検出によって取り上げられただけのイベントについては，語ることができない。そしてさらに，このようなイベント群については，公的に認められたものが存在しえない。(行動の経験科学のごく最近の進歩によって，イベントの無意識的な検出が明示できるようになり，それゆえに，これらを公的な談話で使えるようになっている。しかし，このことは，上記の結論とは無関係である。この種の談話はそれ以前に言語の存在を前提にしているからである。)これらの考察は，一見パラドクシカルな結論を生じる。すなわち，外的世界は各人の脳内で別々に構築されるという事実にもかかわらず，意識的な知覚は，共通の指示対象群を創造できる唯一のルートなのである。前に論じたように，進化は次のことを確認してきた。意識的知覚の内容は現実の外的世界に対するよいガイドになっており，同じ種のメンバーなら，その内容は非常に類似したものになっているということである。発話が指示する指示対象群の共有を確実にさせるのは，この類似状況下での知覚の類似性なのである。さらにいえば，このコンセンサスは，各知覚者の脳内で知覚世界の構築を支える活動に基づくものではありえない。というのも，これらの活動は，当然のことながら，別の脳の間で共有されるものではないからである(意識的な知覚表象それ自体による場合を除いて)。したがって言語が可能になるためには，意識的な知覚表象が，それらを生じさせる脳の活動を越えた，現実の因果的な仕事をしなければならないのである。

これは非常に重要な結論である。しかし注目してほしい。このことは，スピーチをオンラインで産出したり理解したりすることが意識的過程だという意味ではない。我々は実際，前に，そうではないことを見た。したがって言語のケースは，運動技能の学習のケース(上で考察した)と類似している。すなわち，意識的な知覚表象はフィードバックのパラメータの設定には重要な役割を果たすが，いったん学習されると，そのプログラムの実行には必ずしも大した役割を果たさないのだ。この類似は驚くにあたらない。言語は，人間のレパートリの中では最も複雑なものであるが，それ自体が1つの運動プログラムだからである。この複雑さの1部は，確立されかつ連携して動く必要のある，2つのまったく分離した部類のフィードバックがあるという事実による。第1は，本節で主に論じてきたものであり，言語が指示する意識的知覚内の項目に関係するフィードバック(他の言語使用者からのものも含む)である。第2は，正しい言葉が話された，あるいは聞かれたということを示す(聴覚と構音に関する)フィードバックに存する。

前節では，我々は随伴現象説の拒絶を正当化する，専ら科学的あるいは哲学的な嗜好をもつ基盤を見出した。言語からの議論は，この拒絶に対するより強力で経験的な基盤を提供してくれる。しかしそれは，我々がそこにある外的世界を直接知覚するのだという，素朴実在論者の見解をまず捨て去った場合にのみ，支持されるのだという

ことに，注目しよう。直接的な知覚を仮定するなら，言語使用者間での指示対象の一致は，現実世界の現実の調度（ファーニチャー）に基づいているということになるのかもしれない。しかし既に見たように，科学的なエビデンスによれば，言語が指示する見かけ上の現実世界は，各自の脳内で別々に構成されたものだという見解が圧倒的に支持されているのである。

　同じ一般的な議論がまた，科学的知識の構築にも当てはまる。この知識の内容のほとんどが，意識的知覚世界の特徴ではなく，無意識の感覚検出メカニズムを作動させる実体（光の波長や空気の振動など）を指しているとしても，科学的知識の集成が築かれるのは，公的に再現可能な実験によってのみである。このような公的な再現可能性は，科学者集団内のあるメンバーから別のメンバーへの言語形式で伝達される意識的な知覚の結果に依存している。

　美学も，随伴現象説を叩く，非常に異なる観点を与えてくれる。いろいろな形の美の鑑賞について考えてみよう。これには意識的知覚の構成体についての観想（contemplation）が必ず含まれる。夕日の情景やティツィアーノの絵；ナイチンゲールの鳴き声，歌声，弦楽四重奏の音響；バラの香り；あなたの頭の中で聞こえる詩の言葉。これらすべての例で典型的に見られるのは，ここには行為が含まれていないということである。あなたは夕日を指し示したり，それについて語ったりすることができる。しかし，その美を鑑賞するためには，そういうことは一切する必要がない。ただ座って眺める。それで十分であり，実際普通はそれが最適なのだ。脳の無意識的行為システムは静かに放置されるのがベストなのだ。しかし，意識内容からその美的経験を取り去ると，そこには何も残らない。時には，その完全な経験が纏ってくるはずのクオリアに気づく前に，その宙に浮いたような存在が感じられることも確かにある。それゆえたとえば，私は時に1行の詩の，言葉ではなくメロディの形式のみが，意識的な気づきに入ってこようとするのを感じることがある（談話の流れの中で意味的なギャップを埋めようと頑張っても，なかなか1語が出てこないときの，誰にもなじみのある「喉元から出かかっているのに出てこない」という現象のように）。しかしこのタイプの経験は，意識内の他のあらゆるものと同様に，美的快感を与えてくれるクオリアが無意識の脳の産物だということを示すだけである。美的快感それ自体にとっては，意識的に経験されるクオリアの存在することが必須条件なのである。意識的知覚なしには，美は存在しないのだ。ここにはしたがって，意識的知覚に帰属されるもう1つの膨大な因果的効果が存在するのである。

　「美は見る人の目の中にある」——このいい古された言葉はふつう，我々それぞれが同じもの（夕日，ソナタ，香り，ソネット）に対して異なる反応をするという意味に解されている。しかし，このことわざはもっと深いレベルでも正しい。これらの美の対象はそれぞれが脳の構築物である。脳こそが夕日の美しさだけでなく，夕日をもつくってもいるのだ。そして，脳が生み出した夕日を観照するのも脳なのだ。この観照という行為は，知覚された夕日というよりも，夕日の知覚表象を生じる神経活動に向けられているという見解は，私には理解することさえ困難である。

3 意識にとっての進行中の因果的効力？

　言語，科学，そして芸術的な美の鑑賞は，このように，意識経験が存在することからくる重要な因果的帰結を構成している。しかしこれらは，それらがそのように生み出されるときに，それらを生み出す脳の働きに対して，意識経験が重要な因果的役割を演じていること――「進行中の因果的効力（ongoing causal efficacy）」と呼んでよかろう――を示すには至っていない。意識経験の遅延性と，このような経験が以前の無意識の脳過程（第2章参照）の連鎖の結果だという豊富なエビデンスを考え合わせると，脳内で進行している意識の因果的効力に対するエビデンスがないのは，おそらく驚くほどのことではなかろう。しかし，それは厄介なことではある。というのも，それが進行中の脳活動にリンクしているかぎり，意識経験は実際に単なる随伴現象にすぎないという可能性が残るままだからである。その因果的効果は，私のサンマルコのスケッチによって――外的な備忘録として――受ける効果とまったく同じ仕方で，影響を受けるのかもしれない。脳は，備忘録があれば，それがなければできないような多くのことを達成できる。しかし，備忘録そのものは因果的には不活性である。この状況は，意識経験の因果過程への効力と見えるものと同じなのかもしれない。

　しかし，若干ながら，意識経験が実際に因果過程に効力を及ぼしうることを示唆（これより強い言葉は使えないが）する実験的エビデンスがある。例を3つ示そう。

　第1に，1980年にケンブリッジの心理学者トニー・マーセル（Tony Marcel）によって報告された重要な実験について考えてみよう。これは英語に――他の言語でも同じなのだが――多義語（2つ以上の意味をもつ語）が多量にあることに関わっている。このような語の意味を理解するためには，我々はその文脈に頼る。たとえばシェークスピアの「bank for love to lie and play on（恋人が寝転んで戯れる岸辺）」（冬物語）を，誰も小切手を現金に換える場所と間違えはしないだろう。

　マーセルは被験者に3つの単語を順に提示した。このうち最後の語は，実際の語か，それとも語のように見えるが実際には語になっていない文字列か，どちらかであった。被験者は第3語が実際の語か否かを，できるだけ早くボタンを押して知らせるよう求められた――いわゆる「語彙決定（lexical decision）」課題である。ここでマーセルが問題にしたのは，第3語が実際の語であるときの試行で，被験者が決定に至るまでのスピードが，そのシリーズの単語間の意味的な関係によって影響されるかどうかである。最も決定時間が速かったのは，3語すべてが HAND（手）- PALM（掌）- WRIST（手首）のように，共通のネットワークの1部として意味的に関連しているときであった。（この種の1つの意味的な影響は，通常，必ずとはいえないが，1つの語に包摂され，これに続くもう1つの語に及んでいく。これは「意味プライミング」として知られている。）しかしながら，まん中に多義的な語を置くことによって，最初の2語（第1語と第2語）と後の2語（第2および第3語）はそれぞれ関連しているが，第1語と第3語とは無関係になるように配置することが，マーセルにはできた。その例は TREE（木）- PALM（ヤシの木または掌）- WRIST（手首）である。この条件下では

WRISTが本物の語だと判断するのには，3語がすべて無関係なコントロール条件（TREE – RICE（米）– WRIST）のときよりも時間がかかった。このことは，TREE – PALM – WRISTの順序の場合には"palm"（木の1種）のプライムされた意味は，手の1部という意味を制止するので，有意味語としての"wrist"の再認が遅れるのである。

　これらは3語がすべてはっきりと見られるときの結果である。しかしもう1つの条件として，彼は同じ3語ではあるが，まん中の語にマスキングをかけて，意識的に見ることができないようにした。この場合にもプライミングは起こったが，今度はその形が異なった。3語がすべて無関係なコントロール条件にくらべると，第2語が第3語をプライムしたときには，第1語と第2語の意味的関係とは関係なく，判断時間が速くなった。それゆえ，"wrist"は，HAND – PALM（マスキングされている）– WRISTでも，TREE – PALM（マスキングされている）– WRISTでも，どちらの系列でも，語としてより速く認知されたわけである。

　マーセルの2条件（3語のまん中の語がマスキングされているか否か）の結果の比較は，意識的処理が意味的文脈の決定に果たす役割をはっきり示唆している。意識的知覚がマスキングされたときには，3語の中のまん中の語（"palm"）は，その前に何があったかには関係なく，その両方の意味で（木として，そして手の1部として）分析される。したがってこの両方の意味が，必要に応じて，第3の語（"wrist"）に対するプライミングに使われる。まん中の語の意識的知覚はこのパターンを変える。プライミングは今や，前に見た語の"tree"によって制限されているので，"palm"は単なる木の1種であり，手の1部ではないと解される。ここで注目。手の1部としての"palm"の意味は，アクセスに失敗しただけでなく，積極的に制止されたのだ。というのもTREE – PALM – WRISTの系列に対する判断時間は，無関係な語の系列に対するときよりも遅かったからである。それゆえ，意識的知覚は文脈の持続時間を拡大して（これは今や3項目に及び，ただの2項目ではなくなり），それから狭まるようである（多義語の1つの意味だけが取り上げられ，他の意味は犠牲にされる）。前者の効果——持続時間の拡大——は，意味プライミングに関する他の実験でも明らかにされている。たとえばグリーンワルド（Greenwald）らは，マスキングされた意味プライムの効果は非常に短時間（大体60〜100ミリ秒）しか持続しないが，マスキングされないプライムの効果は400ミリ秒まで拡大される。

　第2の例としては，もう1度グレーガー（Groeger）の実験を考えてみたい（図4-2）。この実験では，「彼女は毛皮のコートを着て……に見えた（she looked …… in her fur coat）」の空白部分を，「smug（キザな）」か「cozy（暖かい）」か，どちらの語で埋めるかを見ている。この際，この文章の提示前に「snug（暖かい）」という語をプライムとして，意識的な知覚閾の上か下かで提示したところ，このプライムの仕方によって選択される語が変わってくることが明らかにされた。すなわち閾下の場合には，プライミングは意味ルートにしたがい，"smug"よりも"cozy"が好まれ，閾上の場合には音韻ルートをたどって，"cozy"よりも"smug"のほうが好まれた。この結果を最も自然に解釈すると，この後者の影響を生じたのは，"snug"の音韻——ク

オリア——の意識的な知覚だということになる。

　これらの議論には，しかしながら，ステファン・ハルナッド（Stevan Harnad）がすかさず指摘するだろうと思われる，避けがたい弱みがあるようである。マーセルが3語のまん中の語をマスキングしたりしなかったりしたとき，あるいは，グレーガーの"snug"が意識的に聞こえたり聞こえなかったりしたときには，異なる神経イベントが生じていたはずである。したがって，これらのケースで観察された異なるタイプのプライミングは，このような神経活動の違いから直接生じたものであり，これに伴う意識経験それ自体は何の因果的役割も果たしていないともいえる。しかし，この議論のさらなる前進を許すかもしれない——ただの可能性だが——もう1つの実験路線が考えられる。この本で指摘した多くの他のポイントと同様に，共感覚現象へと向かってみることである（この魅惑的な現象の詳細な説明は第10章を見られたい）。

　オーストラリアはメルボルンのジェイソン・マッティングレー（Jason Mattingley），アンナ・リッチ（Anna Rich）とその同僚たちは，1群の「色彩‐書記素（colour-grapheme）」共感覚者——1つの文字や数字（書記素）を見たときに，色彩経験をする人——の研究を行った。彼らの実験はよく知られている「ストループ（Stroop）」現象——これを発見した心理学者の名前をとったもの——に基づいている。このタイプの実験の普通のバージョンでは，Xの連鎖または色名を書いた文字列が提示され，被験者はできるだけ速くその色の名称をいうように求められる。色名がインクの色と異なる（たとえば「赤」という語が緑のインクで印刷されている）場合には，あなたが色名をいうスピードははっきりと落ちるはずで，これはストループ効果と呼ばれている。マッティングレーのグループは，色彩‐書記素共感覚者に文字や数字を異なるインクの色で提示して，そのインクの色をいうように求めたところ，まさにストループと同じ効果が見られることを示した。インクの色が共感覚者の書記素によって生じる色と違う場合には，そこに示された物理的な色の名称をいうのに時間がかかった。（これは，共感覚者が報告した経験はリアルであり，観察可能な行動に影響があることを示している，最近の多数の発見の1例である。）次の実験では，色彩‐書記素共感覚者は，白黒の書記素のディスプレイに続いて色パッチを見せられた。今度の彼らの課題は単純に色の名前をいうことであった。その結果，共感覚者の書記素によって喚起された色が，色パッチのそれと異なるときには，この色名呼称の場合にもスピードが遅くなった。

　この標準的なストループ・パラダイムの変形をすると，さらなるひねりの導入が可能になる。すなわち今度はプライミングに使われる書記素が，その意識的知覚を妨げるように，提示できるのではないかと考えられる。これは，非常に短時間の提示（28〜56秒）の後に，視覚マスキングをかけることで，達成できた。この方法を使うと，書記素が意識的に知覚されたときに観察されるストループの妨害効果を除去できたのである。

　さて，この結果は些細なもののように見えるかもしれない。しかし，干渉する書記素が意識的には見られない場合，他にどんなことが予期されるだろうか？　カナダの

心理学者、フィリップ・メリクル（Philip Merikle）の得た結果を見ると、共感覚者に見られるストループ効果のマスキングによる封鎖は、些細ではすませられないように思われる。メリクルはマッティングレーの実験とよく似ているが、共感覚をもたない人で行った一連の研究を報告している。被験者は色名の後に提示される色パッチの色を、できるだけ早くいうように教示された。これによって、予期されたストループ効果が得られた。色名呼称は、提示された色名がパッチの色と異なるときには、遅くなった。しかし注目に値するのは、同じ実験を、色彩語が意識的に知覚できないように（33ミリ秒の提示後に、マスキング）しても、ストループ効果がなお得られたことである。したがって、共感覚的に誘導された色彩によってプライミングされたマッティングレーのストループ効果は、非共感覚者に色名によってプライミングを起こさせたメリクルの実験効果とは異なっている。前者はプライミング刺激を意識的に知覚できないように取り除いた場合には、プライミング効果がなくなったのに、後者ではそれが持続したのである。

　この違いは謎めいていて興味深い。随伴現象説とは反対であるが、共感覚によって誘導された色は、それらが行動に影響する場合には、意識的経験を必要とする――危険なほどの二元論への接近だ（図9-1）。しかしこの議論の強みは、2つの異なる実験間の不一致が2つの異なる被験者群を使っているからだということになると、弱められる。より強力なデザインは、1つの実験パラダイムの中で同じ被験者が標準的なストループ効果も共感覚に誘導されたストループ効果も、両方とも示すものになるだろう。我々は今この種の実験を計画している。マッティングレーとメリクルの結果を併せ考えたときに示唆されるように、マスキングがこの2種類のストループ効果に異なる影響を及ぼすことが示せたとしたなら、このような実験が、共感覚的なプライミング刺激の特に意識的な知覚の効果を、より厳密な実験的吟味にかける1方法を提供することになるだろう。このようにすれば、随伴現象説の要求を実験室に持ち込めそうである――そしてこれは十分な勝利になろう。当面は、これが私の提供できる最善のものである。随伴現象説に対抗する議論は長い道のりが防水舗装されているわけではない。しかし、強くはなってきている。それゆえ、本書の残りの部分では、意識は自然界において完全な因果的役割を果たすと仮定しよう。問題は、いかにして（how）である。

4　意識の進化と個体発生

　意識経験は何らかの方法ではっきりと脳に関係づけられている。もし我々が脳機能の何か他の側面についてこのことをいったのだとすれば、我々はそれが（系統発生中に）進化したのだと予期したはずである。そして（十分な時間と労力と才能があれば）、その進化の道筋を跡づけてみたいと思ったはずである。我々はまた、個人の生涯の間にそれが発達していくとも予期したはずである（個体発生）。脳は歩行をコントロー

第9章 随伴現象説再訪

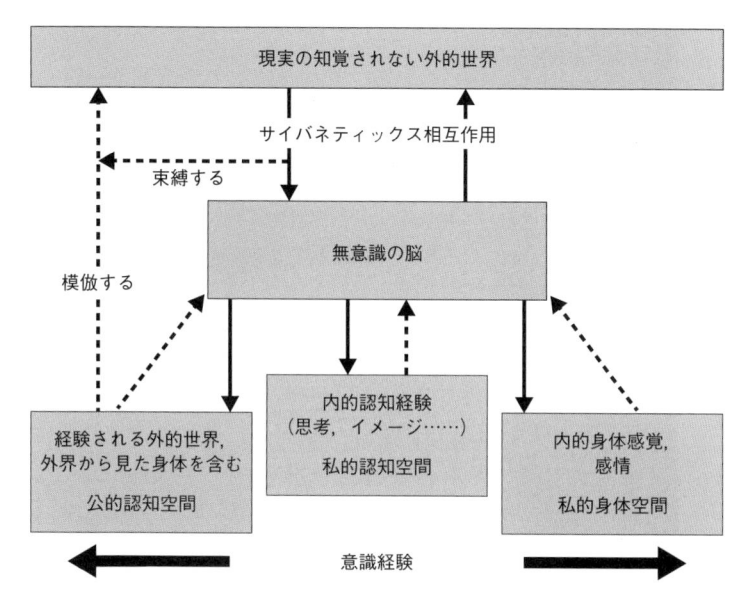

[図：現実の知覚されない外的世界／無意識の脳／経験される外的世界，外界から見た身体を含む（公的認知空間）／内的認知経験（思考，イメージ……）（私的認知空間）／内的身体感覚，感情（私的身体空間）。矢印のラベル：サイバネティックス相互作用，束縛する，模倣する，意識経験]

図9-1 2元論への危険な接近。意識経験は無意識の脳の活動に対して生まれつき（すなわち，意識経験を生じさせる神経活動のいかなる効果をも越えた）因果的効果をもっているのかもしれない。この可能性を説明するために，図1-1を修正したもの（破線は「無意識の脳」に帰っている）。

ルしたり，数学をしたりする能力をもって人生を開始するわけではない——これらの機能は，脳が成熟するにつれて，そしてその環境について学習するとともに，発達していくものである（このような学習は，歩行よりも数学をやり遂げる際に，より大きな役割を果たすのではあるが）。これらは，したがって，意識の場合にも提起されてしかるべき疑問である。しかし，これらに答えられるような関連するエビデンスが何かあるのだろうか？

　短く答えれば「ノー」になる——多くの本（ユアン・マックフェイル（Euan McPhail）の『意識の進化（*The Evolution of Consciousness*)』とマーリン・ドナルド（Marlin Donald）の『非常に稀有な心（*A Mind So Rare*)』を含む）が，このトピックに捧げられてきたとするなら，こんなふうにいうのはへそ曲がりではあるが。めんどうなのは，これらすべての議論が，どんな種類の行動が意識経験の支えを伴い，また伴っていないのかについて，完全に恣意的な仮説を立てていることである。そして今までに見てきたように，行動それ自体は，意識経験が生起していることの信頼できる指標にはならないことで有名なのである。これは，行動している個人が生存しており，成人で，人間である場合でも事実である——それでは，行動の意識的な支えを他の種でも推測しようと試みるとき，特にその種がもはや現存しなくなってさえいるときには，

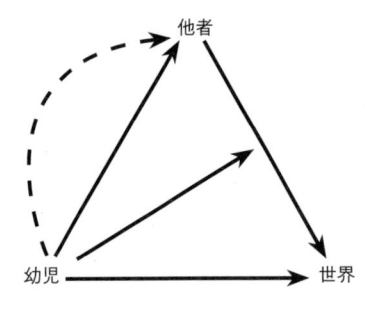

図9-2 ホブソン（2002）の共同注視の三角形（説明は本文）

状況はどれほど悪くなるのだろうか。意識経験の個体発生も，人間という種に限定しても，より簡単に取り組めるわけではない。それは同じ理由による。母親はふつう，痛みの泣き声は彼女のベビーが意識的に痛みを経験していることを示す信頼できるサインだと信じて疑わない。しかし多くの科学者や哲学者は，この点については深刻な疑問をもっている。（実際，非常に深刻なので，動物実験に対するもっと過激な反対者の中には，人間の幼児で研究するほうが倫理的により健全であろうと考えるものさえいる——奇妙な意見であり，私には賛成できないが。）このようなまったく異る見解を解消するのは，脳がクオリアをつくるメカニズムについて，我々がもっと明瞭な考えをもつようになるまでは，不可能であろう。したがって，我々はもしかしたら，これらのメカニズムがいつ機能するようになるのかを問うことによって，意識経験の個体発生を把握できるのではないかと思われる。また，これらのメカニズムがいつ進化したのかを問うことによって，系統発生についても同じような把握ができそうに思われる。

前節で追求した議論の筋道は，しかしながら，個体発生の問題について，予期せぬお買い得品を提供してくれるかもしれない。この文脈で，ピーター・ホブソン（Peter Hobson）の母子2者間の共同注意（共同注視と訳されることもある）（joint attention）に関する注意深い観察（彼の著書『思考のゆりかご（The Cradle of Thought）』に記載されている）について考えてみよう。ここでホブソンが，関連する例——どんな母親にもなじみがあるはずの——をどう記述しているのかを見てみよう（同書，pp. 107-108）。彼が「共同注意の3項関係（triangle of joint attention）」と述べた記述は，図9-2に再現されている。

　我々はこの3項関係を，不穏な対象に出くわした12か月児の事例に当てはめることができる。新しいおもちゃは突然「ぼくロボットだよ」と話しかける。この子はそのおもちゃ（その世界）を見て，すぐに興味と恐怖の両方を感じる。彼女は近くに立っている母親を見る。母親は驚きの混じった興味をもってそのロボットを見る。娘の不安を見てとって，母親はかすかに不安な振りをして見せる。これによって，子どもは自らの状態とつながりをもち，同時に自分の感情を修正しやすくなるのだ。我々が考えている事例では，この子はおもち

ゃに向けられた母親の態度を知覚する。母親は安心させるように彼女のベビーを見る。しかし，ベビーとおもちゃを交互に見ることによって，おもちゃは安全だとベビーに保証を与えていることが，観察者（ベビーを含めて）にははっきりとわかる。このようにしてベビーは，母親のおもちゃに対する関わり方に関わっていく——三角形を分岐する矢印——そして，そのおもちゃに対する自分の感情を修正していく。彼女の不安は恐怖ではなく，好奇心へと向かっていく。彼女のためらいは退却ではなく，おずおずと探索する方向に変っていく。彼女は母親の態度によって，世界の解釈を変える方向に動き出したのだ。

ホブソンは自ら，この種の母子の相互作用から多くの魅力的な推論を引き出している。しかし，私が今引き出したいのは，そのどれとも違う。私の推論では，このエピソードの重要な特徴は，この相互作用が，母と娘の両方が外的世界のある対象——おもちゃのロボット——を認めることに依存していることにある。我々が実際にそこにある外的世界の分析に固執していたとすれば，この事実は意識について我々にほとんど何も語ってくれなかったであろう。現実にそこにある世界とそれに向けられた行動との相互作用は，無意識に達成されうるのだ。実際，視覚行為システムが正常なサイバネティックス機能を発動させるときには，まさにそれが起こるのだ。しかし我々の総合的な議論には，いっしょにすると，すぐに異なる分析へと導くような，2つの重要な項目がある。第1は，意識的に知覚された世界は実際にはそこにない——それは各自おのおのの脳が構成したものである。第2は，2人の個人間のコミュニケーションには，各自の脳内に構成された，まさにこのような意識的知覚表象への照会（レファレンス）が必要である。というのは，無意識の刺激へのレファレンスは単純に不可能だからである（第9章2節）。ホブソンを引用すると，母娘がおもちゃのロボットについてコミュニケーションするときには，彼女らはそれぞれがそのおもちゃの意識的な知覚表象をもたねばならないというこの結論を，我々はこの2つの項目の上に基礎づけることができる。（彼女らのコミュニケーションが完全に成熟した言語に達していなくても，それはこの議論には影響しない。）

このような観察からは，したがって（それらが適切な理論的枠組みの中で解釈されるなら），ホブソンから引用した1歳児は意識的知覚が可能な発達段階に到達していると，推論できよう。面白いことに，8か月児はまだこの知覚対象に対する共同注視の能力を示さない（ホブソン，同書，p. 64）。このことは，彼らが意識的知覚をもたないということなのだろうか？　この推論は正当ではなかろう。ある種の行動から意識的知覚を推論するのは合理的であるように見えるが，その行動が欠如していることをもってその知覚が欠如しているとは推論できない。この負の結論に到達することの難しさは，もちろん，科学的推論の一般的特徴である。しかし，これを意識に適用することに何らかの疑問がある場合には，動かずに眠って夢を見ているかもしれない成人に，意識経験の欠如を推論するのは不可能だということを考えてほしい。しかし，この限界にもかかわらず，1歳児に意識的経験が存在することを合理的にしっかり推論できるようになったのは，進歩である。

結　論

　意識の難問は1つの（なお困難ではあるが）しかし両義的な質問に解体された。その問いは次のとおりである。無意識的な脳はいかにして意識的知覚のディスプレイ・メディア（クオリア）を創造し，視察するのか？　私はこれを2つの問いというよりも，1つの問いだといおう。なぜならば，脳がいかにしてクオリアを創造するのかという問いに対して，科学的に受け入れられる説明は，同時に，いかにしてそれを視察するのかという問いへの説明にもなるのではないかと思うからである（これを実証することはできないけれども）。バーチャルなサンマルコは，上で論じたように，「いかにしてこれが達成されるか」のモデルを提供することになるのかもしれない。確かなのは，この問いの前半「いかにして脳はクオリアを創造するのか？」が，これから長期にわたって科学を前進させていくのに十分な力になる。それゆえ，この本の残りの部分では，このことが我々の集中するその半分になるのだ。

第10章

機能主義を吟味する

　我々は前章を次の問いで締めくくった。無意識の脳はいかにして意識的知覚のディスプレイ・メディアを創造し，それを視察するのか？　今までの議論が正しいなら，意識のハード・プロブレムはまさにこの問いに帰着する。本章は，これに答えるための何か可能な方法を探索するところから出発する。

1 除外したもの

　有益な回答を求めるに際しては，質問を正しくすることが，戦いの半ばを征することになる。私がこのハード・プロブレムを定式化してきたやり方では，すでにいくつかの選択肢を除外（foreclosure）している。除外したもののいくつかは前に明確にしたが，それらは心にしっかりとどめておかねばならない。

　第1にハード・プロブレムのどんな定式化とも同じなのだが，この定式化は，意識経験なるものが存在すること，そしてその意識経験は（何らかの方法で）行動とも脳活動とも異なるものとして識別されうること，を前提にしている。これと反対の見解——意識のようなものは実際には存在しない——は，多くの読者の賛同を得られそうにないので，我々はこの仮説の正統性の説明にはあまり時間をさいてこなかった。我々は自分自身の意識経験を十分に熟知していないのであろうか？

　しかし，次のことは記録にとどめておく価値がある。急進的な行動主義者（絶滅危惧種だがなお生存している種）の中には，意識経験の実在性を受け入れないものがいるということである。彼らは，経験の主観的な説明は根本的に間違っているとして，これを行動についての陳述に置き換える。かつて私は，このような人，ハワード・ラクリン（Howard Rachlin）と熱い議論を交わしたことがあるが，その際に私は，いくつかの意識経験は行動用語には翻訳できないことを絶対に確信させられるだろうと思う1例を，勝ち誇ったように彼に示した。私は尋ねた。あなたが部屋に入ったとき，2人の人物が身動きもせずに肘掛椅子に座っているのを見たと想像してください。音響機器からモーツァルトの弦楽四重奏曲の演奏が流れています。2人のうちの1人はその音楽を聴いていますが，もう1人は耳が聞こえません。一方がモーツァルトを聴いているという主観的経験に言及せずに，この2人の内面に起っていることの違いを，あなたはどのように記述しますか？　ハワードはすかさず，次のように答えた。耳の聞こえる人は，後で尋ねられれば，モーツァルトと弦楽四重奏についての言語的陳述

を含む多くの行動パターンを示すだろうと。これが,「音楽を聴く」ことを行動言語に翻訳するやり方だったのだ。そのとき以来,私は急進的行動主義者に,意識経験はそれ単独で現実的であると確信させようとする試みをすべてあきらめた。

第2に,再びハード・プロブレムについてのどんな定式化とも同じなのだが,この定式化では,こういう問題が存在すると仮定する。第1章で見たように,誰もがこの仮定に同意するわけではない。大多数の現役科学者たちは特に,意識の問題は,生命(life)の問題が解決されたのとまったく同じ一般的な方法で,解決されるだろうという見解をとっている。すなわち,現在このハード・プロブレムを構成していると思われる別々の側面に対しては,それぞれに解決が得られるはずであり,これらの解決には,実験により見出されたものの詳細と標準的な生物学の説明以上のものは必要だろうと考える。この見方が正しければ,意識的知覚を基礎づける脳のメカニズムの詳細をもっともっと明らかにしていけば,それで十分であろうし,すべてがうまく収まるはずだということになる。

これが事実だと証明されれば,私は拍手喝采を送るだろうと,ここで明言しておきたい。私は意識が神秘的であり続けてほしいなどという願望——ダン・デネット(Dan Dennett)が適切にも新神秘主義者(New Mysterians)と命名した人たちはこれを望んでいる——を,もちあわせてはいない。そして,通常科学の範囲内で回答が得られるなら,それに越したことはないと思う。しかし,そうはならないと思う強い根拠がある。

第3章では,生物学が物理学と化学との間で取り交わした協定について論じた。生物学の説明は,物理学と化学が(自然選択および自然選択によってデザインされたフィードバック機構において)結果による選択を許容するかぎり,それらの法則を尊重するというものである。この協定は,生物学の残りの分野でも十分に機能するが,意識的知覚の特別なメディアについては破綻するようである。困難が主に存在する場は,結果による選択ではない。もし物理学をうまく整理できたとしたら,意識的知覚が生じる因果的影響を見出すのに,乗り越えられない問題はなさそうである。因果的な影響は,内省して見えてくるよりもはるかに多くの制約を課されているが,それでも自然選択が働くのに十分なお買い得品を提供してくれる。サーボメカニズムに関しては,我々は第8章4節で,意識的知覚がその範囲と有効性を増大させそうな,さまざまな方法を識別した。確かに,このような意識それ自体についての因果的影響を受容することは,我々が随伴現象説を排除することを意味する。しかし我々は,こうしてよい理由を第9章で見出した。

問題はどちらかといえば物理学と化学の側にある。それは,意識経験が物理学と化学の法則に従わないということではない。むしろ,これらの法則が意識経験に適用できそうにないということにあるのだ。通常の測定はいかなる意味もなさない。クオリアの位置,質量,運動量,加速度,エネルギー等々については,個別の測定ができないのはもちろん,語ることもできない。そして,あなたがこれらすべての概念を脳や脳の構成要素に適用できるという事実は,いったん意識経験がその基盤となる神経活

動の因果的影響力を越えた影響を及ぼすと（我々が随伴現象説を抹殺したときにそう判断したように）あなたが判断するなら，役に立たなくなるのだ。

　このことは，ついでにいえば，心理学や神経科学だけの問題ではない。物理学は全宇宙の完全な，そして完全に統合された説明を狙うものである。したがって，物理的な測定や説明にはしたがわない意識現象のような自然現象に対しては，安閑とはしていられないはずである。それゆえ，意識を現代物理学に適合させるか，物理学そのものを意識に調和するように変化させるか，どちらかが必要になる。ロジャー・ペンローズ（Roger Penrose）のような物理学者（彼の理論は16章で考察する）は，まさにそのことを提唱している。

　したがって，科学の賞金は高い——実際非常に高いので，私はまだ意識については「通常科学（normal science）」の説明が存在するという可能性を，除外しないことにする。このような説明を構成しようとする最も有望な現在の試みは，「機能主義」を旗印に掲げて進んでいる——したがって本章では，この教義をより詳しく吟味していく。

　さて，我々が意識についてほぼ確実視できる唯一の事実は，それが何らかの方法で人間の脳活動と結びついていることである。それゆえ，脳はこのハード・プロブレムの可能な回答を追究するのに，よい出発点になる。問題は，脳については多くの異なる考え方があることである。そして，その選び方によって，まったく異なるタイプの解決に行きつくことになる。

　というのも，脳は
① システムである。
② このシステムは環境と相互作用する。
③ また，物理化学的構成要素からなっている。
④ これらの構成要素は生物学的な細胞である。
⑤ もっとはっきり言えば，神経細胞である。

①〜⑤のどれが，意識にとって最重要条件を構成していると考えるかによって，あなたは非常に異なる仮説に行きつくだろう。機能主義は①や②を出発点としている。

2　意識のあるコンピュータ？

　意識経験をつくるのに唯一問題となるのは，そのシステムの本質であって，それを構成する要素とは関係がないと仮定してみよう。すると，仮に人間の脳とまったく同じ機能をもつシステムをつくったとしたら，それが異なる要素（たとえばシリコン・チップ）で構成されていたとしても，このシステムは意識をもつことになるはずである。この考え方を極限まで進めると，人間の脳機能とまったく同じ機能をシミュレートしただけのコンピュータでも，意識を経験するようになるはずだという仮定に行きつく。

有名なチューリング・テスト（Turing test）はこの仮定を包含している。あなたは2つの閉じたドアの前で，そのドアの向こう側に一連のテスト問題を出していく。すると，プリントされた回答がドアの下の隙間から返されてくる。左のドアから返されてくる回答は，右のドアからの回答と同じくらい納得させるものである。問題をどれほど込み入ったものにしても，またその問題をどれほど知能，情動，社会的技能，審美眼，あるいはその他のあらゆる人間的属性と思われるものを必要とするように作成しても，あなたは左右の答えの質に差を見出せない。そこで，あなたはドアを開いて見る。すると，左側には1人の人間がコンピュータに回答を打ち込んでいるのが，そして右側には1台のコンピュータが自ら回答しているのが見えた。このコンピュータはチューリング・テストに合格したわけだ。このテストが妥当であると見なすなら，このコンピュータは，意識するという機能も含めて，すべての人間の脳機能をもつと認めなければならない。（厳密にいえば，チューリングはこのテストを，知的行動を見るものとして導入した。しかしこの一般形式の議論は，意識にも適用されうるし，しばしばそうされている。）

今のところ，このチューリング・テストに合格したコンピュータはない。しかしだからといって，十分精巧に作られたコンピュータなら意識を発達させるだろうという見解の受け入れが，妨げられてきたわけではない。それはSFの世界だけでなく，哲学者や科学者，特に「人工知能」の研究者らの間でも広く受け入れられている。この領域では，コンピュータを可能なかぎり賢くするように，献身的な努力がなされている。実際，コンピュータは既に十分に賢く，チェスの名人を打ち負かすほどだということはよく知られている。しかしながら，コンピュータがいくら賢くなっても，意識を発達させるなどということはなかろうという，説得力のある理論的な議論もある。

このような議論は，日常言語の文脈でよく知られている統語論（syntax）と意味論（semantics）の区別へと向かわせる。すなわち，文字列で表されたシンボルの結合の仕方を支配しているルール（統語論）とその文字列に与えられる意味（意味論）の区別である。ラテン語を学んだことのある人なら，動詞の語幹とその活用法（*am-o, am-as, am-at* 等々）を知っているはずである。あなたはこれを，その動詞の意味がわからなくても，あるいは語幹そのものがまったく存在しないような場合でさえも，活用することができる。これは意味論抜きの統語論である。そして批判的にいえば，これがコンピュータのすることなのである。コンピュータは，文字列の意味をまったく知らずに，シンボルの文字列を活用変化させるのである。

たいがいのコンピュータでは，文字列は一連の相互に連結したスイッチの形をとる。これらのスイッチはある時点ではそれぞれがオンかオフかのどちらかになりうる。このスイッチがとりうる2つの位置は，0（オフ）と1（オン）と見なされる。したがって，一連のスイッチの位置は2進法（今日ではたいがいの子どもが学校で学んでいる）の数字を表すものとして使われうる。これがコンピュータの「機械語コード（machine code）」の働き方である。高次のコンピュータ言語は，各々すべてのスイッチの位置の変化を指定していくのは煩わしいので，これを軽減するような機械語コードの操作

法を提供するだけのものである。これによって，コンピュータのすることは，あるスイッチ・セットの位置を別のセットに変換するだけになる。スイッチ・セットの位置は非常に複雑であり，その切り替えは非常に高速になされる。それでも，それが存在するもののすべてである。一連のスイッチの位置の解釈は——最も基本的な0と1のレベルでさえも——コンピュータではなく，それを組み立て，プログラミングし，使う人間によってなされる。

　この議論の筋立ては，通常のコンピュータについての記述の仕方——すなわちコンピュータは「情報」を処理するためのシステムである——とは矛盾しているように見えるかもしれない。しかし，これはいくぶんずる賢い物いいである。日常的な意味では「情報」は何かについての情報であり，意味を伝えるものである。しかし私はたった今，コンピュータそれ自身は意味を計算できないと主張した。コンピュータが処理する情報は人間によって解釈される。コンピュータそのものにとっては，それは解釈されていない情報である。

　それにもかかわらず，情報処理の言語が普通にコンピュータに適用される理由は，「情報」という語が，「情報」や「コミュニケーション」の数理理論の中で，第2の技術的な意味をもっているからである。もう一度，オンかオフの位置にある一連のコンピュータのスイッチ，あるいはそれと等価な0と1の文字列について考えてみよう。この文字列が4ユニットの長さだとしよう。この文字列の各位置は，0か1かの2つの可能性がある。したがって，4つの位置を通して見ると，$2^4 = 16$の可能性があることになる。スイッチの設定についてそれ以上の知識がない場合には，「不確実性」の合計は，この16の可能性として数量化され，ビットすなわち基数2の累乗で表現される。それゆえここでは不確実性は4ビット（$16 = 2^4$）になる。「情報」は，数理通信理論（mathematical communication theory）の意味合いでは，この不確実性を減少できる程度に応じて与えられることになる。すべての実際のスイッチ設定を知るということは，不確実性を完全に減少させることであり，4ビットの情報を得ることになる。コンピュータが情報を伝達すると適切にいえるのは，この意味においてであり，この意味だけである。スイッチの位置が決まると，それがどんな文字列を構成しうるかということに関する不確実性は減少することになる。ついでにいえば，これは，1本のDNAを構成するヌクレオチドの連鎖が情報を伝達するといわれるのと，正確に同じ意味である。そして，DNAが符号化している蛋白質について無知であるのとまったく同様に，コンピュータもまたその位置設定が何を表しているのかについては無知なのである。

　統語論と意味論の区別をドラマチックに示すために，ジョン・サール（John Searle）は（1980年に「行動と脳の科学（*Behavioral and Brain Sciences*）」に発表した論文で），以後「中国語の部屋」として有名になった比喩を用いた。今一度，チューリング・テストのために設定された2つのドアを想像してほしい。あなたは中国の象形文字（漢字）で書かれた一連の中国語（の翻訳課題）を出していく。ドアの後ろからは普通のアルファベットで書かれたその英語版が出てくる。2つのドアから出てき

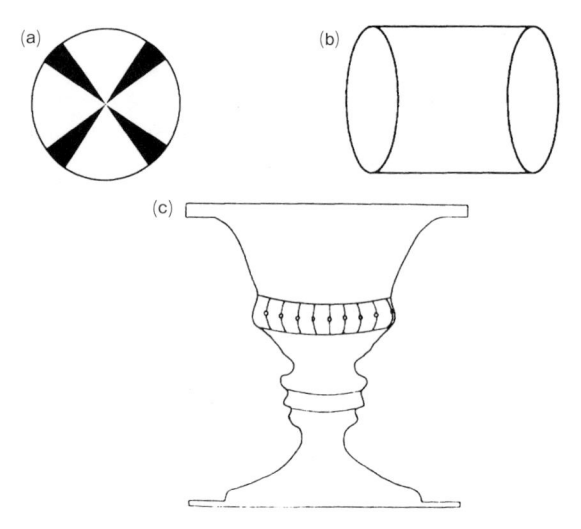

図10-1 あいまい図形。(a)図地反転（あるいは対象と空白との交代），(b)奥行きの反転，(c)対象の変化。Gregory（1997）より。

たものは等しく正確である。この後あなたはドアを開く。一方のドアの向こうには，中英どちらの言語の意味するところもわかるバイリンガルな人がいる。彼は通常の翻訳課題を行ったわけだ。もう一方のドアの向こうにいるのは，今度はコンピュータではなく，人間である。この人は中国語も英語も話せない。しかし彼は，一方には漢字が，他方にはこれに相当する英語が並置された対照表をもっている。したがって彼は，自分の受け取った象形文字を見ただけで，言葉の意味をまったく理解することなく，これに相当する英語を送り返していたにすぎなかった。コンピュータはこの第2の人物と似たようなものである。

　サールの比喩は強い，時に恐ろしい論争を巻き起こした。私としては，この議論は完全な説得力をもつものだと思う。意識経験はほとんど常に「志向的」である（第4章）。我々が知覚するものは直ちに自動的に，あれこれの意味のある実体として知覚される。たとえば図10-1には，花瓶か，向き合った2人の顔の輪郭か，どちらかを見るはずである。これらの知覚表象の両方を同時に見ることはできない。また，花瓶でも顔でもなく，特に何を描いたのでもない線の集合として見るのも極度に困難である。これらの仮説を前提とすると，この議論は単純になる。意識経験には意味がしみ込んでいる。コンピュータは（人間が解釈しない限り）意味を計算できない。したがって，コンピュータは意識をもちえない。

　しかし，ご注意。この議論がいかに力強く明瞭であっても，このことは多くの卓越した思想家がこれと反対のことを信じ続けるのを止めさせられなかったことである。その反対のこととは，より複雑な処理ができるようになれば，コンピュータも意識を

発達させるときが来るだろうという信念である。しかし我々は、こんなことは絶対に起こりえないということを確立されたものと見なして、今後の議論を進めていく。

3 意識のあるロボット？

　コンピュータとは、この語の技術的な意味では、情報を処理するためのシステムである。これについては脳もそうである。脳は、多くのスイッチの位置の連鎖を使うのではなく、非常に多数の可能性のうちのどれが、その時点で現実の全体的な神経イベントの状態になるのかを決定するのに、多くの「スパイク」の連鎖（ニューロンに沿った、そしてニューロン間での電気化学的な電流の通過）を採用する。我々は前節で、この種のシステムは単独では意味の生成ができず、したがって意識経験をもつことができないことを見てきた。我々はこの結論を、コンピュータについては矛盾なく受け入れられる。が、脳については明らかに受け入れられない。というのも、我々は脳が意識経験をもつことを知っているからである。それでは、情報処理システムが統語論と意味論の間の障壁を乗り越えるには、情報処理システムに何をつけ加える必要があるのだろうか。

　コンピュータは直接には環境（ちょっとした意味で、それをプログラムし、その出力を解釈する人間的環境を除く）と相互作用をしない。しかし、ロボットはそれを行う。このような相互作用ができれば、シリコン・チップ、ブリキ缶等々から作られたロボットであっても、それ自体の情報状態を有意味な方法で解釈する能力を、十分に備えているといえるのであろうか？

　中国語の部屋に戻ってみよう。しかし今度はコンピュータではなく、ロボットに教育訓練をしてみよう。我々は中国語の部屋にいる2人の操作モードの違いをすぐに見てとれる。1人は普通に翻訳をし、もう1人は対照表を使っている。しかし、この違いはそれほど問題であろうか？　行動主義者なら、意識それ自体が（彼らにとって）虚構であるのと同様に、「意味」も虚構の概念だと論じるかもしれない。

　ある「刺激」（それが言葉であれ、事物であれ、顔であれ、その他何であれ）の意味を理解するために存在するもののすべては、あなたが出会う可能性のあるすべての異なる状況に対して適切な行動反応レパートリをもつことだと、単純に仮定してみよう。すると、中国語の部屋にいる2人の人物の違いは、中国語と英語の両方のできる人は、中国語に反応するための（環境状況や、その言葉が埋め込まれた文章等々に依存して）非常に大きく多様な行動レパートリをもっており、もう1人は（対照表の同じ行にある漢字と英単語との対応関係を取り出していくという）非常に限られたレパートリしかもたないことになる。この分析では、2人とも漢字に「意味」を付与することができたが、一方はその意味が非常に広範囲にわたっており、他方はそれが非常に狭小になっている。あるいは、同じポイントを行動主義者風にいいかえるなら、本当はどちらも漢字に意味を与えているとはいい難い。なぜならば、「意味」はどちら

のケースにおいても，行動傾向性（behavioural dispositions）の現実的事実からミスリーディングな抽象化をしたものだからである。

　ロボットは，まさにこういう行動傾向性が与えられているという点で，コンピュータとは違う。この傾向性はロボットが組み立てられるときに組み込まれたのかもしれない。が，さらに面白いのは，それらが学習——人間がほとんどの行動傾向性を獲得する方法である——によって獲得されうるということである。それゆえ，もしこの行動主義者の意味の分析が正しいのなら，意味をもつ言語は，人間に対するのと同じくらい適切に，ロボットの行動にもたぶん当てはまるだろう。これは実際に，カテゴリー的表象（第4章5節）の形成についてハルナッドが使った処置に我々が賛同したときに，我々が進めた1歩であった。そしてそこで指摘したように，一連の可能なカテゴリーの見本が，正しいか間違いかのフィードバックといっしょに与えられるなら，人工的な神経ネットワークがこういう表象を学習して使えるようになるという適切なエビデンスが存在する。神経ネットワークを訓練するのにフィードバックを使うこの方法と，人間が相互作用する世界において要素をカテゴリー化することを学習する方法との間には，原則的には何の違いもなさそうなのである。

　「意識のあるコンピュータ」の可能性を打ち破るのに，上で使われた意味からの議論は，したがって，意識のあるロボットの可能性には妥当しない。しかしこれは，限られた一歩前進を表すにすぎない。今までに見てきたように，意味の計算は無意識の脳によってなされ，その計算が行動に影響を及ぼすのに，意識は必要としていない（たとえば第4章4節に記述したグレーガーの実験を参照）という優れたエビデンスがある。このように，これまでの我々の議論では，統語法のみのコンピュータは除外するが，無意識の脳に対するモデルとしての行動するロボットは除外しない。しかし我々の議論は，行動するロボットが意識的か否かについては，いうべきことをもっていない。

　行動するロボットには意識はないだろうと示唆する議論の1つの道筋は，以下のとおりである。

　行動主義者が本当の「意味の意味」だと訴える適切な行動反応群は，それ自体，その「刺激」の知覚のされ方によって変わってくる。図10-1の描画に対して私がどう反応するかは，それを花瓶と見るか，2人の人物の向かいあった顔だと見るかによって，劇的に変化する。この違いは網膜上の「刺激」の変化によるのではない。というのも，この種の知覚の変化は網膜の刺激パターンが一定に保たれていても起こるからである。これはまた，利口な心理学者がクラスでやって見せるトリックでもない。実際にはまったく無害なものを見て驚いたという経験のない人は，ほとんどいないだろう。木陰に見える恐ろしげな人物が，突然ただの草むらに変わってしまったというような経験である。このように「刺激」をあれこれと解釈することは，実質的にあらゆる知覚を統合する部分になる。それにもかかわらず，少なくとも何かの行動反応を割り当てるということは，知覚的な解釈が完了するまではできない（そして，それは解釈が変われば変化するのだ）。たとえば，図10-1の絵を見て，それが花瓶に見えないかぎり，花瓶だということはできない。ハード・プロブレムの核心にあるのは，このような知

覚の質である。少なくともある機会には，行動傾向は知覚表象の形成を待たねばならないということなら，知覚表象の志向的な質はこれらの行動傾向では説明できないということになる。

それゆえ我々は，無意識の脳が到達し，無意識の脳にコントロールされる行動が到達したレベルにおいて，ロボットが有意味なカテゴリー的表象を形成する力をもつことを認めてもよいのかもしれない。が，ロボットが意識的な知覚表象を経験していそうかどうかに関しては，疑いをもち続けるべきである。しかし，この結論を過剰解釈してはならない。このことは必ずしも，人間が意識経験をもつ人工物を絶対につくれないということを意味するわけではない。それは意識のトリックがいかになされるかによる。もしそのトリックを知ったとしたら，そのときには，その複製をつくれるようになるかもしれない。しかし，行動傾向性が与えられたというだけでは，この基準を達成したことにはならないだろう。

4　機能主義

意識の問題に対する最も一般的な現代のアプローチは，「機能主義」として一般に知られている。これは本質的には，「意識するロボット」の立場として前節で記述したものである。この仮説は，人間の意識経験に連合しているすべての機能をロボットで再現したとしたら，このロボットもまた，これが何でつくられているかに関係なく，意識経験をもつはずだというものである。この立場は認知科学，人工知能，哲学などでは非常に有力なので，反対の声をあげるのは難しい。しかし私は，機能主義は間違っているという見解に達している。（ついでに注意を促しておくなら，これは私にとってあまり心地のよい見解ではない。というのも，第7，8章で述べた意識経験の生存機能に関する私自身の仮説は，機能主義者のものだからである。ここで示したこのジレンマからの脱出口の探索は，後にまわすことにする。）

私が機能主義は間違っているという結論を出した根拠は，「共感覚」現象に関する一連の実験結果に依存している。これは，ある感覚モダリティに提示された刺激が別のモダリティの感覚を生じる状態のことである。共感覚には多くの異なる感覚間の結合が含まれうるが，最も一般的なものの1つが「単語−色彩共感覚」すなわち「色聴」である。この場合には，共感覚者が単語を見たり聞いたりすると，彼女の心眼には，それに加えて色あるいは多色のパターンが見えてくる。ここで私は「彼女」といったが，それは政治的公正を考慮したからではなく，共感覚者の大多数が女性であることによる。共感覚者は他の点では正常である。彼女らの共感覚経験は詳細に見ると多様であり，それぞれが独特である。これは同じ血筋で継承される傾向が強い。しかし，色聴共感覚をもつ家族内でも，家族成員によって別々の特有の経験をしている。したがって，あるメンバーは「列車」という単語に対して青みがかった緑色を見るが，別のメンバーは同じ単語に対してオレンジ色の経験をしたという。共感覚者はほとんど

常に，彼女らが思い出せるかぎりの昔から共感覚をもっていたと報告する。そして彼女らは，ごくわずかな人しかこの種の経験をしないのだとわかると，このことについては誰にも話したがらなくなる。彼女らは自分が変だとか狂っているとか見られるのを，正当に怖れるようになる。そして実際に，科学者のコミュニティは最近になってやっと，彼女らの経験の報告をまじめに聞き始めたところである。

　我々の実験結果を記述する前に，実験結果によって特に危険にさらされやすい形式の，機能主義の教義について述べておこう。知っての通り，意識のハード・プロブレムの最もわかりにくいところは知覚現象——クオリアにある。ハード・プロブレムの1つの特別なバージョンとして，次の問題を考えてみよう。たとえば赤と緑という2色の主観的経験の違いはどのように説明できるのだろうか。機能主義は，この種の問いには以下のようにアプローチする。

　それは，この問いから赤とか緑とかいうようなクオリアそれ自体を除くところから，出発する。これらのクオリアにとって，それは，それを経験している個人が赤と緑を区別する能力を行動的に示す，そういう反応レパートリに，その被説明項を置き換えることを意味する。このレパートリには，たとえば求められれば赤（緑）色を指さすこと，赤と緑の色に関連して，「赤」（「緑」）という単語を適切に使用すること，信号が赤なら停まり，緑なら進むこと，ライムは緑でトマトは赤だということ等々が含まれている。次に，機能主義はこれらの行動的「機能」が実行されるメカニズムの理解を求める。この理解は，認知心理学，神経ネットワーク，コンピュータ・シミュレーションなどでおなじみの，箱と矢印の図式で示される「ブラック・ボックス」のレベルで追究されるかもしれない。あるいは実際の脳システムの回路——入力をそれぞれ異なる行動機能の出力に結びつける——に求められるかもしれない。クオリア間の所与の差異に対する完全な「機能」は，したがって，対応する入力，出力，および入出力間を媒介するメカニズムにおける差異の，詳細な説明よりなることになる。このような完全な機能は，手短に「入力－メカニズム－出力」という形式をとるものとして記述することにする。（この議論は，完全な機能を，たとえば出力から入力へのフィードバックやその他のサイバネティックス機構を含めてもっと精緻に解釈したとしても，本質的には変わらない。）もし完全に機能的な説明が与えられたとしたら，機能主義によれば，元の問い——赤と緑の主観的経験（クオリア）間の違いは何なのか？——に対しては，これ以上の回答は存在しないことになる。完全に機能主義的な説明に直面しながら，この問いを発し続けるのは，この学説がいうように，無意味な活動になるのだろう。なぜならば，クオリアはまさにこの（入力－メカニズム－出力の）機能であり，これによってクオリアも支持されているからである。

　ここで注目。たとえ機能主義が，機能の完全な記述の1部として，入力と出力を媒介する詳細な脳回路を（少なくとも何らかの形で）考慮しようとしても，それは回路として記述されるだけである。脳回路をつくっている組織（ニューロン，細胞膜，シナプス等々）と，その回路を作動させる手段（インプルスが軸索を通って，シナプスに神経伝達物質を放出するなど）は，機能主義の中では，どうでもよいことと見なさ

れる。原則として機能主義者は，どんな手近な材料を使ってでもその回路に似たものをつくれるといい，その結果は，意識的処理であろうが無意識的処理であろうが，同じであると主張する。同じ機能は同じ過程なのだ。関連する脳過程が意識的であれば，同じ機能をもつものは，どんな材料がその実行に使われているかに関係なく，意識的なのだ。

　この機能主義の定式化からは，次の「1次的」推論（primary inference）が導き出される。①クオリア間のどんな弁別可能な差異に対しても，等価で弁別可能な差異が機能にも存在するはずである。また，「相補的」な推論（complementary inference）もある。②どんな弁別可能な機能的差異に対しても，弁別可能な差異がクオリア間に存在するはずである。明らかに，この第2の相補的推論は間違っているかもしれない状況がある。クオリアをまったく伴わない行動形式はたくさんある。たとえば瞳孔は照明が明るくなると収縮し，暗くなると拡大する。しかし，人はふつう，瞳孔のどちらの方向への変化にも気がつかない。しかしながら，ふつうクオリアを伴う行動領域の場合には，機能主義が1次的推論を引き出すときにはいつでも，相補的な推論をも引き出しているはずである。

　今一度，赤と緑の例にこの推論を適用してみよう。1次的な推論は，（色覚の領域内では）もし誰かが赤と緑で異なる経験をしたといったら，この主張を支持する異なる機能（入力－メカニズム－出力）があるはずだということになる。これに対する相補的な推論は，（色覚の領域内では），もし誰かが異なる機能を示したとしたら，それにともなう異なるクオリアが存在するはずだということになる。この2つの推論がいっしょになると，色覚の領域内では，クオリアと機能の同一性の主張が構成されることになる。その最強状態の機能主義は，この同一性の主張を，意識経験の各領域・全領域内の全クオリアを通して，一般化することになる。

　関連はあっても別の立場の機能主義者の思考も存在する。これによると，クオリアを生じる機能は，行動する有機体に利益をもたらすものとして，扱われる。このストランドはクオリアの進化を議論する際に特に明瞭になる。この主張によると，進化は，（普通の方法で）ダーウィン的生存に寄与する行動的機能を選択することによって，したがって，これらの機能を仲介する神経メカニズムを選択することによって，働くとされている。この見解では，クオリア自体の進化は，このような機能との結びつきによって，寄生的に生じるにすぎない。この見解からは，さらなる推論が引き出せる。③人は，クオリアに結合している機能と，不利な競合をするクオリアを発見するとは予期していなかったはずである。

　機能主義に関する最後の言葉はこれである。機能主義は2つの異なるフレーバーで提案される（このニュアンスが極めて微妙なので，「形式」というよりも「フレーバー」と呼ぶことにする）。1つのフレーバーでは，クオリアは，それが結合している機能を越えるところがほとんどなく，実質的には無にまで縮小される。これは多かれ少なかれダン・デネットが著書『説明された意識（*Consciousness Explained*）』で示した立場である。もう1つのフレーバーでは，クオリアの独自の実体がはっきりと認められ

るが，あらゆる経験的データは，クオリアの結合する機能だけで説明されるべきものとして取り扱われる。それゆえ，既に見たように，ステファン・ハルナッドは，クオリアが随伴現象である——クオリアは機能とその基にあるメカニズムによって生じるが，それ自体が因果的影響を及ぼすものではない——と論じている。どちらのフレーバーでも，クオリアそれ自体に残された実質はないのである。

5 共感覚に関する実験

　ロンドンの精神医学研究所で，我々は神経画像の技法を使って，単語－色彩共感覚の研究を進めてきた。こうして得られた我々のデータは，私が上記で「相補的推論」と呼んだものとは矛盾しており，また，クオリアが結合している機能とは反対の，行動への影響力をもつクオリアの存在を，明示しているように見える（上の推論②③とは反対）。このエビデンスは，どちらのフレーバーの機能主義に対しても，重大な挑戦になっている。それゆえ，ここではこの実験について少しくわしく記述することにしよう。

　どんな研究にせよ，共感覚を研究する場合の出発点は，共感覚者自身の経験の報告になる。しかしながら，ここで提案された議論が支持されるためには，その報告は2つの意味で実証可能なケースでなければならない。第1に，その報告はつくり話であってはならない——その報告とは別に，その信頼性を報告する何かがなければならない。第2に，報告された経験は知覚されるものでなければならない。そうでなければ，それを根拠にしてクオリアについて議論をすることができない。

　この10年の間に，これらの仮説を支持するエビデンスが蓄積されてきた。

　第1に，ロンドンにおけるサイモン・バロン-コーエン（Simon Baron-Cohen），ローラ・ゴールドスタイン（Laura Goldstein），およびその共同研究者たちは，単語－色彩共感覚の報告の信頼性を明らかにした。彼らの被験者は，再検査をするという予告なしに1年の間隔をおいてなされた単語のリストに対する反応において，本質的にまったく同じ色彩経験を報告した。非共感覚者群では，1か月の間隔をおいただけでも，単語－色彩連想の類似性は驚くほど低かった。

　第2に，共感覚経験の本質は知覚的なものだということが，サン・ディエゴの「ラマ」であるラマチャンドラン（Ramachandran）とエド・ハバード（Ed Hubbard））の実験で，はっきりと記録されている。ここでは彼らの発見の中の1例のみを示す。これは「視覚的ポップアウト」として知られている現象に依存している。それは視覚の特徴である。他の「背景」アイテムとは違う特徴をもつようにディスプレイされたアイテムは，背景から飛び出し（ポップアウト）て見える——すなわちそれらは，望まないのに自動的に，背景とは異なるものとして見え，また背景とは分離してまとまって見えるのである。この知覚特性を利用して，ラマチャンドランとハバードは被験者に白地に黒の2と5のディスプレイを，2と5が鏡映像になる字体で，コンピュータに発

生させて，提示した。5の背景に2の図（三角形）が浮かび上がるように配置したのである（プレート10-1）。非共感覚者は三角形を見出すのが困難であった。これとは対照的に，2と5で異なる色彩感覚（たとえば赤と緑）を生じる数－色彩共感覚者は，1色の背景に対して異なる色の三角形が直ちに浮かび上がるのを見た。これやこれと似た現象を説明するのは，共感覚者自身の報告を信用しないと，実質的には不可能である。彼らは黒と白の数字の配列を見たとき，色のついた面を見たときと同じ色彩の知覚経験をもったのである。

このラマチャンドランの知覚実験から得られたエビデンスは，我々の神経画像のデータでも支持されている。この仕事のために，我々（ジュリア・ナン（Julia Nunn）と共同研究者たち）は機能的磁気共鳴画像（fMRI）の技法を用いた。特定の脳領域が活性化されると，その領域では酸素が使い尽くされる。これはすぐに，血液の供給を通じてその領域への酸素供給量の増大が生じ，補給がなされる。fMRIを使えば，酸素供給を受けたヘモグロビン（血液中の酸素の運搬役）と，受けなかったヘモグロビンとの信号の違いを捉えることができるので，特定の時間に特に活性化されている脳領域を検出することができる。fMRIでは通常引き算がなされる。すなわち，関心のある実験条件（たとえば言葉を聞く）とコントロール条件において活性化を測定する。そして，前者から後者を引き算する。この引き算の結果が，関心のある実験条件に特有の活性化のパターンを教えてくれるのである。

我々は，単純に話された言葉を聞くだけで活性化される脳領域を検出するために，この方法を使った。我々の研究では，コントロール条件は一連の音から成り立っている。それゆえ，被験者は30秒ずつ続く単語のブロックと音のブロックを交代に聞いた。非共感覚者よりなるコントロール群では，話し言葉により生起した活性化は，聴覚皮質と言語野で生じた。これは色聴共感覚群でも同様であった。しかし，共感覚群は（非共感覚群とは違って），これらに加えて視覚系の領域でも活性化を示した。この活性化した領域は，色彩によって選択的に活性化される領域（プレート2-1）と完全に一致した。この領域――V4あるいは時にV8として知られている――は，fMRIにおいて，モノクロのパターンによって生じた活性化のパターンを，まったく同じパターンの色彩版によって生じた活性化パターンから，引き算することによって決定された。もっとも頻繁に使われたパターンは，画家ピエト・モンドリアン（Piet Mondrian）の描いた抽象画に似ているので（プレート7-2），「モンドリアン」と呼ばれている。白黒でなく色彩のついたモンドリアンは，V4を活性化した。それゆえ，共感覚者自身の報告から期待されるように，言葉を聞いただけで，色を見て活性化されたのとまったく同じ脳領域が活性化されたのである（プレート10-2）。これらの発見は，ラマチャンドランとハバードの実験結果と同様に，共感覚者の色彩経験はその本質が実際に知覚的であるという仮説を支持している。共感覚者の経験はしたがって，少なくとも語－色彩や数－色彩共感覚の場合には，信頼性があり，実証可能な形で報告され，知覚的であるのである。

その上，共感覚者の色彩経験は，一般的な真理（第2章）――すなわち，知覚経験

は脳によって構成され，この構成に与る「現実世界」の事情には（せいぜい）間接的に関係するだけである——の特に整然とした例を提供してくれている。単語‐色彩共感覚における色彩の知覚経験は，話された言葉によって，確実に，自動的に，そして非意図的に引き起こされる。したがって彼らの色彩知覚経験は，表面の反射光の波長特性——普通はこれが色彩経験に対する外的な基礎を提供しているのだが——とは無関係である。共感覚者の色は脳が構成したものだということには疑いの余地がない。また，「素朴」あるいは「直接的」な知覚実在論者の枠組み内で解釈できる余地もない。このような解釈が可能になるためには，少なくとも，この知覚表象を生じさせた外的世界の状況と，表象それ自体との間に，類似性がなければならない（この文脈では「類似性」が何を意味するのかという問いに答えてもらわねばならないが）。共感覚者がたとえば「列車」という単語を聞いて青緑の経験をしたときには，明らかにこのような類似性は存在しない。この種のクオリアが経験されるときには，どんな現実世界の状況も直接知覚されるものだと解釈することはできないのである。

さらに，ついでにいえば，これらの実験は，意識経験の私性（プライバシー）が優れた科学にとって障害にはならないことを示している。共感覚者は，普通の人の視点から見れば，極度に変った経験をしていると主張する。しかしなお，これは実験室に持ち込んで研究されうるのである。

6 機能 対 組織

第10章4節では，クオリアに対するどんな別のアプローチとも対比せずに，機能主義の定式化を行った。我々の共感覚に関する実験の文脈では，これに最も関連のある対比がなされるのは，「組織（tissue）」アプローチ——もっとよい言葉が必要だが——に対してである。（「物理主義（physicalism）」という用語もこれと同じ意味で使われている。）「もっとよい言葉が必要だ」ということは，機能主義に代わるこの概念が，機能主義それ自体に比べると，はるかに不明瞭だという事実を反映している。実際，今までにこれが十分に明瞭化されてきたのかどうかさえはっきりしない。

既に見たように，機能主義は多少とも必然的に次の結論へと導く。すなわちあるシステムが，我々の中で意識経験と連合しているような類の行動を示すなら，そのシステムを構成する要素はどうでもよい（多くの中の1例として，イゴール・アレクサンダー（Igor Aleksander）の『いかにして心を構築するか（*How to Build a Mind*）』を参照）。しかしながら，反対の組織（tissue）の見解では，脳を構成する物理的要素には，意識が生じるための必要条件となる，何か特別なものがあると主張する。この見解（これについては後で独自に考察する）は，ハメロフ（Hameroff）とペンローズ（Penrose）の意識に関する量子重力理論（quantum gravitational theory）のように（第16章参照），これらの要素の物理学を強調するかもしれない。あるいはまた，コッチ（Koch）とクリック（Crick）が行動の神経関連要因の進化を基礎づける遺伝子の探

究をしているように，その生物学を強調するかもしれない。この種の見解は，時にはハメロフとペンローズのように，機能主義より優れているとはっきりと述べられることもある。が，より頻繁には，これが機能主義と両立しうるのか否かをはっきりさせないまま放置している。同様に機能主義者の側にも，意識を完全に説明するには，機能だけでなく，脳が利用する実際のメカニズムも重要であるかもしれないと認める思想家（たとえばハルナッド）もいる。しかし，そのアイデアの全体が，「不思議な組織」――デネットの痛烈な言葉――に依存していると冷笑するものもいる。

　概念的な明瞭さにやや欠けるところはあるが，私はここで，機能主義に対して対照性をもつものとして，組織アプローチを使うことにする。これを選択するのは，この対照性が，2つの最も妥当と思われる共感覚の説明を与えるという，便利な平行性をもつことによる。これらは，共感覚が，①初期の強力な連合学習，あるいは，②共感覚者の脳内の異常な「配線（hard-wiring）」形式，のいずれかによると主張する。この平行性というのは，一方では連合学習と機能主義，他方では配線と組織アプローチ，の間の等価性を認めるということである。

　ここで思い起こしてみよう。共感覚者は一般に思い出せるかぎりの昔から共感覚をもっていたと報告する。彼らはふつう，特定の単語を特定の色に連合させる可能性のある，何か特別な学習経験をしたとは報告しない。しかしながらこういう学習は，幼児期健忘を生じるようなごく早期の年齢段階で起こっていた可能性が考えられないわけではない。したがって，共感覚について考えられる1つの説明は，共感覚者が幼児期早期に例外的に強く持続的な，単語と色彩との連合を形成したというものである。これは連合学習による共感覚の説明である。連合学習の一般過程は，機能主義に対しては何の問題も示さないので，共感覚を連合学習で説明することにも何の問題もない。

　もう1つの配線の説明は，共感覚者の脳は，脳のある部分（誘導刺激が処理される感覚系）を別の部分（共感覚者の知覚表象が経験される感覚系）にリンクする，異常な投射をもつというものである。それゆえに，単語-色彩共感覚の例では，非共感覚者の脳（および他のタイプの共感覚者の脳）には存在しない投射，すなわち聞いたあるいは見た単語を処理する脳の部分から，視覚系の色彩選択領域への投射，があるのであろう。この異常な投射は，共感覚者の遺伝子に突然変異が起こり，これがその成長を進めたのかもしれない。あるいは，発達初期の子どもの脳には，大人の脳にはもはや存在しない豊かな結合が認められ，その余分な投射は早期に取り除かれるのだが，それを遺伝子の突然変異が妨げたのかもしれない。共感覚には遺伝的基礎がありそうだという可能性は，これが家系内で，特に女子の血筋で受け継がれる傾向が強いという事実によって，強められる。

　この配線仮説を検証するには脳の解剖学的探査が必要なので，現在のところでは直接検証する方法はない（最近のMRIの進展によってこれが可能になる見通しが近づいてきてはいるが）。したがって，我々が試みてきたのは，連合学習仮説の検証である。この検証のために，我々は2つの実験を行った。

　第1実験では，我々は非共感覚者に一連の単語-色彩連合の訓練を施した後に，聞

いた単語に対する彼らの反応パターンが，共感覚者が自然状態で示した反応パターン（プレート10-2のような）に似てくるかどうかを，fMRIで調べてみた。被験者が単語と色彩との強い連合を形成したことを確かめるのには，大変な努力が必要であった。我々はまず，MRIスキャナーの外で，被験者に徹底した過剰訓練を行った。しかしそれでも，訓練環境からスキャナーへの文脈の変化によって，この連合が弱められるのではないかと心配した。それゆえ我々は，MRIスキャナー内で1度だけ被験者に再訓練を行った。そして最後に，共感覚者の経験は知覚的であるので，被験者に各単語と連合した色を「想像」してもらった。また比較のために，色の「予想」だけを求める条件も設けた。共感覚の連合学習仮説が正しいとすれば，非共感覚者の被験者は，特に「想像」条件で，V4領域——共感覚者が単語を聞いて反応する際に活性化を示した脳領域——に，少なくともいくらかの活性化が生じるだろうと，我々は予想した。

　単語に対する全部で4セットの活性化パターンが，非共感覚者群の被験者から集められた。そのうち2セットのデータは再訓練の前に集められた，「前予測」（連合している色を予測するよう教示）と「前想像」（それを想像するよう教示）である。ほかの2セットは，スキャナー内で再訓練してから集められた，「後予測」と「後想像」である。その結果，この4条件のいずれにおいても，V4領域——色聴共感覚者では単語を聞いたときに活性化が見られた領域——に活性化は見られなかった。このネガティブな結果は，たとえば被験者が単純に刺激に注意を払っていなかったために生じるような，一般的な活性化の失敗を表すものではない。なぜならば，聴覚皮質とブローカ野のような言語に関係した脳領域には，はっきりと活性化が認められ，聞いた単語の処理は活発に行われていたと推測されたからである。

　この非共感覚者における単語-色彩連合の実験は，共感覚者の色彩経験が普通の連合学習によるものだという可能性を弱めるものである。連合学説が正しければ，単語-色彩連合の過剰訓練を受け，スキャナーの中でその単語を聞いた非共感覚者は，少なくともいくらかのV4領域の活性化を示したはずである。

　しかし，共感覚者と非共感覚者とでは，連合学習過程の性質が違うということも考えられないわけではない。共感覚者においてはこれが異常に強いのかもしれない。もしそうであるなら，共感覚者に自然には存在しない連合を訓練する場合にも，非共感覚者より共感覚者のほうが容易にできるはずである。

　この可能性を検証するために，第2実験では第1実験と同じような訓練法を用いた。ただし，単語-色彩連合をメロディ-色彩連合に代えた。共感覚者もコントロールの被験者も言語とメロディとの連合はもっていなかった。メロディは，たとえばショパンやモーツアルトのクラシックの作品から選ばれた。単語-色彩共感覚者も非共感覚者も，前実験と同様に，MRIスキャナーでテストをする前に訓練を受けた。そしてもう1度スキャナー内で訓練を受けた。共感覚者が一般に強力な連合学習過程をもつのなら，彼らは訓練後にはメロディに対して，単語によって活性化されたのと同じV4領域の活性化反応を示すことが期待される。しかし，コントロール群ではそうはならないはずである。しかし結果は，共感覚者群とコントロール群の活性化パターン

には有意な差が見られず，どちらの群でもV4領域の有意な活性化は見られなかった。またこの実験でも，聴覚システムの活性化がはっきりと見られたので，視覚系の活性化の欠如は刺激に注意を向けるのに失敗したからだとは考えにくい。これらの結果は，共感覚者が連合学習に特に優れているだろうという仮説を支持しなかった。さらに，これらの実験は，共感覚者が自発的に報告する種類の感覚連合（単語－色彩）で引き起こされる脳の活性化パターンと，彼らの否定する種類のもの（音楽－色彩）による脳活性化パターンととの違いを，はっきり示したのである。

7 共感覚が機能主義に対してもつ意味

　ネガティブな発見［予想した結果が見出せなかったこと］だけに基づいて，仮説を棄却するのは，常に困難である。明らかに我々は次のような可能性を排除することができない。すなわち，第1実験で非共感覚者に単語－色彩連合を過剰訓練することに，また第2実験では共感覚者と非共感覚者の両方にメロディ－色彩連合を訓練することに，かなりの努力を注ぎ込んだのだが，なお，共感覚者における単語－色彩連合の基礎にあると仮説される初期学習の強度を得ることができなかったという可能性である。おそらく初期学習の時期には何か特別なものがあり，それは成人の被験者では再現できないのであろう。それにもかかわらず，これらの実験では，共感覚者の自然発生的な単語－色彩連合のケース以外は，視覚系の色彩選択領域にはまったく活性化が認められなかった。このことは，共感覚者の自発的な単語－色彩連合が普通の連合学習の成果だという仮説に，かなりの疑いを投げかける。

　この結論を（弱いけれども）前提とするなら，我々にはデフォルト設定により配線仮説が残されることになる。このことは，1つの経路（誘導経路）から，この経路が異常な接続をしたもう1つのもの（被誘導経路）へと神経興奮の漏出が生じ，これによって，共感覚者の知覚経験が生じるのだと推定することになる。単語－色彩共感覚の場合には，単語の聴覚的提示でも視覚的提示でも，両方が引き金になって色彩感覚を引き起こす。この引き金の最も重要な特徴は，ふつう，話された場合（音素）でも，見た場合（書記素）でも，その単語の第1シラブルにある。このエビデンスでは，誘導経路は，聴覚的表象（音素）と視覚的表象（書記素）がいっしょに表象される領域に存在する可能性が最も高いことが示されている。我々のfMRIデータは，この誘導経路についてこれ以上の光を直接投げかけるものではない。また，そうなることが期待されるわけでもなかろう。思い起こしてほしい。fMRI法は，実験条件（群）とコントロール条件（群）の比較あるいは引き算の結果に依存している。しかしこの誘導経路は，単語が共感覚者に提示される場合でも，非共感覚者に提示される場合でも，おそらく同程度に活性化されるはずである。したがって，これら2群で観察された活性化パターンの比較は情報をもたらすものにはならない。

　しかし，我々のfMRIの結果は，誘導経路から被誘導経路までのありうるルートに

関する仮説をシャープにしてくれる。我々の実験における単語-色彩共感覚者は、話された単語に対して、視覚系の色彩選択領域を活性化させることによって反応したが、V1やV2（プレート4-1参照）のような視覚経路のより前のポイント——これらの領域は色つきの視覚刺激が提示されるときには活性化するのだが——では、どんな活性化も生じなかった。このパターンの結果——視覚経路のより中心的な部分では類似の活性化が生じるが、V1/V2はより「普通」の刺激ルートによってより明瞭に活性化される——は、色彩残像、運動残効、運動錯視等の研究では報告されている（このような錯覚の例はプレート13-1を見よ）。これとは対照的に、色彩の想像はこれらのどちらの領域——V1/V2もV4も——を活性化するのにも不十分である。このような対照的な活性化パターンは日常的な内省とも一致している。すなわち、残像や残効は真の視知覚表象であるが、単なる視覚的特徴の想像はそうではないのだ。（読者はこの比較対象を自らやってみるべきである。本書でなされている多くの主張についてもそうなのだが、自分で実験的な探究をする場合に必要なことは、注意深く観察するということだけである。）

したがって全体的に、これらの結果は以下のことを示唆している。色や運動のような、特定の視覚的特徴を分析するのに特化した視覚系のモジュールの活性化は、その視覚的特徴を意識的に経験するのに必要かつ十分である（視覚経路のより前の領域の活性化によって補われる必要はない）。同じような結論に傾斜したデータは、ドミニク・フィッチェ（Dominic ffytche）らによる、眼疾患者に見られた色彩の幻覚体験についての報告があり、これらの患者ではやはりV4の活性化が幻覚体験を伴っていた。したがってこの観点から見ると、単語-色彩共感覚は錯覚体験の1例と見なされうる。この経験においては、引き金刺激（単語）は非常に高頻度で生起しており、これに比べると、たとえば色彩残像や運動残効のような他の錯視に対する引き金刺激はずっと低頻度で生じている。しかし、これらのどのケースにおいても、いったん関連のある視覚モジュール（色の場合はV4、運動ではV5）が活性化されると、錯視体験が自動的に生じるのだ。したがってこれらの結果は、フランシス・クリックのいわゆる「意識と相関する神経活動部位（neural correlate of consciousness）」の決定に強い関連をもつことになる。この問題は第13章で扱うことにする。

我々の発見のもう1つの重要な側面は、単語-色彩共感覚者に単語を聞かせた場合には左半球のV4のみに活性化が見られたことである。皮質の言語システムの側性化もまた左半球であることを考慮するなら、共感覚者のこの左側の活性化は、共感覚者の色彩経験を引き起こすのは音一般ではなく、言語音なのだという事実に関係しているとみてよかろう。したがって、単語-色彩共感覚を基礎づけていると仮定される異常投射は、左に側性化された皮質言語システムから（視覚系の下位領域の関与なしに）直接左のV4へと進んでいくようである。

単語-色彩共感覚者のfMRI研究で得られた最後の結果は言及に価する。モンドリアン実験から得られたデータは、色彩によって活性化された領域が、共感覚者と非共感覚者との間でよく一致することを示した——ただし、右半球においてのみ。この右

半球では両群ともV4の活性化を示した。しかし，色彩モンドリアンによって左V4が活性化されたのは，非共感覚者においてのみであった。したがって共感覚者においては，（右ではなく）左のV4は単語を聞いたときに活性化され，（左ではなく）右のV4は色彩モンドリアンによって活性化されたのである。これらのデータは，単語−色彩共感覚においては，左皮質の言語システムから左V4への想定された異常な投射は，（右側の相同器官と平行した）後者の領域の色覚への正常な貢献を妨げるという，興味深い可能性を浮かび上がらせている。

　これらの結果とここからの推論を考え合わせると，次のような図式を描くことができる。単語−色彩共感覚者は，左に側性化された皮質言語システムから，やはり左にある視覚系の色彩選択領域（V4）への，異常で余分な投射を備えている。共感覚者が単語を聞いたり見たりしたときにはいつでも，この余分な投射により，自動的に色彩選択領域の活性化が生じる。この領域の活性化は，十分に意識的な色彩経験を生じうる。この経験の精確な性質は，おそらく，V4ニューロンのどのセットが活性化されるかによって変わってくるのであろう。重要なのは，色彩経験が共感覚者の聴覚的あるいは視覚的な言語処理に機能的役割を果たすというエビデンスがまったくないことである。（次節では，我々は実際に，色彩経験がこのような処理を積極的に妨害するというエビデンスを考察する。）したがって，共感覚者の色彩経験の生起と，それを惹起する言語機能との間には関係がないということになる。この結論は，機能主義者の意識経験の分析とは相容れず矛盾している。

8　異質色彩効果

　前節で概観したデータからは，単語−色彩共感覚は異常な，おそらくは遺伝的に決定された，脳内の配線による投射に基礎をおいていると，結論してよさそうである。逆に，これらのデータは，共感覚が何らかの特殊な形の連合学習によるという仮説は支持しない。本節では，連合学習仮説への支持をさらに弱めるような追加的な実験データについて述べる。これらのデータは，単語−色彩共感覚者の中の下位グループで，私が「異質色彩効果（alien color effect）」略してACEと命名した経験をしている人たちの研究から得られたものである。この現象では，色彩の名が，名指された色とは異なる色彩経験を生じる。それゆえたとえば，「赤」という語は緑の経験を，「青」はピンクの経験……を生じる可能性がある。共感覚者によっては，ACEの影響は，すべての，いくつかの，あるいはごく少数の色名に及ぶ可能性がある。

　共感覚の場合には一般にそうであるが，共感覚者が思い出せるかぎりの昔，すなわち幼児期早期にまで遡ってみても，このACEは既に存在していたようである。それでは，この状況によって与えられる連合学習の機会について考えてみよう。ACEをもつ年少の子どもは，しばしば次のような状況に出会っていたはずである。誰かが「そこの角を曲がってくる赤いバスを見てごらん」といった類の陳述をするのを聞くよう

な状況である。このような陳述から，子どもは「赤い」という語が適用される視覚的な色彩を正常に学習する機会をもつ。共感覚者も実際に色名を正常に学習する。大人になれば，彼らは正常な色覚と正常な色名を示す。それにもかかわらず，上に示した例では，バスについての陳述を聞いた途端に，角を曲がってくる赤いバスを見るとともに，ACEをもつ子どもは「赤」という語を聞いたとき，異なる色彩，たとえば「緑」をも経験するのである。それゆえ彼女は，「赤い」という語，次に緑の経験，そして赤いバスが見えてくるというような，イベントの連鎖によって与えられる連合学習の機会に，頻繁に出くわすはずである。もしこの連鎖の最初の部分――「赤い」という語の後に緑の経験が続く――が，そもそも連合学習によるのなら，さらなる連合学習の機会があれば，それによってアンラーニング (unlearning) [学習したものを除去する学びなおし] が生じると期待されるのではなかろうか。このことは，確かに動物でも人間の被験者でも，いわゆる逆転学習 (reversal learning) の実験で数えきれないほど生じていることである。したがって，ACEの存在は，単語－色彩共感覚の連合学習による説明とは矛盾することになる。

　機能主義について，我々がこれらの現象から引き出そうとする広範囲の結論を考えると，ACEを実験的に確認することが重要になってくる。そうするために，我々は前章（第9章3節）で見た「ストループ干渉効果」に基づいて，我々のアプローチをモデル化してみた。これは，被験者が次々に提示される文字列のインクの色を単純にできるだけ速くいうという実験で，非常に簡単に例示されうる。（かつてこの実験は実際のインクを使ってなされたが，今ではコンピュータを使って行われる。しかし，みんなが今もインクの色といっている。）対照条件では，文字は単純にXが並んだだけのものである。クリティカルな実験条件では，色名（たとえば赤という語）がこれとは違う色（たとえば緑）で提示される。被験者は色名の赤を無視して，インクの色の「緑」と答えなければならない。ここで，矛盾した色名が書かれているときにインクの色名をいうスピードは，Xだけが並んでいるものの色名をいうときのスピードよりも有意に遅くなった。これが「ストループ効果」である。これは，インクの色名をいおうとしているときに，印字された色を表記する語を無視するのが難しいからである。

　我々は，彼らが単にXの並びの色名をいうように求められたときでも，ACEをもつ被験者には何か似たようなことが起こるはずだと推測した。この文字列が赤いインクで印刷されていると仮定しよう。被験者はその色名をいう準備として，「赤」という色名を想起する。しかし，ACEをもった被験者では，「赤」という色名は緑の経験を生じる（あるいは，ピンクあるいはオレンジと青の縞模様――どちらでも構わないが）。この緑の経験は「赤」の代わりに「緑」という語をいってしまう傾向を高める。これは「赤」というのを妨げることになるので，色名呼称の時間が遅くなる。しかし我々は，この影響が小さいだろうと推測した。それゆえ我々は，完全なストループ条件のもとでも，被験者をテストした。

　我々はまず，単語－色彩共感覚者のグループが，ACE（「異質な」色彩経験を生じ

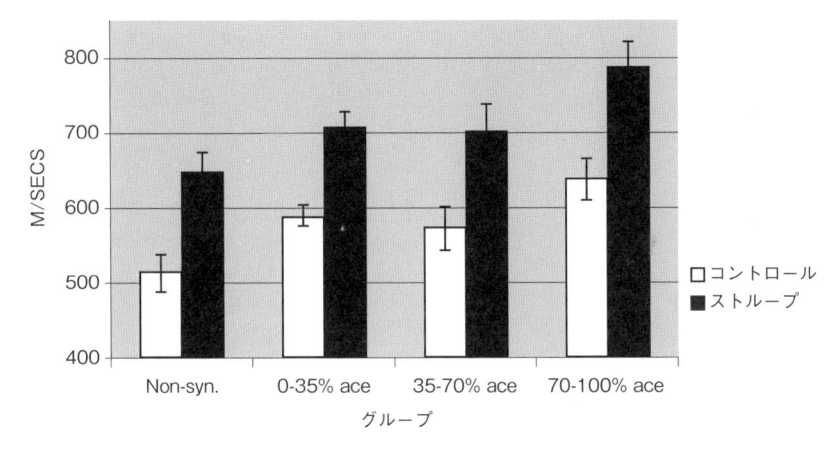

図10-2 色聴共感覚者で，異質色彩効果（ACE）のパーセンテージの異なる4群における，XXXXのインクの色名呼称（コントロール条件），または不一致な色名の呼称（ストループ条件）の平均反応時間と標準誤差。Non-syn. = 非共感覚者群。Gray et al.（2002）より。

た色名のパーセンテージ）を示す程度を査定した。このスコアに基づいて，被験者は，ACEが0-35％，35-70％，70-100％の3群に分けられた。我々はまた，非共感覚者のコントロール群の被験者にもテストを行った。伝統的なストループ検査では色名をいうスピードを測定した。この際，Xの並んでいるのをコントロール条件とし，色彩と単語が不一致なもの（インクの色が印刷された色名と違っているもの）をストループ条件とした。この結果（図10-2）は非常にはっきりしていた。ACEが生じる程度が増加すると，色名呼称は遅くなったのである。

これらの結果はACEの自己報告の現実性を確認するものであり，共感覚者においてはこのような報告が信頼できる情報源であることを，あらためて示している。報告されたACEのパーセンテージが大きくなるほど，色名呼称は遅くなった。この効果はさらに，被験者が4つ並んだXを見て，そのインクの色名をいうだけのコントロール条件においても，ストループ条件と同じくらいはっきりと観察された。後者の条件に内在する，インクの色と色名呼称の間の付加的な葛藤は，ACEの色名呼称のスピードへの影響の出現を要求しなかった。実際，このストループ効果自体はACEによる影響を受けなかった。このパターンの結果はおそらく，ACEをもつ被験者では，インクの色名を検索する基本過程が，（この色名が自動的に別の色彩経験に導くので），色彩呼称を遅くするのに十分だということを示している。量的には，このACEの誘導によって遅くなる程度は，（全体的なACEの色名呼称のスピードと非共感覚者のそれとを比較した場合には；図10-2），ストループ効果それ自体の大きさとほぼ同じであった。ここで注目してほしい。ACEによって引き起こされた色名呼称の妨害は，被験者が色名をオーバートに発する前に生じていなければならないということである。

そうすると我々は，このパターンの結果から次のように推測してもよさそうである。すなわち，不一致な色の知覚表象によって引き起こされる色名呼称の妨害の程度は，これが色名のサブボーカルな（声に出さずに口中で唱える）検索によって誘導されるときにも，普通の視覚ルートによって知覚されるときと同じくらいの大きさになると。

　この実験で示されたACEの現実は，さらに，単語－色彩共感覚が何らかの連合学習過程の結果ではないかという可能性に疑問を投げかける。色名が，名指された色の知覚といっしょに生じ，またその色名が，おそらくはここで報告された実験で生じたように，色名によって始動されたのとは異なる色彩経験を同時に生起するときには，それはその都度，このACEの基礎にあると推定される異質な連合を逆転させる正常な連合学習過程の機会になるはずである。しかしそれにもかかわらず，ACEは変化しないまま幼児期から成人期まで持続している。したがって，ACEが初期段階の正常な連合学習の結果として確立されたという可能性はまずありえない。この延長線上で考えてみると，単語－色彩共感覚一般もこのような連合を基礎にしている可能性はなさそうである。

結　論

　全体としてこれらの実験結果は，これを支持する多様な立場のデータと議論を考え合わせると，次の結論を導き出すことができる。

① 　単語－色彩共感覚は，異常な連合学習からは生じない。
② 　単語－色彩共感覚は，皮質言語システムから視覚系の色彩選択領域（V4）への左側性化された，余分で異常な投射による可能性が最も高い。
③ 　この分析に基づくと，共感覚者の見聞きした単語による皮質言語システムの興奮は，視覚系の色彩選択領域の興奮へと広がっていく。
④ 　視覚系の色彩選択領域の活性化は，自動的，非意図的に，色彩の意識経験へと導く十分条件になる。色彩経験の細部は，V4内のスパークによって生じた特定パターンのニューロンの発火に依存している。
⑤ 　単語－色彩共感覚における共感覚的色彩経験の生起は，話し言葉や言語の知覚にも，色覚にも，いずれに対しても機能的な役割を果たさない。この結論については，興味深い解説が，ラマチャンドランとハバードの記載している1種の色盲をもつ書記素－色彩共感覚者によって与えられている。この男は「数字が，現実世界では決して見られることのない色つきで見られる（マルス（火星）の色）」という）。このようなマルスの色は次のことを意味する。すなわち，共感覚で誘導されるV4の神経の発火パターンは，正常な視覚経路で生じたどんなものとも違うとしても，それでもなお，そのパターン自体に特有の色彩経験を生じさせうる。が，視覚的にリンクしたどんな機能的な関係をも生じさせえないのである。

第10章　機能主義を吟味する　145

⑥　共感覚者の色彩経験が異質色彩効果という形で生起するのは，行動的には機能障害的効果（色名呼称が遅くなることで示されているように）をもつということである。

　これらの結論は，単語－色彩共感覚の機能主義者の説明とは両立しない。この条件は，私が上で機能主義からの「相補的推論」と呼んだもの——すなわち，どんな弁別可能な機能的差異についても，これに対応する弁別可能な差異がクオリア間に存在するはずである——に対する明瞭な反証例になっている。どんな単語－色彩共感覚者の行動の中にも，正常な視覚チャンネルを通して提示された色を見るのと，単語を引き金にして同じ色を見るのとでは，明瞭な機能的分離が存在する。しかし，これら2つの機能的ルートによって生み出されたクオリアも，その神経学的基礎も，（我々のfMRI実験で検証されたように），明らかに違っていなかった。もちろん，クオリアに差がないことを，ある程度確実に認めるのは難しい。しかしながら，この問題を吟味するために，我々は，特定の単語に反応する際に自らの色彩経験を十分に描写できる芸術的才能をもつ，少数の単語－色彩共感覚者（カバーの実例を見よ）の協力を得て研究を進めてきた。我々は現在，fMRIをこれらの被験者に適用して，ある単語によってV4に生じる活性化のパターンと，これに対応する絵によって生じるV4の活性化パターンとが，相互にどれほど似ているのかを検討してみた。これは，現在の神経画像技法の技術的限界を越えているかもしれない困難な実験である。しかし我々は，これがこの議論における重要仮説を客観的に検証するルートを提供してくれるのではないかと期待している。その仮説とは，単語－色彩共感覚においては，その基底にある機能的ルートがまったく違っても，クオリアの類似性，あるいは同一性さえもが生じうるというものである。

　色聴共感覚者においては，左のV4は共感覚者の色に，右のV4は視覚的に検出される色に捧げられているという我々の発見には，機能主義にとって，明白な脱出用出口があることになる。fMRIの感度は，この観察が2機能間の完全に側性化された分離を表していると主張するのを許すほどのものではない。しかし，1スキャニング・セッション内で同じ被験者に異なる側性化が観察されたとしたら，それらは単なるアーティファクトとして見過ごすことができなくなる。そこで，2つの機能（話し言葉によって引き出されるか，それとも，見た色によって引き出されるか）は，一方が左V4で産出されたクオリアと，そして他方が右V4で産出されたクオリアと結合しているので，実際にはクオリアを共有していないのだと主張することで，色聴共感覚の機能主義的説明を救おうと試みることもできるかもしれない。しかしながらこの防衛路線は，経験的仮説であるべきもの——すなわち，異なる神経処理は異なるクオリアを生み出すというもの——を，公理的であると見なしている。しかし，共感覚者にとっては，主観的にはどちらも色として経験されている。実際，視覚的に生み出された色と共感覚的に生み出された色との側性化の違いは，機能主義に対してより強い反証例を提供しているとも解釈できる。というのも，どちらの半球でもV4の活動は色彩経験を十分に生じさせるという，かなりのエビデンスがあるからである。したがって，

反機能主義者は次のように論じるかもしれない。すなわち，色聴共感覚者においては，色彩経験はすべての重要な点で異なる2つのルート――入力，出力，色彩意識と最も強く相関する神経のサイト（左または右半球）――で生じるのだと。

　この機能主義を攻撃する共同戦線を採ることで，私は一挙両得を狙っているように見えるかもしれない。それゆえ，この議論は注意深く詳細に論じる必要がある。どのような関係を理解するにも一緒に考えるべき用語が3つある。クオリア（Q），機能（F），脳過程（B）である。機能主義から導き出される相補的な推論によれば，もしF1がF2と異なるならば，そのときには（F1とF2がクオリアと連合した処理の領域に属しているなら），F1はQ1と，F2はQ2と連合し，Q1とQ2は異なっているはずである。先に見たように，たいがいのバージョンの機能主義では，機能は抽象的な過程のみで特定される（認知心理学における箱と矢印の図式はよく知られている例である）。しかしながら，他のバージョンでは，機能は脳内の実際の神経過程によって特定される。後者の場合には，F1はB1によって，F2はB2によって媒介される。F1とF2は違っても，Q1とQ2は同じである（単語－色彩共感覚のような）場合について考えてみると，我々は2つの可能性を想定できる。①B1とB2は違わない，あるいは②違う。これらの結果のパターンはどちらも相補的推論に反し，したがって機能主義にも反する。しかしながら，これらは次の点で違っている。すなわち第1の選択肢は，一方に機能，他方にクオリア＋脳過程というように，機能主義に断層線（fault line）を入れる。これに対して第2の選択肢は，一方に機能＋脳過程，他方にクオリアという断層線を入れる。我々の実験では，我々は前者の結果を予期していた。後者は，こちらが観察された結果なのだが，等しく機能主義に反するだけでなく，おそらくは物理主義（組織（tissue）アプローチ）にも反している。それは，クオリアがこれによって，特定の機能とも特定の脳過程ともあらゆる必要な結合関係を奪い取られ，裸にされるように見えるからである。

　我々の発見はまた，第2の点でも機能主義者の期待に反している。ハルナッドが（「チューリングの弁別不可能性」の論文で）論じたところによると，クオリアは，生存価をもつ機能と随伴現象的にリンクしているという事実によってのみ，生物進化において，選択されうる。［しかし］これを基礎にしたのでは，ACEがいかにして生起しえたのかが理解し難い。聴覚的および視覚的な言語理解は，色覚がそうであるように，明らかに生存価をもつ。また，言語システムと色覚との間の神経結合は，たとえば色への命名を促進することによって，生存価を提供できるだろう。しかし，何故この神経結合が，単語－色彩共感覚者に特有の，言語による色彩知覚の喚起を生じるのかという路線で考えると，自然な説明が出てこない。このような整理は，せいぜい機能的に中立だというだけである。さらにいえば，この機能主義者の説明は，（既に見たように）積極的に非機能的であるACEが，いかにして進化の途上で生じえたのかについて，何の説明も提供しない。機能主義は，クオリアがこれと連合している機能に完全に従属すると仮定している。もしそうであるなら，クオリアがこれとまったく同じ機能とネガティブに競合することは，ありえないはずである。しかしACE（異質色

彩効果）の場合には，まさにそれが生じているようなのである。

　これらが「錯覚」の知覚に依存しているという根拠に基づいて，これらの発見を却下したいという誘惑がたぶんあるだろう。私自身も上で，単語－色彩共感覚と他の色と運動の錯覚経験との平行関係を引っぱり出してきた。特に，これらはすべてが同じ神経基盤（詳細は第13章で詳説する）に基づいているように見える。すなわち，特定の視覚特徴（色と運動）に関係する分析を担う部分の視覚システムの活性化で，視覚経路の前方の部分の活性化を伴わないというところである。しかしながら，これに基づいて我々の発見を却下してしまったとしたら，正常な視覚がどのように働くのかを誤解することになるだろう。非常に現実的な意味では，これもまた錯覚なのだ。それゆえ，たとえばここで我々が特別に関心をもつ色覚の場合には，色それ自体は，色がついていると我々が知覚する物体の特徴ではないということが，普遍的に認められている（第7章を見よ）。このような物体が脳の色彩構成のために提供する基盤は，その表面に落ちる光の波長の関数としての，表面の光の反射率にある。これらの反射率——これが表面そのもので測定されようが，脳によって計算されようが——と，これらが意識的知覚に立ち現れてくるクオリアとの間には，（相関関係以外に）知られている関係はない。単語－色彩共感覚現象は，したがって，古代哲学の問いをたずねる経験的基盤を提供してくれる。すなわち色彩のクオリアは，単語－色彩共感覚者によって，意識内で視覚入力（反射率）よりもむしろ聴覚入力（単語）を具現化するという，異常な使われ方をして，なぜ普通に使われなかったのであろうか？

　この問いは，もちろん，意識経験のハード・プロブレムの核心へと我々を連れて行ってくれる。いかにしてクオリアが機能に割り振られるのかを理解するのに，相関を越えてメカニズムに至るまでは，その問題は残ることになるだろう。本章で進めてきた考察では，単語－色彩共感覚におけるクオリアの配分は，このような機能だけですべて決定されるのではなさそうだということである。そして，意識経験がどのように脳活動と関係づけられるのかについて，機能主義が完全に一般的な説明を提供しようと目論むのなら，たった1つの反証例でも，しっかりと確立されたものであるかぎり，十分にその説明をひっくり返せるはずである。このような転覆から流れ出る結果は，ドラマチックになるかもしれない。意識についての現在の説明は，すべて，概念においてもその細部においても，機能主義者のものである。その勘定書には第7章と第8章で概説した私自身の理論も含まれている。それゆえに概念的緊張を生み出し，それは本書の残りの部分で浮遊しまわるであろう（解決については第20章3節を見よ）。

　もちろん，こんなドラマチックな結論を出すのは，時期尚早である。データベースは非常に僅少である。実際，私の知るかぎりでは，機能主義をはっきりと実験的に検証した研究は，我々のものが最初である。それにもかかわらず，次の問いを発するのは時期尚早ではない。もし機能主義が転覆させられたとしたら，何がそれにとってかわるのだろうか？　この解答は到底はっきりしているとはいえない。我々は次に，いくつかの可能性を見ていく必要がある。

第11章

デカルトの劇場から
グローバル・ワークスペースへ

　1羽のツバメが夏を呼ぶのではないように，1つの実験だけで1つの理論を覆せるわけではない。特に機能主義のように塹壕で固められたような理論はそうである。しかし，塹壕の価格は今まで高かった。純粋に哲学的な議論はさておき，機能主義の基本仮説は，今まで適切な吟味がまったくなされてこなかった。しかしながら，前章で述べた共感覚の実験により，これらの仮説はついに実験室に持ち込まれた。どんなに少なく見積もっても，我々の結果は，その妥当性に疑問を投げかけているはずである。それゆえ我々は，機能主義に代わる可能な選択肢を探す必要がある。

　我々の出発点は脳である。これは意識に対する唯一の身体的基盤として確実に知られている。しかし前章で指摘したように，脳についてはいろいろな考え方ができる。要約すると，脳は，①1つのシステムであり，②環境との相互作用をする。そして，③物理化学的要素から構成されている。これらの要素は，④生物学的細胞であり，もっとはっきりいえば，⑤神経細胞である。前章で考察したアプローチでは，脳を①や②の側面でしか見ていなかった。次の数章では，残りの側面に基づくアプローチを見ていくことにする。

　我々は第16章までは，脳の物理学を真剣に取り上げているアプローチ——実際，非常に真剣であり，クオリアをつくるガバナンスを物理学の基本法則の中に位置づけている——をとっておく。奇妙なことだが，生物学を等しく真剣に取り上げている理論も，私は知らない。神経系以外のものを含めて，生物の細胞一般に付随する特性によって，意識を説明しようとする試みは，今までになされてこなかった。それゆえ，我々はここで神経細胞——神経科学者によって研究された脳——についてのみ考えることにする。これらの科学者は意識の問題をどう考えているのだろうか？

　この問いに答えるのは，実際にはかなり難しい。1980年代の終わりころまでは，神経科学者が意識の問題について議論することはとにかく稀であった。その偉大な例外が，チャールズ・シェリントン（Charles Sherrington）とジョン・エックルス（John Eccles）の2人である。彼らはどちらも非常に著名であり，彼らのみがあえて強いタブーを打ち破ろうとするかのようであった。しかしながら，彼らの違反行為は他の研究者を勇気づけるものにはほとんどならなかった。それは，彼らの主唱した二元論が科学的，哲学的な流儀からひどく逸脱していたし，現在も逸脱しているからである。エックルスの場合には，脳機能に神聖な霊の役割を与えたことによって，問題をややこしくした。このダムは1987年に，2人のオックスフォードの神経科学者，コリン・ブレイクモア（Colin Blakemore）とスーザン・グリーンフィールド（Susan Greenfield）

の編集になる『心の波（*Mindwaves*）』という出版物によって，もっと広く打ち壊された。しかし今日でさえ，神経科学者は，ふつう，意識に関する一般的な立場を唱道するのを嫌がる。このトピックを追求していくと，彼らは意識には何か特別な問題があるということを否認しようとするか，それとも，前章で述べた機能主義と結託しようとするか，どちらかの傾向を示すようになる。人は，機能主義が機能に対して与える意識経験の包括的な役割を，脳組織それ自体に与えようとする立場の陳述を，空しく探し求める。それゆえ，少なくとも物理学者が第16章でその活動に加わるまでは，「不思議な組織（wonder tissue）」に対するデネットの恐怖には根拠がない。

神経科学者が主に没頭してきたのは，基本的には相関的なものであった。一般的なパターンは今まで次のとおりであった。神経科学者はまず，ある機能が意識にとって決定的に重要であると提案する。しかしそうしながら，彼は自らの特殊な仮説を，神経科学それ自体から得たデータと概念の上に基礎づけるのではなく，実験心理学，認知科学，あるいはただの「民間心理学（folk psychology）」から得たものの上に，基礎づけている。彼は次に，この重要な機能を「媒介」する領域とシステムを，脳内に探し求める。最初の仮説を裏づけるのに，特に神経科学的な議論は使わないので，このアプローチは，その機能主義者の出発点に，理論的には何を加えるわけでもない。同じ本質的な論理は逆方向にも進められうる。ある神経科学者は，脳の特定の領域ないしはシステムが特定の機能を発動させることを，まず実験的に観察する。彼はこの機能が，正常な人間の経験では，意識に連合したものだと考える。そこで彼は，この領域あるいはシステムが意識に重要な役割を果たすと結論する。しかし，この論理はどちらの方向にも進められるので，この結論の妥当性は，特定の機能が意識経験にとって重要なのか，それともこの機能が意識的経験に決定的に従属しているのかという，仮説次第である。神経科学者が加えるものは（人間であれ動物であれ）想定上の重要な機能はどこで発動されるのかという，脳内の位置だけである。位置，位置，位置は店の売り出しには正しいスローガンかもしれない。が，これは意識の問題にはほとんど光を投げかけるものではない。

神経科学の小道は，したがって，少なくとも現在踏み固められているのは，せいぜい3方向のセットの相関に導いてくれるにすぎない。すなわち，①機能，②その機能を媒介する脳領域またはシステム，そして，③意識経験，の間の相関である。この分野をもう少しくわしく探索してみよう。

1 デカルトの劇場は存在するのか？

最初の問題は，意識を，あるいは意識の何らかの特徴を，脳の1部に位置づけられるかどうかという問いである。これについてはうるさいクレーム，特にダン・デネットとマーセル・キンズバーンからのもの——意識は脳全体の活動の1属性だ——がある。実際彼らは，これとは正反対の見解——脳内のある活動は他の活動よりも，意識経験

第11章 デカルトの劇場からグローバル・ワークスペースへ | 151

に対してより特権的な関係をもつ——を,「デカルトの劇場」を捜索しているにすぎないと皮肉っている。

　もともとデカルトによって公式化されたときには,この概念を拒絶する強い理由が実際に存在していた。というのも,デカルトにとっては,物質的な脳がその物質主義者の仕事を成し遂げたときには,脳はまったく別の非物質的なもの,すなわち思惟するもの（res cogitans）（あるいは心,魂,霊など多くの同義語がある）との双方向のコミュニケーションに入っていく。彼はこのコミュニケーションの座が松果腺——今日ではメラトニンというホルモンをコントロールする役割でよく知られている——にあると考えた。それゆえに,脳の活動が特定の場所（デカルトの劇場）で特定の時間に意識（思惟するもの）に「入る」と語ることには,意味があったのである。エックルスは,この劇場を単純に松果腺から大脳皮質細胞へと移動させ,デカルトの動物精気(アニマル・スピリッツ)を現代の神経生理学に置き換えることによって,この二元論の見解を維持した。このように非常に異なる2つのもの——物質と精神——が,松果腺においてであれ,その他の場所においてであれ,どのように相互作用するのかについては,誰も満足のいく説明を出してはこなかった。そうしようとする試みは,物理学で追究される宇宙の統一理論にとって,一見克服不可能な課題を課すことになる。したがって,現在では二元論はほぼ完全に捨て去られている。しかしながら,二元論の終焉は,脳のある部分が他の部分よりも意識経験により近い位置にあるという仮説の終焉にはならない。デネットの風刺にもかかわらず,私はもうしばらくこれを「デカルトの劇場」仮説と呼び続けることにする——ただし,その二元論的な含みは取り去って。

　このデカルトの劇場のメタファーは直感的には非常に自然である。それは我々全員の思考に浸透しており,この中には,自分が二元論者だといわれると死ぬほど腹を立てる科学者も含まれている。視覚を取り上げてみよう。網膜内での非意識的な進行過程（バラからの反射光によって刺激された,とでもいおうか）と,信号を網膜から視覚皮質に伝える視神経について考えるのは,自然なことである。そして,運動皮質から腕と手に信号を伝えて,バラを摘むという結果に至る,別の非意識的な振る舞いについて語るのも自然なことである。この入力と出力との間のどこかでバラのイメージが「意識に入ってくる」ようである。我々は色覚と色聴共感覚の議論の中で（第7章と第10章),バラの色の意識的知覚をV4（プレート4-1参照）と呼ばれる領域に位置づける理由を見た。我々がバラを単なる色のパッチとしてではなく,形や,3次元空間内の位置や,香り等々をもつものとして知覚するのなら,全体としてのバラの意識的な知覚は,V4からずっと下った別のラインに位置づけたほうがよいという理由があるのかもしれない（これは「結合」問題であり,後でもう一度振り返る)。しかし,確かにどこかで非意識的な入力はこの意識的な知覚表象に変換されねばならない。そしてこれは,バラからの反射光が網膜に落ちてからバラを摘むまでのイベントの連鎖の中の,ある時間に起こらねばならない。視覚科学者は常にこのような語りをするだけでなく,論文もこのように書く。デカルトとの主要な違い（思惟するものから離れて）は,彼がどこ（松果腺）で,そしていつこれが「意識に入ってくる」のかについ

て，はっきりしたアイデアをもっていたのに対して，今日の我々は自分が知らないことを知っているというところにある。

しかしデネットとキンズバーンによると，デカルトの劇場のメタファー全体がどうしようもなく間違っている。最も情け容赦なく皮肉っているのは，観客（誰がそこで見ているのか？）と開幕の（意識に入ってくる）時間である。この観客に関する標準的な告発は，無限の後退である。もし意識の劇場が脳内の小人によって観察される必要があるのなら，この小人は彼の観察を助けるさらに小さな小人をもっているのだろうか？　我々は後ほど，この問題をもっと一般的な方法で取り扱う。我々は最初に時間の問題を引き受ける必要がある。正確な時間的瞬間に「意識に入ってくる」ものについて語ることには，何か意味があるのだろうか？

デネットとキンズバーンは，こんな語りは何の意味もないと説得的に論じている。彼らの論点のいくつかを示しておこう。ただし，我々が早々と第2章で取り上げた見方では，これらはいくぶん異なる意味をもつことに，注意が必要である。この見方には，2つの関連する側面がある。第1に，脳は「そこにある（out there）」世界の直接的な知覚表象を受け取っているのではなく，むしろその世界を構成（construct）しているのだということ，そして第2に，「意識はあまりにも遅くやってくる」こと——意識経験はすべて，その経験に対応するイベントと，これらのイベントが生起させる直接的，非意識的な反応の，どちらよりも後に遅れてやってくるということである。しかしながら，我々はまず，常識的な視点からの，デネットの議論を見てみよう（常識的視点に対しては彼もまた鋭く拒否しているが，別の代替品に対しては好意的である）。すなわちイベントは，意識経験にとって生起していると見えるまさにそのときに，生起している，というものである。この枠組みの中では，あるパラドックスが生じる。

よい例は，マックス・ウェルトハイマー（Max Wertheimer）が1912年に記述した仮現運動すなわち「ファイ」に基づいている。最も単純なケースでは，ファイは次の事実を指しているすなわち，少しだけ離れた2つないしはそれ以上の小さな点が継時的に短時間照射されると，1つの点が2つの位置の間を動くように見えるという事実である。ファイは今ではよく知られており，映画はいうまでもなく，無数のネオンサイン広告の基礎になっている。デネットは（彼の著書『説明された意識』の中で），コラーズ（Kolers）とフォン・グリュナウ（von Grünau）によって1976年に示されたファイの変形——2つの点がそれぞれ異なる色になっている——に焦点を当てている。赤い光点が短時間ディスプレイの左で光り，そのすぐ後に（距離と時間間隔はもちろん，適切に調節されなければならないが）緑の光点がすぐ右で点灯される。この時あなたが見るのは，左から右へ赤から緑に色を変えながら動いて行く1つの点である。（グーグルで"colorphi"（色が変化するファイ）とタイプすれば，いくつかの例を見ることができる）。常識の枠内ではこれはどのように理解できるであろうか？　まず，ディスプレイの左の赤い点が意識に入ってきて，次に少し後に（コラーズらの実験では約200ミリ秒後に）右側の緑の点が意識に入ってくる。

第11章 デカルトの劇場からグローバル・ワークスペースへ

続いて生じるパラドックスについて，デネットは次のように記述している（同書，p. 115）。

　脳内に「予知（precognition）」がなければ（大げさな仮説だが，無期限に延期しよう），赤が中央で緑へ切り替わるという錯覚内容は，第2の緑の点の同定が脳内でいくらかでも生じる後までは，創られえないだろう。しかし，もし第2の点が「意識経験内」に既に存在している場合には，赤点の意識経験と緑点の意識経験との間に錯覚内容を挿入しても，それは遅すぎるのではなかろうか？　脳はどのようにしてこの手品をやってのけるのだろうか？

　この問いに対するデネットの回答は「手品はない」である――なぜなら，赤点，緑点，動いて色を変える点，その他の意識経験は存在しないからである。デカルトの劇場，ショーを見る観客，そしてショーそのものは，消え失せなければならない。その代わりに，デネットは「多重草稿（マルチプルドラフト）」と呼ぶモデルを提案する。この見解では，入力が脳内に到達すると，脳はそれらの入力を最もよい理解を可能にしようとがんばる。そして，その「草稿（ドラフト）」の解釈を新たな展開に合わせて変化させていき，新しい情報に照らしながら必要に応じて古いドラフトの改訂や棄却を行う。それゆえ，「左側の赤点」という解釈は，最終的には「左側の赤点は右に動いて行って，緑に色を変える」に，置き換えられる。最後のドラフトは，たとえばこの効果に対する言語報告「私は赤い点が左から右へ動きながら，まん中あたりで緑に色を変えるのを見た」というような行動的出力へと導いていく。しかし，この多色の移動軌跡を意識的に見るという独立したイベントは存在しない。デネットの言葉によれば（p. 128），

　……回顧的には，脳は仲介的な運動があったという内容（判断）を創造し，この内容が次には活動を支配するのに使われ，その痕跡が記憶に残されるのだ。

　しかし，デネットによると，脳はそのクオリアを埋め込むのに悩むことはない。

　……それは時間と（そういってよければ）ペイントの無駄であろう。この判断は既に中にあるので，脳は他の課題に進んでいけるのだ。

　私の考えでは，これは問題から素早く身をかわす1つの方法（機能主義者の方法）にすぎない。我々が理解を求めているのは，デネットが独立の存在であることを否認している，あの非常に意識的な経験なのである。（この全体的な否認は，実際には，その責任をデネットに負わせるのが非常に困難である。彼ははっきりと，「結局，意識経験とは何だというのか？」という質問への回答を拒否している（p. 459）。しかし，私が彼の書いているものに加えられる唯一の合理的な解釈は，彼がクオリアの赤ん坊を風呂の湯と一緒に流してしまったということだけである。）

　クオリアの現実に対する偏見なしに，これらのデータと議論から引き出せそうな推論は，2つある。1つは時間的なもの，今1つは空間的なものである。

　最初の時間的な推論は，十分に精細に刻まれた時間尺度上にも，意識経験に正確な

時間を割り振ることはできないというものである。コラーズとフォン・グリュナウの実験設定で，ディスプレイの左側に赤点だけを被験者に提示する場合と，ディスプレイの左側に赤点を提示して，その200ミリ秒後に右側に緑の点を提示する場合の違いを考えてみよう。最初のケースにおける赤点それ自体の意識経験は，赤点に続いてディスプレイの反対側に緑点が光る（このイベントが起こるまでは，被験者には知りえない事実）ときの同じ点の経験よりも，200ミリ秒早い出現時間をもつということなのだろうか？　しかし，こんなことがどのようにして起こりうるのだろうか？　赤点それ自体の意識経験に正確な時間が配分されるなら（網膜へのインパクトと，視覚系で上位の特徴検出との間の，相対的に固定された遅延のみを考慮すると），緑の点が引き続き生じる場合にのみこの経験を遅らせるためには，脳は予知の力を必要とするだろうというデネットの結論には，異議を唱えるのが難しい。したがって，赤点の経験に正確な時間を割り振ることはできない。そして，赤点については何の異常もないので，この結論はあらゆる視知覚の表象に当てはまるはずである。

　これは視覚だけの問題だとあなたがまさにそう考えた場合に，デネット（p. 143）は同様に説得的な触覚の錯覚へと注意を促している。これは1972年にフランク・ゲルダード（Frank Geldard）とカール・シェリック（Carl Sherrick）によって記述された「皮膚うさぎ（cutaneous rabbit）」である。

　　被験者はテーブル上のクッションに腕を休め，その腕の2・3箇所に機械的なタッパーが1フィートくらいまでの間隔をおいてとりつけられる。このタッパーによってリズミカルなトントンと叩くタップが加えられる。たとえば手首に5回，肘の近くに2回，そして上腕にもう3回というように。このタップは刺激間間隔50〜200ミリ秒で与えられる。そして，1連のタップは1秒以下，あるいは2〜3秒続くことがある。ここで驚くべき効果が見られる。すなわち，このタップが規則的な順序で等距離で腕を上のほうに移動していくと，あたかも小動物が腕を跳んでいくように被験者には感じられたのである。

　キャッチ試行では，5回のタップが休みなく手首に加えられた。被験者は今度はすべてのタップが手首で生じていると知覚した——腕を登っていく初期の動きは感じられなかった。この実験でタッチの意味するところは，色彩変化のあるファイ現象で視覚の意味するところとまったく同じである。付加的だが歓迎されない予知の要素がない場合には，手首のタップが正確に何回あったのか意識的には知覚できなかった。したがって一般には，どんな感覚モダリティについても，意識経験に正確な生起回数を配当するのは不可能であると，無理なく結論が下せそうである。本章の後の方では，意識経験の現実をぼかすことなく，この推論が受け入れられることを示したい。

　第2の空間的な推論は，デネットが第1のものから引き出しているものである。本質的には，議論は次のとおりである。赤点や手首のタップの経験（デネットならそこにある判断だというだろう）に関係する神経活動は，常に脳内を通って動いているので，意識経験の生起回数が正確でないのなら，それが生起する脳内の場も特定できないだろう。私はすぐこの推論に疑問を出すつもりである。しかし，まずデネットが彼

の議論をどう進めているのかを見てみよう。次の引用は，彼がマルティプル・ドラフト・モデルを視覚に適用した記述の1部である（p. 134）。

> 視覚刺激は，一連のイベントを皮質内に生起させ，この皮質内のイベントはより一層特化した弁別性を生じていく。異なる時間に異なる場所で，いろいろな「決定」や「判断」がなされる。もっと文字どおりにいえば，脳の諸部分が異なる特徴を弁別できる状態へともっていかれる。たとえば，まず単なる刺激の開始，それから位置，それから形，その後に色（異なる経路を通って），さらにその後に（仮現）運動，そして最後に対象の認識に至るのである。これらの局所化された弁別状態は，効果を他の場所に伝え，さらなる弁別へと寄与していく……。自然だが素朴な質問は，「そのすべてはどこで結集されるのか」である。その答えは「どこでもない」である。これらの分散型の内容をもつ状態のいくつかは，すぐに消失して，それ以上の痕跡を残さない。他のものは，その後の経験の言語報告と記憶に，「意味的準備性」と知覚セットの他の活動に，そして情動状態，行動傾向性等々に，痕跡を残す。これらの効果のいくつか——たとえばその後の言語報告への影響——は，少なくとも意識の兆候にはなっている。しかし，これらすべての因果的な連鎖が，その内容を「意識内」に預けておくために，通過しなければならない場所というものは，脳内には1つもない。何かこのような弁別が達成されるや否や，それは何らかの行動，たとえばボタン押し（あるいは微笑みやコメント）を引き出すのに，利用できるようになるのである。

2　平等主義的な脳？

マルティプル・ドラフト・モデルは素晴らしく平等主義的である。それは第1に，位置に関して平等主義的であり，すべての脳領域は平等である。許されている唯一の違いは量的なものと，一過性のものである。強い「弁別状態」はより大きな行動への影響力をもち，より弱いものはより小さな影響力しかもたない。強い状態は言語報告に影響を与えることができ，この言語報告は意識の「一応の兆候」になる。（この「兆候（symptomatic）」という語は，現実に頭の中に意識という病が存在するか否かが不確かであっても，使える便利な言葉である。）実際，現実の意識経験が存在すると見なされる文脈内におかれると，このモデルでは，これらの意識を，このニューロン集合——あるときには，他のどんなニューロン集合よりも強力に同時発火する，一時的同盟関係に置かれたニューロン集合の，いろいろなもの——と関係づけるだろう。その集合に対するこの「燃え上がりの瞬間（moment of fame）」（デネットのもう1つの魅力的な言葉遣い）は，それがその周辺で最強の活動の焦点として残っているかぎり，持続する。しかし，その炎がその神経集合のために獲得するものは，デネット自身の文脈では，クオリアではなく，もっと劇的に，もっと広く，そして（記憶により）もっと長期間，行動に対して影響を及ぼす能力である。［というわけで］その核心において，デネットはハワード・ラクリン（Howard Rachlin）と同じくらい急進

的な行動主義者だという印象を免れ難い。思い起こしてほしい（第10章）。モーツァルトの弦楽四重奏曲のかかっている部屋を共有している，健聴者と聾者の違いは，彼らのその後の「言語行動」にあると見るのは，ハワードだったのである。

マルティプル・ドラフト・モデルは，行動についても等しく平等主義的である。それは，私（そして他の多くの人々）が線引きしたすべての細かな行動の差異を完全に無視する。その行動が，意識経験を伴っても伴わなくても，その行動が随伴する経験の前に起こっても後に起こっても，あるいはその行動があるときには意識経験を伴い別のときにはそれを伴わなくても。「ボタン押し」（第2章で見たように，どんな関連のある意識経験よりも前に，ほぼ確実に生起する）は，デネットの見解では，意識の「最小の兆候」にしかならない事後の言語報告と，まったく同じ過程から生じるのである。

デネットが，色の変化するファイの可能な説明を却下できるのは，この（誤った）根拠に基づいているのである。

この現象が生じるのは，「意識には，少なくとも200ミリ秒の遅延が常にあるからではないか？」と彼は問い（p. 122），「ノー」と答える。

　　……「赤点を経験したらすぐに」ボタンを押すように，被験者にたのんだとしよう。我々は，赤点のみが提示された場合と，赤点の200ミリ秒後に緑点が提示される場合（この場合には被験者は色が切り替わる仮現運動を見る）とでは，反応時間にほとんどあるいはまったく差が見出せないはずである。意識的統制下での反応は，瞬目反射のような反応よりは遅れるが，身体的に可能な最小の潜時（遅延）の近くで生起するというエビデンスが，山ほどある。入力と出力のパルス連鎖の移動時間と反応準備時間を差し引いた後には，200ミリ秒の遅延を隠すのに十分な「中央処理」の時間は残されていない。それゆえ，ボタン押し反応は，第2刺激の緑点を弁別する前に開始されていなければならなかったはずである。

証明終わり。この1節のデネットの結論の文章が正しいことは，疑いの余地がない。実際，ボタン押し反応は，被験者が最初の赤点を意識するよりも前に開始されていたであろう。第2章で見たように，そしてマックス・ヴェルマンスがレビューし尽くしているように，被験者ができるだけ早く手の反応をするように求められたときには，それが常に生じることである。刺激の意識は，あまりにも遅くやってくるので，この反応に影響を与えることはできないのだ。それゆえこの思考実験は，実際に簡単に実行できるだろうし，デネットが予期したのとまさに同じ結果が生じるだろうと思われるが，この実験は被験者が赤点か緑点か，どちらかに意識的に気づくという問題については語っているものではないのだ。

したがって，デネットの批判にもかかわらず，カラー・ファイ（色が変化するファイ）を，意識経験の一般的な遅延性によって説明しうる可能性は残されている。しかしながら，これが可能になるためには，意識経験の形成の実際の時間的な流れについて，我々が今もっているよりもはるかに多くの情報を必要とするだろう。その遅延性

はどれくらい変動し，どんな限界を越えた状態なのか？　意識的な「瞬間」の開始，持続，終了の引き金になるのは何か？　こんな瞬間にも，その要素は何らかの時間的順序性を維持しているのか，それとも，それらはすべて必然的に同時的なものなのか？これらの質問に答えるのは容易ではなかろう。しかし，これらの問いは，原理的に，経験的な研究を免責されているわけではなさそうである。これらへの回答次第で，人は色の変化するファイの説明——異なる意識経験は，たとえば統合された意識の「瞬間」が始まる時間，それが持続する時間などによって変わってくるというような説明——を思い描けるようになるのだ。今のところ，これはごまかしの練習以上のものではない。しかしこれは，デネットの推奨する解答——すなわち，意識経験は行動とは独立の現実性(リアリティ)をもつという見解を完全に捨て去ろうとするもの——よりは好ましいのだ。

　いずれにしても，色の変化するファイについては，別の可能な説明があるのだが，それはおそらく，第13章までは一貫しないように見えるだろう。この第13章で我々は，視覚的な特徴（運動，色，形等）の意識的知覚に必要十分な神経条件（「意識と相関する神経活動部位（the neural correlate of consciousness）」）が，色はV4，運動はV5等々というように，その特徴に特化されたまさにその脳領域だけの活動に存するというエビデンスを考えることにする。この推測は我々の色聴共感覚の研究結果——第10章を思い起こしてもらうと，話し言葉によって引き起こされた色彩経験が，視覚領域の中でも色彩選択に限定された領域V4の活動と連合していることが示された——と一貫している。神経画像研究から得られたこのエビデンスは，ゼキ（Zeki）の実験室での純粋に行動的な（あるいは精神物理学的な）実験（2003年の「認知科学の動向（Trends in Cognitive Sciences）」所収の論文でレビューされている）によって補われている。これらは，異なる視覚的特徴が意識的知覚に達するまでに要する時間に，驚くべき非同時性のあることを示している。特に色彩は運動よりも80ミリ秒ほど前に知覚される。この知識をもって武装して，私はウェブに公開されたカラー・ファイの例（http://www.mdx.ac.uk/www/ai/rss/phi/ColourPhi.html）を今見直してみた。私がそこに見たものは，（その現象が習慣的に記述されてきたように），1つの点が運動に伴って色を変えるのではなく，むしろ色を変化する点と，それとは別の運動感覚であった。私には軌跡の中央での色の変化はまったく見えなかった。この知覚表象は上で簡単に述べた神経画像と精神物理学のエビデンスに一致していた。しかしもちろん，この明らかな一貫性は私の内省の歪みによるのかもしれない。19世紀末に心理学を席巻していたあの偉大な内省学派が無残に混乱し崩壊したのは，まさにこの理由による。しかしそれにもかかわらず，実験的なエビデンス——本書の議論はほとんどがこれに基づいている（が，心理学の内省学派はこれを嘲笑した）——と考え合わせることにより，色彩ファイのもっともな説明が出現し始めているのである。脳は最初に色彩の意識的知覚と，その点の色彩の変化を生じた。約80ミリ秒後に，それは点の運動の意識的知覚を生じた。これら2つの知覚表象は（少なくとも私の経験では——あなたも自分でやってみよう！）並んで座しているのである。

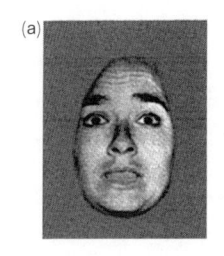

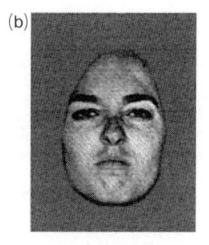

図 11-1　(a)恐怖と(b)嫌悪の表情。エックマンとフリーセン（1976）にならって，フィリップスら（1997）が異なる脳領域を活性化させるために使った刺激（図11-2を見よ）。

　マルティプル・ドラフト・モデルの吟味を続けよう。メアリー・フィリップス（Mary Phillips）とアンディ・ヤング（Andy Young）と私は，この吟味を実験室に拡大してみた。我々は機能的磁気共鳴画像（fMRI；第10章参照）の技法を使って，次の問いを発してみた。脳の活動は，意識的弁別と無意識的弁別では，どう違うのだろうか？　マルティプル・ドラフト・モデル，およびスーザン・グリーンフィールド（Susan Greenfield）が著書『脳の私生活（The Private Life of the Brain）』で提案したやや類似のアイデアによれば，次の予測が導き出される。意識的弁別を伴う脳の活動は，これに対応する無意識的弁別を伴う活動と，質的に同じかそれ以上であるはずである。この予言はマルティプル・ドラフト・モデルの2つの特徴を捉えている。第1は，デカルトの劇場など存在するはずがなく，被験者が何かを意識するようになるだけで，fMRIで新たな領域が照らし出されることなどありえないというものである。これは「デカルトの劇場は存在しない」仮説と呼ぶことにしよう。これは質的に同じという部分の予言である。第2に，マルティプル・ドラフト・モデルは，行動的な「意識の兆候」を，より強力な脳の活動パターンに帰属させる。グリーンフィールドはプールの水に投げ入れた小石の比喩を使っている。小さな石は小さな波を起こし，大きな石は大波を生じる。意識に特権的に入ってくるのは，プール内で現在最大の波のパターンである。私はこれを「街区（ブロック）で最大の子ども」仮説と呼ぶことにする。これが予言のそれ以上の部分になる。

　これらの予言を検証するために，我々は以前の2つの発見を活用した。

　第1に，脳は恐怖と嫌悪の情動を表す表情をはっきりと弁別している（図11-1）。この実験は非常に単純である。被験者は（MRIスキャナー内で）すべて同じ情動を表出している異なる人物の顔のシリーズを（1ブロック30秒で）単純に観察した。1つの条件では，恐怖を表す表情のブロックとニュートラルな表情のブロックを交互に観察した。恐怖の脳活動パターンからニュートラルなものを引き算したものが，恐怖に特有のパターンを与えてくれる。同様に，ニュートラルな表情と交互に提示される嫌悪表情のブロックから嫌悪に特有の活動パターンが抽出される。この実験が行われると，2つのまったく異なる脳領域が，恐怖と嫌悪の表情によって活性化されることが明らかになった。恐怖の表情は扁桃体と呼ばれる領域を，嫌悪の表情は島と呼ばれる領域を活性化したのである（図11-2および18-6）。逆にいえば，嫌悪に対する反応には扁桃体の活性化が生じず，恐怖への反応には島の活性化は生じない。他にも様々

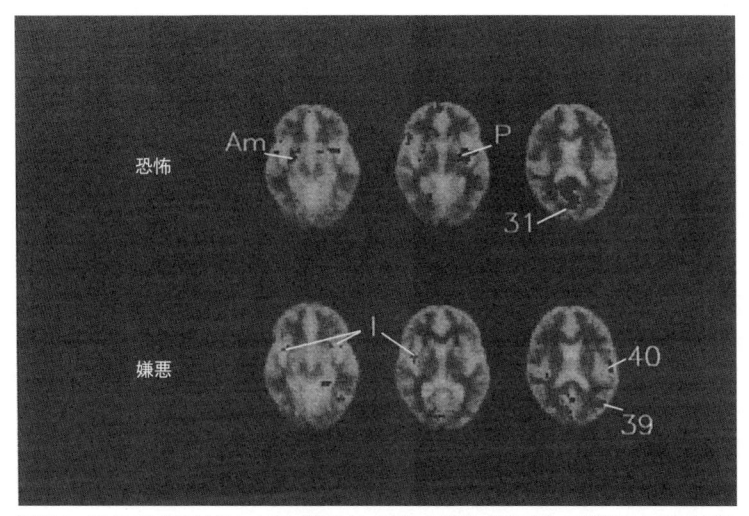

図11-2 図11-1に例示されたような恐怖（上の行）と嫌悪（下の行）の表情によって生じる，fMRIに見られる脳領域の活性化の違い。図の右側は脳の左半球に対応。Am：扁桃体。P：被殻。I：島（図18-5を見よ）。31，39，40：このようにナンバーがつけられたブロードマンの脳地図。我々の実験室で得られた未発表データで，フィリップスら（1997）によって最初に報告された結果を確認したもの。

な種類のエビデンスがあり，それは以下のことを強く示唆している。すなわち，これら2つの領域は特定の種類の表情の検出に参与しているだけでなく，それぞれが連合している情動に，もっと一般的な役割を果たしているのである。くりかえし示されてきたのは，たとえばネズミのような動物が，光や音などが足への痛いショックに対する手がかりになるという連合学習をしてきたときには，扁桃体がこれらの手がかりに対する反応を媒介するのに決定的な役割を果たすこと。島に関しては，我々の研究室のマイケル・ヘイニング（Michael Heining）が，嫌悪的な香りと音が嫌悪の表情と同じように島を活性化させることを見出している。

第2の過去の発見では，人は図11-1に描かれたような表情を提示できるというものである。すなわち被験者は，その顔に意識的には気づいていなくても，適切な情動反応を示すことが明らかにされている。この主要な実験手続きは，表情（ターゲット）を非常に短時間，典型的には約30ミリ秒提示し，その直後に視覚的なマスキング——そのターゲットの意識的な知覚を妨げるディスプレイ——を提示する。ストックホルムのウルフ・ディンバーグ（Ulf Dimberg）は多くの実験でこの技法をうまく使ってきた。たとえば1つの実験では，人は情動を見ると，自発的かつ無意識にそれを模倣するという事実をうまく利用している。すなわち被験者は，マスキングされたターゲットの顔に見られる表情を，ネーミングするように求められたときには，チャンス・レベルの回答しかできなかった。ところが被験者自身の顔には，そのマスキング

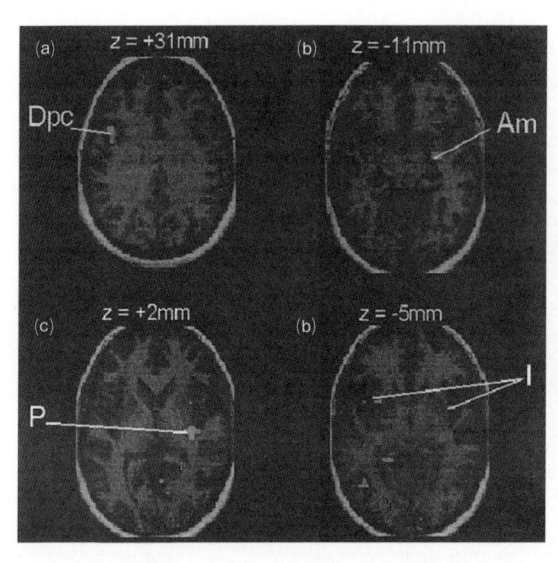

図11-3 恐怖 (a, b) や嫌悪 (c, d) の表情によって生じる、fMRIに見られる活性化領域の違い。意識的認知の閾下 (a, c) あるいは閾上で提示されたときの違いも示している。情動表出が30ミリ秒 (a, c) あるいは170ミリ秒 (b, d) 提示され、どちらの場合にも、その直後にニュートラルな表出を示す顔（マスク）が100ミリ秒提示される。画像の右側は脳の左半球に対応。Am：扁桃体。I：島。Dpc：背外側前頭前皮質。P：被殻。フィリップスらの「神経画像（Neuroimage）」（印刷中）よりElsevier社の許可を得て転載。

された表情が模倣されていることを、彼は顔筋活動の変化を測定することによって明らかにしたのである。

　したがって人は、無意識のときも意識しているときと同様に、情動の表情の違いを弁別できるのだ。このことは、「デカルトの劇場」仮説を検証する機会が与えられたことを意味する。もしマルティプル・ドラフト・モデルが正しければ、被験者に恐怖と嫌悪のマスキングされた表情を提示すれば、マスクされない表情を提示されたときとまったく同じ領域——恐怖の場合は扁桃体、嫌悪の場合は島——が、その程度は小さくなるが、活性化されるはずである。我々はしたがって、fMRIを使って、4条件間の比較を行った。これらのすべての条件において、ターゲットの顔に続いてマスク（ニュートラルな表出を示す顔）が提示された。しかし、それが実際にマスクの役割を果たしたのは、4条件中の2条件においてのみであった。この4条件はターゲットの顔の性質とその持続時間によって違っていた。すなわち、恐怖か嫌悪かという条件と、十分に長い提示時間で意識的知覚が容易にできる（170ミリ秒）か、非常に短時間（30ミリ秒）で意識的な検出はチャンス・レベルでしかできないかという条件である。実験の結果は図11-3のとおりである。これはまず予想通り、恐怖の表情の場合には、意識的に知覚されたターゲットによって扁桃体の活性化が生じ、嫌悪の表情の場合には、島の活性化が生じることを示している。しかし第2に、［ターゲットの提示時間が短く］ターゲットがマスクされてしまった場合には、これらの領域の活性化は生じなかった。明らかに、このこと自体は、我々のマスクされたターゲットが、行動に対しても（ただし、これらの実験ではスキャナー内での行動は測定できてなかった）、脳に対しても、まったく影響を与えなかったということを示していると見てよ

かろう。あるいはとにかく，我々の装置がこういう活動の検出に十分敏感ではなかったということなのかもしれない。しかしながら，マスクされたターゲットはどちらも，他の脳領域をはっきりと活性化させていた。さらにいえば，活性化された領域は，マスクされた恐怖とマスクされた嫌悪とでは違っていた（図11-3）。それゆえ脳は，これらのマスクされた顔に反応しただけでなく，これらの間の弁別もしていたわけである。

この結果のパターンは，「ブロックで最大の子ども」仮説からの予言とは違っていた。しかし，デカルトの劇場モデルを支持するものでもなかった。後者が正しければ，我々は，恐怖の表情にも嫌悪の表情にも共通する付加的な領域が活性化されるのを見たはずである。また，これらの表情が意識的に知覚される条件では［fMRI画像が］明るく見えるが，マスクされた条件下ではそうは見えなかったはずである。が，こういう領域は見られなかった。しかしながら，これらの結果には限定が必要である。我々は，たとえばマスクされたターゲットの顔の脳による弁別が，（異なる情動表出を構成する輪郭パターン間の違いとは区別できる）本当の情動間の弁別であることを，まだ明らかにしていない。この推論をするために，我々は他の研究——たとえばディンバーグの表情模倣研究——に頼ってきた。また文献には，扁桃体が無意識に検出された恐怖刺激によって活性化されるという，反対の報告もある。我々は我々自身の発見を完全に追試し再検証してきたし，自分たちの研究がより適切になされたと信じている——しかし，我々はあえて適切ではなかったのではないかと問うてみよう。そして，たとえ我々の発見が正しいとしても，我々が研究してきた情動表出の領域以外では，それらは当てはまらないかもしれない。ムトーシス（Moutoussis）とゼキ（Zeki）によってなされたエレガントな実験は，たとえばfMRIを使って，意識的に見ることのできる状況，またはマスキングされて見えない状況下で，被験者が顔と家を行動的に弁別したときの，脳の活動を比較している。彼らはどちらの場合でも，同じ領域の活動を見出した。しかし，意識的に弁別しているときの方がもっとそうであった——「ブロックで最大の子ども」仮説の予言どおりであった。

それにもかかわらず，これらの結果を，以前にこの本で展開した議論と併せて考えると，少なくとも最も強い形式のマルティプル・ドラフト・モデルやスーザン・グリーンフィールドの等価仮説は排除できると，私は信じる。意識に関していえば，すべての脳組織と脳システムが平等だというのは，事実ではない。行為（普通は意識を伴わない）と本格的な知覚（必ず意識を伴う）との違いが，行為と知覚のそれぞれを媒介する脳システムが意識経験とどう関係しているかの違いとパラレルでないとすれば，それは本当に注目すべきことであろう。そして，（ある意味でまだ未決定だが）意識に達する脳活動と，意識に達しないそれとの間の差が，量的なものにすぎないというのは，事実ではなさそうである。ウィンブルドンでビーナス・ウィリアムズとセリーナ・ウィリアムズが戦うときの，彼女らの脳の活動が測定できたと仮定してみよう。彼女らの脳の最強の活動が，コートのどこに足をつけ，ラケットでドライブをかけるかといった，四肢をコントロールする運動領域になかったとすれば，それは驚きであ

ろう。しかし，ふつう（おそらくいつも）意識していないのは，まさにこのタイプの脳の活動である。しかし，マルティプル・ドラフト・モデルの「ブロックで最大の子ども」仮説を棄却することは，デカルト的二元論，あるいはデカルトの劇場にまで回帰することが必要だというわけではない。実際，上で見たように，我々の結果はどちらのモデルとも両立しないのだ。

3 実行機能

　デカルトの劇場（心が多すぎ）も，マルティプル・ドラフト（心が少なすぎ）も，悪魔払いをすませたので，せめて意識経験のある側面だけでも脳の特別な領域への位置づけを試みる方向に考えを進めていこう。これらの試みは大きく2つのカテゴリーに分けられる。しかし，これらは必ずしも相互に排他的ではなく，実際には時に混ぜ合わさっている。1つは，いわゆる「実行（executive）」機能が意識経験において重要な役割を果たすという信念から出発する。今1つは知覚，特に視覚（視覚は知覚の中でも最もインテンシヴに研究された部分なので）から出発する。実行機能からのアプローチは，本章と次章で考察する。視覚的な気づきは第13章で取り上げる。

　我々はまず，本章と次章で，意識経験が実行機能を媒介する脳システムと特に緊密な関係をもつという仮説を検討する。この実行機能という用語は，広く，情報を操作するシステムのことをいい，その情報を直接表象することとは区別される。この種のシステムは，最初は行動実験の結果から推測されたものである。強力で新しい神経画像技法の発展により，実行機能は今や徐々に人間の脳の特定領域に位置づけられるようになってきた。が，その大部分はまだ仮説の域を出ていない。たとえば「作動記憶」は，特定の情報のピース――この情報は，援助がないと，すぐ短期記憶から衰退消失する――を選択して，この記憶を反復的なリハーサルによってアクティブな状態に保つシステムのことをいう。作動記憶を必要とする普通の状況は，あなたが新しい電話番号を教えられて，数分後にはダイアルする必要があるようなときである。この番号を記憶に保つ1つの方法は，何回も何回も声に出してそれを反復することである。もう1つのより一般的な方法は，この同じリハーサルのルーティンを声に出さずに（あなたの頭の中で）実行することである。作動記憶とはこのリハーサルの過程を管理するシステムのことをいう。これは正常な人間の巨大な活動に入り込む。暗算はもう1つの例で，長い割り算のような多段階の操作の中間段階を，しばしばあなたの記憶の中で実行することが求められる。もう1つの仮説的実行過程であるティム・シャリス（Tim Shallice）の「監視注意システム（supervisory attention system）」は，概念的にはいくらか似ているが，潜在的に葛藤する行為プログラムの中から1つを選び出して，それをアクティブな状態に維持することである。この文脈における「行為」には，言葉の産出や内的な思考の流れを追い続けることなどが含まれる。したがって，このシステムもまた，多種多様な人間の活動において，役割を果たすことが期待されよう。

第11章 デカルトの劇場からグローバル・ワークスペースへ

これらの実行機能やこれらを媒介するシステムについては，我々はこれ以上立ち入る必要がない。というのも，意識における重要な役割をこれらのシステムに割り振る仮説は，これらに反対する議論もそうであるが，重要な共通特徴を共有しているからである。

私はこの本全体を通じて，意識のハード・プロブレムが所在する場として，知覚を強調してきた。もしクオリアが存在しなかったとしたら，こんな問題も存在しなかっただろう。このため我々の議論の多くは，クオリアが特別に顕著なケースに，すなわち「そこにある」公的な「現実」世界の知覚に，中心をおいてきた。対照的に，意識に対する実行機能アプローチは一般に，我々が考え，想像し，暗算し，問題解決する等々の，意識のもっと私的な領域から，その例をとってきている。（この公私の意識空間の区別を最初に行った，第1章を見よ。）このような活動は，公的世界との直接的な相互作用の進行を必要としない。

さて，意識のもっと私的な領域も，クオリア——それらを意識的だと呼ぼうとするもの——を含んでいる。新しい電話番号をちょっとの間記憶するという，作動記憶のパラダイム的な例を取り上げてみよう。この番号を記憶する1つの方法は単純に憶えることである。あなたは私にその番号を教えてくれる。私はその場を去り，その番号のことはそれ以上気にとめずに，別のことをする。その後，あなたはその番号を私に尋ねる。そしたら，見よ！　私はそれをいえた。もう1つの方法は，その期間中その番号を数秒ごとに思い浮かべ続けることであり，それは自然にやってしまうか，あるいは入念にそれを無言で自分に言い聞かせ続ける方略をとるか，いずれかである。この第2の方法を「意識的」にさせる相違点は，私がそれを声に出していっているかのように，（まったく同じではないが），その電話番号を「頭の中で」聞くことである。その番号はいわば音声クオリアにくるまれてやってくる。それゆえクオリアの問題は，それがもっと公的な場にあるのと同じように，意識の私的領域に立ちあらわれてくるのである。[そうすると]まったく同じ問題が生じてくる。脳はいかにしてクオリアを創造するのか？　なぜそうする必要があるのか？　クオリアは情報処理にどんな違いをもたらすのか？　等々。

クオリアが公私いずれの意識経験の空間にも存在するように，実行機能もこの両方の空間に存在する。しかし，クオリアのケースを裏返してみると，クオリアは私的な空間でより顕著であるように見える。たとえば，あなたは草原に横たわって，陽の沈むのを眺めているとしよう。この公的な世界を知覚するという単純な行為は，ハード・プロブレムを厳しく突きつけてくる。夕日の意識的な視覚はどこから出現するのか？　しかし実行機能に関しては，管理されるべき心的操作は，あったとしてもほとんどなさそうである。あなたはただそこに座って見ているだけである。このように単純なクオリア優位の瞬間は，そこなる世界との直接的な相互作用をもたないときには，見出すのがより困難である。純粋に内的なクオリアは長くは続かない。あるいは，クオリアがそうなるのを防止するには，作動記憶のあの特別なリハーサルが必要である。この原則の例外（たとえば何年にもわたる過剰なアルコールの乱用やLSDの服用後の，

ピンクのゾウの行進）は，それらについての病理性の気配を漂わせている。

意識の私的空間の強調と，その有力な特徴としての実行機能の強調が，連動して進む傾向があるのは，おそらくこのような理由による。その結果としての意識モデルは，2つの方向をとるようである。弱いのと強いのである。弱いほうのバージョンは，実行機能が意識内容の管理に適用できるということを単純に受け入れる。人は実際に電話番号を意識のクオリアにくるんでリハーサルするかもしれない。したがって，脳がいかに意識経験の内容を創造しようとも，脳はそれらが実行機能によって操作されるのを許すようになっていなければならない。強いバージョンは，あれこれの実行機能を，意識内容を現出させる過程そのものにとって重要な意味をもつものとして，取り扱う。

意識に対する実行機能アプローチの強いバージョンは，二重解離（double dissociation）によって弱められ，おそらくは無視さえされうると私には思われる。この解離の最初の側面は，実行機能が，意識経験に適用されることなく生起しうるということである。したがって，上に見たように，人は意識的なリハーサルをしなくても，電話番号を記憶にとどめる可能性がある。実際，他の可能な無意識的アイテムの中から無意識に1つを選んで，短期記憶に保存することができなかったとしたら，あるいは他の可能な行為の中から1つを選んで無意識に実行できなかったとしたら，我々はこの目まぐるしく動く世界の中で生き残れたかどうか疑わしい。解離のもう一方の側は，実行機能がほとんどあるいはまったくはっきりした役割をもたないような意識経験――陽が沈むのを眺める――をもちうるということである。さらに意味ありげなのは，多くの意識経験の自動的な性質である。それは実行機能による操作から生じているようには見えないだけでなく，このような操作に強く抵抗する。たとえば第10章でくわしく見た色聴共感覚を取り上げてみよう。共感覚者が経験する色は，彼女が言葉を聞いたとき，招かれないのにやってきて，止めることができない。

実行機能アプローチの弱いバージョンは，もっと見込みがありそうである。意識経験が実行機能によって操作されうるのは，意識経験の構成性にあるように見える。少なくとも我々はそれらについて語ることができる。実際，我々人類においては，このような報告可能性は，我々が意識経験の生起をもつという最善の経験的検証になる。我々はしたがって，自分自身に語りかけることによってそれについて考えることもできる。我々は意図して意識経験を記憶し，想像し，リハーサルするといったことができる。我々は非常に多様な方法の中から，それらに対する反応を選ぶこともできる。ビンテージ・ワインを1口すすってから，もっと飲むことができるのだが，私は昼間には飲まないことにしているからとワインをあきらめて，ボトルをゲストに渡し，このワインはフランス産だと宣言したり，あるいは単に味わってくれといったりする。それゆえ，結論をいおう――この主題で何かを書いたすべての人とともに――意識経験は実行機能に使えるだけでなく，このような機能のどれにもすべてに使えると。

4 グローバル・ワークスペース

　この一般的な見解から導き出された構想によると，意識は，グローバルなニューロンの作業空間（ワークスペース）（ジャン・ピエール・シャンジュー（Jean-Pierre Changeux）とスタニスラス・ドゥアンヌ（Stanislas Dehaene））によって支持されている「グローバル・ワークスペース」（バーナード・バース（Bernard Baars）の用語）を提供する。この非常に影響力のあるアイデアは，多くの重要な側面をもっている。しかし，これを読み進めていくときには，「グローバル・ワークスペース」という用語（デジタル計算の用語をそのまま借りてきたもの）によって，意識のミステリーを乗り越えて何かもっとわかりやすいものへと進んできたというような，誤った感覚をもたないように注意してほしい。大体「グローバル・ワークスペース」という語は，「意識」に対して単純な分類ホルダーのような働きをするものである。悲しいことだが，語彙を変化させただけでは，問題をなくすることにはならないのだ。

　この注意を心にとどめながら，グローバル・ワークスペースの主要な特徴を見ると，以下のとおりである。

　第1に，意識経験の実行機能のグローバルな利用可能性は，無意識過程の「カプセル封入（encapsulation）」とは対照的である。後者は1つのことだけをうまくやる専門家である。私の目は周辺視野で無意識に検出された動く刺激に向かって自動的に回旋するかもしれない。しかし，この回旋によってその刺激を意識的視覚にもって来れなかったとしたら，そのシステムの反応レパートリは尽きてしまう。マスキングされた恐怖の表情は，本章の前のほうで記述した実験のように，恐怖の初期感情と顰め面の初期表情を私に起こさせる。しかしそれは，私の不穏な感情の原因をたどるのには何の役にも立たない。この種の非意識的なシステムは，しばしば「モジュール」と呼ばれ，「領域特定的」であり（1種類の情報のみを限定的に扱う），カプセル封入され（それら相互間でも，全般的なグローバル・ワークスペースとも，うまくコミュニケーションがとれない），そして自動的である（正しく引き金を引けば，それに特化されたことだけをやる）。この種のモジュールは驚くような場所で登場する。

　ここで，このような驚くべき場所の1つを記述するが，その前にあなたに次の実験をやってほしい。次の文章の中の "F" の数をかぞえてほしい。"finished files are the result of years of scientific study combined with the experience of years" いくつあっただろうか？　たぶん，あなたの答えは正しい。そして，多くの人が間違うとしたら，その理由は脚注[1]のとおりである。この小実験はいわゆる「機能」語がある程度まで言語の他の側面から孤立しているということのエビデンスの1部である。この種の語（"and", "or", "but" 等々）は統語的機能を果たすだけで，付加的な意味をもたない。そしておそらく，あなたが自ら（小実験で）明示したように，機能的な語を選んで意

---

1) Fは6つある。あなたの数えたのがこれより少なかったら，それはおそらく，"of" が3回くりかえされているところでFを無視した——もしかしたら見てさえいなかった——からであろう。

識的に処理するのは非常に困難になる可能性があるのだ。

　私は自らが機能語のカプセル封入をしてしまうという個人的証拠を見出して驚いたことがある。私はフランス語には通じており，タイピングもブラインド・タッチに習熟している。私はパリで1年間，フランス語で講義をしたことがある。私は自分の講義ノートをフランス語でタイプしていた——ただし例外があり，自分のタイプしたものを読み直したとき，多くの機能語が英語になっていた。それゆえ，まったく普通のフランス語の文章の中で，"et"という語の代わりに，これに対応する英語の"and"を使っていたのである。私は頭の中では"et"を聞いていたのだが，私の指は，最も慣れ親しんできた a, n, d の機能的ルーティンを実行していたのである。そして，私は自分の指がしていることに，タイプしたものを読み直すまで，気がつかなかった。さらに問題なのは，自分のしたことに気づいた後も，毎週のように同じことを規則的にくりかえしていたのである。

　第2に，グローバルな利用可能性（availability）は，意識が同時に展開されうる処理の範囲に，ボトルネックという厳しい制限を対価に払うことによって，購入できる。この現象は，最初，ドナルド・ブロードベント（Donald Broadbent）によって強調された。彼の著書『注意と知覚（Attention and Perception）』（1958）は，心理学におけるいわゆる「認知革命」（それ以前の行動主義体制にとってかわったもの）の嚆矢となった。それ以来，非常に広範囲にわたるボトルネックの実験的証拠が出されてきた。ここでもまた，意識的処理と無意識的処理との間には鋭い対照性がある。

　混雑した街路を歩いていると想像してみよう。脳は以下のような事柄を無意識的かつ同時的にコントロールするという，素晴らしい仕事をやってのける。あなたの歩行，滑りやすい舗装の上でのバランス，他の歩行者がつくりなすジグザグ路の通り抜け，あなたの視角からの通り過ぎる乗り物の動きの見え，あなたの体温等々のコントロールである。これらすべての過程は同時に完璧に進行する。しかし今度は，本を読むと同時に，暗算問題を解いてみよう。この違いは非常に強烈なので，特定の課題が意識的または「統制的」な処理を必要とするための共通の方法は，それが同時遂行課題からの妨害を受けるということを示すことである。

　同時的な意識的処理の限界は絶対的ではない。この「二重課題干渉（dual task interference）」の方法は，特定の課題で採用される意識的処理のタイプをピンポイントで示すのに使われうる。たとえばどちらも視覚的心像を使う2つの課題のほうが，一方が視覚的心像を，他方が聴覚的リハーサルを使う場合よりも，相互的な干渉の程度がより強い。この種のデータによって，作動記憶の概念を最初に発展させたアラン・バッドリー（Alan Baddeley）は，電話番号を憶えるのに使われる聴覚リハーサル・ループと，回転する三角形をイメージするのに使われる「視覚的なメモ帳（scratch pad）」とを区別するようになった。しかし，「グローバル・ワークスペース」のこの種の分画を仮定する場合でさえも，同時的な意識的処理に課せられる限界は，同時的な無意識的処理に遍在する多様性とくらべれば，はっきりしている。この区別はさらに，コンピュータ用語からの借用で，しばしば無意識的処理は並列的，意識的処理は

第11章 デカルトの劇場からグローバル・ワークスペースへ | 167

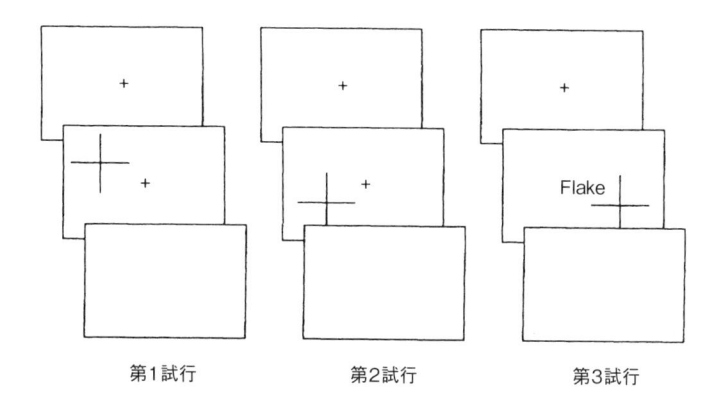

図11-4 マックとロック（1998）が不注意盲の研究に用いた方法の1例（説明は本文）。第1および第2試行では、観察者はまず凝視点を1500ミリ秒見る。その後、画面を4分割した1つに大きな十字が200ミリ秒提示され、これに続いて500ミリ秒のブランクが提示される。各十字は垂直線のほうが水平線より少しだけ長く、あるいはこの逆になるように、構成されている。被験者はこの十字の垂直線か水平線かどちらが長いか答える。第3試行がこの実験のクリティカルな試行で、4区画の1つに十字が出てくるディスプレイの中心に語も提示される。これ以外は、試行1及び2の流れと同じである。このディスプレイの提示後に観察者が水平線か垂直線のどちらが長いかを答えると、次にこの十字以外に何かがスクリーン上に見えたかどうかが尋ねられる。その結果、驚くべきことが見出された。参加者の60％近くが提示された語には気づいていなかった（盲目であった）のである。十字以外に何か見えたものがないかと聞いても、彼らは十字以外のものには気がつかなかったし、このイベントの流れは前の2試行と変わらなかったように思うと答えている。したがって、彼らのこの意識経験の報告に基づくかぎり、多くの観察者はディスプレイの中央に提示された語には気づかなかったようである。Merikle et al.（2001）より。

逐次的（シリアル）といわれもする。

　第3に、特別な形式の実行機能、すなわち注意は、意識内容の決定に特に重要な役割を果たすようである。フィリップ・メリクルはさらにこの議論を進めて、「気づきを伴うおよび伴わない知覚と、注意を伴うおよび伴わない知覚は、同じ過程の区別の等価な記述法である」（Merikle & Joordens, 1997, p. 219）と結論している。彼の意味するところをうまく説明しているのは、マック（Mack）とロック（Rock）のいわゆる「不注意盲（inattentional blindness）」の実験である。彼らの実験デザインは図11-4とその説明のとおりである。被験者はディスプレイ中の十字の水平線か垂直線のどちらが長いか、判断するよう求められる。これは結構難しい課題なので、彼らは一所懸命その十字に注意を集中しなければならない。その結果多くの被験者は、ディスプレイ上にはっきりと目につくように提示された語（図11-4の"flake"のような語）に対して、事実上盲目になってしまった——彼らは何も見なかったと断言した。しかしながら、視覚刺激の意識がブロックされる他のケース、たとえば逆向マスキングや脳損傷後に生じる「盲視」（第2章）と同様に、他のテストでは被験者の脳が実際にはその語をかなり高水準で分析していたことが示されている。それゆえたとえば、最初の3文字が"fla……"で始まる語を、最初に頭に浮かんできた言葉で完成するよう

に求める（「語幹完成」課題）と，彼らがその直前に見ていないと答えた，まさにその語"flake"を思い浮かべたのである．

　第4に，ある項目がグローバル・ワークスペースに入るためには，クリティカルな持続時間が必要なようである．これは，私たちが今見てきたいくつかの実験的研究で働いている，逆向マスキングの基礎になっている．もし語，絵，顔などの視覚ターゲットがたとえば30ミリ秒提示されて，次にマスクが提示されると，それは意識的には知覚されなくなる．150ミリ秒の提示後に，マスクが提示される場合には，それは意識的に知覚される．マスクの機能はターゲットが提示される持続時間を縮めるだけではない．ターゲットが30ミリ秒提示される場合でも，その後にマスクが提示されない場合には，それは意識的に知覚される．[それゆえ] むしろマスクは，ターゲットが視界から消えた後も，マスクがなければ脳が分析しようと構えていたはずの，ターゲットの分析の継続を，切りつめるものでなければならない．これを達成するためには，マスクは注意深くデザインされた，同じタイプの処理を行う他の刺激でもって，その分析に上書きされねばならない．それゆえ，たとえば我々のfMRI実験では，恐怖の表情をマスクするのに，他の表情を使ったのである．

　オックスフォード大学のエドムンド・ロールズ（Edmund Rolls）と彼の同僚は，この過程がサルの脳の側頭葉の顔選択ニューロン（face-selective neurons）で働いていることを示した（人間の脳ではこれに相当する領域は紡錘状回であり，fMRI実験で顔によって活性化されることがわかっている）．顔が50ミリ秒提示されてからマスクがなされると，このニューロンはほぼ同じ短い時間だけ発火した．しかし，同じ短い刺激がマスクなしで提示されると，この発火のバーストは1/3秒間も続いた．したがって，意識的知覚の生起に関与する脳の過程は，引き金刺激が消失した後も，この長期の自立的な活動を持続させる能力を示すはずだと期待してよかろう．興味深い疑問は，これが，比較的持続的な世界の特徴のモデル構成をする際の，知覚の一般的な役割を支える能力と同じなのかどうかである（第8章3節を見よ）．

　第5に，意識過程は付加的な潜在的柔軟性を行動に与える．これはある程度まで上のポイント1の言い換えである．グローバル・ワークスペースのモデルの中心的洞察は，意識内の項目は非常に多様な方法で行動に影響を与えるというところにある．対照的に，無意識的処理のみに従う項目は，カプセル封入されたままである——これらは処理されるタイプの情報に特に適した限定的な1群の機能のみにつながっている．この一般的な差異は，意識的処理がより大きな遂行の柔軟性を可能にする，多くの個別的な実験課題において明確にされてきた．

　その1例としては，第9章3節で紹介したメリクルのストループに関する1実験があげられる．このタイプの課題では，被験者は，それ自体が語ではないターゲットのインクの色名（赤か緑）をいわねばならない．このターゲットの前には，常にプライム——「赤」または「緑」という語——が先行して提示される．既に見たように，基本的なストループ効果は，このプライムがターゲットと不一致（赤という「語」に続いて緑のインクのターゲットが提示される）の場合には，プライムとターゲットが一致

している場合よりも，色名の呼称が相対的に遅くなる。しかしながら，不一致ペアの確率が一致のペアのそれよりも大きい場合には（たとえば75％が不一致），これらの刺激が完璧に見えるように提示された被験者は，この規則性をうまく利用する。彼らは今度は「不一致」語が先に提示されたときのほうがインクの名称をより速やかにいうことができた。すなわち彼らはこの課題を処理する新しいストラテジーを学習したのである。プライム語の意識的知覚ができないように，これをマスクして提示した場合には，基本的なストループ効果をなお得ることができ，無意識的分析が「赤」と「緑」の語の違いを検出できることを示している。しかしながらこのマスクされた条件下では，被験者は，この試行の75％で正しい反応がプライム語とは反対になるというルールを，学ぶことも使うこともできなかった。彼らは不一致試行で遅く反応し続けた。したがって，語の意識的な気づきは遂行にさらなる柔軟性を与えているのだ。

　もう1つの例は「ジャコビーの排除課題」である。これもまた逆向マスキングの手続きを利用する。マスキングされる前に提示される語の持続時間は，意識的処理をするには短すぎる50ミリ秒か，意識的処理が可能な150ミリ秒かの，いずれかである。被験者にはマックとロックの実験で用いられたのとまったく同じ語幹完成課題（図11-4）が1ひねりして与えられる。語幹は，どんな語でもよいので，直前に提示されたのとは違う語で完成させなければならない。それゆえたとえば，提示された語が*frigid*で，完成すべき語幹が*fri*である場合を考えてみよう。この語幹を*fright*, *fringe*, *Friday*などで完成するのはOKであるが，*frigid*は駄目である。*frigid*を認知閾よりも上で提示される場合には，被験者は教示にうまくしたがうことができる。しかし，閾値以下で提示される場合には，彼らは教示にしたがえないだけでなく，語がまったく提示されないコントロール条件より*frigid*でもってこの語幹を完成させることが多くなった。それゆえ，メリクルのストループ実験の場合と同様に，脳はそれが何であるかを無意識に十分よく知って，その語を処理している。しかし，（意識的な気づきのない場合には），それに対する基本的な反応パターンを変えることができなかったのだ。どちらの場合にも，意識的処理が与える付加的な柔軟性は，ある刺激に対して優勢な反応を制止して，それとは別の反応をさせるという意味をもっていることに，注目されたい。これは，意図的な行動の制御がふつう意味するもの，あるいはもっとドラマチックな用語を使うと「自由意思」，の重要な1側面である。

　第6に，グローバル・ワークスペースにある項目だけが報告可能である。実行機能が全般にそうであるように（第11章3節），人は，報告可能性と，強いあるいは弱いバージョンの意識内容との関係を取り上げることができる。弱いバージョンは単純に，ある項目が報告可能であるためには，それが意識的に知覚されねばならないということである。強いバージョンは，ラリー・ワイスクランツ（Larry Weiskrantz）によって，次のように述べられている。「意識を生じさせるには，どんな特定のイベントについても，コメントする能力を獲得することである」。この命題を採用しても，必ずしも言語をもつ種だけに意識を限定する必要はない。確かに人間の場合には，報告はほとんど常に言語によって表現される。しかしながら，多くの実験で見てきたよう

に，動物からも「報告」は得られる。したがってロゴテティス（Logothetis）は，サルにボタン押しを訓練することによって，ある瞬間に視野闘争状態にある2つの刺激のどちらを見ているのかを報告させている（プレート6-2を見よ）。しかし，なぜ強いバージョンが，他の実行機能よりもコメントする実行機能によりよく適用されるのかに関しては，私はその理由を知らない。

　第7に，広範囲の利用可能性と，自主的（voluntary）あるいは志向的（intentional）な行動との間には，特別な関係が主張されている。本質的に同じ関係が意識の元型的なナラティブにおいても主張されている。ただし我々は第2章で，これが多くの状況で絶望的に間違っていることを見た。それにもかかわらず，ここにはある真実の要素が含まれている。まず，いったんある事項が意識的に知覚されると，それは潜在的に非常に多様な形の行動のターゲットになる。我々は上でこの種の多くの例について考察してきた。この潜在的な形式の行為の多様性は，自主的行動の1つの特徴（ホールマーク）になっている。意識と自主的行動との特別な関係に対する主張が間違っている場合と，正しい場合との違いは，おそらく時間スケールにある。素早い直接的な行為は無意識過程によって実行される。しかし，これらの行為をすべて「自主的でない」というのは奇異であろう。第2章で見たように，それはたとえばウィンブルドンでサーブを打ち返すのが自主的行為ではないというようなものである。しかしながら，複雑で持続的な行為プログラムを方略的に計画する場合には，その要素の意識的な操作が，本質的な構成要素であるように思われる。ただし我々は今までに，内省は他のエビデンスによって裏づけられないかぎり信用してはならないということを，学習してきたはずである。そしてこの場合でさえも，複雑な企画立案に入っていく問題解決の多くは，無意識に遂行されているのだ。起こっているように見えるのは，企画立案に入っていく，あるいは問題を提起する要素が，意識の中で考えられているということである。そしてその後に，その立案の結果やその問題への解答が，もう1度意識に入ってくるのである。この中間段階はすべて無意識に起こっている。それにもかかわらず，その企画や問題の要素がグローバル・ワークスペースで利用可能だということが，全体的な企画立案作業の成功にとっては，どうやら重要であるようである。

　さらに，意識的な気づきと自主的行動との面白い関係が，ワイスクランツ（Weiscrantz）による盲視の討論の中で指摘されている。これは，思い起こしてもらえばわかるはずだが，こういうことであった。この患者は1次的視覚皮質の損傷の後，彼の視野の盲の部分にある形や物を意識的に見ることができなくなったが，それにもかかわらず，その刺激を指し示したり，その属性のいくらかを「推測」したりするように求められると，彼らは高水準の成績を達成した。したがって，患者はなお視覚の残存機能を多くもっていたのである。しかし彼は，盲の視野にある対象への視覚による誘導が必要な行動は，自主的にやろうとは絶対にしなかった。その後，ワイスクランツの学生であったニック・ハンフリー（Nick Humphrey）は，1次的視覚皮質への損傷により盲視の状態にさせられたサルが，人間でこの条件を生じた場合と同様に，視覚による誘導行動を自主的にはしなくなることを観察している。

結　論

　グローバル・ワークスペースの概念は，広く使われるようになった。しかし私は，その魅力の多くを，実際にはその大部分が公園や庭先での内省で知られる程度の事柄について，一見受け入れ可能な科学的，技術的用語で語れる道具を得たことによって，引き出しているのではないかと恐れる。たぶん，我々がその神経的基礎を（あるとして）発見できたとしたら，それはより多くの実質をもつことになろう。我々はこの課題を次章で取り上げる。

第12章

グローバルなニューロンの
ワークスペース

　前章では，私は意識に対する現在有力な1つのメタファーである「グローバル・ワークスペース」の数々の特徴を取り出してみた。これらの特徴を神経用語で説明するために，1つの中心的な仮説が提唱されている。それは，カリフォルニア州バークレイのバーナード・バース（Bernard Baars）が1989年に出版された著書『意識の認知理論（*A Cognitive Theory of Consciousness*）』において，そして，パリのジャン‐ピエール・シャンジュー（Jean-Pierre Changeux），スタニスラス・ドゥアンヌ（Stanislas Dehaene）とライオネル・ナカッシュ（Lionel Naccache）によって，提案されたものである。

　次の文を読めば，パリ・グループがこの仮説をどう表現しているのかがわかるだろう（Dehaene & Naccache, 2001, p.13；傍点部分は原著者による）。

　人間の脳の基本設計は，特化された過程に加えて，分散型の神経システム，すなわち長距離の結合をもつ「ワークスペース」から成り立っている。これは多くの特化された脳領域を，多様ではあるがよく調整されたやり方で相互結合できる潜在的可能性をもつ。このワークスペースを通じることによって，自動モードでは直接には情報交換しないモジュラー・システムが，相互の情報内容へのアクセスを得られるようになるのである。このグローバルなワークスペースはしたがって，共通の「通信規約（コミュニケーション・プロトコル）」を提供し，これを通じて，多様な入力，出力，そして内的システムを結合する，特別に大きな可能性が使えるようになるのである。

　我々はすぐ，パリ・グループが思い描いた特別の長距離の結合について考えることにする。しかしその前にまず，我々は「共通のコミュニケーション・プロトコル」に関する見解について少し考えておく必要がある。

1 共通のコミュニケーション・プロトコル

　これは魅惑的なアイデアである。これらの特化されたモジュールは，ほかのモジュールには理解できない不鮮明な方言で，独り言をいう。しかし，賢い多言語のワークスペースはこれらを共通語に翻訳する。そして，それぞれがいっていることを並置して比較する。この騒動からもっと一般的な真実を切り出した後に，このワークスペースは逆方向への翻訳を行って，その真実を知りたがっているすべてのモジュールにそれを伝える。このアイデアは，その類比の基になっているものの1部がまたしても，

おなじみのデジタル・コンピュータからとってきたものなので，さらにいっそう魅惑的になる。これらのモジュールはそれぞれが低水準の機械語を刻んでいくが，グローバルなワークスペースは，どんな機械語にも翻訳できる高水準のコンピュータ言語(Javaのような)を使う。あるいは，まっすぐ脳へと突き進んでいくなら，あなたは，局所的で非常に限定された神経回路を使って，視床下部に位置するサーモスタットのために体温を計算したり，視交叉上核にあるクロックが概日リズムをコントロールするための時間を計算したりするといった，モジュールを考えることができるだろう。グローバルなワークスペースは，対照的に，仮説的な長距離のコネクションを備えており，これらはもっと柔軟な回路を利用して，(後で見るように)素早く変化する力動的なパターンへと入っていくことができるのである。

　実際，これらのアイデアは非常に魅惑的なので，たぶん今では，これらは認知科学と神経科学の両方において，意識がどのように機能するのかに関する，有力な見解を構成している。それゆえ，私はこの仕事をぶち壊しにするのを憎むが，[あえて]そうする。

　このゲームの狙いは意識を説明することにある。実際，グローバル・ワークスペースの特徴はすべて，意識がどう感じるかということに由来している。この由来が直接的でないなら，それは(自発的内省を越えた重要な進歩における)実験的例証——これ自体，この実験の被験者があれこれの実験的な操作(maneuver)に気づいていたか否かについての(通常は言語報告による)アセスメントに依存する——に由来する。この内省へのアピールは，明示的であれ暗示的であれ，この共通の通信規約(コミュニケーション・プロトコル)という見解の魅力にさらに貢献している。なぜならば，それがまさに正常な意識経験のあり方だからである。情報項目が視覚，聴覚，あるいはその他のどんな感覚を通じて意識に入ってきたとしても，そんなことは問題ではない。私が自分の身体状態を，胃の筋肉の緊張や，手の平の乾きや，口の中の飢餓感に感じたとしても，そんなことは問題にならない。私の内的な思考が言語やイメージや音楽の一節に支配されていたとしても，それも問題ではない——これらはすべて私の意識的な気づきというメディアの中で，一瞬のうちに共存し，並置され，比較される……といったことがなされうるのだ。それゆえに，「共通のコミュニケーション・プロトコル」の魅力は確かな根拠が十分にあるのだ。それは，まさに意識の感じるものであるがゆえに，意識のよいモデルになる。しかし同時に，この概念は，高水準のコンピュータ言語との類比(アナロジー)によって，もっともらしい日常科学へと飼いならされてきた。こうして人は，ニューロンの普通の動作がいかにしてこのような共通のコミュニケーション・メディアを提供しうるのかについて，原理的な理解ができるのである。

　さて，ここに厄介な問題がある。我々は意識がなすべきことを求めて狩りをしている。共通のコミュニケーション・プロトコルの提供は，意識が実際にやることができ，うまくやれることのように見える。しかし，この仕事が既に神経の言語によってなされているのなら，なぜ意識がまたそれをやる必要があるのだろうか？　これはもちろん，我々をハード・プロブレムに引き戻す。しかし，私が本書でやるべき課題の1部は，

ユリシーズのようにあなたをマストにしばりつけて，あなたが，サイレンの呼び声によってこの問題からあまりにも速やかに脱出口へと誘い出されることのないようにすることにある。それゆえ，我々が機能主義一般に対して行ったの（第10章）とまったく同じように，我々は今や神経科学的機能主義に対して問いかける必要がある。それは，意識経験を，それ自体現実性をもつものとして，取り扱うのか？　それは，神経の発火が（共通のコミュニケーション・プロトコルを提供しようが，何か別のものを提供しようが）いかにしてクオリアを創造できるのかを，説明しているのか，あるいはそれは単にクオリアを神経科学的な用語で記述し直しただけなのか？　神経の発火と意識経験をこれら相互の相関によって記述することは，それがいかに精密になされても（そしてこれには，もちろん，第7，8章で概観した私自身のバージョンの機能主義的グローバル・ワークスペース理論が含まれているのだが），これ自体はハード・プロブレムへの回答を提供するものではないのである。

2　いくつかのニューロンの細目

　さて，あなたをマストにしっかりと結わえつけたので，我々は航海を続けられる。もう少し詳細に神経のグローバル・ワークスペースの提案を見てみよう。すなわち，前章で機能的に定義した，脳のグローバルなワークスペースとしての働き方である。
　我々は既にこれらのうちの1つ，すなわちデネットとキンズバーンのマルティプル・ドラフト・モデルと，スーザン・グリーンフィールドのよく似た提案を第11章で検討した。我々はそのモデルをあまりにも平等主義的であるとして斥けた。それは，すべての脳機能が平等に意識に入り込む機会をもつわけではないという事実を考慮に入れていないからである。いくらかの機能は決して意識に入ってこない。いくらかはそれが生じる度に入ってくる。そして多くはあるときだけ入ってきて，いつも入ってくるわけではない。マルティプル・ドラフト・モデルは実質的にこの最後のケースのみを取り扱っている。これでわかっただろう，いやわかっていない。ほかのモデルはしかしながら，マルティプル・ドラフトの平等主義と，デカルト劇場のユニークで特権的な位置との中間のコースをとっている。彼らは，マルティプル・ドラフト・モデルとは違って，ある形式と位置の脳活動のみが意識を獲得することを受け入れる。しかしながら彼らは，この意識される可能性のある脳活動群の中で，どんな瞬間においてもほかのすべてを支配するのに十分な強さをもつ，まさにあの特定の活動だけに属するものとして，意識的な気づきを取り扱っており，この点で，マルティプル・ドラフトに賛同している。実際，この種のモデルの周辺ではコンセンサスが現れてきている。これらのモデルはまた，ドイツの神経科学者ウルフ・シンガー（Wolf Singer）が強く唱えた結合問題（binding problem）への解答をも組み込んでいる。これは，脳の広く離れた領域に位置するニューロンの発火の時間的同時性に，結合の神経学的基礎を見出しているのである。

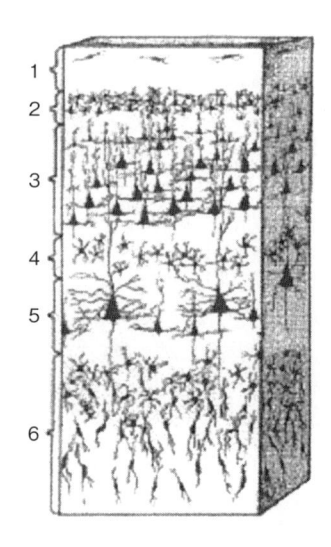

図12-1 大脳皮質のニューロンは特徴的な層構造をもって配列されている。

　2つの特に影響力のあるモデルがある。1つはパリのドゥアンヌと共同研究者が提案したもの、今1つはジェラルド・エーデルマン（Gerald Edelman）（免疫学の研究でノーベル賞の受賞者）とジュリオ・トノーニ（Giulio Tononi）が彼らの著書『意識の世界（*A Universe of Consciousness*）』で提案したものである。あれこれのモデルをバラバラに論じるよりも、ここではむしろ、その統合モデルを提示して、これらの一致を説明しよう。（「一致」はもちろん「真実」を意味しない。また優れた科学的実践は一致を真実のエビデンスであるとも考えない。）この一致の重要な特徴は以下のとおりである。
　グローバル・ワークスペースそのものの神経学的基礎は、大脳皮質の異なる領域間の長距離の結合にあるといわれている。これらの皮質-皮質結合は、皮質の各領域が視床のような皮質下の領域との間にもつ、上行性および下行性結合と区別するために、そしてまた、ローカルに実行される特定の計算の基礎を提供する領域内部の結合と区別するために、「正接的（tangential）」あるいは「水平的（horizontal）」[1]と呼ばれる。ほとんどすべての正接的結合は相互的である。すなわち、もし領域Xが領域Yから情報を受け取るなら、XもまたYに情報を送る。新皮質は6層に区分される構造をもつ（図12-1）。正接投射はほとんどが2層と3層の錐体細胞から発する。そしてこれらの層は、前頭前皮質と頭頂皮質の領域で特に目立つ（図12-2および図15-1）。正接投射によってつながっている領域は、それらの間のすべての機能的な領域——知覚、行為、記憶、情動、注意などの意識的気づきと重要な関係をもつと考えられる領域——を管理して

---

1)「正接的」または「水平的」という用語は、また、1つの領域内の結合（たとえば視覚野V1内の方位選択性コラム間の結合）を指す場合にもよく使われ、異なる領域間の繊維結合には使われない。しかし、私はここではドゥアンヌとナカッシュの用語法に従う。

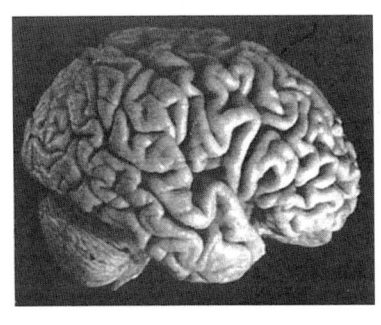

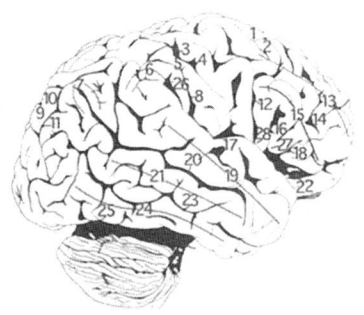

図12-2 右大脳半球の上外側面で，溝と回を示している。1：上前頭回。2：上前頭溝。3：中心溝。4：中心前回。5：中心後回。6：縁上回。7：角回。8：中心後溝。9：頭頂後頭溝。10：上頭頂小葉。11：頭頂間溝。12：中心前溝。13：中前頭回。14：下前頭溝。15：下前頭回。16：外側溝前上行枝。17：横側頭回。18：外側溝前横枝。19：上側頭回。20：上頭頂溝。21：中側頭回。22：外側溝の幹（stem）。23：下側頭溝。24：下側頭回。25：後頭前切痕。26：外側溝後枝。27：下前頭回三角部。28：下前頭回弁蓋部。Williams et al.（http://www.vh.org/adult/provider/anatomy/BrainAnatomy/Ch5text/Section02.html）より。

いる。このように，このグローバルなワークスペースはこれらすべての領域内の材料を取り扱うことができる。しかしこのことは，これらの領域内の材料が常に意識されるということではなく，ほかの条件が満たされれば，意識されうるということにすぎない。

　これらのほかの条件で最も重要なのは以下のものである。神経活動パターンを主宰するニューロンが，グローバルなニューロンのワークスペース（今や皮質 – 皮質の正接的結合のネットワークとして定義される）に入りうる解剖学的結合をもつと仮定するなら，このパターンは自立的活動をするのに十分な強度と持続時間を達成していなければならない。このレベルの活動がいかにして達成されるのかの詳細は，モデルによっていくぶん異なる。しかし本質的には，それらはすべてが，フィードバックを含むある形式の反射回路を求めている。この点については，偉大なカナダの心理学者，ドナルド・ヘッブが半世紀前に提案した概念（「細胞集成体（cell assembly）」）へと立ち戻ることになる。ドゥアンヌとナカッシュ（2001, p. 19）はこの一般的なアイデアを12-3の図式で説明している。

　意識内容の時間経過をただ説明するためだけでも，あれこれの反射回路はほぼ確実に，完成した物語の1部を形成していなければならない。あなたは，1つの感覚器官の刺激が意識に入るまでには，その前に遅延があること，そして，このような刺激が意識に入り込むには，最低限の持続的な提示が必要なこと，の両方を憶えているだろう。これらの時間間隔は数十から数百ミリ秒の単位であり，刺激に対する直接的な神経反応の持続時間よりもずっと長い。したがって神経活動は，直接的反応と意識経験に必要な持続時間の間を橋渡しするのに十分に長く循環し続けられる，何らかの方途を見出さなければならない。そこで，異なるモデル間の主要な違いは，各モデルがこ

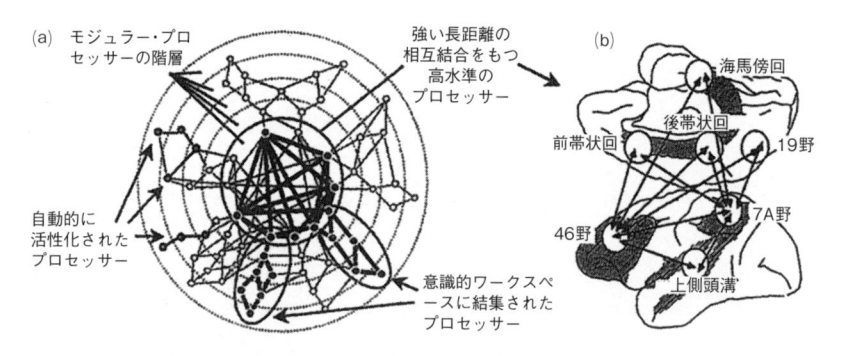

図12-3 ドゥアンヌとナカッシュ（2001）によって提案された意識のワークスペースの神経基質（neural substrate）。(a)脳過程間の階層的結合の象徴的表現（それぞれが円によって象徴されている）。この階層のより上位のレベルは，長距離の相互結合によって広くつながり合っており，それゆえにグローバルなニューロンのワークスペースを形成すると仮定されている。ワークスペース活動の強化された状態は，一貫した脳スケールの活動パターン（黒丸）において，いくつかの周辺プロセッサーを結集するのだが，ワークスペースの外での多くの局所的プロセッサーの連鎖の自動的活性化（白丸）とも共存しうる。(b)提案されたワークスペースの可能な解剖学的基質：サルにおいて同定された長距離のネットワークと，背側前頭前野，頭頂部，側頭部，前帯状領域とその他の皮質下のターゲットとの結合。

の役割において最も強調する回路にあるということになる。

　作動記憶のような実行機能に焦点を当てる理論家——ドゥアンヌと彼の共同研究者を含む——は，特に前頭葉に注目する。この見解を支持するものとして，彼らは，実行機能の適用を必要とする課題で，前頭前皮質と前帯状領域の活動を示す，大量の神経画像研究を指摘している（図18-7参照）。さらなる支持は，サルの前頭皮質における「遅延」ニューロンを明らかにする実験で得られている。これらの実験では，ニューロンは，刺激の提示から動物が適切な反応を許されるまでの遅延時間中に，発火し続けることが見出されている。この種の発火パターンは，まさにあなたが短期記憶あるいは作動記憶を媒介するシステムに期待するだろうものである。（しかし，このような発火の持続は，この種の「遅延反応」課題に含まれている時間間隔に対応しているが，単純な意識的知覚を説明するのに必要な時間間隔をはるかに超えて，かなりの秒数に達することもあることに，注意されたい。）

　重要な役割はまた頭頂皮質にも与えられている（図12-2，図15-1）。それは，この領域が注意の際に果たしていると思われる役割があるからである。頭頂皮質の損傷は，多くはしばしば発作によって生じるのだが，反対側無視症候群を生じる。この場合には，患者は損傷した脳の反対側の世界——自らの身体も含めて——のすべての意識を失う。（多くの脳機能では，脳の右半球が左側の世界に関係する活動をコントロールし，左半球は右側をコントロールしている。）これはたぶん注意機能の混乱によって生じるのであり，このことは，「消滅（extinction）」として知られる現象によって示されている。この損傷が（普通そうであるように）右半球の頭頂皮質を襲うものであるなら，たとえば左手に加えられた刺激が唯一の提示刺激である場合には，患者はこの刺

激を意識する可能性がある。しかし，左右の手が同時に刺激される場合には，患者は左手の刺激への意識的気づきを喪失してしまう。このように，同時に右側に与えられる刺激は，左側への注意を妨害するようである。この妨害は意識的処理のみに影響するようである。というのも，感じられない刺激の無意識的処理がかなりなされていることを，いろいろな検査結果が示しているからである。このパターンの結果の一応合理的な解釈は，ある刺激が意識に入り込むためには，頭頂皮質によって与えられるある種の注意「増幅」が必要だということである。このような増幅は，身体感覚システムと頭頂皮質との間の1種の反射回路によって与えられる可能性がある。そしてこう考えれば，ドゥアンヌのグローバルなニューロンのワークスペースモデルとも一致することになる。

　ドゥアンヌとナカッシュ（2001, p. 19）はこの一般的なタイプの過程を，次のように特徴づけている。「能動的なワークスペースのニューロンはトップ－ダウンの増幅信号を送り，この信号が現在アクティブな処理装置(プロセッサ)のニューロンを増強(ブースト)する。そして，そのボトム－アップ信号が次にはワークスペースの活動の維持を助けるのだ」と。この定式化においては，「トップ－ダウン」とは実行機能を媒介する脳領域をいい，「ボトム－アップ」とは，アクティブな知覚表象や運動プログラムを含む脳領域をいう。本質的に同じ見解を記述するのにしばしば使われるもう1つの語彙は，「フィード－フォワード」と「フィード－バック」の回路である。この語彙は，知覚系の解剖学的構造に特にうまく当てはまる。たとえばプレート12-1は，視覚情報が，最初に網膜で受容された後に，視覚系の連続的なモジュールにそって通過していく道筋を図示するものである。各モジュールは，この線にそって情報を上げていく（フィード－フォワード）とともに，この後者のモジュールから送り返される（フィード－バック）情報を受け取る。この意味での「フィード－バック」は，第3章で考察したような単純なサーボメカニズムにおける「フィードバック」についてエンジニアが語るときのそれとは，意味が異なることに注意されたい。この本来の意味の「フィードバック」は，このシステムの出力をコントロールするために，戻された信号と望ましいセットポイントとの比較を必要とする。この2つの用途を区別するために，ここでの意味，すなわち感覚入力の方向を逆転させる解剖学的結合の存在を表すときには，「フィード－バック」というように，間にハイフンを入れることにする。もちろん，ある「フィード－バック」結合が「フィードバック」の機能を果たすことはありうる。しかし，これはなお見極めが必要である。

　エーデルマン（Edelman）とトノーニ（Tononi）は，他ではなくある一連の神経活動を選択してグローバル・ワークスペース（すなわち意識）に入れるには，異なる形式の相互結合が重要だと強調している。彼らはこれを「再入(リエントリー)（re-entry）」と呼んでいる。本質的にこの見解は，ダイナミックに移行する一時的同盟に関するものである。異なる細胞集成体――それぞれが広範囲の脳領域とモジュールを横断して分布している――の中で同時進行している多数の連鎖的活動を想像してみよう。これらはそれぞれがグローバルなワークスペースの長距離の相互結合にアクセスすることができる。

それらはしたがって，すべてがお互いに相互作用し合う位置にある。どんな2つの細胞集成体のペア間に生じる相互作用でも，相互に抑制し合うこともあれば，興奮させ合うこともある。これらの相互作用の結果として，細胞集成体のいくつかは弱まるが，他のものは相互に自立した，より大きな細胞集成体へと入っていく。結果的に，この全体的なパターンは調整されて1つの超集成体となり，これが当面の間，ワークスペース全体を支配する。この瞬間に，一時的に支配的な細胞集成体として例示される内容が，意識に入ってくるのである。

　エーデルマンとトノーニは，この中核概念（より一般的ではあるが，あまりうまくは特定化されていないマルティプル・ドラフト・モデルと，多くの類似性をもっている）から，そのアイデアを数学的に定式化する方向へと進んでいった。適切な神経ネットワークのコンピュータ・シミュレーションを使って，彼らはこの種のシステムが原則的にはうまく機能しうることを示した。より重要なのは，彼らの数学的処理によって，この提案されたシステムが，それを支えている解剖学的「構造」の差異にどの程度依存しているかを，調べられるようになったことである。ここで私がいいたいのは，回路の性質，結合部の長さ，信号が1群のニューロンから送り出されて元に戻ってくる前にネットワークを通り抜ける進路等々のような，特徴のことである。彼らは1つにはその要点の抽出と，いま1つは脳の異なる領域で見出されている現実の構造について知られていることを考慮して，この種の特徴をモデル化しているのである。この2つを比較すると，特に面白い結果に導かれる。視床皮質と辺縁系との解剖学的構造（図12-4）は，基底核の構造よりも，リエントリーに基づく力動的パターンを，よりよく支えられるということである。この差異は，前者のシステムが知覚に，後者が行為に関係している事実をきれいにマッピングしている。意識と知覚との関係が，意識と行為との関係よりもずっと近いとするなら，これは心強い観察である。

　このような数学的研究は，異なる種類のフィードバック・システムを分類する厳密な方法へと導いてくれそうに見える。さしあたっては，用語法は違っても，ドゥアンヌによって記述されたトップ－ダウンとボトム－アップ過程の相互作用は，おそらく，エーデルマンとトノーニにより分析されたリエントリーの回路とほとんど同じものであろう。理論的なシミュレーションの示すところでは，どちらの立場でも，相互に離れたニューロンにおける個々のスパイク（ニューロンの情報処理の基本ユニット）間の時間的同時性を生じうる。同時発火は，両方のニューロンが処理の流れの中の前段階の同じニューロンからフィード－フォワードを受けているか，それとも，これら自身の相互的結合があるか，あるいはその両方であるか，いずれかによって生じうる。

　今や，このような時間的同時性が，ミリ秒単位で，そして新皮質の広く離れた領域間で作動することが，多くの実験で示されている。たとえば感覚皮質と運動皮質の間や，また同じ情報領域内（e.g. 視覚皮質）でも，両方が知覚的に統合された同じ事物に属する場合には，それらのニューロン間で生じている。後者のような例はシンガーのネコの実験に見られる。ここでネコが見ている刺激は，2つの透明の格子が相互の対角線上にすべるように，あるいは1つの格子縞が垂直に動くように見える（図4-3）。

第12章 グローバルなニューロンのワークスペース | 181

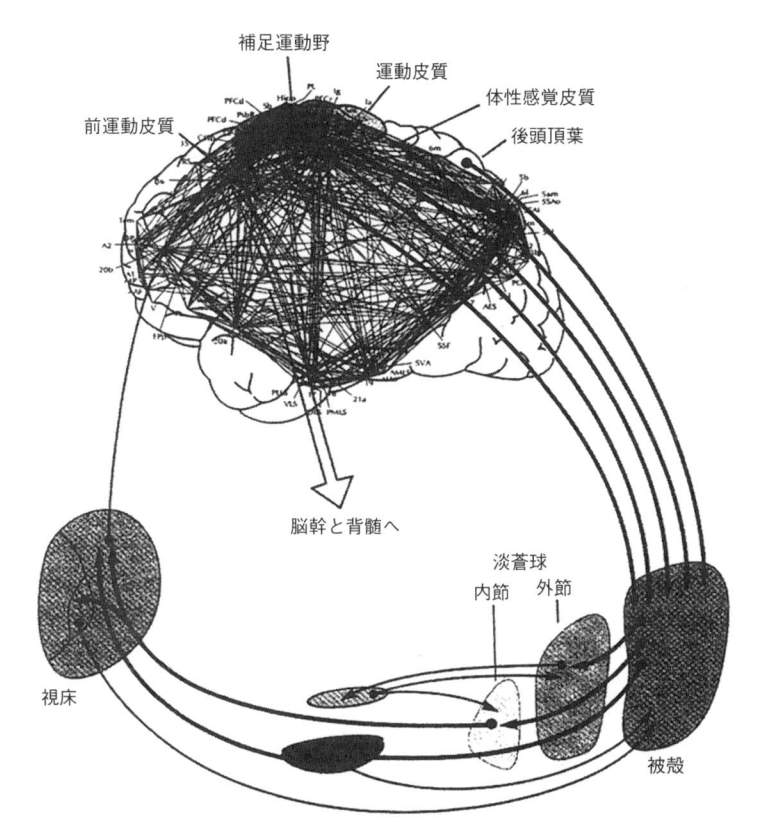

図12-4 意識過程と無意識過程を仲介する，構造と結合。「力動的中核（dynamic core）」を生じさせる視床皮質系は，こまかく網かけをした皮質と視床の領域，および再入結合によって表されている。中核によって引き金が引かれ，そこに戻っていく，機能的に絶縁されたルーチンは，皮質を離れて，基底核と視床核の種々の構成要素に至り，最後に皮質にまで戻る，平行した多シナプスの1方向の経路を通っていく。大きな矢印は運動入力を媒介する脳幹と脊髄への連絡を表している。Edelman & Tononi（2000）より。

しかし思い出していただければわかるように，このネコは麻酔されている。それゆえ時間的同時性は，シンガーが提案しているように，結合問題の解決には重要な役割を果たすが，それが，結合した知覚表象が意識に入ってくるのに重要な役割を果たすのかどうかは明らかではない。お互いに遠く離れたニューロンが同時発火する能力は，全体が部分の知覚を決定する（第16章1節を見よ）という，ゲシュタルト刺激に付随するいくつかのミステリーを除去する見込みもある。同時発火のもう1つの潜在的役割は，ワークスペース内で現在有力な力動的パターンの形成を助けるところにある。それは，もしニューロンが同時に発火し，両者が同じターゲットへと下降投射をするなら，このことは，次に下降ニューロンの発火を生じる可能性を強めるからである。

結　論

　コンセンサスの出現に貢献しつつある理論家たちは，すべてが，グローバルなニューロンのワークスペースがデカルトの劇場とは根本的に異なるということで一致している。

　第1に，当然のことながら，彼らは二元論を回避する。グローバルなワークスペースへのアクセスを求めてその競争に勝ち抜く力動的なパターンは，結果として，完全に異なる心的な代物に驚異的に変化するのではない。私はこの非常にわかりやすい仮説に異議を唱えたいとは思わない。しかし，二元論を拒否しても，それで二元論が埋めようとしてきたギャップが除去されるわけではない。本質的に，グローバル・ワークスペースの概念は，ゲシュタルト心理学者のいわゆる「精神物理的同型性（psychophysical isomorphism）」（意識を生み出すシステムが，意識経験それ自体に見出される特徴と等価な特徴を備えること。第16章6節を見よ）において，よりうまく解決されるようになっていく課題（エクササイズ）を表象している。この同型性は，ワークスペースの詳細なニューロンの機構がよりよく定義されるようになるとともに，今では「精神神経学的」同型性の概念によって補われるようになっている。しかし，同型性は素晴らしいとか，非常に素晴らしいという理由で，その支配的な力動的パターンが意識的になるのだというのでは，何の役にも立たないだろう。それだけでは何も説明していないからである。

　第2に，このグローバル・ワークスペースはデカルトの劇場とは違う，と理論家たちはいう。それは，意識への変換が生じる唯一特権的な固定したスポット（松果腺のような）が存在しないからである。その代わりに，脳を横断して広く分布するネットワーク上で戦う，いくつかのパターンの神経活動が存在する。勝利するものは，この分布の全体を通じて，形はどうであれ表象されうるのだ。さらに，意識的気づきへと運命づけられている活動は，何らかの特権的な意識スポットへと進められねばならないわけではない，といわれている。それは，そのまま，その場所で，それが表象するままに，意識へと押し上げられていくのだ。

　このすべてがそうなのかもしれない。しかし，劇場はいろいろな形式を呼び込んでくる。ドゥアンヌによって使われた図式（図12-3）は，疑ってみれば，たぶん正接するニューロンの集合によって定義される円形劇場——デカルトの競技場——のようにも見える。私はかつてテント市場でオルランドの狂人の出し物を見た。ここではショーはいくつかの異なる場所で同時に進行され，観衆のほうが動きまわった。これは，エーデルマンとトノーニの忙しく相互にコミュニケーションを行う再入回路について考えるほど，悪いやり方ではなかった。

　私がまじめに指摘しようとしているポイントはこれである。グローバルなワークスペースは，意識経験がどのように感じるかということとよい同型になることを目指している。しかし，意識経験が感じるものの1つは，人が視察できるディスプレイである。これらのディスプレイのうち最もドラマチックなものは，意識の「私的空間」——意識に呼び起こすことができ，実行機能が外的世界から比較的独立して操作する，言葉，

数，イメージ等——にはない。それはむしろ，外的世界そのものにある。私にとっては，私がその世界を視察しているのははっきりしているように見える。その非常に具体的な意味で，グローバルなワークスペースを求める戦いに勝ちぬいたばかりの力動的なパターンの効果を意識的に見て，聞いて，臭いをかいで，触れる人がいる。しかし，ワークスペースの概念は，これがどのようになされるのかの手がかりを与えてくれず，その神経学的基礎の考察も，この点では問題を何も前進させていない。またその問題については，いったんその二元論が剥ぎ取られると，デカルトの劇場は何の説明力ももたなくなる。しかし，それは問題に対してそれほど悪いメタファーを与えているわけではないのだ。

第13章

意識と相関する神経活動部位

　前の2章で考察したアプローチの基礎にある中心的な洞察は，意識の神経学的基礎が，実行機能——すなわち情報を操作するシステム——と直接関係しているというものである。対照的に，我々がこれから考察するアプローチの背後にある洞察は，意識の神経学的基礎が，この情報を直接「符号化」するシステム——すなわち知覚システム——にあるとしている。この洞察は，もし意識のハード・プロブレムが脳のクオリア創造能力によって提起されるのだということを強調しているのなら，本書の全般的な論調とよりよく一致していることになる。

　この2つタイプのアプローチは両立しないわけではない。いったん脳が，どんな方法ででも，クオリアを創造したならば，そのクオリアは実行機能によって操作されることが明らかだからである。このことは，知覚表象が意識の公的空間にあろうが私的空間にあろうが，そうなのである。したがって，私は注意の過程と慎重な記憶への関与とを利用して，庭で見られる花の正確な形や色を記憶するかもしれない。あるいは後でその花のいろいろな属性を思い出して，誰かほかの人に説明をするかもしれない。実際，本章において我々が尋ねる質問の1つは，このような知覚表象が視覚刺激（公的空間）によって構成されたものであろうが，イメージしたもの（私的空間）であろうが，同じ脳領域が活性化されるのかどうかということである。しかしながら，知覚表象が実行機能の操作に利用できると仮定するなら，2つの出発点の洞察が極端な形で述べられる場合には，大きな違いを残すことになろう。というのも，その一方は意識経験に近い神経活動が脳の実行領域に見出されるといい，もう一方は知覚領域に見出されるというからである。（「近い」については，もっと論争の多い語彙を使うなら，「意識に直接入り込む活動」ということになろう。）

　知覚的アプローチの主要な提唱者はフランシス・クリック（Francis Crick）である。（ジェームズ・ワトソンといっしょに）DNAの構造（有名な二重螺旋による）を解明した後，彼は意識の問題の解明に生涯をささげた（多くの読者は彼の本『驚くべき仮説（*The Astonishing Hypothesis*）』を知っているだろう）。彼はどんな形の意識経験にも近い神経活動を記述するのに，「意識と相関する神経活動部位（the neural correlate of consciousness）」（NCC）という言葉をつくった。この語句はわかりやすいので，我々もここではこれを用いることにする。

　クリックの特別な関心事（そして同じアプローチに従う多くの研究者のそれ）は，特に視覚的な気づきのNCCにある。彼は色彩，運動，形体等々の視覚的クオリアの基礎にある近接の活動は何かという，疑問を出している。この視覚の強調は，理論か

らではなく，実践から出てくるものである。というのも，視覚については他のどんな感覚よりも，心理学的にも生理学的にも，ずっと多くのことが知られているからである。しかしながら，視覚のNCCで見出された解答が，原理的にほかの感覚には適用されえないと考える理由は何もない。もちろん，その細部にはかなりの違いがあるはずではあるが。

　NCCの概念，特に視覚に関するそれは，第11章で考察したすべての意識経験に対して1つのデカルト劇場があるという見解とは，両立しないことに注目されたい。クリックのアプローチは，対照的に，神経活動には多くの焦点があり，それぞれが別のタイプのクオリアに近接していることを仄めかしている。しかしながら，それはさらに，(第11章で考察した，デネットのマルティプル・ドラフト・モデルとは違って) ある形の神経活動のみがNCCとして働きうることをも仄めかしている。特に，(人は知覚表象には意識的に気づくので) NCCは知覚システムの中では見出されるが，その操作が意識的気づきに形象化されないシステム (たとえば瞳孔の拡張や歩き方などのコントロール) では，NCCは見出されないはずである。

1　V1の活動と視覚的気づき

　この10年ばかりの間に，視覚のNCCの概念は，実験的研究を刺激して，その目覚ましい増加をもたらした。この新しいデータがどれほどよい成果をもたらすのかは，まだ適正な判断をするのには尚早である。しかし，いくつかの一般法則は明らかになり始めており，本節ではそれを簡単に紹介する。これらのデータは非常に新しいので，私は本章ではきちんと文献 (著者名と発表年時) も紹介して，このテキストの学術的な責任を増加させようと思う。これらの文献は本書の最後の一般的な文献リストに見出すことができる。(より詳細な論評はリーズ，クレイマン，コッチ (Rees, Kreiman, & Koch, 2002) を見よ。)

　クリックと彼の共同研究者のクリストフ・コッチは次のように提案している。「NCCの様相を呈するニューロンならどんなものでも，自主的行為を計画する脳の，少なくともいくつかの部分に……直接投射していなければならない──それが，我々の議論してきた，見るのは何のためなのかなのである」(Koch & Crick, 2000, p. 1289)。したがって知覚からのこのアプローチは，最初から，実行機能に歓迎の手を差し伸べているのである。しかし，コッチとクリックの仮説は自明ではない。というのも，第2章で見たように，多くの自主的行為は，行為が向けられる環境へのどんな意識的気づきよりも先に生じるからである。それでも，当面はこれらの仮説を受け入れて，それらがどこに連れて行ってくれるのかを見てみよう。前章で論じたような大量の経験的データに導かれて，クリックとコッチは，自主的行為の計画に関係する脳領域が前頭葉──前頭前皮質および前帯状皮質──にあると同定した。彼らはしたがって，視覚のNCCは，これらの前頭部に直接的な投射をもつ，視覚系の部分にあるはずだと提

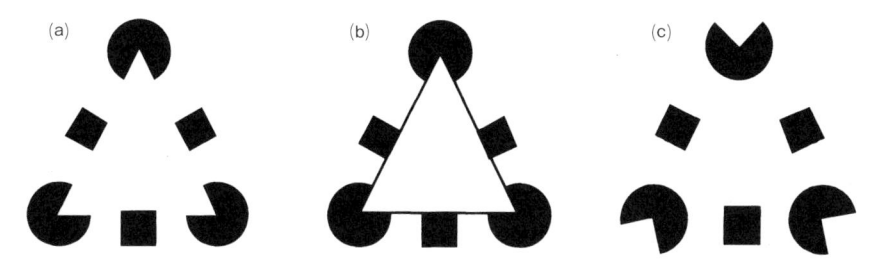

図13-1 カニッツァの三角形とそのコントロール刺激。フィッチェとゼキ（ffytche & Zeki）輪郭錯視に関連する脳活動　神経画像（*Neuroimage*, 3, 104-108, 1996）Elsevier社の許可を得て転載。

案した。この提案に関連して1ついわせてもらうなら，1次視覚皮質（V1，線状皮質あるいはブロードマンの17野としても知られている。プレート4-1および12-1を見よ）は，前頭皮質には直接投射をしていないので，NCCに対するホスト役は果たしていないはずだということになる。

　この推測は，次のような予測としていいかえることもできる。V1の神経活動は意識的視覚経験の十分条件ではないはずである。また補完的に，V1の神経活動は意識的視覚経験の必要条件でさえないかもしれないとも予測できる。これらの予測は，真正の知覚経験を生じる，網膜への視覚刺激の普通のルートによって，検証するのが困難である。というのも，V1はあらゆる視覚刺激が大脳皮質に入るメイン・ゲートだからである。同じ理由で，網膜が刺激されたとき，V1に活動が見られたとしても，その事実だけでは，クリックとコッチの仮説が間違っていたという証拠にもならない。しかしながら，錯覚経験を生じる視覚刺激を用いた多くの研究は，V1に対応する活動が生じていなくても，意識的視覚経験が生じるという，第2の予測に対しては強い支持を与えてきた。

　まず，図13-1に示したような種類の，輪郭錯視について考えてみよう。よく知られている「カニッツァ」の三角形錯視——これを考え出した心理学者の名前にちなんで命名された——では，実際にはこのデザインには三角形の輪郭は存在しないが，ほとんど誰もが三角形を見る。さらにいえば，実際には明度の差はないのだが，錯視三角形の内部はその周囲よりも明るく見える。サルもまた，このような輪郭錯視に反応する——少なくとも視覚システムのニューロンは，三角形が存在するように見える場合と見えない場合で，異なる発火の仕方をし，これは人間の観察者で見られるのと同じである。これを示すために，フォン・デア・ハイト，ピーターハンス，バウムガルトナー（Von der Heydt, Peterhans, & Baumgartner, 1984）は，図13-2のデザインを見ているときのサルの脳のニューロンの記録を取り出した。見ればわかるように，デザインA，B，Dには幻の線が含まれており，これらの線はこのパターンにわずかに変化を加えただけで（C），なくなってしまう。フォン・デア・ハイトのグループは，サルの脳内に，幻の線があるときにのみ発火するニューロンを同定している。（この

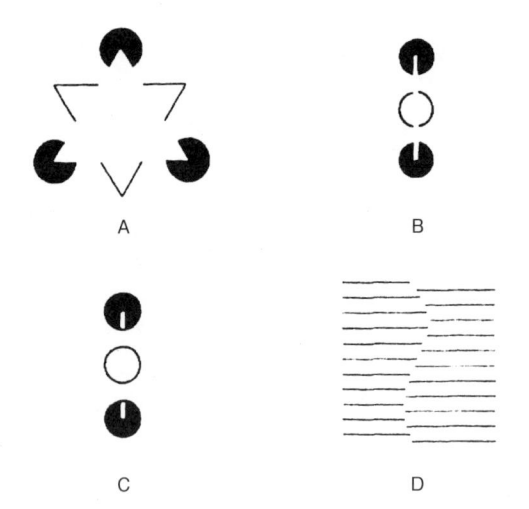

図13-2 サルの皮質のV2細胞における高水準の情報処理を研究するために、フォン・デア・ハイトら（1984）によって使用されたエッジの錯視図形。A：この絵には連続的な境界が描かれていないが、白い三角形が見える。B：ここでも連続的な境界が描かれていないが、垂直線が見える。C：Bで見える線の知覚を消すために、少し変形を加えたもの。D：どんなエッジや線でも表現されない曲線的輪郭。

結果はもちろん、そしてこれに似た研究の増加は、動物も人間の多様な意識経験によく似た意識経験をもつという我々の以前の結論に重みを加えるものである。）このパターンの反応を示したニューロンは、V1に隣接したV2（あるいは18野）として知られている領域（プレート4-1）にあった。しかし、V1そのものにはこのようなニューロンは観察されなかった。

10年以上後に、サルの脳で見出されたことが、フィッチェとゼキ（ffytche & Zeki, 1996）によって人間の被験者でも確認された。彼らはPET（陽電子放出断層撮影法）を使って、カニッツァの三角形に対する反応と、それを構成する要素（パックマン）の向きをばらばらに壊した対照デザイン（図13-1(c)）に対する反応の、活動パターンを比較した。さらに、三角形錯視の輪郭を黒線で書き加えた、もう1つの対照デザイン（図13-1(b)）も使われた。サルの実験と同じように、フィッチェとゼキは三角形錯視に対する反応における脳活動（バラバラにした対照デザインで誘導された活動パターンを差し引いたもの）、をV1ではなくV2で観察した。黒線の輪郭を加えた三角形もV2を活性化させたが、驚くべきことに、カニッツァの三角形そのものよりもその程度は小さかった。

このタイプの結果は、神経画像実験の方法論的限界に関して重要な警告を呼びかけている。これらは多くが引き算という方法に頼っている。この例では、三角形の意識的な知覚表象と特別に連合した活動パターンを得るために、バラバラの対照デザイン（図13-1(c)）によって引き起こされた反応が、カニッツァの三角形によって生じた反応から引き算されている。したがって、引き算したパターンでV1の活動が観察されなかったという記述は、カニッツァの三角形が提示されたときにこの領域が完全に沈黙していたという意味ではない——実際、その領域はほぼ確実に活性化されていた。

これはむしろ，2つの条件——意識的知覚を伴う三角形とこれを伴わない三角形——を区別する活動が見出されなかったということを意味している。したがって，このタイプの実験からは，特別な知覚表象がV1の活動に依拠しているわけではないと，結論することができる。それにもかかわらず，V1の活動はあれこれの種類の視知覚にとって必須であるということもまた，事実である。しかし私は，この種の結果を記述するのに，「V1の活動に差異はなかった」という代わりに，その簡易表現として「V1の活動は見られなかった」という表現を使い続けることにする。

運動知覚の研究も，輪郭錯視の実験と同じような結果のパターンになっている。運動に対して最も選択的に反応する視覚系の領域はV5である（プレート4-1）。ゼキ，ワトソン，フラコウィアック（Zeki, Watson, & Frackowiak, 1993）は，PETと，「謎(エニグマ)」と名づけられた印象的な絵（プレート13-1）を用いた。これは多くの観察者に強力な渦巻き状の運動錯視を生じる。この錯視にはV5の強い活性化が伴う。V5のもう少し強い活性化は，被験者が本物の運動を見たときにも生じた。しかし，この2つの刺激には違いもあり，現実の運動はV1も活性化させたが，運動錯視はこれを活性化させなかった。また，エニグマはV2も活性化させなかった。この結果を輪郭錯視の実験結果とあわせて考えてみると，輪郭錯視はV2を活性化させたが，V5は活性化させず，運動錯視はV5を活性化させたが，V2は活性化させなかった。そしてどちらもV1は活性化させなかったように見える。

したがって錯覚の知覚表象は，関連する特徴（輪郭または運動）に対して選択的なたった1つの視覚領域の活動に，依存しているように見える。これらの結果に基づいて，ゼキ（1993；またZeki & ffytche, 1998）は，このようなある特徴に選択的な領域の活動は，これだけで，その特徴が意識に入り込むための十分条件になっており，クリックとコッホの仮説における前頭皮質の役割を降格させることになる，と論じた。しかしながら，ゼキ-フィッチェ仮説における「それだけで十分」という言葉は，注意深く解釈される必要がある。それは，その特徴の意識が生じるためには，特徴選択領域以外の領域の活動は一切必要としないという意味を含んでいる。しかしながら，それは，特徴選択領域の比較的低水準の活動が，その特徴の無意識的処理に対してのみ十分であるという可能性を排除しない。そして，これから見ていくように，これが事実のようである。しかし，ゼキ-フィッチェ仮説もクリック-コッホ仮説もどちらも，V1の活動は意識的視覚経験には必要でないという点で一致している。このことは実際にデータでも示されている。しかし，ゼキの被験者が本物の運動を観察したときには，V1が活性化された。したがって，V1の活動は，脳が錯覚と本物の意識経験とを区別する基盤を提供しているのかもしれない。この区別は，エニグマを見ているとき，主観的にはっきりしている。つまり，人は渦巻く動きを知覚するが，実際には何も動いていないことに気づいている。しかしながら，この違いが直接知覚されるのか，それとも，本のページがこんなふうに動くはずがないというような，もっと抽象的な知識から来るものなのかは，容易には決め難い。

ウルフ・シンガー（Wolf Singer）のグループ（Goebel et al, 1998）は，fMRIを使

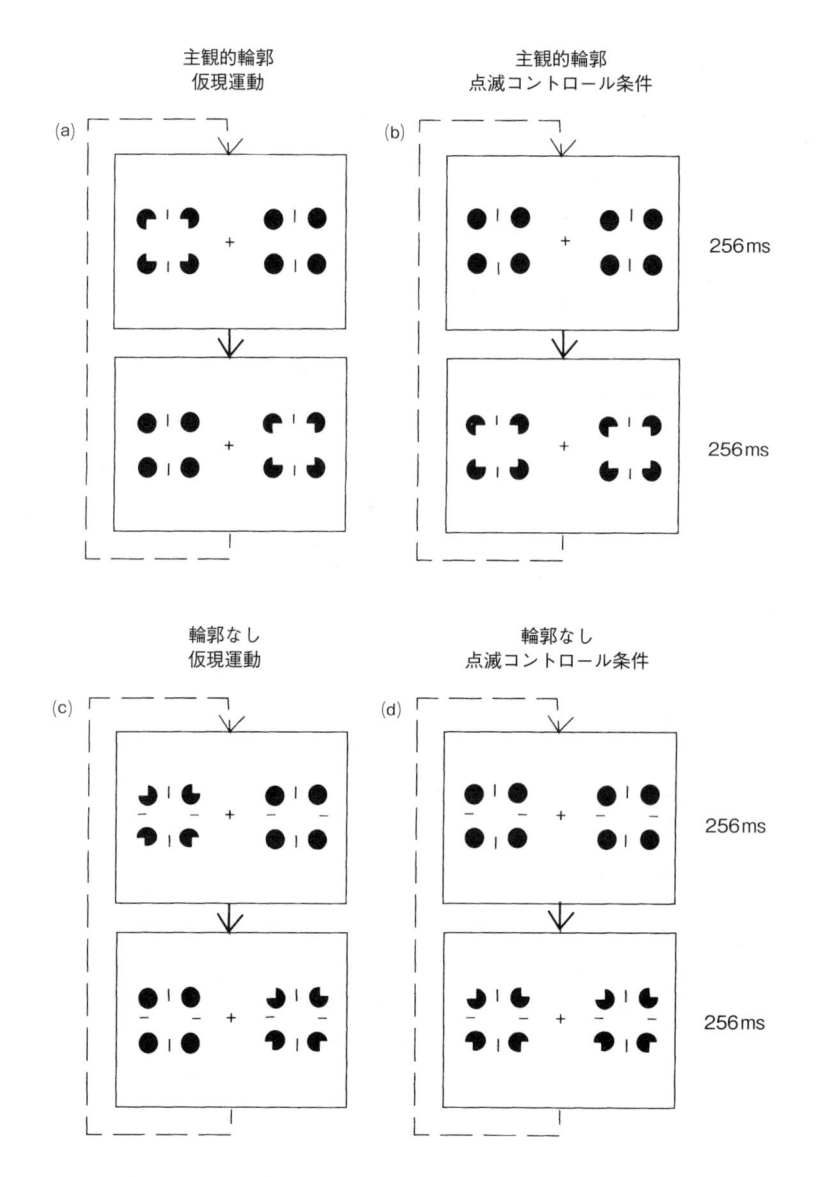

図13-3 輪郭錯視と運動錯視を結びつけた刺激がゲーベルら（Goebel et al., 1998）によって用いられた。4つのパックマンあるいは4つの塗りつぶした円が凝視点の＋の左と右に現れた。2つの刺激が各パネル内の矢印で示されているように連続的にくりかえして示された。(a)被験者は1つのカニッツァの錯視の四角形が，スクリーン上を前後に動くのを見た。(b)最初のコントロール条件では，被験者は2つのカニッツァの四角形が静止して点滅するのを見た。残りの2条件では，パックマンが回転され，見えの四角形は除かれた。この際，見えの運度が残ったのが(c)，残らなかったのが(d)。

った研究で，輪郭錯視と運動錯視を組み合わせることによって，この路線の研究を一歩前進させた。彼らの刺激はカニッツァの四角形（図13-3）であった。これがまずディスプレイの一方の側で，そして次には他方の側で瞬間的に照らされると，被験者は四角形が前後に動くのを見た（実際には運動も四角形も存在せず，4つのパックマンがあるだけなのだが）。このディスプレイを見たときには，V5とV2の活動が生じた（パックマンを回転させることによってこの錯視を破壊するコントロール条件と比較した場合）。が，この場合にも，やはりV1の活動は見られなかった。しかし，ゼキの実験と同様に，実際の運動刺激を使った場合には，V1が活性化された。

　運動感覚を生じるもう1つの方法は，有名な「滝」の錯視である。しばらくの間滝を見て，次に目を平らな面に向け換えてみよう——近くの岩でも十分うまくいく。あなたには，滝が岩を登っていくかのように見えるだろう。この錯視は一般的な残効クラスに属しており，多くの感覚モダリティで生じる。長く持続する刺激が特定のタイプまたは方向性をもつ経験を生じて，それが次に突然終わってしまうときにはいつでも，適切な刺激がない場合でも，あなたはその正反対の経験をする強い傾向をもつはずである。トゥーテルら（Tootell et al., 1995）はfMRIを使って，滝の錯視に似た運動残効の研究をした。拡大（縮小）する円形のパターンをしばらく凝視した後で，被験者は真っ白な静止した刺激を見せられた。すると，この空白刺激は，それまでに見ていたものと反対方向をとって，縮小（あるいは拡大）するように見えた。この運動錯視は，V5の強い活動と，V1の無活動，そしてこれらの中間の視覚上行路にある領域でいくらかの活動を伴っていた。

　この種の残効は，最初に長時間の刺激（たとえば滝による）を受けた細胞群の，発火率に見られる「順応（adaptation）」——1種の疲労——によって生じる。順応それ自体は，最初の長時間の刺激による感覚的なインパクトの減少として観察される。よく知られている例は，時計のコチコチである。これは常に存在しているが，あなたはまったく気づかなくなっている（それがとまるまでは）。ハクとヒーガー（Huk & Heeger, 2002）は，fMRIを使って，「格子縞（plaid）」（この刺激の説明は図4-3を見よ）の運動に対する順応を測定した。これは，しっかりと1方向に動くか，あるいは（コントロールとして）くりかえし方向を変化させ続けるか，のどちらかに見える。順応は，格子縞の1方向への長時間の運動に伴う活動低下のパターンとして現れると期待される。これはまさにV5で起こったことそのものであった。第4章で論じたように，格子縞刺激は実際には2つの別の格子（grating）から構成されていた。これらは相互に直行方向にスライドしていく。これらは算術的に加算されて，結果として見えの格子縞に方向性を与える。ハクとヒーガーはさらに，V5の順応は，格子縞の仮現運動（見かけの運動）に対して特定的であり，格子のそれに対して生じるのではないことを示した。上で論じた他の実験の場合と同様に，これらの効果はV5で最も強く，V1では生じず，この2つの中間領域では中くらいであった。したがって，次のように結論できよう。V1は仮現運動や運動残効の知覚には含まれない。V5はこれらの知覚表象に含まれる。そしてV5が含んでいるのは，意識的に見たものの主観的報告（e.g. 格子

の運動ではなく，格子縞の運動）に対応している。

　まったく同じ一般的な物語が色覚にも当てはまる。第10章では，共感覚者が言葉を聞いたときに色を見る現象である「色聴」の研究に，fMRIを適用した我々の研究（Nunn et al., 2002）について長々と論じた。これらの被験者は，言葉を聞いたとき，V1や視覚路を下った他の領域の活性化を伴うことなく，V4やV8として知られている視覚系の色彩選択領域の活性化を示している（プレート10-2を見よ）。ここで注目。この実験では，言語提示は聴覚路により，視覚路にはよらなかったので，この色彩の共感覚体験は，実際にV1の活動を伴っていなかったことである。普通の方法で知覚された色彩は，対照的に，V4とV1を活性化させた。色彩残効（e.g. 緑色のパッチを凝視した後に赤の残効を見ること）もまたV4を活性化させるが，V1はあまり活性化させない（Hadjikhani et al., 1998）。したがって，真実の知覚と錯覚の色彩で見出されたことは，真実の知覚と錯覚の運動で見出されたことに非常によく対応している。

　この一貫したパターンの結果をさらに拡張するのは，「シャルル・ボネ症候群（Charles Bonnet syndrome）」にかかっている1群の患者を調べた，フィッチェら（ffytche et al., 1998）の実験である。これは正常な視力が（たとえば網膜剥離や緑内障により）突然低下した後に生じる問題で，これにかかった患者は生き生きとした不随意の幻視を体験する。この幻覚の内容は患者によって1人ひとり異なっている。この実験では，各患者はMRIスキャナー内に横たわりながら，幻覚体験について語るとともに，その体験の始まりと終わりを知らせる。ここでは幻覚の内容と活性化された視覚系の領域との間に素晴らしい対応関係が見られた。実際，色の幻覚は紡錘状回のV4野の活動を伴っていた。顔の幻覚は，顔の知覚に特化していることで知られる紡錘状回の直近部分の活動を伴っていた。そして事物の幻覚は，これへの特化で知られている紡錘状回のさらなる領域の活動を伴っていた。どのケースでも，V1の活動は見られなかった。また，前頭皮質にも活動は見られなかった。このことは，視覚系のこれらの特化された領域の活動は，それだけで適切な意識経験を生じるのに十分であるという，ゼキの仮説を支持している。

　視覚イメージの実験は，錯覚の知覚表象や視覚残効のデータほどの一貫性は示さない。しかしながら，これらもまったく同じ一般的なパターンの結果を生じている。イメージによる視覚表象は一般に，イメージされた視覚的特徴に特化された視覚野の活動を伴っている。そして，イメージされた運動は，本物および錯視の運動と同様に，V5の活動を伴っている（Cohen et al., 1996; Goebel et al., 1998）。イメージされた顔と場所は，それぞれ同様に，まさにこれらの顔と場所の直接的知覚によって活性化される領域（それぞれ紡錘状回と海馬傍領域）（O'Craven & Kanwisher, 2000）の活動を伴っている。イメージされた色彩はしかしながら，この法則の例外になるようである。ナンら（Nunn et al., 2002）の研究では，被験者が色をイメージしたときには，紡錘状回（V4）の色彩選択の部分の活動は見られなかった。ハワードら（1998）は，これらの条件下で紡錘状回の活性化を観察しているが，それは色彩の直接的な知覚によって活性化される領域というよりも，それに隣接した領域に位置していた。これら

の研究では，イメージしたものが色であっても（Howard et al., 1998; Nunn et al., 2002），運動であっても（Cohen et al., 1996; Goebel et al., 1998），V1の活動は見出されなかった。この直接知覚（V1活性）とイメージ（V1不活性）との神経画像の違いは，脳損傷患者——直接知覚は損傷されているがイメージは無傷，あるいはその逆——の多くの研究においても平行関係が見出されている。しかしながら，被験者があれこれの視覚イメージを形成したとき，V1がはっきりと活性化された神経画像研究は，他にもたくさんある（e.g. Chen et al., 1998; Klein et al., 2000）。視覚イメージにV1の活動が伴うか否かを決定する重要な要因は，まだ明確にはなっていないのである。コスリンら（Kosslyn et al., 1995）によって示唆された1つの可能性は，イメージされるものが，視覚系のこの領域のみに可能な高度の空間解像度を要する場合には，V1の活性化が生じるというものである。しかしながら，この問題の究極的な解像度がどうであれ，メレットら（Mellet et al., 1998）のいうように，V1の活動は「事物や情景を視覚化するのに必須」のものではないと結論するのが，合理的であるように思われる。そしてこのような活動が，視覚イメージを思い浮かべるときに観察される場合でさえ，同じ実験で直接知覚をしているときに測定される場合のほうが，通常はその強度がより大きいのである。

　V1を意識経験から引き離す塀の最後のレンガは，ラリー・ワイスクランツ（Larry Weiskrantz）とオックスフォードの同僚によってなされた「盲視」患者，D. B. の研究によって据えられた。D. B. は現在61歳で，33歳のときに脳腫瘍を切除する手術を受け，結果的に右半球の1次視覚皮質の大部分を失っている。その結果，左視野の対応する部分の刺激に対しては盲になっている。しかしながら彼は，ほかの多くのこのような患者と同様に，視野の欠損部分の刺激を推測あるいは指さしをするよう求められると，チャンス・レベルよりも有意に高い成績を示す（第2章を見よ）。が，意識的にはそれを経験していないといいはった。この「盲視」は，網膜から，V1を通らずに，大脳皮質の下部を通る他の経路に媒介されるのだと考えられている。

　盲の視野に提示された刺激は意識的には経験できないにもかかわらず，D. B. はその見えない刺激が消されたとき，その残像を意識的に経験したと報告している。ワイスクランツは駄洒落好きで知られているが（「盲視（blindsight）」という言葉を最初につくったのも彼である），彼はこの効果を「第一視力（prime-sight）」と命名した。ワイスクランツ，カウエイ，ホディノット－ヒル（Weiskrantz, Cowey, & Hodinott-Hill, 2002）は，多くの実験を行い，D. B. の意識的な残像知覚の報告を確かめた。たとえば彼らは，盲の視野に水平あるいは垂直方向の格子を提示した。そして確かに，D. B. は提示された方向の格子の残像を報告したが，そのコントラストは通常とは反対（暗いほうが明るく，明るいほうが暗い）であった。これは「陰性」残像の場合に予期されるものである。また別の実験では，彼は見える半視野と見えない半視野を統合さえする妥当な色彩残像について報告している。たとえば，見える半視野には緑のフィルターをかけ，見えない半視野には赤のフィルターをかけて，白いパッチを見た後には，患者は暗青色の残像を報告した。赤と緑が混色されて黄色になるなら，この

ような残像が期待されてよかろう。しかし，実際に赤と緑の刺激がD. B. に提示されたときには，彼が意識的に気づいたのは，よい方の半視野に提示された緑だけであった（これに対する残像は自然のままなら赤であるべきである）。

　注意深く研究された1事例は，時に，1ダースもの大実験に匹敵する価値がある。これがまさにその好例である。D. B. には盲の視野の刺激を受容するV1がない。しかしこれらの刺激が，意識的な残像知覚にはっきりと貢献しているのである。同じような研究がクライザーら（Kleiser, et al., 2001）によって報告されている。それは，部分的なV1の損傷をもつ2人のほかの患者のfMRI研究である。盲の視野内に与えられた強い視覚刺激（コントラストが強く，周期的に反転するチェッカーボード）は，（健康な側の視野への刺激よりは質的に弱いが）意識的な視覚経験を生じた。ただしこの経験は，残存するV1組織のどこも活性化されることなく生じた。

　これらの結果は，V1の活動が視覚的な気づきに必要ではないという，クリックとコッホの仮説に素晴らしい支持を与えている。この他にも強力な支持を与えているのが，正常な被験者が夢を見ているときのfMRI研究である。夢は急速眼球運動（REM）を伴う特定の睡眠段階で生じることが知られている。この睡眠段階では，強い視覚経験が起こりやすいのだが，紡錘状回のような他の視覚領域は強く活性化されながらも，V1の活動は強く抑制されている。したがって，全体として見れば，クリックとコッチの仮説は無理なく確証されたというわけだ。

　しかしなお，この結論はパラドックスの気配をもっている。D. B. は結局，V1の損傷部位に対応する視野内の，あらゆる意識的知覚に対して盲になっている。それでは，どうしてこの領域が視覚的な気づきに必要でないなどといえるのか？　この反論に対する1つの反応は，目や網膜の損傷も盲を生じることを指摘することである。それでも，網膜の活動が意識経験に隣接しているなどとは誰も結論しない。網膜は視覚刺激が脳の全体に到達するための入り口であるが，それと同様に，V1もこれらの刺激が新皮質の残りの部分に到達するための全般的な入り口の働きをする。したがって，これらの両方のゲートを通り抜けた後でのみ，視覚刺激はもう少し高いポイントで意識に入れるのだと考えることには，パラドックスはないのである。

　したがって，V1の活動は視覚的気づきに必要ではない。ならば，それは十分条件になるのか？　やはり答えは「ノー」であるようだ。視覚刺激に対するV1の神経反応は，意識的には視知覚されないある範囲の特徴に対しても敏感である。そして逆に，人が普通意識する他の特徴に対しては鈍感である。この両方の種類の解離の例は色彩視に見出せる。

　点滅を意識的に知覚する人間の能力は，明るさの場合よりも色の場合のほうが低い。したがって，同じ明るさの2色が1秒間に10回以上の比率で交代に提示されたとしたら，人が見るのは2色ではなく，1つの混色である。サルも同様に，固定した黄色と，赤と緑の交代（混ざると黄色になる）とを，後者が1秒間に15回以上の比率で交代すると，区別できなくなる。ガーとスノッダリ（Gur & Snodderly, 1997）は，サルのV1における反対色ニューロンから記録をとってみた。これらは，光のある波長（e.g. ス

ペクトラムの黄色領域）では発火が増加するが，補色の波長（e.g. 青の領域）では発火が減少する細胞である．これらの細胞は，フリッカーが1秒間に60回までなら色を追跡でき，1つの色には反応して発火するが，他の色には反応せず発火もしない．したがってV1は，意識的知覚が知らない点滅する色について，何かを知っていることになる．

反対に，視空間の特定領域で意識的に知覚する色彩は，その周辺領域で見出される光の波長によって，強く修正される．表面反射の持続的な性質の計算を可能にするのは（第7章を見よ），視空間の近接領域間のこの交互作用である．サルの脳のV4（色彩選択領域）の神経の発火は，これと同じ交互作用効果を示すが，V1の発火は違っている．この場合にはしたがって，意識的知覚（そしてV4）は，V1のもたない色彩の知識をもっていることになる．V1の利用可能な情報と意識の使える情報との同様の乖離は，奥行き知覚（Cumming & Parker, 1997）と，格子の棒の傾き知覚（He, Cavanagh, & Intriligator, 1996）についても，記述されている．

2 前頭結合部

クリックとコッチの示唆するところによると，V1の活動は視覚のNCC（意識と相関する神経活動の部位）に直接には参与しない．この仮説は前節で概観したデータによって強く支持されている．しかし，そこから派生する，より一般的な仮説——V1の構造は，その前頭皮質への結合によって，NCCに寄与する——は，それほどはっきりとは支持されていない．いくつかの関連実験では，意識的知覚は視覚に特化されたモジュール（色，運動等々）の活動に伴って生じていたが，前頭皮質の活動に伴うということはなかった．これらの結果は，ゼキの仮説——特化されたモジュールの活動があれば，そこで符号化される視覚的特徴の意識的経験には十分であり，前頭皮質（あるいは他のどこか）の活動はそれ以上には必要でない——によりよく一致していた．

しかしながら，思い起こしてほしい．ゼキの仮説は，ある特徴に特化されたモジュールが活性化されたときには常に，それに続いてその特徴の意識経験が生じるべきだと主張しているわけではない．この警告とも一致するが，V1の損傷後に盲視になった2人の患者の研究では，運動（らせん状の回転）と色彩のついた事物の絵を見ると，それぞれV5とV4の活動を生じたが，彼らはこれらの刺激に意識的に気づいたという報告はしていない（Goebel et al., 2001）．同様の発見が，右側の下頭頂皮質の損傷後に左の片側無視にかかった患者でも報告されている．このような患者では，左視野の刺激の意識的知覚は，同時に右側に提示されたもう1つの刺激によって，消失してしまう（第15章を見よ）．この意識的知覚の喪失にもかかわらず，fMRI実験（Rees, Wojciulik et al., 2000; Vuilleumier et al., 2001）では，1次視覚皮質（V1）でも，消失した刺激（e.g. 顔，家）に適合した高次の視覚モジュールでも，どちらにおいても，活動が生じていることが明らかにされている．これらのモジュールの活動は，したが

って，視覚経験を生じるのには十分ではなさそうだが，それでも，他の領域の付加的活動を必要とするわけでもなさそうに見える。

このパターンの結果から自然に推測されるのは，意識経験が生じるためには，特化された視覚モジュールの活性化が十分な強度に達していなければならないということである。この可能性はムトーシスとゼキ（Moutoussis & Zeki, 2002）の発見によって支持された。彼らは被験者の左右それぞれの目に，反対色のコントラスト（e.g. 緑の背景に赤 対 赤の背景に緑）をもつが，それ以外はまったく同じ刺激（顔または家）を提示した。これらを両眼で見たときには，これらのコントラスト刺激は融合して見えなくなり，意識的な知覚は生じなくなった。それにもかかわらず，(fMRIでは) これらの刺激は，以前の研究（e.g. フィッチェが行った上記のシャルル・ボネ症候群患者の研究）で，顔と家の意識的知覚を基礎づけていると示唆された，紡錘状回のまさにこれらに相当する領域を活性化し続けていたのである。これらの刺激の意識的知覚（両眼に同じ色彩コントラストのまったく同じ刺激を提示することで達成される）は，同じ領域ではあるが，より強い活性化と連合していたのである。神経活動の程度と意識的知覚との関係に対するまさにこのような役割は，デネットの「ブロックで最大の子ども」仮説で予測されるものである（第11章を見よ）。

厳密にいえば，クリックとコッホの仮説は構造面にかぎられている。ここでは，NCCに責任のある領域は前頭皮質への解剖学的な投射路をもつはずだと，明記している。実際，この仮説のとおりに，前節で視覚のNCCに参与すると同定された種々の領域（V4, V5等）は，すべて前頭皮質に投射路をもっている。しかし，この解剖学的な連絡路の存在は，すべての意識的知覚が，それが進行している間は，前頭皮質の活動に随伴されるという意味ではない。同じ区別をするなら，（実際，私が第11章3節で行ったように），意識は，実行過程による現在の意識内容の操作（manipulation）を許容するという提案ができるのかもしれない。これらの実行過程が，意識内容を実際に創造する一連のイベントの必須の部分を構成するという仮説には賛成しないとしても。

実際，現在の神経画像法が，後者の仮説の検証を許すかどうかさえ，はっきりしない。神経実行過程の特定のシステムS——1つひとつのそしてすべての内容が意識に入ることに責任を負うセット——が，実際にあると仮定してみよう。すると，色の意識経験を決定するV4の活動，運動の経験を決定するV5の活動等々と同様に，システムSの活動も必ずなければならないことになる。これは第11章で考えたデカルトの劇場仮説の修正版になる。しかし，Sの活動はどのようにすれば検出できるのだろうか？たとえば色彩デザインに対する反応にV4を見出した神経画像実験では，この活動と，同じデザインの白黒版で引き出された活動を比較することによって，これを検出している。したがって意識内容は，有色のデザインと無色のデザインが交代すれば変化するし，視覚系の活性化領域の交代（今はV4，次はほかの領域）によっても変化する。しかし，この実験の被験者は常に何かを意識している。それゆえ，S自体は常に活性化されていなければならない——したがって，この比較法ではSは検出できないのである。

それでは，多くの神経画像実験において，前頭葉の活動が意識経験に連合して見出されてきたという事実はどう考えればよいのだろうか？　この活動は，実行過程による特別な種類の操作（作動記憶内のリハーサル，選択的注意，遅延行為の準備等々）——この実験パラダイムでは，意識内容はこの操作に従属させられている——を反映しているように思われる。この見解と一致しているのは，このような活動の検出された特定の前頭領域が，実験によってかなり異なっていたことである。意識的な視知覚が存在するとき，そしてそのときにのみ，それがシステムSの機能に寄与するという仮説から要請されるように，特定の領域が常に活性化されるというわけではなかったのである。

　我々はしたがって，科学的には居心地の悪いところに取り残されてしまった。前頭葉（あるいは実際にはほかのどこでも）には，「システムS」が存在するという仮説は，神経画像研究では支持されていない。しかしこの仮説は，Sの活動が検出されないというだけでは，棄却もできない。さて，仮説が現在検証できないということは，それが間違っているという意味ではない。もちろん，原則的に検証する方法さえないとするなら，それは完全に科学の枠から漏れ落ちることになる。しかし，こんな悲観的な結論を出すのは時期尚早である。その代わりに，意識経験の現象学から引き出される，他の議論をたどりなおしてみよう。これらの議論のいくらかは既に第11章3節で展開した。

　少なくともいくらかの意識経験の自動的で非意図的な性質は，特に，前頭葉によって媒介される類の実行機能にとって必要な役割だとする議論に，強く異議を唱えるものになっている。そのよい例は，色聴共感覚者の単語に対する反応に見られる，自動的な（招かれもしないのに生じ，止めることもできない）色彩経験である（第10章）。もう1つは，エニグマの絵（プレート13-1）を見たときに生じる，運動錯覚経験である。私は読者がこれらの例に自らの他の例をもって補足できると信じて，そのままにしている。さて自動性は，人が意図的に実行過程を使って意識内容を操作するときに生じるものとは正反対である。実行過程を使う操作で，たとえば暗算をしたり電話番号を復唱したりするときには，どちらの操作も前頭葉の活動を伴っている。

　実行機能はしたがって，意識経験にとって必要でもなければ，その「構成」要素でもなさそうである。しかしこの仮説を棄却することは，その対極にあるように見える仮説——すなわち人は，「生」の感覚刺激が認知処理を受ける前に，その刺激を知覚する——を承認する危険性を犯すことになる。この本で採用した，意識的知覚に関する構成主義者の見解（第2章を見よ）——脳は，我々の知覚する世界の意味を，同時に構成し承認する——は，このような「生」重視の立場には断じて受け入れられないものである（第18章で身体感覚について考察する際に，これをもっと受け入れやすい環境が見出せるはずではある）。それゆえ我々は，「ボトムアップ」処理（感覚器官から内部へ）と「トップダウン」処理（認知的構成から外部へ）を継ぎ目のない全体へと結合する，中道的な立場を探索していく必要がある。我々はこの中道的立場を次章で見ていく。

第14章

ボトム-アップ 対 トップ-ダウン処理

　前の3章で検討した意識経験の神経的基礎へのアプローチは，2人の魅惑的なサイレンの間を揺れ動いた。1つは上から下へと呼び寄せ，もう1つは下から上に呼び寄せるものである。トップ-ダウン処理は，第12章のグローバルなニューロンのワークスペースのような，前頭葉に位置する実行機能を強調する。これに対してボトム-アップ処理は，ゼキの仮説（第13章）のように，知覚の基本的な構成要素を媒介する，後部皮質（posterior cortex）のモジュールを強調する。本章では我々は，どちらのアプローチも正しいという可能性を探っていくが，今まで我々が考えてこなかった方法で両者を結合する必要がある。

1 ボトム-アップ とトップ-ダウンの組み合わせ

　ボトム-アップとトップ-ダウン処理のいくつかのこのような組み合わせは，実際に，本書の冒頭で採用した知覚と知識への構成主義者のアプローチにとって，中心的な意義をもっている。このアプローチの初期の主唱者であるウルリッヒ・ナイサー（Ulrich Neisser）は，その視覚への適用について（彼の1976年の著書『認知と現実（*Cognition and Reality*）』において），次のように述べている（p. 20）。

　　視覚にとって重要な認知構造は予期スキーマ（anticipatory schemata）である。これは知覚者に，他の情報よりもある種の情報を受け入れるように準備させ，これによって見る行為をコントロールするものである。我々はいかにして探せばよいかを知っているものだけを見ることができるので，何が知覚されるのかを決定するのは，（実際に利用可能な情報とともに）これらのスキーマなのである。

　このナイサーの「予期スキーマ」はトップ-ダウン処理を，そして彼の「実際に利用可能な情報（information actually available）」はボトム-アップ的な種類の処理を表している。

　レイ・ジャッケンドフ（Ray Jackendoff）は，彼の1987年の重要な著書『意識と計算する心（*Consciousness and the Computational Mind*）』の中で，この分析をあらゆる感覚に拡張して，次の問いを発している。情報構造が意識に入ってくるレベルはどうなのか？　この問いに対して綿密に回答する議論の中で，彼は意識の「中間水準（intermediate-level）」理論に到達している。この理論によれば，意識内容は，（各感

覚モダリティ内の）ボトム-アップとトップ-ダウン処理の組み合わせから引き出される情報構造を反映する。彼が示しているように，人は普通，概念的解釈に影響されない感覚にも，純粋の概念構造にも，気づくことがなく，この2つが混合して両者間の適合性が最適になる場合にのみ気がつく。この命題をあなた自身で検証するために，（どんなものでもよいので），話された言葉を，意味のない音声，または音声のない意味として，体験してみてほしい。前者を達成するのは，何度も何度もその言葉をくりかえすことによって，（それが仏教スタイルのマントラ（真言）を唱えるように），努力をすれば可能である。ただし，それに続く意味の喪失（「意味飽和」）は不完全で短命である。

ジャッケンドフの法則には，いくらかのはっきりした例外がある。感覚について多くのものをもたない概念構造は，言葉が「喉元まで出かかっているのに思い出せない」ときに生じる。しかしながらこれは，この法則を証明する例外の1つであろう。喉元は，脳が概念的枠組みを埋めるのに必要な「失われたクオリア」を探すのに忙しいかのように感じられる。それゆえそれは，ジャッケンドフの法則を作動させるのに働く機構を垣間見せてくれるのかもしれない。反対にいくらかの感覚は，概念構造に関するものをほとんどもたない。内的な身体感覚は特に，第18章で見るように，このような例をたくさん提供してくれる。

本書の前の方（第7，8章）で，私は意識内容の選択に関する「比較器（コンパレータ）」仮説を概観した。この仮説は，ジャッケンドフの分析が仄めかしているように，まさにこのようなトップ-ダウン処理とボトム-アップ処理を最適の適合性にするように合体させるものである。これは，ナイサーの視覚の扱いとも一致するが，次のように考えられている。すなわち，意識的な知覚表象は（すべての感覚モダリティにおいて），次の比較過程の出力に左右されると考えられている。つまり，①「利用可能な情報」と，②「予期スキーマ」との比較，いいかえれば，①感覚器官から上行してくる情報と，②この瞬間にこれらの状況下でこの情報がどんな形を取るべきかの予測との比較過程である（図7-1を見よ）。これらの意識に入るように選択された項目は，予測との「ミスマッチ」（予測していないイベント，または，予測のはずれたイベント），あるいは，現在の運動プログラムの進行をモニターするのに特に重要な予測との「マッチ」，のいずれかである。これらの選ばれた項目が表示されるメディア——意識のメディア——は，構成された知覚世界において，現実の（しかし直接には知覚されない）外的世界の持続的な特徴を模倣する（simulate）ものである。たとえば色覚の場合には，意識は，（感覚器官にインパクトを与える）入射光の波長というよりも，（遠隔対象を推測して）表面反射をモデル構成したものである。このメディアは多モードで，空間的には3次元に展開し，時間的には逐次的である（この仮説の詳細な説明は第7，8章を見よ）。

ここで提唱されたコンパレータの機能は，知覚過程と実行過程の合成物（ハイブリッド）であることに，注意されたい。第13章の冒頭で，私はこれらの過程を，それぞれ，情報の直接的な符号化あるいは情報操作の過程として記述した。それゆえ作動記憶の中では，電

話番号（既に内的な聴覚リハーサルに適した形に符号化されている）は，バッドレーの「音韻ループ」のまわりを循環することになる。しかしここで提案されたコンパレータは，操作も直接的符号化も両方とも行う。それは，比較過程の中で，情報（ボトム－アップの感覚情報とトップ－ダウンの予測）を操作するが，それだけでなく，その情報を最終的に知覚される形式に符号化もする。また，これら2つのタイプの実行機能の間には，時間的順序にも違いがあることに注目されたい。作動記憶の例では，意識的知覚表象の形成（その電話番号）は，作動記憶（「頭の中」での番号のリハーサル）による操作に先行する。対照的に，コンパレータ・システムの中では，この比較過程は，最終的な知覚表象が意識に入り込む前に，完了している。さらに最も重要な区別として，作動記憶の例では，実行機能は意識的知覚の果たす役割と分離することができる。したがって作動記憶は，情報の意識的な項目にも無意識的な項目にも適用されうる。対照的に，コンパレータ・システムの働きは，意識的知覚表象の構造を構成する。仮説によると，知覚表象が意識的になるのは，ひとえにコンパレータの過程による（このことは，他のコンパレータの過程が他の無意識的過程の遂行に役割を果たさないということではない）。

2 海馬

これらの過程は脳内のどこで生じるのであろうか？　コンパレータ仮説に内在しているのは，ネガティブ・フィードバック・システムの見解である。すなわちコンパレータは，一連のセット・ポイント（感覚世界の予測値）とこれに対応する一連の入力（感覚世界の実測値）との間のズレを最小にすることを追求する。したがって，驚くようなことではないが，コンパレータ仮説の示唆する回路は，我々が第12章で「グローバルな神経のワークスペース」の見解について考察したときに出会った，フィードバックと再入結合に家族的な類似性をもっている。しかし，この見解に貢献しているいろいろな理論家がフィードバックの起源として前頭葉を強調してきたのに対して，私は脳の異なる領域——海馬系——の演じる役割を強調する（図14-1）。このシステムは，コンパレータ・モデルで想定された意識内容を選択する役割にうまく適合する多くの特徴をもっている。

(1) 海馬細胞のフィールド

解剖学的には，海馬は新皮質の感覚系と相互作用する備えを十分にもっている。それは側頭葉内の嗅内皮質を通じて，これらのどれからも投射を受け取っている（図14-2）。これらの投射によって，異なる感覚モダリティ間の収束が可能になるのである。したがって，多くの海馬ニューロンは多モードの「フィールド」をもつ——すなわちこれらのフィールドは，1つ以上のモダリティの刺激に対して，あるいは，このような刺激の多モードに提示された結合に対して，反応し発火する。しかし，これらの海

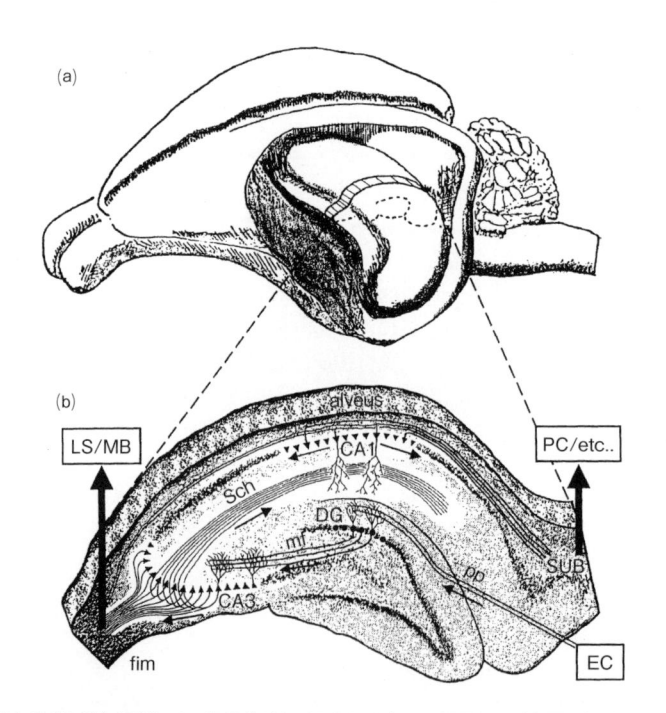

図14-1 (a)ウサギの脳を解剖して，海馬体がよく見えるように，頭頂および側頭の新皮質を除いたもの。これは海馬の真中を通って薄板状にスライスしたものを示している。(b)このようなスライスは，本質的に人間の海馬と同じ回路と細胞のタイプを含んでいる。内側および外側の嗅内皮質（entorhinal cortex；EC）からの入力は，内側および外側の貫通路（perforant path；pp）に入り，これらがそれぞれ歯状回（dentate gyrus；DG）の顆粒細胞の樹状突起の内部および外部でシナプス接合する。これらは苔上繊維（mossy fiber；mf）に送られ，これらのmfがCA3錐体細胞と接合する。これらは次に，その出力を外側中隔（lateral septum；LS）に，そしてシャッファー側枝（Schaffer collateral；Sch）を経由してCA1錐体細胞に送る。CA1の領域は槽神経束（alveus）と線毛（fimbria；fim）を経由して弱い投射を送り出し，また強い投射を海馬台（subiculum；SUB）へと送り，これが次に後帯状皮質（posterior cingulated cortex；PC）のような領域に，そして槽神経束（alveus）と線毛（fm）を経由して乳頭体（mammillary body；MB）に，投射を送る。Gray & McNaughton (2000) より。

馬のフィールドと，1次感覚路——たとえば視覚系のモジュール内——で出会うフィールドとの間には，重要な違いがある。後者は固定したフィールドをもつというところである。すなわち，あるニューロンにとって，それが最もよく反応する特徴は，常に同じである。たとえばV1の中では，あるニューロンにとってのフィールドは，視空間の特定領域における特定方向を向いたエッジからなっており，V4ではそれは同様に，視空間の特定領域内の特定の色からなっているといった具合である。これに対して，海馬のニューロンは非常に大きな柔軟性を示す。

これらのニューロンは実に様々な実験手順（プロトコル）で発火する。それには，複雑な迷路走行から，匂いを嗅いだり，目に対する空気の吹きつけをじっと待っていたりするよう

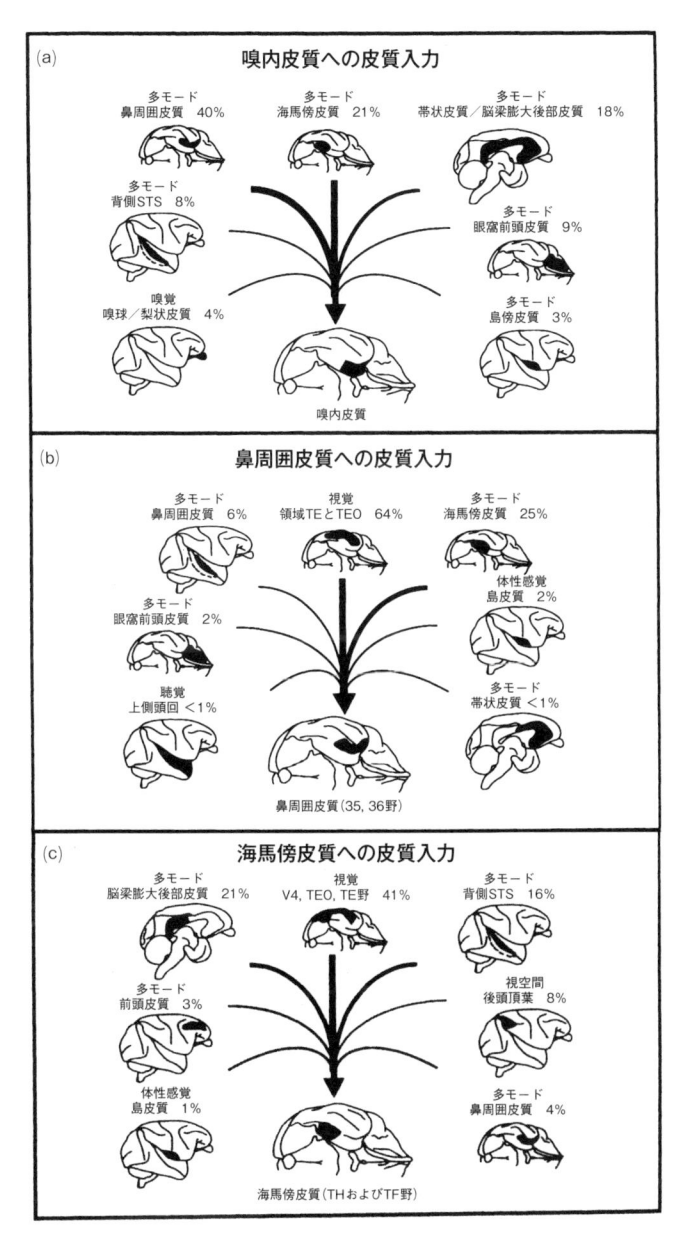

図 14-2 嗅内皮質への皮質入力(a)は，大部分が鼻周囲皮質(b)と，海馬傍皮質(c)によって中継されている。結合の密度は矢印の太さで示している。STS：上側頭溝。TE, TEO, V4：視覚皮質の名前のついた領域。Gray & McNaughton (2000) より。

なものまでが含まれている。この柔軟性はさらに，単一の海馬細胞でも観察されうる。意識的に行動している動物（たいがいは実験室のネズミ）の海馬の1つの神経に電極を刺して，ある環境の中で，そして次には動物を新奇な環境に素早く移動させて，そのフィールドを測定する。多くの科学者がこの実験を行ってきた。彼らはこのニューロンが新しい環境ではまったく異なるフィールドをとることを観察している。それゆえ，8肢迷路という空間的に複雑な環境の中の，特定の位置に反応して発火する1つのニューロンは，閉ざされた箱の中での給餌と連合した刺激に対しても反応する可能性がある。さらに，第2反応はしばしば，動物が第2環境に移されてすぐに生じるので，新しい学習はあったとしても，ごくわずかしか含まれえないはずである。それにもかかわらず，実験者が動物に提示する刺激に特定の恣意的な規則性を組み込んでおくと（たとえばある文脈では，視覚的な四角形の提示は左側に食物があることを，そして円形は右側に水があることを示し，第2文脈ではこれを逆転させると），彼の観察するフィールドは，それが何であるかにかかわらず，その規則性を反映したものになる。円に対して，左側の食物に対して，第1文脈の円のみに対して，等々に反応する細胞が見出されるだろう。それはあたかも海馬のニューロンが新しい表象の任務に対していつでも使えるようになっているかのようである。これらがどうなっていくのかは，その特定の環境と動物が最大の重要性を見出す特定のイベントによって変わってくる。これはまさしく，一般目的のコンパレータ・システムの核心にある構造に期待されるであろう種類の柔軟性と一般性である。これはまた，意識的な気づきがどのように感じられかということでもある。多モードの意識内容は，環境か，あるいはそれを知覚する主体の注意と関心か，どちらかが変化するのに応じて，その時々で変化するのである。

(2) 空間地図の作成

　非常にしばしば（実験が空間的な広がりをもつ環境で行われるかぎり），観察される海馬のフィールドは，空間的な用語で――その装置内の特定の領域として，あるいはその領域を横断する特定方向の運動として――最もうまく定義される。この種の観察は，海馬の損傷後に見られるタイプの行動障害と併せて見ると，1978年にジョン・オキーフ（John O'Keefe）とリン・ナーデル（Lynn Nadel）によって提案された理論――海馬の主要な機能は環境の空間的な地図を構成することにある――に行きつく。実験の示すところでは，この地図は一般に，動物とそれが今いる場所との一時的な関係とは，独立である――すなわち，それは「自己中心的」（身体中心的）というよりも，「他者中心的」（世界中心的）空間である。（「地図」という語を使ったが，これによって，たとえばフランス地図がその国土の類似物を提供しているというのと同じような意味で，脳が人の知覚する空間の空間的に配された位相的アナログをもつというような誤解をしてはならない。この言葉は，空間内の点と，特定のニューロンあるいは脳内のあちこちに分散したニューロンのセットの発火との間に，一貫したマッピング（対応関係）があることを意味しているにすぎない。この警告は，後の自己中心的空間の

議論にも当てはまる。)

　他者中心的空間と自己中心的空間が正確にどう違うかについては，多くの論争がある。しかし，これらの論争の詳細は後の議論に影響を及ぼすわけではない。単純な例をあげれば，この根本的な違いが明らかにできるだろう。あなたはロンドン市内を，オックスフォード・サーカスからオックスフォード・ストリート，ボンド・ストリート，そしてピカデリを通ってピカデリ・サーカスへと歩いてきたところで，オックスフォード・サーカスに戻る必要が生じた。あなたは通ってきた道の目印（ランドマーク）を思い出し，ランドマークからランドマークへと逆にたどっていけば，戻ることができる。この方法は，あなたが自己中心的空間で歩を進めていって学習したものに基づいている。それには，あなたが最初に1つの方向からランドマークを見たとき，それらがどのように見えたかを思い出すこと，そして，戻りに反対側からそれらを見たとき，どう見えるかを明確にすることが必要である。もしこれがあなたの道の見つけ方なら，あなたはさらに，帰りにはそれらのランドマークがどのように見えるかがわかるように，時々曲がり角で前もって注意しておかなければならない。もう1つの方法としては，あなたが歩いた場所間の空間関係の全体的な地図を記憶の中に構築することもできる。この場合には，あなたはピカデリ・サーカスからオックスフォード・サーカスへとリージェント・ストリートを通って帰る直接的なルートをとることもできる。それは，このリージェント・ストリートを通った経験がまったくなくても可能である。この場合には，あなたは他者中心的地図を使っていることになる（ロンドンから遠く離れたカリフォルニアで，私がこの文章を書いているときに行ったように）。他者中心的地図の構成と利用は，海馬機能の統合性に決定的に依存している。最近の，しかし既に有名になった実験によると，エレナー・マグワイアー（Eleanor Maguire）と彼女の同僚たちは，この種のことを常に，市内のどこでもやっているロンドンのタクシー・ドライバーが，この目的に合うように，大きな海馬を発達させていることを示している。反対に海馬に損傷を受けた人は，ネズミと同様に，空間的に複雑な環境では道がわからなくなるという劇的障害をもつようになる。

(3) エピソード記憶

　空間ナビゲーションは，海馬が不可欠の役割を果たしている唯一の重要な認知機能ではない。海馬はいわゆる「エピソード」記憶にも重要な役割を果たしている。

　視覚過程に，意識されるものと意識に届かないものがあるように（第2章），学習と記憶にも意識的および無意識的な過程がある。記憶のタイプで最初に区別されるのは，「短期」記憶と「長期」記憶であり，それぞれ数分あるいは数年にわたっている（これらの時間指標は正確ではないし，いずれにせよ，両形式の記憶が相前後して働く中間的な時間もある）。第11章で簡単に考察した作動記憶は，短期記憶の1種である。海馬は長期記憶において作用し始める。この形式の記憶で示唆される下位種の分類は，図14-3に示したとおりである。

　技能や習慣の無意識的学習（図14-3の樹状図の右半分の「潜在的（implicit）」の部

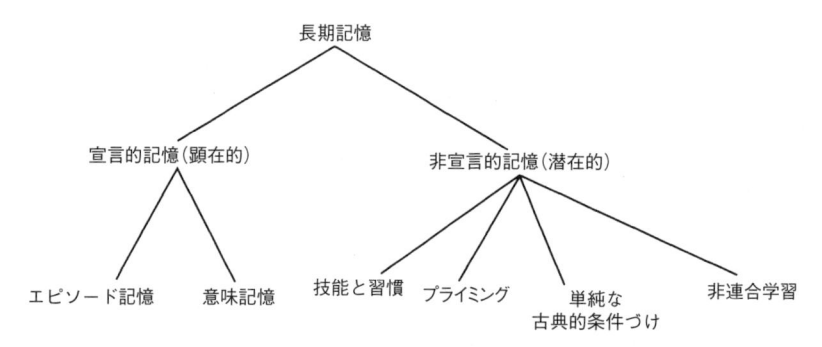

```
                        長期記憶
                       /        \
              宣言的記憶(顕在的)    非宣言的記憶(潜在的)
              /        \         /      |        |         \
       エピソード記憶  意味記憶  技能と習慣 プライミング 単純な      非連合学習
                                              古典的条件づけ
```

図14-3 長期記憶の分類。宣言的記憶（顕在的）は，イベント（エピソード）と事実（意味）の意識的記憶をいう。非宣言的（潜在的）記憶は，経験が無意識に行動を変容させるが，その記憶内容にはまったくアクセスができない，異種の能力の集合である。Baddeley（2002）より。

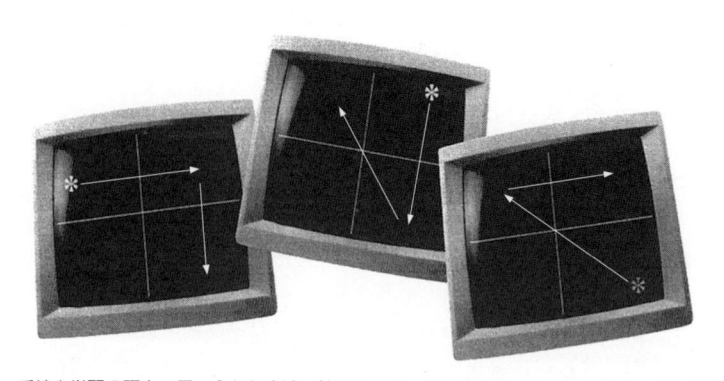

図14-4 手続き学習の研究で用いられた方法。被験者には，黒いスクリーン上に白いターゲット刺激（アステリスク）が提示される。このターゲットは，2つの交差する白線によって4象限に区切られたスクリーン上の4つの位置の間を動く。ランダム試行においては，ターゲットの動きはまったく予測できない。パターン試行においては75％のケースで予測が可能であり，次の3つの具体的なルールによって決定されていた。すなわち，(1)ターゲットの水平の動きに続いて垂直の動きが生じる，(2)ターゲットは垂直の動きの後に斜めに動く，(3)ターゲットは斜めに動いた後に水平に動く。このパターン試行中のターゲットの4番目の動きは予想不可能になっていた。Kumari et al.（2002）より。

分）は，しばしば「手続き学習」と呼ばれている。その1例として，図14-4に図示された課題について考えてみよう。1つのアステリスク（＊）がコンピュータ・ディスプレイ上のある象限から別の象限へと不規則に動いていく。被験者はそれを，タッチペン（wand）で正しい象限に順に触れながら，できるだけ速く，追っていかなければならない。アステリスクの動きは時にはまったくランダムだが，時には一定の複雑なルールに従う。これらのルールにより，アステリスクが次にはどの象限に動くかが予測できる。数試行の後には，被験者が順番に象限をタッチしていく速さは，このルールに忠実に従うようになる。そして次の予測可能な象限をタッチするのは，アステ

リスクが完全にランダムな動きをするときよりも，速くなる。したがって，脳は明らかに，そのルールを学習し，記憶に貯蔵したのである。しかし被験者に尋ねてみると，彼らはそのルールにも，また自分の行動がそれにしたがっていることにも気づいていないことがわかった。したがって，手続き記憶は意識的な想起ができないのだ。このような実験室の研究よりもなじみのある例をあげるなら，あなたが自転車に乗れるのは，あなたの脳が，自転車がぐらついてもまっすぐにできる行動ルールを蓄積しているからである。もう1つの暗黙の学習はプライミングである。この場合には，ある刺激の出現に被験者がまったく気づいていなくても，その刺激に続くほかの刺激に対する反応が変化しうる。この1例はマーセル（Marcel）のマスクされた意味プライミングの実験（第9章3節）に見ることができる。

「顕在的（explicit）」あるいは「宣言的（declarative）」と呼ばれる記憶（図14-1の樹状図の左側）は，対照的に，意識的な想起が可能である。宣言的記憶はこれ自身が「意味」記憶と「エピソード」記憶に分けられる。意味記憶は事実の記憶ではあるが，その事実を獲得した機会と，時間，場所，あるいはその他の自伝との連合を，はっきりとは思い出せないものである。それゆえ，「完熟したバナナの色は何ですか？」という質問に正確に答えるためには，バナナについて何かをはっきり思い出す必要があり，その質問とそれに対する答え方をはっきり意識していなければならない。しかしあなたは，完熟バナナにかぶりついた特定の機会について，その時間，場所，状況など，意識的に想起されうることを，すべて細部まで思い出す必要がない（またおそらくそんなことはしないだろう）。しかしながら，私があなたに「今日（先週，あるいは殺人のあった日）は朝食に何を食べましたか？」と尋ねたとしたら，そしてあなたがたまたまバナナを食べていたとしたら，どうだろうか。今度はおそらく，バナナを時間的，空間的，全般的文脈にしっかりと位置づけた，特定のエピソードを想起するだろう。これがエピソード記憶である。去年の夏休みについて思い起こされたものがエピソード記憶である。私がエピソード記憶として思い出すのは，数十年も前にオックスフォードで雪が非常に深く積って乗り物が動かなくなった不思議なひと冬のこと，私がまだ20代の初めのころモスクワ芸術劇場によって完璧に演じられたチェーホフの桜の園などである。

この2種類の異なる意識的（顕在的）記憶の区別は，カナダの心理学者，エンデル・タルヴィング（Endel Tulving）によって1970年代から強調されてきたが（2002年公刊の彼の回顧的説明を見よ），そのはっきりした経験的な支持は最近になって得られたにすぎない。この支持は多様な実験パラダイムから得られている。その1つでは，被験者はまず，一連の項目に見覚えがあるかどうか尋ねられた。なお，そのうちのいくつかは以前に出会ったことがあり，その他の項目は出会ったことのないものであった。被験者は次に，見覚えのある項目を，以前に出会ったときの状況がはっきり想起できるという意味で，「記憶している（remember）」のか，それとも，以前に出会ったことがあると単に「知っている（know）」だけなのか，さらなる判断を求められた。被験者はこの区別がすぐ簡単にでき，これが実験条件によって予想可能な変化をする

こともわかった。私は，あなたが自らの経験からこの区別を実証するのに，何の困難もないと信じている。

　私たちの人生は非常に豊かなエピソード記憶をもっている。それゆえに，エピソード記憶のない人生を想像するのは困難である。しかし，海馬に両側性の損傷を被ることによって，まさにこの不幸が誰かに襲いかかってくることがある。このような患者は深い健忘症に陥る。彼らはもはや新しいエピソード記憶を形成できず，以前に蓄積していたエピソード記憶の多く（すべてではないが）にアクセスできなくなる。

　海馬はそれ自体がこれらの記憶を貯蔵するものではないことが，今や一般に認められている。貯蔵のサイトは，新皮質の側頭葉にある可能性が高く，貯蔵そのものは，広く分散したニューロン群の間の結合パターンの変化という形をとる。海馬はこれらの新皮質の貯蔵サイトとの相互作用を，記憶がまず貯蔵（符号化）されるとき，そしてそれが意識に「検索」されるときに，行うようである。最近の多くの神経画像研究は，この見解と一致しており，たとえば語，絵，物，顔などを含む材料が記憶のために提示されるときと，後でそれらが記憶から読み出されるときに，海馬の活性化が生じることを見出している。この海馬の活性化を決定する重要な要因は，記憶されるべきものの新奇性である。新奇性が大きいほど，海馬の活性化の程度も大きくなるのだ。このパターンの発見は海馬機能のコンパレータ仮説と一致している。ここでは海馬が，イベントと，これらのイベントがどうあるべきかに関するコンパレータの予測（類似の文脈における過去経験の規則性に基づく）との，ミスマッチの程度に応じて活性化されると仮定されている。それゆえに，新奇なイベントのほうが慣れ親しんだものより強く，海馬を活性化させると期待されるのである。

　海馬が記憶検索に果たす役割は，私の実験室のデイヴィッド・ヴァーレイ（David Virley）とヘレン・ホッジス（Helen Hodges）が行った，マーモセット（新世界ザルの1種）の実験で明確に示されている。動物はまず，条件性弁別の訓練を受けた。ここでは，ある同一対象の対の場合には，左の対象を選ぶと報酬が得られ，別の対のときには正しい選択は右側になる。訓練を完了した後に海馬の切除がなされると，動物は弁別ができなくなっただけでなく，新しい学習もできなくなった。海馬に損傷のある人間の健忘症者も，この種の弁別課題の解決ができなくなる。この実験の最後の段階では，損傷のある海馬に我々のグループで開発した神経幹細胞を移植したところ，この幹細胞は損傷部を再増殖させ，効果的に再構築するという，めざましい能力を示した。2か月後に再検査すると，このマーモセットは海馬の切除以前の，実験の初めに学習した弁別をよく想起することがわかった。これらの結果から結論できるのは，忘れられた記憶は健忘症の間もそのまま完全に残っているが，アクセスすることはできない。そして海馬の再構成は，改めてそれにアクセスする手段を与えたということである。

　海馬に損傷をもつ多くの健忘症患者は，海馬が位置するより広い側頭葉領域にも持続的な損傷を受けている。このような患者の多くは，エピソード記憶だけでなく，意味記憶にも深刻な障害を示す。実際，一方の障害ともう一方の障害とはほぼ遍く重な

り合っており，一般的な見解では，宣言的記憶システム（図14-3）は1つだけだが，これ自体は2方向で，エピソード記憶と意味記憶として，出現するとまでいわれている。

しかしながら最近この見解は，ファラネー・ヴァルガ－カーデム（Faraneh Vargha-Khadem）と彼女の同僚たちによる3人の不幸な人物についての報告によって，根源的な挑戦を受けた。この3人は障害が海馬にほぼかぎられており，しかも，その障害を早期（出生時，4歳，9歳）に受けている。これらの患者は場所や時間の定位が悪く，その日にしたことに信頼のできる説明がつけられず，メッセージや訪問者等々を確実に思い出すことができなかった。これらの障害は非常に深刻であったので，この3人は誰一人として，職業に就き，独立した生活を営むことができなかったのはもちろん，長時間1人で放っておくこともできなかった。しかし，このエピソード記憶の喪失による深刻な影響にもかかわらず，これらの患者は3人とも，義務教育を完了させることができ（テスト時には彼らは10代あるいは20代初めであった），いろいろな知識（information）と理解（comprehension）のテストで正常範囲内のスコアをとっていた。これらのテストは，彼らが海馬の損傷を受けた後に学習したはずの事実をカバーしていた。一方，当時のイベントに対する彼らのエピソード記憶は（家族に列挙してもらったかぎり）本質的には欠如していた。したがって，これらの患者はしばしば，①エピソード記憶は意味記憶とは区別され，②それはもっぱら海馬によって仲介されるということの，非常に強力なエビデンスを提供していることになる。

さらに，これらの患者の1人であるジョンについての，エレナー・マグワイアー（Eleanor Maguire）の研究では，意識的な想起と，このような特定の意識的な想起なしの過去の知識との間には，はっきりと違いのあることが明らかにされている。ジョンは海馬に持続的なかなりの損傷を被っていたが，それにもかかわらず，彼の残存する海馬組織が活性化させられうることがfMRIによって検出されたのである。正常な被験者でなされたそれ以前の研究で，マグワイアーらのグループは，自伝的なイベント（過去のある時期に被験者が個人的に生起したと記述しているイベント）を想起しているときには，ほぼ同じ時期に生じた公的なイベントを想起しているときに比べると，海馬，特にその左半球に活性化が生じていることを明らかにしている。ジョンは，エピソード記憶が全般によくなかったのだが，マグワイアーが同じ実験パラダイムで，しかしもう一ひねり加えてテストしたのに対しては，十分な数の自伝的イベントを思い出すことができた。そしてジョンは，本当に思い出せる過去のイベントと，知ってはいるが思い出せないイベントを，自発的に区別できることを明らかにした。これはもちろん，一般的な想起（remembering）と単なる知識（knowing）との区別であり，この区別は，前に見たように，エピソード記憶と意味記憶とを区別する指標の1つである。fMRIの結果は，彼が実際に記憶しているイベントを想起したときには海馬が活性化するが，ただ知っているだけのイベントを想起したときには活性化しないことを示していた。これは，海馬がエピソード記憶の検索中に生じる特別に意識的な想起に関与することを示す，よいエビデンスである。この推論は，脳損傷患者から得られたデータに依存しているという点で潜在的に限界がある。しかし海馬は，ローラ・エ

ルドリッジ (Laura Eldridge) らによって報告された「記憶している (remember) /知っている (knowledge)」を判断する fMRI 研究で, 正常な被験者においても活性化されていた。この活性化は, 被験者が再認した項目を「記憶している」と判断したときに選択的に生じ, ただ「知っている」と判断したときには生じなかったのである。

(4) 海馬に共通する計算機能?

海馬はしたがって, 2つの主要な明瞭に異なる機能を発動させる。1つは空間の学習とナビゲーション, もう1つはエピソード記憶である。これらは両方とも, 共通の基礎的な計算の中核に帰因させるのが, 節約原理に適うであろう。ニール・マックノントンと私は, この共通の中核はコンパレータ機能に見出せるという提案をした。

思い出してほしい (第7, 8章)。コンパレータ・システムの重要な出力は, エラーの検出である。これは2つの形をとりうる。すなわち, 何か予想されないことが起こる, あるいは, 予想したことが起こらない, という可能性である。どちらの場合にも, このシステムはエラーを生じた予測回路の修正へと進んでいかねばならない。このような修正がうまくいきそうな最も一般的な方法は, 文脈の曖昧さの除去 (contextual disambiguation) である。コンパレータの予測回路は, 被験者の先行経験の蓄積された規則性, および関連のある過去と現在の条件間の類似性を頼りにしている。したがって, この予測の失敗は, 多くの状況で, 単純に間違っているということではなさそうである。むしろ, いくぶん異なる条件下では, 正しい可能性が高い。また, 予測の失敗に導くような回路は単純に削除したほうが有利だということでもなさそうである。というのも, その予測が実際には正しいという状況がよく起こりうるからである。この議論と軌を一にしているのが, 次の議論である。すなわち, 脳はどんな学習をも解除しない。それは, 古い学習に新しい学習を積み重ねていき, 各項目に, 最もよく当てはまる正しい時間, 場所, 状況などに関するタグのようなものをつけていくだけなのだ。意識的なエピソード記憶を他の形式の記憶と区別するのは, まさにこの種の文脈の豊かな連合である。意味記憶はこれとは違って, 典型的には一般的な事実の記憶である。「パリは先週の火曜日, 太陽が輝いていたときに, フランスの首都であった」と記憶するのは, 特異的であり, 特に役に立つものではない。

コンパレータ・システムの付加的な機能は, したがって, この種の文脈的なタグをつけることである。

これが意識的な記憶検索の場合にどんなふうに働きうるのか, 考えてみよう。被験者に対連合学習 (paired associate learning) 実験を受けてもらおう。被験者は3つの連続する対語のリストを学習してきているとする。どのリストでも, 「フック」という語が手がかりとして作用し, 最初はこれに「お金」が, 次に「羊」が, そして最後に「ハリー」が続く。さて, 彼の課題は「フック」に対して最後に学習した連合, 「ハリー」で応答することである。彼が「フック」を聞いたとき, 3つの連続リストで学習した3つの対連合のすべてが, そして, いうまでもなく, それ以前から「フック」と連合している「クギ」「留め金」「クック (cook)」などが, ある程度まで活性化さ

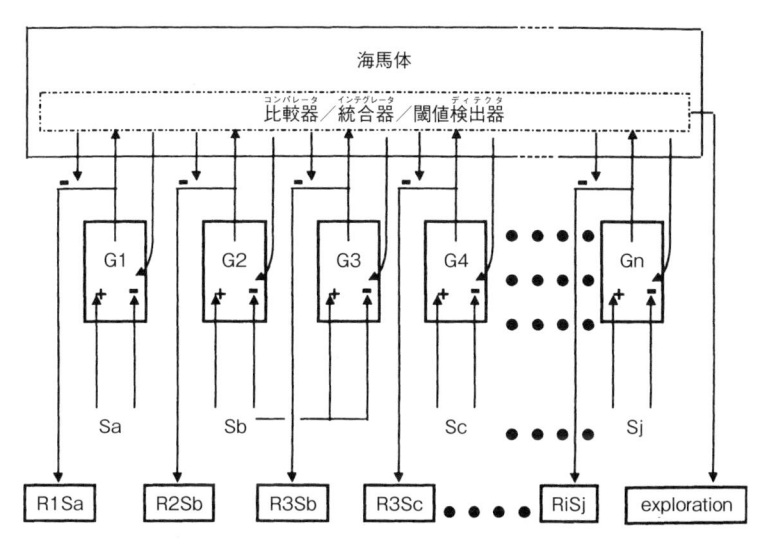

図14-5 目標葛藤解決のための汎用装置としての海馬体。目標は環境刺激（S）と反応傾向（R）との特定の組み合わせとして定義される。2つの目標は，しばしば，この両方の属性（R1Sa対R3Sb）が違っている。たとえばネズミの実験では，接近（以前の食物との連合による）と，回避（以前のショックとの連合による）の両方を引き起こす目標箱は，葛藤を生じる。同様に，ある反応が2つ以上の刺激（R3Sb対R3Sc）に対して向けられる可能性もある。たとえば以前の強化史によって，左または右のレバー（あるいはその両方）で引き起こされうるレバー押し反応のケースがそれである。どんな刺激（たとえばSa）も，特定の目標（G1）――その刺激と特定反応との結合（R1Sa）によって定義される――を活性化するように保持されている。活性化の強度は，その目標と感情的にポジティブ（+）な連合とネガティブ（−）な連合とを統合することによって，決定される。多くの場合，この目標（たとえばG1）は，反応を生じるのに十分な正味の活性化をもつ唯一のものであろう。あるいは，ほかの目標が活性化されても，それでもそれが明瞭な勝者なのであろう。この場合には，その反応（R1）はその関連刺激（Sa）に向けられる。海馬体はG1からの出力の遠心性コピーを受け取っても，この場合には反応はしないだろう。葛藤は，2あるいはそれ以上の目標（たとえばG1とG2）が強くほぼ同程度に活性化されるケースとして，定義される。コンパレータとしての海馬は，この葛藤の程度を決定する。そして，これが大きければ大きいほど，海馬の出力も大きくなるだろう。この出力は2つの効果をもつ。第1にそれは，目標（たとえばG1, G2）を定義する領域から，それら（R1Sa, R2Sb）の達成責任を負う領域への出力を遮断する。第2にそれは，これらの目標に特定的な，どんな感情的にネガティブな連合（人間の場合には推論も含まれる）の価値をも増大させる。多くの場合これは，そのネガティブな連合のより小さい方の目標を選ぶことで，葛藤解決が可能になるのだろう。海馬からの出力は，葛藤が解決されるまで，再帰的に増大していく。同時に，探索行動が指令される。これによって，（現存するネガティブ情報の価値を低下させるか，新しいネガティブ情報を加えるかして），葛藤解決過程に役立つ情報が加えられるのである。

れるだろうことはほぼ確実である。この混乱の中で，被験者（というよりも彼の脳）は，これらすべての競合物よりも「ハリー」を選好しなければならない。そして「この日の，この実験室内の，この実験における第3のリスト」という文脈的な記述のもとで，そうしなければならない（これら自体がさらに一般的な文脈の中に位置している）。これは，海馬に損傷のある患者がひどく失敗した，まさにその種類の課題である。マックノートンと私が提案したのは次のことである（より詳細な説明は，図14-5を見よ）。

この過程は，海馬と，各競合する連合が貯蔵されている側頭葉の領域との，再帰的相互作用によって達成される。これらの相互作用の結果は，手がかり語の「フック」に対する可能な反応群の中の1つを口に出していることである。これが正しければ，すべてよしということになり，これが間違っている場合には，海馬と側頭葉の貯蔵サイトとのもう1ラウンドの相互作用がなされ，正反応がこの文脈で支配的になるまで，シナプス結合が修正される。海馬に損傷をもつ患者の場合には，正しい想起はしばしば不可能であり，我々の理論モデルと一致して，エラーはしばしば以前のリストや，それ以前の連想の侵入という形をとる。

同じような分析が空間ナビゲーションにも当てはまる。ここでの課題は，空間的に複雑な環境において，あなたが今いるA点から，あなたが到着を望んでいるB点に行ける方向に近づいていくことである。しかし，空間そのものの性質はこんなふうである。あなたが前にA点にいたときには，あなたは頭を多くの他の方向にそらして，B以外の多くの他の目標に向かっていた可能性がある。それゆえ，記憶の場合と同様に，現在の文脈の要請にしたがって，可能な行為の選択肢の中から選択を行い，その選択が間違ったとわかったときには，記憶貯蔵を更新する方法が必要になる。したがって，この同じ一般的な問題に対して，同じく一般的な解決法が提供されうる。海馬は今や，側頭葉のエピソード記憶の貯蔵サイトとではなく，前頭皮質と大脳基底核の中を走る運動プログラムとの相互作用が必要になるのだ。幸い，海馬はこのような領域との結びつきを備えており，側頭葉との結合ももっていて，両方の仕事を可能にしているのである。

実際，我々の一般仮説は，海馬がこのように多くのほかの脳領域——海馬は，多くのほかの心理学的機能と関連して，これらと解剖学的にもつながっている——と相互作用することを含んでいる。中でも，我々が特に注目してきたのは，葛藤や脅威状況での行動であり，それに伴う不安の情動状態である。海馬系がこの情動に，そして，バリウムやリブリウムのような抗不安薬の効果を媒介するのに，重要な役割を果たしているということには，強いエビデンスがある。さて，海馬の神経構造はその全体を通じて比較的単純で均質である。この解剖学的な単純さを前提にするなら，空間ナビゲーション，エピソード記憶，そして不安という一見異質な3つの心理学的機能を，海馬に帰属させることには満足できないのではなかろうか。しかし，実験的エビデンスによれば，海馬はこれらのいずれともはっきりした関わりをもっている。したがって我々は，図14-5に概要を示したように，海馬の心理学的関与の多様性を1つの基本的な計算機能によって説明できることが，我々のアプローチの大きな長所であると考えている。

3 海馬の機能と意識

前節で概観したエビデンスは，海馬を，意識的で文脈の豊かな（エピソード）記憶

の符号化と検索に強く関連づけている。しかし，意識のコンパレータ仮説はこれよりもさらに先を行く。すなわち海馬系は，エピソード記憶における役割に加えて，何よりも，意識内容の選択に作用すると主張するのである。このより強い仮説は，これに賛同する多くの議論から引き出されたものである。

第1に，上で述べたように，海馬に記録されるニューロンの発火レパートリは，あらゆる感覚モダリティ，およびその組み合わせに対して敏感である。そして，それらは異なる環境内の異なるフィールドに柔軟に配分される。この点で，海馬のニューロンは，意識の素早く変化する柔軟な内容を反映している。こんなふうにいえる脳構造は，私は他には知らない。

第2に，海馬が他者中心的空間の「地図」の構成に果たす役割は，我々の議論が今までに明らかにしてきたものよりも，はるかに深い意味をもっていそうである。意識的な経験は，ほとんど常に安定した3次元空間の枠組みに位置づけられている。したがって，意識的気づきに入ってくる多モードのシーンの各々に対する最後の仕上げ（final touch）が，その多様な構成要素を統一し統一される他者中心的空間の枠組みに位置づけうるシステムから来ているとしても，それは驚くべきことではなかろう。これがまさに海馬がしているように見えるものなのである。また意識的な知覚は，それが外的世界の準永続的な特徴をモデル化したものだという点で，無意識的な感覚運動的行為とは異なるのだという示唆（第7章3節）を思い出してほしい。適切な空間的枠組みは，それもまた比較的持続的であり，その中にこれらの特徴を挟みこめるので，明らかに自己中心的というよりも他者中心的である。意識経験によって他者中心的な空間的枠組みを使用するということは，クリス・フリス（Chris Frith）によって指摘された，もう1つの潜在的な意味をもっている。すなわち，「脳内で保持されているあらゆる表象の中で，非自己中心的座標内で符号化されている表象は，他者が脳内にもっている表象と，最もよく類似しているものである。これらの表象こそが，現状況におけるほかの生物の行動を最もよく予測できるものなのである」（Frith, 1995, p. 683）。このように人間同士で共有される表象は，言語発達に不可欠の基礎を提供するものになる（前の第9章2節の議論を見よ）。（フリスはこの議論をさらに進めたかったのであろう。そして——ニコラス・ハンフリー（Nicholas Humphrey）が以前に彼の著書，『取り戻された意識（*Consciousness Regained*）』の中で提案した仮説を反響しながら——，意識経験とその基礎にある神経機構は，社会的な利益をもたらすので，進化した。しかしこの順序は逆ではない，と推測している。）

第3に海馬は，後部新皮質にある重要な感覚系——この出力が意識内容を構成する——と解剖学的なつながりをもっている。これらの結合により，海馬は，側頭葉の記憶貯蔵サイトや，基底核と前頭皮質の運動プログラミング回路と相互作用するのと同じ普通の方法で，感覚系との相互作用もすることができる。上で見たように，海馬は側頭葉の嗅内皮質からの投射によって，あらゆる感覚モダリティの入力を受け取っている（図14-2）。そして，この逆方向への通路として使われうるルートは少なくとも2つある。1つは，感覚情報を海馬に送ってくる側頭葉の領域への逆投射のルート，

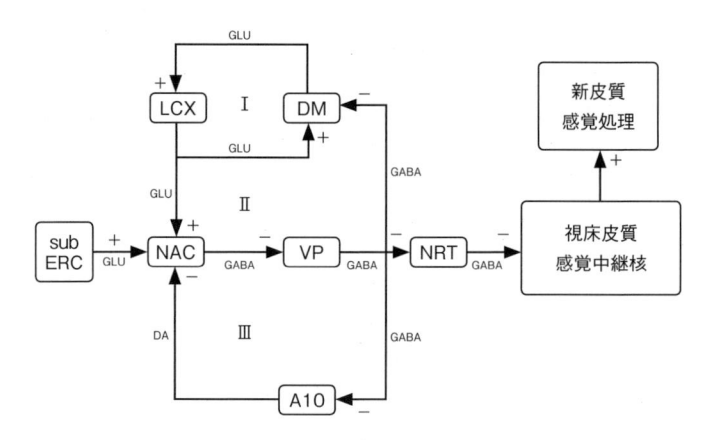

図14-6 鉤状回（sub）と嗅内皮質（ERC）から運動系の側坐核（NAC）要素への，そして，その運動系から視床網様核（NRT）と視床皮質感覚路への結合。LCX：前頭前野と帯状回の領域を含む辺縁皮質。DM：視床背内側核。VP：腹側淡蒼球。A10：腹側被蓋野におけるドーパミン作動性神経核のA10。GLU，GABA, DA：神経伝達物質グルタミン酸塩，ガンマアミノ酪酸，ドーパミン。＋，－：興奮と抑制。I，II，III：フィードバック・ループで，最初の2つはポジティブ，3番目はネガティブ。Gray（1995）より。

第2は図14-6に図示し説明したもっと間接的なルートである。

　第4に，上に見たように，海馬はエピソード記憶の検索をして意識的な想起を行う責任主体だという十分なエビデンスがある。これらは，初めに意識に入っておりさえすれば，ほぼ確実に意識的に想起できる。もし意識的なシーンの記憶貯蔵と，その後の記憶への呼び出しと再活性化とをコントロールする同じ構造が，そのシーンを最初に知覚する際にも役割を果たしているとするならば，それは脳システムの節約的な使用になるだろう。この見解と軌を一にしているのが，デイヴィッド・ギャファン（David Gaffan）のサルの実験であり，この研究では，海馬系への損傷は，複雑な視覚シーンの中の特定の場所に置かれた物体を見つけ出す学習に，顕著な障害を生じることが示されている。しかしながら，これらの実験からは，このような障害が学習か，記憶か，それとも最初の場面知覚か，いずれの失敗によるのかが決められない。

　第5に，意識経験は空間的構造とともに時間的構造ももつ。確かに，意識経験の1つの「瞬間」がいつ終わって，次がいつ始まるのかは，いうことができない。しかしそれにもかかわらず，意識内のイベントは，はっきりした時間的順序で生起するように見える。しかし，短い時間間隔内では，時間的な継起は崩壊し，2つのイベントが生起した順序は検出できなくなる。時間的な継起が安定して見出せる最小のイベント間間隔は，大雑把に1/10秒のオーダーである。したがって我々は，意識内容の最終的な「配信」を司るシステムが，これの持続中の時間間隔を通して機能する周期性のサインを示すと期待してよかろう。γ波の帯域（ウルフ・シンガーらによって強調された有名な「40Hz」のリズム）内のニューロンの発火率の振れと，人間の脳波（EEG）で記録しうる同じような波長は，ほぼ25msの間隔でくりかえされていること（第16

章5節を見よ）に注目されたい．したがって，意識の神経学的基礎に関する現在の議論ではγ波に人気があるが，意識経験の継起する瞬間を分析するのには，γ波では速すぎることになる．

対照的に，ニューロンの発火レパートリと海馬のEEGの両方において，θ波の帯域，すなわちネズミでは6-12Hz（ヘルツ＝1秒あたりの周波数），人間では3-8Hzあたりで顕著な揺れがある．これらの波動は，ニューロンのメッセージが海馬の回路を通過する際のゲート開閉に，機能的な役割を果たしているようである．メッセージは，θ波が他ではなくある位相にあるときに，より簡単に通過する．このような配列は，ほぼ100-200msの間隔でなされる海馬からの逐次的な出力の時間的解析を暗示しており，意識経験の見かけの時間構造とも一貫している．θ波は他の脳構造にも存在するが，これらの構造では，それが比較的不活性なときに生じる．他の実験的エビデンスが示しているように，海馬系の中だけで，この構造がその正常な機能を活発に遂行しているときに，θ波が生じるのである．海馬が時間的な順序づけに重要な役割を果たしているという他のエビデンスは，海馬に広範囲にわたる損傷をもちながらも，脳の他の領域には殆ど損傷のない患者（Y. R.）についての，アンドリュー・メイズ（Andrew Mayes）らの研究から得られている．Y. R.は2つの単語リストを正常対照群と同じくらいよく学習できたが，リストを見た順序の弁別はひどく悪かった．

私はこれらの議論に大いに魅了された．このことは別に驚くほどのことではない．結局，海馬がコンパレータとして作用し，意識内容はその出力にあるという仮説は，私自身のものなのだ．しかし，私は完全にこの仮説に説得されてしまったわけではない．疑う理由はいくつかある．

深刻な健忘症——エピソード記憶に加えてそれ以外にも多くの完全な喪失をもつ——を生じるのに十分な海馬系の損傷の後にも，患者たちは，私の仮説から予想されるような，内容のない意識というような印象を示さなかった．この予測に反する最も印象的なエビデンスは，ボストンのロバート・スティックゴールド（Robert Stickgold）らによってなされた，海馬損傷をもつ1群の健忘症患者に対する，入眠時心像（hypnagogic imagery）の研究から得られている．

スティックゴールドはこれらの患者と正常対照群の人々に，テトリスと呼ばれるコンピュータゲームをさせた．これは，「プレイ・ピース」がコンピュータ画面上を上から下へとスピードを速めながら連続的に落下していくとき，このプレイ・ピースが望ましい配列になるように素早く操作するゲームである．この英雄的な被験者達には，毎日2～3時間このゲームをしてから，眠ってもらった．この際，一種の精巧な金属製のヘアネット，すなわちEEG（脳波計）を装着して，彼らが眠りにおちいる瞬間を決定できるようにした．こうして彼らは，実際の睡眠の最初の1時間の間ずっと，眠りに入ろうとする淵で，くりかえし目覚めさせられ，彼らがそのとき経験しているイメージを報告するように求められた．第2夜までに，大多数（患者の3/5，対照群の9/12）が，テトリスのピースが「ふわふわと落ちてきて，ほかのピースにはまっていく」（ある被験者の述べた言葉）のを見るという強いイメージを報告している．

これは予期された入眠時心像である。健忘症の被験者は，対照群よりもずっとゆっくりであったが，このゲームに上達していった。しかし毎回，このゲームは今までに見たことがないといいはった——これは無意識的な手続き学習（無傷）と意識的なエピソード記憶（喪失）との標準的な健忘性解離である。驚くべき新発見は，健忘症者が対照群と同じくらい多くの，そして同種類のテトリスのイメージを報告したことである。入眠時心像は，どんな基準によっても，意識的に経験されている。それゆえここには，海馬をなくし，その喪失に伴って深刻な健忘症を来してはいるものの，対照群と少しも違うようには見えない意識経験をもつ人々がいることになる。このイメージと相関する神経系の最もありそうなサイトは，視覚系腹側路のあれこれのモジュールである。それゆえ，この実験の結果は，第13章で見た他の研究——これらのモジュールにおける活動は，それ自体，意識的視覚経験の出現の十分条件になることを示唆している——ともよく符合している。この見解に立つと，意識内容を選択するこれ以上の構造は必要ではなくなる。そうすると，コンパレータ仮説は余分なものになるのではなかろうか。

　しかしながら，もう1つ別の予測を，コンパレータ仮説から導き出すことができる。海馬の損傷は，こういった意識内容を除去するのではなく，むしろ，1つのランダムに選択された内容から次のものへと無秩序によろめき動く意識を引き起こすのではないかという予測である。奇妙なことだが，この第2の結果は実際に起こるのだが，それは急性の統合失調症の発症においてである。これらの患者もまた，海馬に（しかし，脳のほかの多くの領域にも）損傷をもっており，記憶の欠落も生じている。彼らの海馬の損傷は，エピソード記憶を完全に崩壊させるにはほど遠い。それでもなお，このコンパレータ・モデルは統合失調症に適用することが可能なのである。

　その結果として，統合失調症の脳にもコンパレータは存在するのだが，そのいくつかの要素間に解剖学的な断線があって，誤動作が生じるのだ，という理論が提唱される。特にこの理論では，誤動作するシステムは，実際にはその関連刺激をよく知っている場合にも，「新奇」であると計算してしまう傾向がある，とされる。新奇な刺激は注意を惹くので，統合失調症患者が示す奇妙な症状——これには1つの断片的で不連続な思考や知覚表象から次のものへとバラバラに動いていく傾向が含まれる——の多くは，このように説明することができる。我々はこのモデルを実験的研究の多数のプログラムで検証し，その予言の多くを実証した（「統合失調症報告（*Schizophrenia Bulletin*）」に載せた私のレビューを見よ）。このエビデンスに照らしてみると，海馬はコンパレータ・システムの機能を作動させるし，このシステムの部分的損傷は意識内容の選択を崩壊させうるという仮説は，少なくともヒューリスティックな目的のためには，保持するのが合理的である。しかし，海馬にもっと大きな損傷をもち，エピソード記憶を完全に喪失している患者でも，意識経験は持続し秩序を維持しているように見えるケースも残されている（貧困になっていることは疑いようがなくても）。この事実から私は，意識内容の選択に責任を負う領域が，海馬以外にもあるはずだという考えを受け入れる方向に傾いてきている。

しかしながら，この付加的な領域は，海馬と緊密に結合している可能性がある。[そして]マックノートンと私が，海馬系を，とにかく海馬のθリズムを示す全領域と定義しているように，このような領域をコンパレータ・モデルに含めても，必ずしもこのモデルを変化させることにはならないと思われる。この定義には，かなり広範囲の付加的な構造――ただし，そのすべてが海馬と解剖学的に緊密に関係している――が含まれることになる。我々のモデルがこのようにすれば救われうるという可能性は，バーバラ・ウィルソン（Barbara Wilson）によるドラマチックな1患者，クライヴ・ウェアリングの精細な研究が示唆しているとおりである。

クライヴは高能力で成功したプロのミュージシャンであったが，単純ヘルペス脳炎（herpex simplex encephalitis）にかかった。その結果，彼は海馬だけでなく，側頭葉の他のすべての連結する構造にも大きな損傷を受けた（両側の損傷が海馬体（hyppocampal formation），扁桃体（amygdala），無名質（substantia innominata），側頭頂（temporal pole）に，左半球の損傷が円蓋（fornix），下側頭回（inferior temporal gyrus），上側頭回（superior temporal gyrus）の前部，島（insula）に見られた）。クライヴは病気の発症前のイベントについても，その後に生じたイベントについても，どちらにも極度に重症の健忘症をもっていた。しかしながら，彼の音楽のスキルはまったく無傷で残っており，なお楽譜を読んで音楽を演奏できたし，合唱の指揮もできた。彼は流暢に歯切れよく話もでき，書くこともでき，ラテン語を英語に翻訳することさえできた。ここまでのとろころでは，彼の状況は，通常の記憶（特にエピソード記憶）障害のパターンによく当てはまっていたが，側頭葉損傷の後も，知能は維持していた。

クライヴ自身の自己の状態についての記述も，注目に値する。彼は常に「今目覚めたばかりだ」と感じて，日記をつけている。日記には，この感覚が数時間あるいは時に数分の間隔でくりかえし記述されている。こうして「目覚める」と，彼は規則的に，その前には意識経験がなく，現在の瞬間に突然意識経験が回復した，と述べている。「私は長く目が見えず，耳が聞こえず，唖であった」，「突然私は色のついた世界が見えるようになった」，「今は車の音が聞こえる」，「今日は私がとにかく何かを意識するようになった最初の日である」「私の感覚はまったく働いていない」，「私は味を感じない」，「触覚も嗅覚も感じない」，「死んだみたいだ」（この言葉は何回もくりかえされた）。クライヴは昏睡状態にはないという意味では，明らかに意識をもっていた。また明らかに，彼は，目覚めと目覚めの間の期間の意識内容の喪失について，時々，一瞬ではあるが，コメントすることができるだけの，十分に正常な意識を維持している。しかし，言葉通りに受け取るなら，彼は正常で連続的な意識経験の豊かさがひどく浸食されていることになる。ウィルソンの言葉によると，

> クライヴはごく短い瞬間しか印象を保持できなかった。その結果，当然のことながら，環境は絶え間なく流動しているように見えた。多くの機会に「あなたはさっき青を着ていなかったよね。いやいや，あれは黄色，いやピンクだったかな，でも確かに青ではなかった」というようなコメントを彼はよく口にした。部屋が常に新しい様相を示すために，クライ

ヴは「どうして彼らはそんなことをするの？」と尋ね続けた．ある日，彼はこの現象をテストしてみた．彼はチョコレートを片手にもって，もう一方の手でそれをカバーしたり，そのカバーをとったりをくりかえした．彼はチョコレートがどこかに行ってしまうことはないと感じることができたが，それでもなお，カバーをとるたびに，新しいチョコレートであるように見え，どれほど素速く見ても，新しいという見え方は変わらなかった．

　これらの現象は，コンパレータ・システムをなくしたときに予期されるものと，驚くほどよく一致している．意識内容としては何も選択されないのか，あるいは，選択されたものが決定的に新しく，文脈をもたないのかの，いずれかなのである．それゆえおそらく，コンパレータ仮説は結局正しい路線上にあるのだが，このシステムは単に海馬だけでなく，もっと大きな神経空間を占めているのであろう．

第 15 章

自己中心的空間と頭頂葉

　前章では，他者中心的あるいは世界中心的な空間的枠組みが，意識経験にとって重要であると強調した。そしてこれが，海馬について濃密に集中して論じた理由の1つであった。しかしながら，これとは別種の空間的枠組み——自己中心的あるいは身体中心的空間——もあり，これもまた，意識経験と緊密な関係をもっている。この枠組みは，海馬ではなく，新皮質の領域（図15-1）——頭頂葉で計算される。

1 空間無視

　我々は以前にこの領域に出くわしている。それは頭頂葉の，それもたいがいはその右側の損傷であり，半側空間無視（unilateral spatial neglect）症候群を引き起こす。我々はまた以前に，無視症候群（neglect syndrome）に出会っており，あわせて，これが意識を論じるのに重要であることを見た。たとえばゼキの仮説（第13章）では，視覚に特化されたモジュールの活動が，意識経験にとって必要かつ十分であるとされている。しかし，左の視野に提示された刺激（家や顔）を意識的に見ることには失敗した無視症患者が，それにもかかわらず，fMRIでは損傷された右脳のそのモジュールに活動が検出されたという事実があり，この研究に照らしてみると，ゼキの仮説は慎重に記述される必要がある。
　無視症候群では，患者はしばしば欠損の反対側（通常は左）の空間領域の感覚刺激への気づきを欠いている。半側空間無視の患者はしばしば，彼らの世界が右半分しか存在しないかのような行動をする。彼らは，顔の右側だけひげをそり，皿の右側にあるものだけを食べ，身体の右側のみ服を着て，ページの右側だけを読む，等々の可能性がある。公式のテストで，線分を2等分するよう求めると，彼らはあたかも線の左半分はないかのように，右方向へ3/4くらいのところにシルシをつける（図15-2）。あるいは描画の右側のみを模写する（図15-3）。彼らの問題はあらゆる感覚——視覚，聴覚，触覚，内受容感覚（すなわち自己の四肢の位置や状態に関する内側からの知覚），さらには嗅覚にまで及ぶ。イメージもまた，同様の影響を受ける。よく知っている情景をイメージするよう求められると，患者はたとえばイメージしたものの右側しか詳細には報告しなかった。無視症候群は，かなりの臨床的および実験的研究の対象になってきた。これらの研究とその結果の詳細は非常に複雑である。しかし，これらの患者に影響を及ぼす基本的な認知障害の本質については，かなり明瞭で一貫した理解が

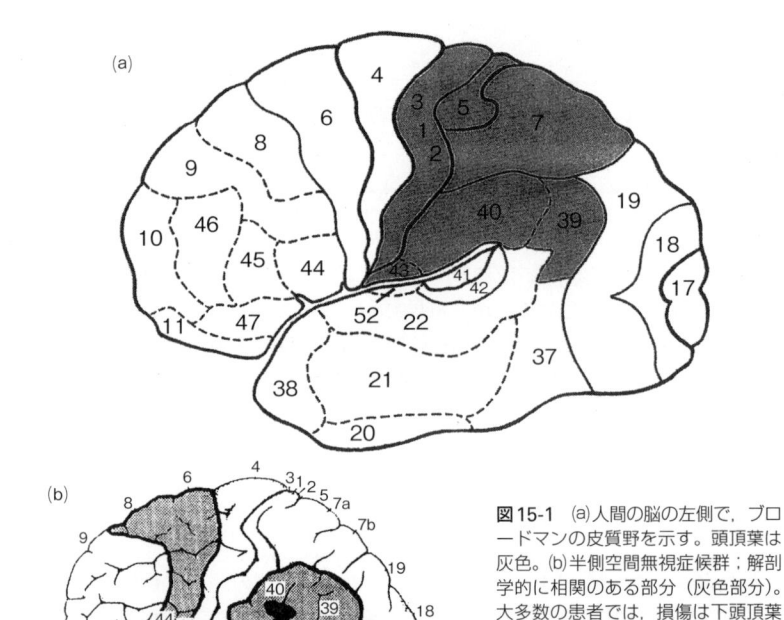

図15-1 (a)人間の脳の左側で，ブロードマンの皮質野を示す。頭頂葉は灰色。(b)半側空間無視症候群；解剖学的に相関のある部分（灰色部分）。大多数の患者では，損傷は下頭頂葉の縁上回を含み，側頭・頭頂接合部（黒い部分）にある。前頭の損傷後の無視はずっと少なく，通常は前運動皮質の背側部の損傷と連合している。Burgess et al. (1999) より。

生まれてきている。

　無視症候群を生じる共通の障害部位は，通常は右半球の側頭葉と頭頂葉との接合部にある，下頭頂小葉内の縁上回にある（図15-1）。そして，多様な無視症状の基礎にある共通の認知の損傷は，脳の自己中心的なマップを形成する能力の崩壊に存する。脳の感覚系と運動系とは大部分が「交叉」している——つまり，脳の左側は世界の右側を処理し，その逆もまたそうである——ので，脳の自己中心的空間のマップの右側の崩壊は，患者の世界の左側に影響する。あなたの世界の「左側」はもちろん，定義上，「自己中心的」である。それは，あなたが位置を変えれば，変化するからである。

　実際，脳は多種類の自己中心的空間を計算する。ここには，体幹，四肢，頭，そして眼窩内の眼球までもの位置との相対的空間が含まれている。これらの多様な「空間」はいずれも，あれこれの行為——動くターゲットに手を伸ばし，つかまえ，凝視する等々——をするのに不可欠である。サルの脳のニューロンの記録は，頭頂葉内の多様な領域がこれらの異なる種類の空間の計算に重要な役割を果たすことを示している。異なる空間はまた相互に登録し合って配置される必要がある。たとえばあなたが頭と目を上方の右に旋回させながら，コートの向こう側から速いスピードで返ってくるテ

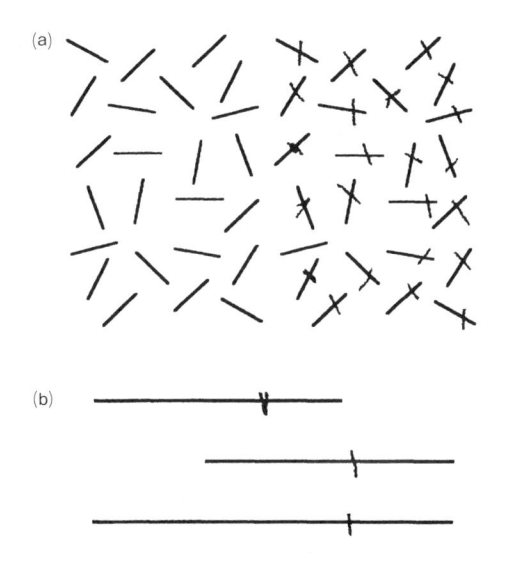

図15-2 典型的な臨床課題において，左空間無視患者に見出された欠損の例。(a)線分抹消課題。患者は，目の前に提示された1枚の紙上に散らばって印刷されている多くの短い線分のそれぞれに，マークをつけていかねばならない。患者は課題の完成にかなり長い時間が与えられても，損傷と反対側の線分の検出に失敗するのが一般的である。(b)線分2等分課題。被験者は長い横線の中点にシルシをつけるよう求められる。が，損傷とは反対側の左を無視するかのように，損傷と同側の右寄りに逸脱したシルシをつける。このような損傷と同側へのバイアスは，この線が左寄りに置かれると，しばしばより大きくなる。患者のこのバイアスは，たとえば損傷と反対側の線分の端を見させるように，その先端の文字を報告させたときには，部分的には補正できる。Driver & Vuilleumier (2001) より。

ニスボールをバックハンドで返そうとして，左側にかがみ込んでいるとしたら，これに必要な空間の計算について考えてほしい。この種の共同登録（co-registration）は，頭頂葉内の領域から領域へのコミュニケーションによっても達成されているようである。テニスの例のように，この種の計算は素早い行為の視覚的ガイダンスには不可欠である（しかし必要なのは，視覚的ガイダンスだけではない。他にも重要な寄与をしているのが，バランスの前庭感覚，固有受容器等がある）。しかしながら，第2章で見たように，この種の行為は，意識経験の寄与がほとんどなくても実行されるし，さらには意識経験にほとんど入らなくても生じうる。さらに，これらの比較的特殊な自己中心的空間の各々の計算は，損傷が無視を生じる下頭頂小葉ではなく，上頭頂小葉隣接部においてなされる（図15-1）。

多様な自己中心的空間の正しい共同登録は，感覚運動的行為のガイダンスに重要なだけではない。それはほぼ確実にこのような感覚運動的行為によって確立され，実効をもつようになる。サルの頭頂葉の細胞は，自己中心的空間の特定領域（あれこれの身体部位に中心化されて，1つないしそれ以上の座標軸のセットに特化されている）に対してだけでなく，動物の次の志向的行動（ここに手を伸ばしたり，あそこを見たり等々）に対しても，共に感受性をもっている。これらの細胞はさらに注意効果（effects of attention）をも示している。実験者が，フルーツジュースの報酬を得るためには，空間の特定領域に，特定の反応（つかまえる，中心視する等々）をする必要があるという手がかり刺激を，期待するように動物を調教するなら，その手がかりの出現に先立って，適切な細胞が発火をし始めるだろう。これらの「注意」効果は，「志向」効果と区別がつきにくい。すなわちこれらは，ふつう，動物が注意を向けねばならない

領域と，することが求められている反応とに，等しく連合している。かくして，共同登録された自己中心的地図の構築と活用は，第3章で考察した類の感覚運動的フィードバック・ループの活性化と緊密につながっている。共同登録された感覚運動的地図は，事実上，場所や運動を別々に考慮した地図というよりも，行為のための目標（あるいは被制御変数）の地図である。(前章で見たように，「地図」とは，あるニューロン・セットの発火を別のセットにマッピング（対応づけ）することをいう。1つのニューロン・セットの各要素が，そのように重ね合わされたマッピングの両方のあるいはすべてのニューロンから，適切な入力を受容したときにのみ，そのニューロン・セットが発火するとしたら，そのときに共同登録は生じるのだといいうる。)

　無視という形で崩壊したこの種の自己中心的空間は，それらの共同登録の後でさえ，これらのより特殊な空間よりもさらに高次の認知的抽象化のレベルでも作用している。これは，ビシアッチ（Bisiach）とルツァッティ（Luzzatti）が1978年に行った有名な臨床実験によって明らかにされた。彼らは無視症患者にミラノでよく知られているドゥオモ広場の，まずは一方の角に，続いて他方の角に自分が立っているところをイメージしてもらい，何が見えるかを記述してもらった。どの場合にも患者が立っているとイメージする場所を指定すると，患者は広場の右に見えるはずのものだけを記述することができた。もしこの2つの視点を合わせることができたとしたら，当然のことながら，広場全体の表象が彼らの利用可能なものになっていたはずである。しかし，特定の視点の採用により，その表象の半分のみをアクセスすることになった。この空間はしたがって，「表象的自己中心的空間（representational egocentric space）」と呼ぶのがよさそうである。

　半側無視症候群におけるこの表象空間の左側の喪失は，多くの観察で示されているように，絶対的なものではない。(簡略化するために，視覚の場合に限って述べるが，たとえば左側に物を見せる代わりに，患者の左腕に触れたとしても，本質的には同じことが生じる。)まず初めに，前にも出会ったことのある消滅（extinction）という現象がある。患者は損傷の反対側の左の視野に提示されたものが唯一の提示物である場合には，これを見て報告することができるかもしれない。しかし，別のものが同時に右視野に提示されると，左のものは見えなくなってしまう——それは右側の競合刺激によって「抹消（extinguish）」させられるのである。このような観察によって，無視は注意の失敗を反映するのだという見解が導き出された。この点で無視症は，たとえばV1の損傷後に生じる視覚の喪失とは鋭い対照をなしている。どれほど注意を注ぎこんでも，暗点（scotoma）の領域には意識的視覚を取り戻すことはできないのである。

　マーセル・キンズバーン（Marcel Kinsbourne）は，さらに，これらの注意の効果は，左右の視空間の絶対的な区別にしたがわないことを示した。それよりもむしろ，注意には勾配があるように見える（図15-4）。自己中心的空間の主に左半分であっても右半分あっても，視野のどの部分についても，ずっと右にある項目ほど，ずっと左にあるものよりも，注意が向けられやすく，意識的に見られやすい。さらにこの注意勾配

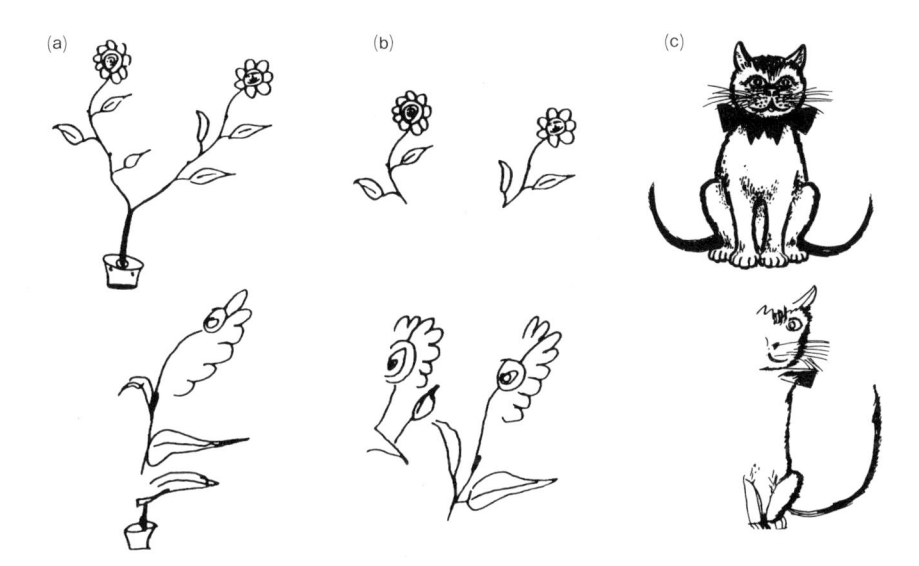

図15-3 視覚的半側空間無視患者による描画。上：患者に模写するよう求めた原画（モデル）。下：患者の模写図：2つの花が全体として1株の植物を構成していると見られたときには，左の花全体が無視された。2つの花が分離したものと見られたときには，どちらの花も左側の部分が描かれなかった。(a, b) Milner & Goodale (1995)より。(c)重度の左側無視をもつ右半側患者の描画。上：原画。下：模写された絵。©Burgess et al. (1999)より。

の効果は，患者がそのとき何を「1つのアイテム」と見なすかによって変わってくる。それゆえ，図15-3に示した「対象中心的無視（object-centered neglect）」の例では，患者はその絵が2つの花からなっていると見た場合には，2つの花のそれぞれの右側だけを模写したが，2つの花をつけた1株の植物だと見た場合にはその右側のみを模写したのである。

さて，表象的自己中心的空間が，何よりもミラノの街角をイメージして，そこに何が見えるかを記述する能力に現れるのだとすれば，それは何らかの方法で意識経験と関連しているはずである。これはしたがって，上頭頂小葉（無意識で視覚運動行為に関係）で計算される自己中心的空間と，下頭頂小葉（意識的で視覚に関係）で計算される自己中心的空間との，決定的な区別になる。このような頭頂葉の2つの区分は，視覚システムの2つの区分（無意識的行為を支える背側路と，意識的知覚を助ける腹側路）に関係づけることができるなら，きれいに整理できそうにも思われる（第2章参照）。不幸なことに，頭頂葉のどちらの部分も背側路に関係しているようなので，このことは不可能かもしれない。しかしながら，腹側視覚路でなされる計算と下頭頂小葉でなされる計算の間には，相互作用があるという心理学的エビデンスはある。

このような相互作用の最初の例は，ロンドンのジョン・ドライバー（John Driver）が半側無視患者に実施したエレガントな研究から得られている。彼らの実験では，カ

(a)

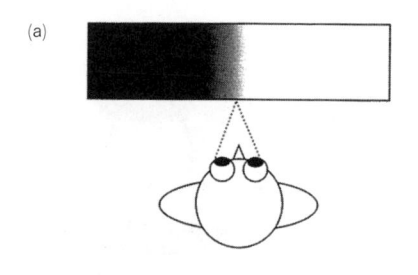

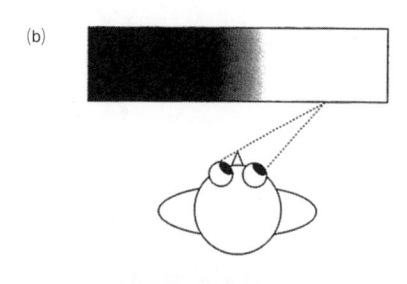

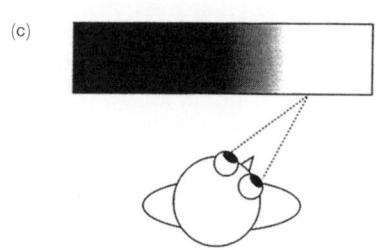

(b)

(c)

図 15-4 半側無視における座標の変動と姿勢の影響の図式的説明。右脳に損傷をもち，左空間無視を生じている仮説的な患者が，視覚的なシーンに直面したところを，頭の上から見下ろして描写したもの。視覚刺激の知覚は一般に損傷の反対側（黒い領域でまったく気づきなし）から同側（白い領域で正常な気づきあり）へと傾斜的に改善していく。この空間的勾配は原則として網膜（点線で示した視線），頭，身体——しばしば実験で調整されるもの——との関係で定義される。(a)患者が視線をまっすぐ前に向けている場合には，彼は損傷の反対側の半網膜に落ちる刺激の検索に失敗するだろう。しかし，(b)患者が頭は真っすぐ前に向けながらも，視線は右方向に向ける場合，あるいは(c)視線も頭も右方向に向ける場合には，反対側の半網膜に落ちる刺激が，今度は知覚されるかもしれない。このような効果は，無視が1次的な網膜の求心性神経に加えて，頭や胴体の位置によっても部分的には決定されるのだということ，そして姿勢の信号が損傷の反対側の刺激の気づきを調整しうることを示している。Driver & Vuilleumier (2001) より。

ニッツァの四角形（図13-3を見よ）を用いて，2つのパックマンを左側に，2つは右側に提示した。これらはもちろん，右側の刺激が左側のそれを消滅すると期待される条件である。このことは，四角形の錯覚が知覚されないようにした修正刺激を被験者に使用したときには，実際に生起したことである。しかしながら，錯視を生じるように配置したパックマンを提示したときには，彼女は完璧な正方形を認知した（図15-5）。この結果は2つのことを示している。第1に，もし左右の視野に提示された刺激が1つの図形に結合されて，よいゲシュタルト特性をもつようになるのなら，損傷のない側は，損傷半球を制止するというよりも，むしろ，それと協働して，その錯視図形をつくりあげる。第2に，第13章で見たように，カニッツァの四角形を構成している輪郭の錯視は，（腹側および背側視覚路の両方に出力を送る）V2領域の活動に依存しているので，そこでなされた四角形の構成は，この半球間の協調の生起を可能にするように，下頭頂小葉に伝達されるはずである。もっと一般化すると（そして，ドライバーの実験室での他の多くの観察でも支持されているように），対象の区分（e.g. カ

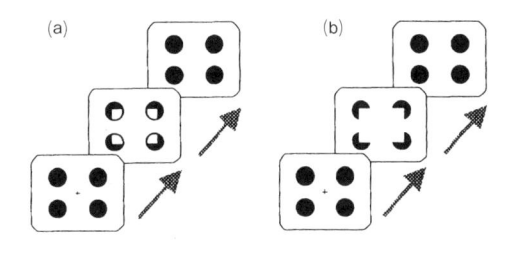

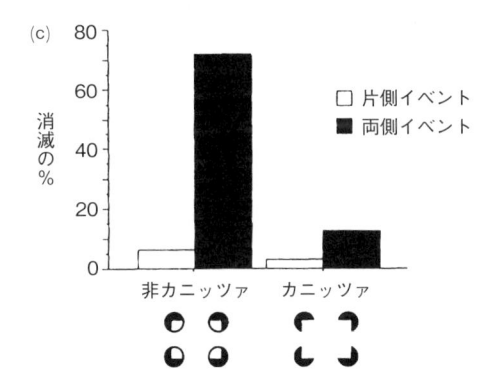

図15-5 カニッツァ図形における［四角］面完成錯視による消滅（extinction）の減少。両側イベントが，輪郭(b)における明るく白い四角形）の錯視により，1つのものとしての境界を形成した場合と，(a)形成しなかった場合の，イベントの継起の試行例。矢印は連続的なフレーム間の時間［の推移］を表している。各試行ではまず，4つの黒円が画面中央の凝視点の＋の周りに提示される。次に，黒円の1/4が短時間除去される。この除去は，ここで示されているように4つの円のすべてでなされる場合（両側性試行），その片側の2円のみ除去の場合（右または左），あるいはまったく除去されない場合がある。これらのディスプレイが，右半側損傷と左消滅をもつ患者をテストするために用いられた。彼女の課題は，短時間消失（offset）した側の検出をして報告することであった。各条件で反損傷側に見落としのあったイベントのパーセンテージは(c)に示してある。両側からの［1/4円の］除去が（bのように）主観的なカニッツァの四角形を生じるときには，患者はほとんど消滅を示さなかった。ただし，面の錯視の形成を妨げるように，円に小さな弧を残した場合には，（(a)のように）顕著な消滅が生じた。左片側イベントはどちらの状況でも，ほとんどの試行で正しく検出された。Driver & Vuilleumier（2001）より。

ニッツァの図の左右を結合して1つの四角形にすること）は，まず腹側視覚路で生じ，次に下頭頂小葉でさらなる処理——とにかく意識に入るのに必要な処理——を受けるのだ。

2 バリント症候群

　右側の下頭頂小葉の損傷は，半側空間無視を生じる。これは患者を無力にし，苦悩させる症候群である。しかし，頭頂の傷害が脳の両側に及ぶ場合（幸い，こんなことはほとんど起こらないが）に生じる問題は，劇的で想像を絶する。これは「バリント症候群（Balint's syndrome）」——1909年に初めてこの状態を記述したドイツの神経学者にちなんで命名された——として知られている状態をもたらす。これは，視覚失行症（optic apraxia）と視覚性運動失調（optic ataxia）（図2-2，および，これに関連した論述を参照）よりなっており，さらに「同時失認症（simultanagnosia）」——同時に2つ以上のものを見るのが著しく困難——をもっている。アン・トレイスマン（Anne

Treisman）とリン・ロバートソン（Lynn Robertson）は最近，このような1人の患者R. M. について，詳細な臨床的，実験的な報告を刊行した（Friedman-Hill et al., 1995，および，Robertson, 2003のレビューを見よ）。これについては，彼女らの解釈が重要であるだけでなく，彼女らの観察は我々のテーマにとっても非常に重要である。私はこの説明に説得されてしまったので，ここではその論旨をくわしく追いかけてみる。これは，次には非常に遠大な結論の基礎になるので，所詮は1事例研究から導き出されたものだということを，しっかりと心にとどめておきたい（トレイスマンらは，これがバリント症候群の以前の説明にもよく適合することを示してはいるのだが）。

　この実験で見出された重要な部分は，フリードマン－ヒルらの報告によると，R. M. が，1つの視覚対象を構成している異なる特徴を，1つの一貫した知覚表象にまとめ上げるのに大きな困難をもっているということである。実験では，3色（赤，青，黄）×3文字（T, X, O）を組み合わせた色文字の中から，単純に2つをディスプレイ上に提示して行われた。R. M. の課題は，どの文字を最初に見たか，そして，それは何色だったかを報告することであった。その結果，いくつかのセッションで，ディスプレイが10秒も続いた場合でさえ，彼は間違った［文字と色の］結合を行い，1つの文字の色をもう1つの文字の色と間違えて報告することが35％もの試行で見られた。もちろん，正常な被験者でもこの種の間違った結合を報告することはある。が，こんなことはディスプレイの時間がずっと短く（200msくらい），3つ以上の刺激が同時に提示された場合にかぎられていた。しかし，注目。同じ色の文字が1つだけ3秒間提示された場合には，R. M. は間違うことなく，文字も色も正しく報告した。それゆえ，彼は1つの視覚対象を見るのには何の困難もなかったわけである。彼の問題が生じるのは，各々のこのような対象が選択的な特徴の結合から成り立っている場合にかぎられていたのだ。リン・ロバートソンらは，さらに驚くべきケースについて述べている。（2001年の認知神経科学会の年次総会での発表）。すなわち，この苦悩している患者は顔を結合するエラーをもっており，時には近くのネコの目に人間の顔を見たり，人間の胴体に犬の顔がのっていると見たりするほど深刻であった。

　同じ結論が，R. M. に対する視覚的探索（visual search）実験からも引き出されている。ここでの被験者の課題は，多くの撹乱（distractor）項目を含むディスプレイの中から，視覚ターゲットを探し出すことである。このターゲットは1つの特徴（feature）によって定義されるか，あるいはいくつかの特徴の結合によって定義されている。トレイスマンとロバートソンは，この両方のディスプレイでもってR. M. をテストした。初めに，彼は多数の赤のOの中から赤のXを探し出す（それゆえ，区別する特徴は文字である），あるいは多数の青のXの中から赤のXを探す（それゆえ，区別する特徴は色になる）課題をさせられた。R. M. はこのような課題を遂行するのに何の困難もなかった。次の特徴結合課題では，R. M. は赤のOと青のXの中から赤のXを探し出さねばならなかった。この課題を遂行するためには，2つの特徴によって定義されるターゲットを選出する必要がある。文字はOではなくX，色は青ではなく赤である。R. M. は，たったの3～5項目のディスプレイでも，この結合の探索を遂行するのに5

秒もかかり，それでもなお1/4試行で間違った。

　それゆえここには，上で考察した，自己中心的表象空間の計算を担う脳領域に損傷をもつ人がおり，視覚的特徴の最も単純な結合でも，これらを結びつけて統合された知覚表象を構成するのが困難な人がいるということである。これらの2つの事実は関係があるのだろうか？　トレイスマンの答えはイエスであり，緊密に関わっているという。実際，1980年に彼女が提案した特徴統合（feature integration）の理論モデル（彼女がより最近1998年に概観したものを見よ）は，まさにこのような結合を予測している。このモデルの中心仮説は，いくつかの特徴を一貫した統合的な対象に結合するためには，それぞれの異なる特徴を空間内の同じ位置に帰属させる必要があるというものである。したがって，空間は結合を生じる糊になるのだ。（別のところで——図4-3を見よ——我々はニューロンの同期性が結合を達成するメカニズムであるという仮説を考えた。この2つの仮説は必ずしも両立しないわけではない。同期的発火は，情報が空間内の同じ点から発するものだと，脳が同定する手段になりうるからである。）R. M. から得られたデータは，このモデルを強く支持している。さらにデータは，関連する空間的枠組みを計算し結合を達成する脳領域が，頭頂葉にあることを示している。R. M. が自己中心的空間の構成に障害を受けているという直接的なエビデンスは，別の実験でも示されている。R. M. はXがディスプレイ・スクリーンの上，下，左，右のどちらにあるのかと尋ねられた。あるいは，同時にOが提示されたときにXはその上下左右のどちらになるか尋ねられた。彼はこの第2課題にはチャンスレベルでしか答えられず，第1課題のほうもわずかにましなだけであった。これらの2つの障害——空間的位置づけと特徴の結合——は，R. M. の脳損傷とは独立の結果である。しかし，この2組の発見とトレイスマンのモデルが一貫していることを考慮するなら，これらはいずれも，1つの認知機能の同じ根源的崩壊の現れであると考えるのが理にかなっているだろう。

3 空間の接合

　本章とこれまでの章で，我々は空間的枠組みについて，いくつかのバラバラな結論に到達した。これらのすべてを接合（put together）する好機が到来したようである——もし我々に可能であるなら。

　他者中心的空間と自己中心的空間を接合する試みから出発しよう。現象学的には，これらの接合（together）とは結局それらがどこに所属しているかということになる。私がこの世界内での自分の位置について考えるとき，次の3つの側面の間に目に見える線引きをするのは，不可能ではなくても，困難であることがわかる。

① 私がたまたまどこにいるかとは無関係に，事物が位置づけられる，持続的で他者中心的な3次元の枠組み。

② 私がこの他者中心的空間を行き来するとき，私について動きまわる可動的，

自己中心的な3次元の枠組み。
③ 私が見る視点で，これら両者の内部に位置づけられる視点（この第3の側面の視点については，しばらくおき，第17章で考察する）。

神経解剖学的には，この分離できない融合体を勝ち取ろうとすると，人は自然に下頭頂小葉から海馬系への投射に目を向けようとするだろう。私はこの逆ではなく，むしろこの順序で述べる。なぜなら，他者中心的空間は自己中心的空間から引き出されるのであり，その逆ではなさそうだからである。実際，他者中心的空間の1つの分析は，リック・グラッシュ（Rick Grush；彼のウェブサイト http://mind.ucsd.edu/ を見よ）によって力強く論じられているように，他者中心的空間は，特定領域の空間に関連して，広範囲の視点——それぞれの視点は，自己中心的空間がその観察主体に中心化されているのと本質的に同じように，その空間内の選ばれた点に中心化されている——を一時的に採用する能力に等しい。この流れの方向——自己中心的空間から他者中心的空間へ——は，脳の作用を特徴づける，無意識的処理から意識的処理への一般的な流れとも一致する。したがって，既に見たように，上頭頂小葉内には，多くの無意識的に処理された自己中心的空間が存在する。これらは，何らかのまだ知られていない方法で，下頭頂小葉で計算されて，意識的に知覚される表象的自己中心的空間を生じさせる。対照的に他者中心的な場合には，意識的な類の空間と同時に，無意識的な空間を示唆するエビデンスを，私は知らない。

実際，頭頂葉から海馬への投射にはエビデンスがある。その先駆的な仕事で，視覚路を腹側路（そこには「何」があるのかを扱う）と背側路（「それはどこにあるのか？」を扱う）に区分したモーティマー・ミシュキン（Mortimer Mishkin）は，この区別が海馬のすぐ上のレベルで維持されていると示唆してきた。彼のモデル（図15-6）によると，腹側路は嗅周皮質（perirhinal cortex）を経由して，そして背側路（後頭頂皮質に発する要素を含む）は海馬傍皮質（parahippocampal cortex）を経由して，海馬に集まる。この仮説は，サルの実験と人間の被験者の神経画像研究の両方を含む，多くの研究と一致している。しかしながら，これらの投射がいかにして自己中心的空間と他者中心的空間との結合を媒介するのか，あるいはその結合が存在するのかどうかさえもが，多少はわかってきているとしても，まだほとんどわかっていない。

この知識の欠如は我々が追究している議論に影響を及ぼすだろうか？　おそらく及ぼさないだろう。しかし，内省や直感がどれほど圧倒的であっても，意識との関係においては何ごとも当然視してはならない。そう，ほとんどの正常な意識経験は，他者中心的および自己中心的な空間を結合した枠組が不可欠だということを示唆している。しかし，この必然と見えるものに対する反例もすぐに見つかる。その1つは，我々が今見た R. M. すなわちバリント症候群をもつトレイスマンの患者である。この患者は自己中心的表象空間に顕著な傷害をもち，たぶんその結果として，いろいろな特徴を結びつけて首尾一貫した対象にまとめ上げることができなくなっている。彼は一時に1つの対象しか見えないので，彼の他者中心的空間の枠組みもまた深刻な傷害を受けていると考えざるをえない。実際，上で追究した一般的な議論が正しいなら，自己中心

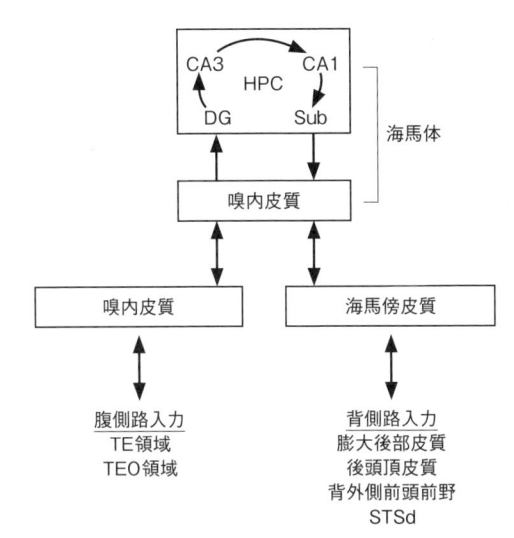

図15-6 側頭葉内側海馬系（medial temporal hypocampal system）の階層的組織を図式的に描いた結合図。腹側路と背側路の下にリストされた領域は、それぞれ嗅周皮質（perirhinal cortex）と海馬傍皮質（parahippocampal cortex）への最強の入力を提供するものである。略語：CA1とCA3＝海馬の錐体細胞の部分体；Ctx＝皮質；DG＝歯状回（dentate gyrus）；HPC＝海馬（hippocampus）；STSd＝上側頭溝の背側バンク（dorsal bank of the superior temporal sulcus）；Sub＝海馬台（subiculum），前海馬台（presubiculum），傍海馬台（parasubiculum）を含む海馬台複合体 subicular complex）；TEとTEO＝皮質の下位区分。図14-1および14-2と比較せよ。Mishkin et al.（1999）より。

的表象空間の喪失は，普通，あるいは必然的に，他者中心的空間の喪失を伴うと予期されよう。しかし，R. M. は，一時に1つだけしか見えず，時に奇妙な特徴の結びつけ方もするが，確かに対象を見てはいる。彼が意識的視覚経験をなくしたと考える理由は存在しない。前章で我々は，海馬の損傷後に他者中心的空間の枠組みをなくしてしまった患者について，類似の結論に達した。これらの患者もまた，世界の中で自らの進むべき道を見つけたり，意識的なエピソード記憶を形成し検索したりすることに，深刻な障害を来していた。しかし我々は，彼らが意識経験をすべて喪失してしまったと考える理由はない。したがって，自己中心的空間的枠組みも他者中心的なそれも，それぞれ個別であっても，その組み合わせであっても，意識経験に必要［条件］とはいえないのである。

　いったんこのような病理的意識経験の例——はっきりした空間的枠組みをもたない意識経験——に注意が喚起されると，正常な経験にもこれに対応するような例を難なく見つけ出せる。あなたがヘッドホンを通して音楽を聴き，その音楽が何らかの位置をもつと感じるとしたら，それは「両耳の間の頭の中」にあることになる。大きな概念的もみほぐしによってのみ，これは空間的枠組み内の位置と見なせるのだ。確かにここには他者中心的枠組みはない。同様に明らかに，通常の感覚での自己中心的枠組みと見なせるものもまったくない。というのも，このような枠組みは，胴体，頭（その中ではなく外側），目等々に中心化された，感覚運動的行為パターンの結果に照らして計算されるものだからである。音楽を聴くことは，このような行為パターンから愉快にも解放されているのであり，私のような楽器を弾かないものには特にそうなのである。空間的枠組みから解放されているように見える他の例は，自分自身の声を聞くという形式の思考であり，また眠気の感覚である（これに関するさらなる議論は第

18章を参照)。

　それでは，特定のクオリアそのもの以外に，何か意識経験に必要なものがあるとしたら，それは何なのだろうか？　この問いへの回答は，ゼキの仮説——意識的視覚経験にとっては，腹側路の特化されたモジュールの十分な活動が，必要かつ十分条件である——によると，「ない」ということになる。この仮説は正しいといえるのだろうか？　今までに見たように，多くの神経画像のエビデンスはこの仮説と一致している。そして，この特化されたモジュール以外に他の脳領域もまた正常に活動しているという事実は，意識的なイベントが，注意，作動記憶，エピソード記憶等々を必要とする，多くの形式の処理の中に入り込んでいることを考えるなら，この仮説に対する反証のエビデンスにはならない。この仮説に対する唯一の反証エビデンスは，神経画像研究で，意識経験との共起がないのに，その特化されたモジュールにはっきりした活動が検出されたという研究から来る。そしてこのエビデンスは，おそらく，次の警告によって，調整されうるであろう。すなわち，ある特徴に特化されたモジュールの活動が「十分」だということは，このモジュールのどんな程度の活動でも十分だということではなく，むしろ他の脳領域の活動を必要としないというところにある。

　第13章で見たように，この種の結果を得た研究は2種類ある。第1は半側空間無視の患者に見られた。この実験では，損傷側の反対側に提示された視覚刺激（顔または家）に対する意識的気づきは，このような患者では普通のことなのだが，反対側に別の刺激を同時提示することによって，消滅させることができた。したがってこれらの発見は，意識経験が単純に存在しないということではなく，もう一方の無傷の半球によって同時処理された刺激に注意が奪われたときにその意識経験の抑制が生じたのだと考えることができる。今までに見てきたように，このような無視症候群の注意効果による分析は，多くの発見によって支持されている。ドライバーは実際に，この症候群は正常な選択的注意との連続線上にあると，論じてきた。すなわち，たとえばパーティで1つの会話だけに集中しているときには，他のすべての声が意識的気づきから切り離されてしまうような過程と連続的だというのである。この分析では，ゼキの仮説を救う手続き差し止め通告は次のように表現できよう。特化された視覚モジュールの活動は，他との注意の競合によって抑制されないかぎり，それらが生み出すクオリアを意識的に経験するのに，必要かつ十分［な条件］になる。

　ゼキの仮説（第13章）に矛盾しているように見えるもう1つの発見は，V1に損傷をもつ2人の患者で得られた。これらの患者では，運動視と彩色画はそれぞれV5とV4の活動を生じさせたが，気づきの報告はなされなかった。前に見たように，V1の活動それ自体は意識的視覚経験に必要ではないというエビデンスがあるので，この領域に損傷があるということは無関係でなければならない。それゆえ，これらの発見はゼキの仮説にとって決定的な障碍になる。さらにいえば，この仮説を支持するエビデンスは，ポジティブな観察（特化されたモジュールの活動）とネガティブな観察（それ以外の領域では活動が生じない）との組み合わせに依存している。このうちネガティブな方は，神経画像法が鋭敏になってきたので，たぶん廃棄されてもよかろう。そ

れゆえ，当面の最も安全な結論は，ゼキの仮説は競争相手としては残るが，それ以上のものではないということになる。

　はっきりしているように思われるのは，腹側路の特化されたモジュールの活動と，これと連合した輪郭，色，運動等のクオリアは，意識的知覚経験の核心にあるということである。異なるモードの意識的視覚経験は，したがって，他の何が同時に活性化されるかに依存しているように思われる。刺激の真実の知覚は，外の世界に投射され（頭の中で経験されるだけではなく），V1，下頭頂小葉（自己中心的空間），そして海馬（他者中心的空間）の活動を必要とするようである。イメージされた刺激は，前頭皮質からのトップ-ダウン処理を必要とする。そして想起されたイベントは海馬からの活性化を必要とする。錯視経験と残像（ゼキの仮説のホームグランド）は，しかしながら，そのモジュールの活動以外は何も必要としないようである。クライヴ・ウェアリングのケース（第14章3節）では，重度の損傷を受けた側頭葉システムの他の構造とともに，海馬は，知覚にもエピソード記憶についても，その意識内容の選択に（コンパレータ・システムによって），もっと全般的な役割をも果たしているのかもしれない。

4　真実の知覚におけるV1の役割

　このような結論を正当化するエビデンスは，上で，そして今までの章で，くわしく述べた。しかしながら，V1の活動が真実の（veridical）知覚において果たす役割については，さらにコメントが必要である。

　なぜV1の活動は，（現在のデータが示唆しているように）視覚対象を「そこにある」ものとして知覚するのには必要であるのに，残像や，色や運動等の錯視を知覚するのには必要でないのだろうか？　この問題に対するありそうな答えは，真実の視覚は，これらのほかの視覚経験よりも，普通（病的でない），もっとしっかりと空間的に位置づけられているということである。このような位置づけが可能になるためには，視覚システムは，視野のどこに視覚刺激が存在するのかに関する，きめ細かな地理的記録を必要としており，これがV1で満たされるべき要件なのである。この領域は小さな視野をもっており，それゆえに，その入力を，光によって刺激された網膜細胞に，正確に関係づけることができるのである。対照的に，これらの視野はメッセージが視覚路を上行していくにつれて，次第に大きくなっていく（それゆえに，高精細の空間解像度は失われていく）。かくして，V1のもつ情報は，頭頂葉でなされる異なる形式の自己中心的空間の計算に，ほぼ確実に不可欠となる。そしてそれゆえに，この自己中心的空間内の共通のロケーションに基づいて，視覚的特徴を対象に結びつけていくのにも不可欠になるのである。V1の損傷によって引き起こされる暗点（scotomata）（盲になる視野内の領域）は，この観点から，文字どおり視空間の喪失として解釈されうる。しかしながら，色や運動の錯覚やイメージを経験するのには，V4やV5に見出さ

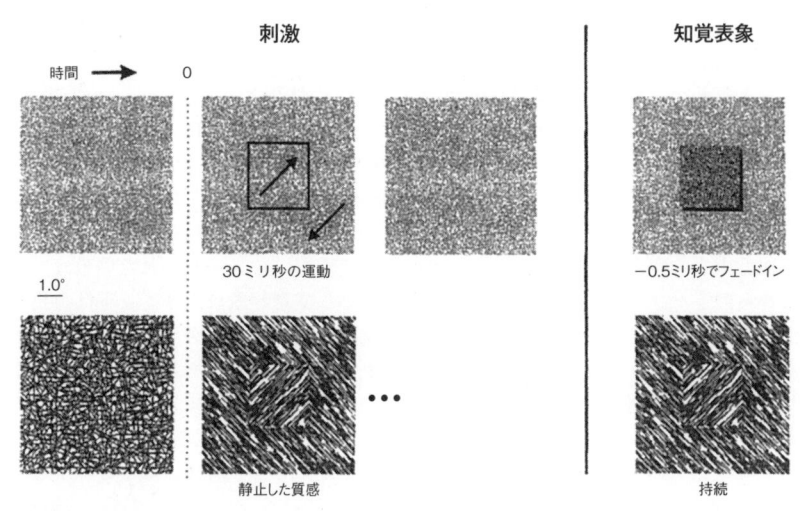

図15-7 2種類の図地のディスプレイについての，視覚刺激の提示順序と結果としての知覚表象。（上）運動から来る構造が4^0幅の四角形を定義している。最初，ディスプレイはランダム・ドット・パターンで覆われている。300msの凝視後に短時間（30ms）の運動が生じる。ここでは四角領域の内外のドットが逆方向に，それぞれ0.06^0ずつ動く。この運動後は，ランダム・ドット・パターンは静止し，図形の痕跡は一切残さない。この一連の刺激提示から得られる知覚表象は四角形であり，これは運動後も凝視が続けられるなら，静止ランダム・ドット・パターンを背景に，約0.5秒ほど持続する。（下）斜線の方向の対照性が四角領域を定義している。最初ディスプレイはランダムな方向の短い斜線で覆われている。凝視開始後300msたってから，四角領域の内外の短い斜線が直交するようになって質感が変えられる。この状態は約500ms持続する。この一連の刺激から得られる知覚表象は四角形であり，これは刺激が提示されている間持続する。Lamme et al.（1998）より。

れるより大きな視野によって支えられる，もっと粗大な空間の解析（parsing）で十分である。これらは一般に（内省によって自ら確認できるように），真実の知覚表象に比べると，あまりはっきりとは空間内に位置づけられていないのである。

V1と視覚路のより上方領域との間の相互作用は，一方通行ではない。神経系では普通のことだが，それはまた，それが投射した領域から返ってくるメッセージをも受け取る。このような回帰的な相互作用は，V1が視覚的に正確な情報を前方に伝えて行くだけでなく，意識的知覚表象の構成への参与も許されているということで，そのエビデンスも存在する。この点はヴィクトール・ラメ（Victor Lamme）らの実験によってうまく解説されている。彼らは図15-7に例示したようなディスプレイをサルに提示した。人間がこれらのディスプレイを観察した場合には，異なるパターンの動き（図の上部）あるいは織り方（下部）から，四角形が出現するのを見る。四角形の知覚には，あまりにも広領域にわたる視空間の統合が必要なので，（小さな視野をもつ）V1細胞が自ら必須の情報を引き出すのは不可能である。それにもかかわらず，ラメは，V1内のニューロンからの記録によって，これらの細胞が実際にこの情報を得ていることを示しえた。その視野が四角形の「境界」（運動パターンや織り方によって生じる）

か，あるいは四角形の中か，どちらかに落ちる細胞は，その視野が四角形の背景に落ちる細胞よりも，高頻度で発火していた。この種の図と地の分離は，意識的知覚表象の診断指標になるほどである。運動の方向や線の向きの，図や地への配分は，試行間でよくバランスがとれていることに注意されたい。したがって，ディスプレイの局所的特徴（これはV1における小さな視野に適したサイズである）が図と地でまったく変わらなかったにもかかわらず，V1におけるニューロンの発火は図と地で異なる感度を示すことが観察されたのである。

それでは，V1はいかにしてこの芸当をやってのけるのだろうか？　それはほぼ確実に，他の視覚モジュール（たぶんV2。これは第13章でこのような錯覚の輪郭構成に重要な役割を果たすことを見た）からのフィードバックによる。このようなフィードバックの役割は，さらなる観察によって強く支持される。すなわち，このディスプレイに対する最初のニューロンの反応の後で，図と地に対する発火率の違いが生じるのに，さらに60-100msを要したのである。最後の重要な手順では，ラメは，麻酔がこのような発火率の違いを消滅させたが，ディスプレイ開始時の最初の反応には影響を及ぼさないことを示した。この図地分化の麻酔への感受性は，もちろん，サルが覚醒時には四角形を意識的に知覚していたという（決定的ではないが）よいエビデンスを提供している。

このラメの発見は，V1が意識的知覚表象に特有の視覚的特徴に関する情報を受け取っていることを，はっきりと示している。しかし，この証拠によって，V1の活動が視覚的な気づきに必要でも十分でもないという，我々の先の結論（第13章）が覆されてはならない。この結論は非常に多くの他のエビデンスによって支持されている。それよりもむしろ，V1と背側路のより高次の領域との再帰的な相互作用は，意識的に知覚される視覚対象への安定的な空間的位置どりを守り通す役割を，V1がよりよく成就できるようにしているように思われる。

5　スライスした脳に意識はあるのか？

第10章以後，我々は機能主義に代わるものを探し続けてきた。第11，12章で探索したグローバル・ワークスペースは，これを提供してくれるものではなかった——それは見かけは違っても，やはり機能主義であった。本章と前の2章で我々をひきつけた，意識と相関する神経活動部位に関する提案は，いかがであろうか？　これらは本当に機能主義に代わるものを提供しているのだろうか？

これらが単なる相関（特定の脳領域の活動と意識経験の生起との間の）探究の域を超えないかぎり，今までに我々が検討してきた提案はすべて——やはりまた——本質的にその基調が機能主義者のものだということになる。それらは，実行機能（または注意，または他者中心的空間，またはコンパレータ・システム等々）が，無意識的な脳の活動を意識的な経験へと変換させるのに，必須の構成要素であるという見解に基

づいている。その基底にある仮説は，常にこうである。すなわち，関連する脳組織やそれが支えている神経活動の固有の特徴は，重要ではない。発動された認知機能のみが，この活動を意識にリンクするのだ，というのである。これに反対するはっきりとした主張は存在しない。そして，私の心をよぎってきた暗黙の主張に最も近いのは，クリストフ・コッチ（Christof Koch）の遺伝子――脳組織がNCC（意識と相関する神経活動部位）になるのに特別なことをする遺伝子――の探究計画である。

　しかし，ゼキの仮説が正しいとわかり，色彩経験の必要十分条件がV4の活動にあり，しかも，付加的な役割は，どんな実行的操作的機能（意図的行為，作動記憶等々の使用）についても必要でないと仮定してみよう。そして，共感覚実験（第10章）で示されたように，V4の活動によってスパークされた色彩経験は，どんな種類の視覚機能ともリンクする必要がまったくないと仮定してみよう。そうすると，自然に1つの疑問がわいてくる。V4の細胞あるいはこれらが支えている神経の活動（これらが実行する機能とは異なるものとしての）は，他の種類のクオリア（あるいはクオリアなし）よりもむしろ，いわゆる色のクオリアを生じるような何か特別な特徴をもっているのだろうか？

　人はこの探究の路線をさらに推し進めることができる。19世紀の偉大なロシアの生理学者イヴァン・セチノフは，胆のうが胆汁を分泌するように，脳は思考を分泌すると語った。さて，胆のうのスライスを切り取って，それを試験皿に生かしておくと，それはなおも胆汁を分泌し続ける。神経科学においても，脳のスライスを切り取り，それを試験皿に生かしておくことは普通になってきた。もしV4の脳のスライスをこんなふうに皿に生かしておくなら，これは色彩のクオリアをもち続けるというようなことになるのだろうか？　機能主義者はこれに対してはっきりノーと答える。なぜならV4のスライスは正常な視覚入力と運動出力から切り離されているので，色彩経験と連合した機能を実行できないからである。しかし，もし我々が機能からではなく，脳組織から出発する理論をもっていたとしたら，答えは変わってくるかもしれない。しかし残念ながら，こんな理論はもち合わせていない。さらに問題なのは，こういう理論が提案できたとしても，スライスした脳にクオリアを見出す方法を我々は知らない。

　これらの疑問は自然なものに見えるが（少なくとも私には），神経科学者はこういう問いを発したことがない。ましてや答えの提案もしていない。この近くまで来ている唯一の科学者は物理学者である。次章では彼らの提案に向かうことにしよう。

第16章

物理学をまじめに取り上げる

　本章での我々の出発点は依然として脳である。しかし，今度は物理システムとして考えられる脳である。「脳はいかにして意識経験を創造するのか？」という問いよりも，さらに根源的な問いが今1つの問い，「意識経験はいかにして物理的世界におさまるのか？」である。物理学は宇宙の中のすべてのものについて，特に，それを形成するすべての根源的な力について，統一的な説明を生み出そうと努めてきた。が，それはまだGUT，すなわち長きにわたって追究してきた，あらゆるものに関する大普遍理論（Grand Universal Theory）を完成させてはいない。物理学はまだ発展途上にあるのだ。意識はさておいても，GUTに対する主要な際立った障碍は，重力理論を量子力学理論と統合できることがまだ証明できていないことである。しかし意識もまた，究極的には，何とかしてGUTにおさめていく必要があるだろう。
　これがなされうるのではないかと思われる方法は，原理的には2つある。
　第1は，意識経験が，ダーウィン的選択によって進化してきた生物学的システムとしての，脳の特別な造作（features）の所産だということを明示することである。これらの特別なフィーチャーは新しい物理学を必要とはしていないかもしれない。機能主義が正しかったとすれば，機能は物理学と生物学との間の元々の契約（第3章）にうまくおさまるケースになるはずである。これらは標準的な物理化学的過程をサイバネティックス工学で補うだけになる。しかし，脳組織が発動させる機能ではなく，脳組織それ自体が意識経験を生じさせる特徴を備えているのだとすれば，我々は潜在的に1つの問題をもつことになる。この問題はあまり劇的ではない方法で解決されるかもしれない。すなわち，脳組織の特別な性質が，なじみ深い物理化学の資産を新たにアレンジすることで生じるのだとわかる可能性がある。この場合には，いったんこの新しいアレンジメントを理解してしまえば，物理学や化学の基本法則の調整は必要ないはずである。これが第16章1節で見ていく理論に相当する。
　もう1つは，しかしながら，現存する物理学と化学の法則を新しくアレンジするだけではうまくいかないとわかる場合である。この場合には物理学の基本法則そのものが，何らかの方法で補足される必要が生じるだろう。いかにして新しい基本法則が，生物学的な進化の早くても遅くてもある段階でのみ働くようになりえたのか，あるいはこれらの法則は基本的ではありえないのか，見通すのは難しい。それゆえ，意識を基本的な物理過程によって説明しようとする理論が「汎心的（panpsychic）」になるのは，不可避なのかもしれない。すなわち，これらの意識過程が生起するどんな物理システム（脳の中であれ外であれ）にも，ある程度の意識が存在すると仮定せざるを

えなくなる。そして正確に、それらが基本過程であるという理由で、それらは神経的でも生物的でもない多くのシステムで起こる可能性があることになる。以下にくわしく述べるペンローズ－ハメロフの理論はこういう例の1つである。

このような汎心的アプローチの1つの重要な特徴は、それが原理的に「意識はいかにして我々の宇宙に入ってくるのだろうか？」という問いを封殺してしまう可能性があることである。というのも、いったんある実体が基本的物理法則の1部を形成すると仮定すると、物理学者はそれ以上、「どうしてその実体が基本法則群に入ったのか？」というような問いを発しなくなるからである。この実体（たとえば重力、量子力学の強い力と弱い力など）は所与となるので、物理学はその結果の解明に取り組むだけになってしまう。それゆえ、もし意識の理論が何らかの方法で物理学の基本法則の1部を構成するものになったとしたら、物理学者が一般にビッグバンはいかにして出現したのかを問わないように、我々もまた意識が最初にどのようにして出現したのかをもはや問う必要がなくなるのではなかろうか。これを汎心的アプローチの長所と見るか短所と見るかは、たぶん嗜好の問題であろう。

汎心論は、正常な直観にとっては、意識のあるコンピュータと同じくらい、味気ないものである。これらの違いは、意識のあるコンピュータが脳機能のシステム的側面から出発するのに対して、汎心論はこれらの機能を媒介する構成要素から出発するところにある。これらの出発点は、もちろん、生物学と物理学との間の「契約」（第3章）の2側面にあたる。物理法則を尊重するフィードバック・システムは、その法則に従う要素から構成されている。このシステムのみから出発すると、あなたはコンピュータやロボットが意識的でありうるという結論に達するかもしれない。構成要素のみから出発すると、（強調される物理的特徴にもよるが）、ほとんどどんなものでも意識的でありうると結論することになりそうである。しかしこのハード・プロブレムに対しては、どちらにせよ、我々の直観に深刻に背かないような解決法はなさそうである。このような直観に反するという攻撃は、その他の点では一貫している理論を斥ける根拠としては、不十分なのである。

1　ゲシュタルトの原理

脳組織はいかにして特別に生物的なあるいは神経的な特徴によってクオリアを創造しうるのかという問いに関しては、今までにどんな提案もなされていない。それゆえ、我々はその純粋に物理化学的な特徴に目を向けていく必要がある。長年にわたって、意識の物質的基礎を見出そうとする数々の試みが、この線にそってなされてきた。その多くは大風呂敷の推測の域を出ず、物理学よりも哲学に近いものであった。いくらかは、率直に言って馬鹿げており、エックルスの憶測のように、自由意思は、聖霊の鼓吹だなどというのはさておき、それは、脳内の量子力学的イベントの不確定な隙間のどこかに、作用する場を見出すのではないかなどという代物もある。

いくつかのもっとまじめな試みでは，20世紀前半のドイツの「ゲシュタルト」心理学者によってなされている。彼らは知覚の全体的特徴を非常にきれいに例示して，これを跳躍台（スプリングボード）として取り上げている。(ゲシュタルトに相当する英語は形（shape or form）である。）我々はこの現象の多くの例をこの本全体を通して見てきた。これにはたとえば以下のような双安定知覚表象（bistable percept）が含まれる。すなわち，アヒルとウサギ（図4-1）や，花瓶と2つの横顔（図10-1），あるいは，2つの縞模様をお互いに直交方向にスライドさせると，1つのチェック模様が垂直に動くように見えるもの（図4-3）；円の見かけの大きさが，それをリング状に取り巻くように配置された円の直径によって変化するティチェナーの錯視（図2-4）；静止したままで点滅する2点が，その2つの位置の間を1つの点が動くように見える錯視で，2点の色が異なる場合には2点の中ほどで色が変わるように見える仮現運動（ファイ），また，触覚でもこれと同じ錯覚があり，「皮膚ウサギ（cutaneous rabbit）という愛称で呼ばれている（両方とも，第11章1節で述べた）。それから，実際には三角形や四角形はどこにも見出されないのに，パックマンの配列により現れるカニッツァの三角形や四角形（図13-1および13-3）などがある。これらのどのケースでも（そしてこれらに似た他の多くのケースでも），知覚はディスプレイに属する全体としての特徴によって決定され，たとえば網膜細胞にある感知面で最初に分析される局所的特徴によって決定されるのではない。ここで見出される［感覚］細胞は，視（あるいは触，聴などの）空間内の1点で生じたものには見事に敏感であるが，空間内の他の点に敏感な細胞との相互作用は，ごく近隣のものにかぎられている。そして感覚分析を司る経路が，周辺から中枢まで，ますます詳細に追跡されるようになってきたが，これらの知覚の全体的特徴に関する従来型の神経学的基礎は，まだ捉えられないままである。たとえば神経ネットワークを用いる計算アプローチも，また，これらの特徴をモデル化するのが非常に困難であることを見出している。
　ゲシュタルト的特性は，たとえばメル・グッデイル（Mel Goodale）による脳損傷患者のティチェナー錯視（第2章）の研究が示しているように，無意識的感覚処理よりも意識的知覚にはるかに大きな影響を及ぼすようである。この事実は，ゲシュタルト効果が点対点の神経処理の伝統的な用語ではすぐには説明がつかないこととも相俟って，意識経験についての伝統的な図式とは根本的に異なる別の説明を，多数創造することになった。こうして出てきた各モデルは，場の効果（field effects）を重視するものであった。これは1時期猛烈な反撃を受けたが，現在では，重力場，電磁場，あるいはあらゆる場の中でも最もミステリアスな量子力学的もつれ（quantum mechanical entanglement）（プレート16-1を見よ）などのように，物理学全体を通じてごく当たり前のものになっている。それは，点対点の神経処理はもたないが，ゲシュタルト特性なら豊かにもっているように見える，あの遠隔作用（action-at-a-distance）をこのような場が示しているからである。
　最初のこのような選択肢は1947年に，ゲシュタルト心理学派のリーダーであるヴォルフガング・ケーラー（Wofgang Köhler）自身によって提案された。彼は，個々

の神経細胞と神経細胞の間の相互作用の電気特性の全体性が，脳全体にわたる電磁場を生じさせ，知覚のゲシュタルト特性の基礎になりうると示唆した。この提案は完全に間違いだというわけではない。というのも，この種の統合された場が，頭皮にとりつけた電極を通して，実際に検出することができるからである。この電場は，ケーラーの理論提唱までに既に十分に確立されていた脳波（EEG）測定法の基礎を形成しているのである。より最近になると，EEGは，同様に脳内で変動する磁場を取り上げる脳磁図（magnetoencephalography; MEG）によって補完されるようになった。しかし，その作用の仕方が既にかなりよくわかっている脳内の細胞が，電磁場を生み出して拡散していくという見解が一方にあり，これは伝統的な神経生理学ともまったく矛盾がない。が，他方には，これらの場が，これらの効果（脳内の大量の細胞の集合的活動を検出する窓を実験者に提供するという効果の他に）を拡散するニューロンの効果を越えて，それ自体が脳機能に影響を及ぼすとする，まったく別の仮定もある。そして，動物実験において仮定された場の効果を歪めようとする戦略によって，この命題を検証しようとする努力がなされたが，結果は例外なくネガティブであった。それゆえ，ケーラーの仮説は歴史の脚注に追いやられてしまったのである。

　伝統的神経生理学に対する別のもっと徹底した選択肢が，ごく最近スティーヴン・レハール（Steven Lehar）によって提案された。彼はウェブサイト上で，自分のことを「急進的な心の新理論」を提唱する独立派の研究者と自己紹介している。彼の著書『あなたの頭の中の世界（*The World in Your Head*）』で，レハールは，彼の「高調波共振理論（harmonic resonance theory）」に対するインスピレーションはゲシュタルト心理学から引き出されたものであり，彼の理論が狙っているのはケーラーがターゲットにしたのとまったく同じ問題だと述べている。彼は，知覚の主要なゲシュタルト理論を明快に分析することから出発して，4つのカテゴリー——現出（emergence），具象化（reification），多重安定性（multistability），不変性（invariance）——に分けて説明している。

　現出の原理は，図16-1でうまく説明されている。今までにこの図を見たことがなければ，これは点と不規則な形のランダムなパターンのように見えるだろう。しかし，これを見続けていると，しばらくの後にはわかりやすい絵柄が現れてくるだろう。そして私が何を探せばよいのかを話せば，あなたはほぼ確実にそれが見えるだろう。それは覆いかぶさる木々の木漏れ日のあたる大地を嗅ぎまわるダルメシアン犬の絵である。さらにいえば，いったんこの図柄が見えるようになったら，その後はこれを見る度に，直ちにその図柄が現れるようになるだろう。

　現出の働き方の譬えとして，もう1人の指導的なゲシュタルト心理学者のクルト・コフカ（Kurt Koffka）は，素朴な石鹸のシャボン玉の例をあげている。このシャボン玉の形は（これに関連する部分を『行動と脳の科学（*Behavioral and Brain Sciences*）』に印刷中のレハールの論文から引用すると），「調和的に働く表面張力の，無数の局所的な力の，平行的な作用から出現する。現出のこの特徴的な性質は，最終的な球形が1つの経路で計算されるのではなく，力動システム・モデルにおいて連続的に弛緩し

第16章　物理学をまじめに取り上げる　｜　239

図16-1　このダルメシアンの絵は，知覚の現出の原理をよく表していることで，視覚研究者の間でよく知られている。このイメージの局所的な領域は，有意味な形の輪郭を無意味なノイズとしての線から区別するのに十分な情報を含んでいない。これが木々の下のまだらな木漏れ日の中の犬の絵だとわかるとすぐに，この入力には境界線の存在しない領域に視覚的な境界線が挿入されて，犬の輪郭が目に見えるように浮かび上がってくるのである。Lehar（印刷中）より。

ながら平衡状態へと進んでいくものとして計算される」。この比喩が適切であるなら，我々は，球状の知覚特性を生じさせる局所的な力の間に類似の相互作用をもつ，力動システムを，脳内に探す必要があるだろう。

　我々は既に第2のゲシュタルト原理，すなわち具象化の原理が，たとえばカニッツァの三角形（図13-1）で働いていることを見た。ここでは改めて，レハールがこれについて語らずにはいられなかったことを見ておこう。

　　この図には三角形の形態がイメージの中に存在すると認知されるだけでなく，この三角形は，入力には輪郭線など存在しない場所に，視覚的な輪郭線を知覚的に産出して，その中を充満させており，これらの輪郭線は次には斉一三角形の領域に境界をつけるので，この領域は図の背景の白よりもさらに輝いて見える……これらの図は，視覚システムが知覚的具象化——すなわち，それほど完全ではない視覚入力に基づきながらも，より完全で明白な知覚実体の補填(ほてん)——を実行していることを示している。

　我々はまた既に第3の原理，すなわち，アヒル／ウサギ（図4-1）や花瓶／横顔（図10-1）のような多重安定性をもよく知っている。レハールは再びこう述べている。

　　視覚処理理論の重要性は以下にある。すなわち，知覚は，視覚入力に働きかけて知覚出力を産出するだけの単純なフィード・フォワード処理だと考えることはできない……そうではなくて，むしろ知覚はある種の力動的な過程を含んでいるはずであり，その安定状態が最終的な知覚表象を表しているはずである。

　第4の原理——不変性——は，「四角形や三角形のような対象は，回転，移動，大きさなどにかかわらず，また，図と地のコントラストが反対であっても，塗りつぶされていても輪郭だけで描かれていても，その触感，運動，両眼視差などで定義される

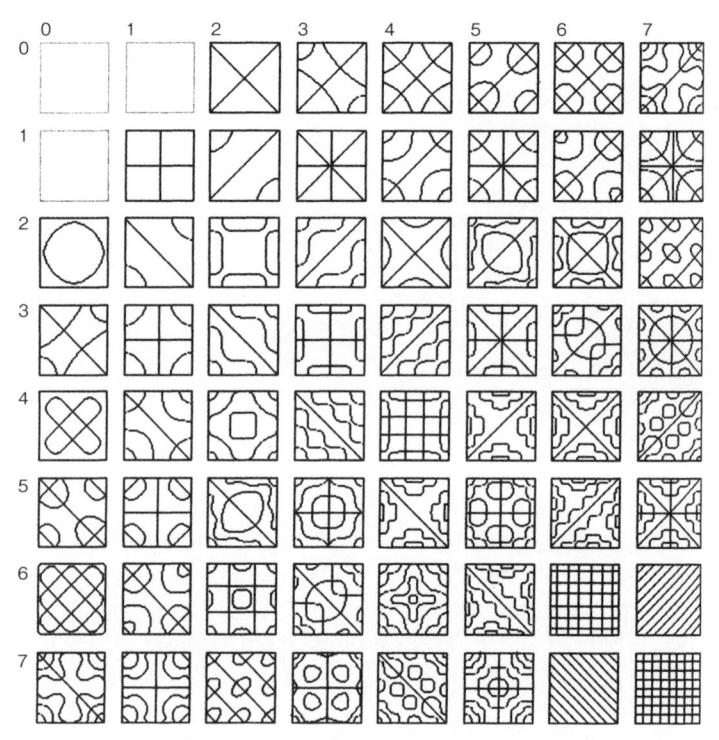

図16-2 正方形の鉄板上のクラドニ図形（Chladni figure）は，単純な共振システムで生じうる膨大な種類の定常波パターンを示している。正方形の鉄板を中心点で固定して，砂をまく。それからバイオリンの弓で弾いて，あるいはそれにドライアイスを押しつけて，振動させる。その結果，振動が最小になる振動のノード（結節点）に集まる砂によって，定常波のパターンが現れる。Steve Leharのウェブサイトhttp://cns-alumni.bu.edu-slehar/webstuff/hr1/hr1.pdfより。

ものであっても，関係なく認知される。この不変性は2次元平面に限定されず，奥行き方向への回転や視点の転換がなされていても観察された。それゆえたとえば，テーブルトップの長方形は，その網膜投射されたものが台形になっていても，長方形と認知される。このような不変性が生物学的な視覚のレベルでも容易に処理されるということは，不変性が視覚表象にとっては基本的であることを示唆している」（Lehar, 前掲書）。

　レハールは（彼以前のゲシュタルト心理学者のように），これらの視知覚の顕著で全体的な特徴は，現存の心理学，計算科学，神経科学などの標準的な理論では説明できないと，断固として主張している。これらの理論は，原子論的なボトム-アップ型の処理形式を仮定している。この処理では，特徴検出器がまず提示された刺激ディスプレイを局所的な断片に分解して，これらの断片が後に結合されると最終的な全体的

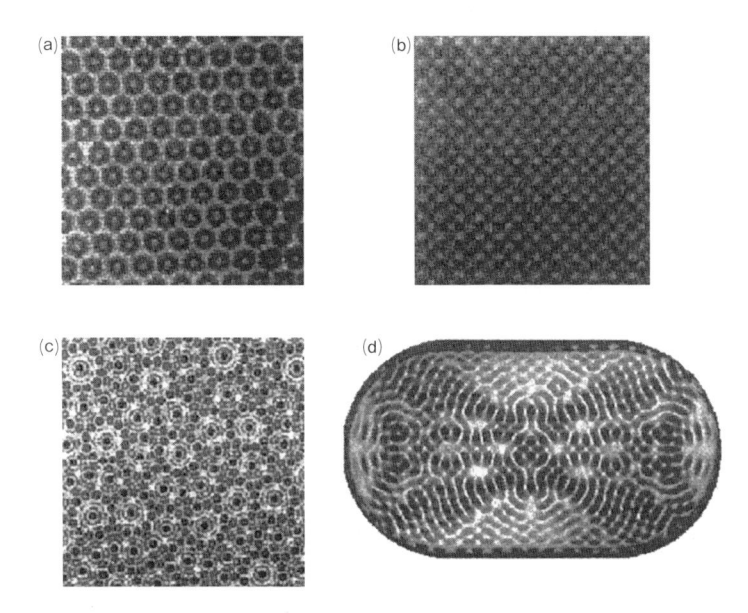

図16-3 種々の駆動周波数で容器を振動させることによって液面上に生み出される定常波のパターンの数々。(a)六角形，(b)四角形，(c)格子状あるいは準結晶パターン，(d)駆動波形よりも容器の壁形によってより規定されるパターン。共振システムにおける干渉パターンがいかにゲシュタルト的にそれを周期的で対称的なサブパターンに再分割する傾向があるのかを示している。Steve Leharのhttp://cns-alumni.bu.edu-slehar/webstuff/hr1/hr1.pdfより。

表象になると考えられている。これに対してレハールの主張は，知覚がこの逆方向，すなわち全体的な特徴それ自体から始まるのだという。彼自身のモデルは実際こうなっている。それは，知覚のゲシュタルト的特性と，高調波共振装置（harmonic resonator）によって産出される定常波（standing waves）パターンとの間にある，詳細な平行関係に依存しているという。図16-2は，これらのパターンのいくつかの例を示したもので，たとえば鉄板上に砂をまき散らし，それをバイオリンの弓で弾いて振動させて作ったパターンである。このパターンは，砂が鉄板上の比較的静止しているところに集まるので，生じる。この他の例としては，液の入った器を震わせてできる表面の模様があり，図16-3に示した。同じメカニズムが，トランペットやフルートに息を吹き込んだときに生じる音調と音質の根底にも存在している。このようなパターンは，知覚のゲシュタルト原理にうまくマップできる特性配列をもっている。最も基本的なのは，これらのパターンが，分子レベルのどの点においても生じる，比較的単純な局所的相互作用の結果として，共振システムにグローバルな影響を及ぼすことである。レハールは，減衰振動の高調波共振器のシステムが原則的に，いかにあらゆるゲシュタルトの原理を再生しうるのかを詳細に提示して，この基本的な比喩を徹底

的に追究している。しかし，我々は彼の議論をそこまで詳細には追いかけることはしない（それをしたいのなら，彼の著書『頭の中の世界（*The World in Your Head*）』あるいは『行動と脳の科学（*Behavioral and Brain Sciences*）』誌所収の彼の論文，あるいは，彼のウェブサイト http://cns-alumni.bu.edu-slehar/ を参照されたい）。

　これは非常に有望な新しいアプローチでありうる——しかし，まず，いくぶんややこしい条件が満足されねばならない。

　ポジティブな側面については，レハールは高調波共振装置が，知覚のゲシュタルト特性によって提起された問題の多くを原理的に処理できるということを，印象的なケースをあげて説明している。彼はまた，多くの著者が最近我々すべてにやるように迫り続けてきたこと——現象学的な事実をまじめに取り上げること——を実行もしている。科学の1つの領域を別の領域に還元することは，どちらの領域にもそれ自体の満足のいく理論が既にある場合には，かなり容易になる。既存の理論は，相互に関係づけられるべき実体の数を限局して，上首尾の還元が最も広範囲に影響を及ぼしそうな理論的な交点を示す。これはたとえば，化学が物理学に還元されたり，メンデル学が分子遺伝学に還元されたりしたときの状況であった。それゆえ，知覚がそれ自体の専門分野で適切な理論的基礎づけをもっておれば，知覚の脳機能への還元はより容易になると期待されよう。これがゲシュタルト心理学者の試みてきたことであった。そしてレハールはこの伝統を復活させるのに優れた貢献をしてきたのである。

　ネガティブな面については，レハールは，電気化学的な定常波の方向や，ニューロンの細胞膜の電圧のよく知られている振動性の変動（oscillatory fluctuation）には，かすかな賛同を示してはいる。が，それ以上には，知覚の基礎にあると思われる高調波共振を支えうるような，どんなメディアが脳内に存在しうるのかについては，ほとんど何の目安も示していない。彼が賞讃に価するのは，彼が完全にこの欠点を認めていることである。かくして，彼は書いている。

　　高調波共振理論は神経計算に完全に特化した理論ではなく，パラダイム，すなわち生物学的計算の背後にある基本原理に関する仮説群である……この原理が実際に脳内で作用しているか否かは，将来の研究の課題である。

　したがって明らかに，判断はおそらくかなり長期間待たねばなるまい。脳が実際に必要な高調波共振を持続させうるメディアをもっており，これが知覚経験を生じさせるという実験的エビデンスが出てくるまでは，レハールの理論を真剣に取り上げるのは時期尚早であろう。予感ではよくないのである。レハールの論文の30年前に，カール・プリブラム（Karl Pribram）は，当時はまばゆいばかりの新しい科学の発見であったが，今ではクレジットカードの裏側のありふれたものであるホログラフィに基づく，類似のアプローチを提唱した。ホログラム（ホログラフィで作った画像）は，知覚の全体的特徴をモデル化するのには，高調波共振装置と同様に，多くの長所をもっている。しかし30年たっても，脳がホログラフィを働かせるメディアをもっているという実験的エビデンスは，まだまったく出てきていない。

しかし，レハールの提案を支持するエビデンスが蓄積されたとしたら，どうなるだろうか？　我々はハード・プロブレムに関してより好ましい状況になったといえるのだろうか？　最も基本的なレベルでは，この問いに対する答えはきっと「ノー」だ。ケーラーの電場やプリブラムのホログラフィ場との関係においてもそうであるはずだが，これらの理論は正しいことが証明されねばならない。仮に脳の物質的構造の重要な特徴が，現在人気のニューロンのスパイクの連鎖よりも，電場や高調波共振によって明確にされたとしたら，脳のこの物質的な構造がいかにして意識を生じさせるのかという問題の理解に，なぜ少しでも近づいたことになるのだろうか？　レハールは，高調波共振がなぜ何らかの意識経験を生起させるのかに関する手がかりを提供してくれそうな説明はまったく与えてくれない。それにもかかわらず，もし彼の理論が正しいと証明されたとしたら，意識経験と相関する神経活動部位に関する現在の見解は根本的に改訂されねばならなくなるだろう。そして，しっかりと基礎づけられたデータベースをもち，これらの相関を理解することが，意識に適した妥当な説明の枠組みを将来構築するのに助けになるはずである。

2　ペンローズ－ハメロフ理論

現在のところ，物理学から出発して最もよく考えられた理論は，オックスフォードの数学者ロジャー・ペンローズ（Roger Penrose）（彼の2冊の本，『皇帝の新しい心（*The Emperor's New Mind*）』と『心の影（*Shadows of the Mind*）』を見よ）と，アリゾナのトゥーサンで研究している麻酔科医のスチュアート・ハメロフ（Stuart Hameroff）（彼の2001の論文を見よ）によって開発されたものである。それは，基礎物理学と分子神経生物学からの多くの詳細な概念を取り入れた，精巧な理論である。ペンローズとハメロフは汎心論を徹底させている。以下はスチュアート・ハメロフから私宛に送られてきたeメールからの引用である。

> 我々は汎経験主義（pan-experientialism）として知られている哲学的アプローチを通して，この難問に取り組んでいる。これは，意識を，原意識経験（proto-conscious experience）のより広い基本的な場における「経験の契機（occasions of experience）」と見る，ホワイトヘッドにまで遡る。我々の見解では，「より広い場」とは，基本的な時空の幾何学――プランク・スケール上のどこにでもある，宇宙の基礎構造（the fabric of the universe）である。意識とは，量子の時空における一連のイベント――量子状態の収縮（quantum state reductions）である。

この引用の「量子状態の収縮」は，この理論における基本的なツールである。意識のハード・プロブレムの他にも，ペンローズとハメロフは基礎物理学における2つの重要で未解決の問題に取り組んでいる。それは，量子力学の未知の極微の世界が「崩壊（collapse）」して日常生活のマクロな世界を生じる仕方と，量子力学と量子重力と

の統合である。この理論は野心的という以外の何物でもない——これは，これら3つの問題すべてに対して相互連関をもつ解決を提案しているのだ。

　量子は，この用語が物理学で使われるときには，それがもちうる最少量の何かを意味する。量子の世界はクオークとレプトンよりなるミクロの世界であり，これらは現実を構成する基本的な素材のように見える。量子理論になじみのない読者のために，私はここで量子力学について簡単な入門手引きを試みる。実は私自身もこれについてはよく知らないので，この手引き——実際には本章の多く——は，ハメロフ自身の論文に基づいている。以下に述べることは，ハメロフのテキストから（許可を得て）修正はなされているが，しゃべっているのは大部分が彼であり——そしてもちろん，彼自身が量子理論の強烈な主唱者である。私自身の見解は（若干迷って妨害することを除けば）本章の後の方まで保留するつもりである。

　量子の領域は我々の現実の基盤であるが，それにもかかわらず未知の神秘的な場所でもある。我々の日常世界では（古典物理学の記述によると），物ははっきりした限界をもち，適正に予測できる。しかし，その量子的基盤においては，宇宙は異なる法則によって支配されているらしい。量子力学と古典力学の領域間には，はっきりした境界がないので，この二分法は物理学を悩ませるものである。

　最も異様な量子の特徴は「重ね合わせ（superposition）」である。量子の粒子はどういうわけか複数の位置あるいは状態で——実際，あらゆる可能な状態のうち，重ね合わされた状態で——同時に存在する。ものは，少なくとも小さなものは，文字通りそれ自体の傍にあり，同時に2つの位置に存在するのだ。このような量子の重ね合わせが終わったときには，各々の多様な可能性は，われわれのなじみ深い古典物理学の世界の中で，1つの限定的な状態または位置を選択する。量子系は量子波動関数と呼ばれる方程式によって数学的に支配されているので，そして量子系は突然なくなるように見えるので，量子から古典的状態への移行は，しばしば量子波動関数の「崩壊（collapse）」（あるいは時には「収縮（reduction）」）と呼ばれる。

　20世紀初頭の実験では，量子の重ね合わせは，人間が観察もしくは測定をするまでは，持続することを示すと見られていた。マシンで量子系を測定しても，その結果は，実験者に実際に見られるまでは，マシンの中に重ね合わされたままで残っていると思われていた。したがって，当時の物理学で流行している見解（「コペンハーゲン解釈」，その主唱者でデンマークの物理学者ニールス・ボーアのホームシティにちなんで命名された）では，意識的な観察が波動関数の崩壊を招くとされていた。コペンハーゲン解釈は，仮にそれが正しかったとすると，随伴現象説に対する究極の反撃になったはずである。というのも，意識は，因果的影響をもたないどころか，マクロな世界の造作を実際につくる責任を負うことになるからである。これは本書でとってきたスタンス——すなわち無意識の脳は，我々がマクロな世界の造作だと解している意識的知覚表象の構築に，責任を負っているというスタンス——から大きく逸脱することになるだろう。

　この見解のばかばかしさを説明するために，エルヴィン・シュレーディンガー（Erwin

Schrödinger)は1935年に,彼の現在では有名な思考実験,シュレーディンガーのネコについて記述している。毒入りの小瓶の入った箱にネコを入れる。この箱の外では量子的なイベント——たとえば1つの光子が半透鏡を通過するかしないか——が箱の中の毒の放出と因果的に結びついている。光子は鏡を通過/非通過の両方なので,毒も放出/非放出の両方になる。したがってボーアの論理によれば,箱を開いてネコを観察するまでは,ネコは死んでおり生きているということになる。そして開いた瞬間に(コペンハーゲン解釈によると),このシステムは死んだネコか生きたネコか,どちらかを選択するのだ。したがって,意識的観察が本質的に現実を選択することになるのだ。どんな崩壊(たとえば死んだネコ対生きたネコ)においても,その正確な選択あるいは解決は,ランダムであり確率的であると信じられた。この見通しに対して落ち着きの悪さを感じたアインシュタインは,「神は宇宙を相手にサイコロ遊びをしない」という有名な言葉を残している。

シュレーディンガーは,彼のネコを,コペンハーゲン解釈の結果の風刺的な例とするつもりであった。そして実際に,意識的な観察は波動関数の崩壊にとって必要でないことがわかった。現在流行の見解は,量子の重ね合わせ状態と古典的環境との相互作用はどんなものでも崩壊的であり,「デコヒーレンス(decoherence)」を生じるというものである。しかし量子の重ね合わせには,それらが観察もされず,古典的世界との相互作用もないときには,何が生じるのだろうか? それらは崩壊するのか? 我々は知らない。それゆえ,シュレーディンガーのネコは問題を提起し(問題をもち!)続けているのである。

このパラドックスは,量子理論が不完全であり,量子波動関数の崩壊あるいは収縮の問題に対しては,他のアプローチが必要だということを示唆している。その1つが,ヒュー・エヴァレット(Hugh Everett)によって提案された「多重世界(multiple worlds)」の見解である。ここでは,どの見かけの崩壊も現実の分岐(branching of reality)であるとされている。この世界における死んだネコは,新しく形成されたパラレルな世界における生きたネコに対応している。もしそうなら,無数の世界が存在していなければならないことになる。また別の見解では,崩壊や収縮を生じさせる客観的要因をあくまでも求め続ける。これらは客観的収縮(objective reduction;略してOR)理論と呼ばれている。たとえばジラルディ(Ghirardi),リミニ(Rimini),ウェーバー(Weber)は,重ね合わされる粒子の臨界数(10^{-17})でORは生じるだろうと予測している。この理論は今のところ実験的エビデンスに支持されるには至っていない。しかしながら,ペンローズによって提唱された,量子重力に基づく,もう1つのOR理論は,今なお論争中である。ペンローズとハメロフが意識の問題に適用しているのは,この理論である。

量子重力は,現実の基本的な成り立ちを理解するための1つのアプローチであり,時空の幾何学の提案である。ペンローズは重ね合わせの考察から始める。同時に2つの位置をもつというのは,何を意味しているのだろうか? 彼が評決を下した回答は,基礎にある現実そのもの——基本的な時空の幾何学——は,重ね合わされている間も

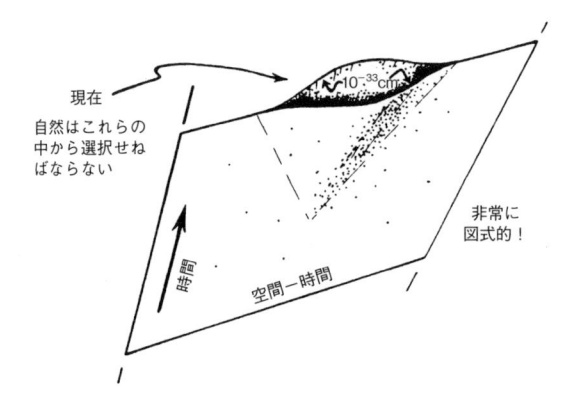

図16-4 10^{-13}cmのプランク・スケールは，量子状態の収縮と，どんな関連があるのだろうか？ラフなアイデア：重ね合わされた2つの状態間に十分に大きな運動（mass movement）があるときには，結果として生じる2つの時空は 10^{-33}cm あたりのオーダーで異なる。Penrose（1994）より。

実際には分離しているというものである。これは多重世界の見解に非常によく似ているが，1つ落とし穴がある。その違いは，ペンローズの見解によると，これらの分離が不安定であり，新しい宇宙というような何か非常に徹底的なものに行き着く前に，1つの分離されない現実へと収縮あるいは崩壊していくところにある（図16-4）。

量子の崩壊という現象は，意識の特徴を説明できるのだろうか？　ペンローズは自らの著書「皇帝の新しい心」と「心の影」で，それはできるし，実際に量子重力の自己崩壊（self-collapse）（この概念は後で説明する）は意識の本質的特徴であると示唆している。彼は要するに，このタイプの崩壊中になされる「選択」（多重の可能性を1つの限定された状態に解消すること）が，我々の思考過程と，完全に決定論的な古典的コンピュータの行動とを区別するものなのだと論じている。彼はさらに，前意識的処理は量子の重ね合わせに対応し，即時的な量子重量の自己崩壊は意識経験の瞬間に対応すると示唆している。この理論によれば，意識は一連のこのような量子状態の収縮を含むことになるのだろう。

3 量子の計算

ペンローズの奇想天外なアイデアは，量子理論が新種の計算にうまく応用されていると考えるときには，我々の住む世界によりつながっているように思われてくる。多くの量子が崩壊して限定的な古典的状態になる可能性は，量子計算として知られる萌芽的な新しい情報技術への鍵になっている。

第10章2節で論じた伝統的な計算では，基本的な情報は，離散的な1か0かの「ビット状態」で存在する。しかしながら，いわゆる量子計算では，基本的な情報は，同時に1と0の両方である「キュービット（qubit）」としての量子の重ね合わせの状態で存在しうる。この状態では，キュービットは相互に交互作用（あるいは計算）しながら，それぞれが次には特定の状態セットへと収縮あるいは崩壊していく。これが，

この計算の解答あるいは回答を与えてくれるのだ。量子コンピュータは，ある応用に対して膨大な潜在的利益をもたらし，その試作装置は既に組み立てられている。脳，心，量子コンピュータの間の比較は，それが伝統的なコンピュータとの同様の比較を越えて，有益なところに連れて行ってくれるかどうかは現時点ではまだわからないけれども，不可避である。

　量子の他の特徴は，意識の他の側面についての可能な説明に役立つ。ここでは2つの例を示す（プレート16-1も参照）。

　「量子コヒーレンス」の状態では，素粒子はその個別的なアイデンティティを喪失して，共通ユニットの1部（レーザー光がそうであるように，1つの波動関数によって支配される）になる。このタイプの量子コヒーレンスは，自己の統合的な性質，すなわち意識経験の唯一性を説明するものと，示唆されてきた。

　非局所的な量子の「もつれ（entanglement）」においては，共通の量子状態において一旦は統合された素粒子が，どういうわけか，離れて結合あるいは「連合」を続けている。次に1つの素粒子が測定されると，その量子のパートナーはその位置に関係なく，即座に反応する。この量子の距離を越えたカプリング（coupling-over-distance）は，脳内におけるある種の記憶の基礎として提案されてきた。ダナ・ゾウハー（Dana Zohar）とイーアン・マーシャル（Ian Marshall）は，これをさらに前進させて，別の意識をもつ個人間の，情動的でいわゆる超常的な結合に当てはめている。本書の著者にとっては，それはあまりにも遠い一歩である。物理学に基礎をおく理論は（あるいはそれは物理学者自身か？），悩ましくも気やすく神秘主義に流れ込むのだ。

　このような思弁の意味するところは，進化が組織立った量子過程を利用する生物学的メカニズムを創造したということかもしれない。そのうちの1つは，脳内の量子計算かもしれない。脳内のニューロンないしはそれよりも小さなレベルの量子構造については，かなり長いリストが提案されている。それらは受容蛋白質，膜脂質，前シナプス小胞放出構造，ギャップ結合，神経伝達物質分子，カルシウムイオン，DNA，RNA，そして微小管（microtubules）である。意識のペンローズ-ハメロフのモデルは，特に脳神経内の微小管（この後すぐに述べる）の量子計算に基づいている。

4　量子波動関数の客観的収縮

　ペンローズ-ハメロフの意識理論へと導いた思考の流れは，図16-4に示した量子力学と古典力学とのインターフェースにおける，量子波動関数の客観的収縮（OR）についてのペンローズの提案から出発している。この提案はそれ自体潜在的に非常に重要である。もしそれが正しければ，それは1本の矢で物理学における2つの雄牛の目を射抜くことになる。すなわち，それはアインシュタインの相対性理論と重力理論を量子力学理論と統一する。そしてなおかつ，多くの可能性をもつ量子の重ね合わせが，いかにして古典物理学で記述されるマクロな事物の世界を生じさせるのかを説明する

ことになる。本書は物理学の本ではない。しかしながら、ペンローズ-ハメロフ理論がどのように意識の難問に適用されるのかを理解するためには、この最初の段階の把握にもう少し近づく必要がある。

ペンローズは、量子波動関数における「重ね合わせ」が、実際のところ何を意味しうるのかと問うところから、出発している。彼の回答は、多様な状態に分離するものは、現実そのものであって、量子力学の基本方程式が単なる確率密度関数として取り扱われる場合のように、単に現実が次にとりうる可能な状態ではないと仮定している。しかし、いかにして1つの素粒子が同時に2つ以上の状態や位置をとりうるのだろうか？質量は時空の織り成す歪み（curvature）だという、アインシュタインの相対性と重力の理論にしたがって、ペンローズは、各々の重なり合った素粒子あるいは素粒子状態を、局所的な歪みの小さな束の間の変化として取り扱う（図16-4）。これらの変化は、物理学ではよく知られている最小の尺度、プランク・スケール上で生じるので、極微である。原子を一切含まない真空の量（volume）を取り上げてみよう。このスケールをどんどん下っていく。プランク・スケールの10^{-33}cm（原子よりも25桁小さい）に達するまでは、滑らかなままである。このスケールまでくると、物理学者は究極の粒状性を見出す。それゆえ、1つの粒子が同時に2つの位置に存在するということは、ペンローズによると、このプランク・スケールでは、宇宙の局所的領域は分離し、その粒子はこの分離したどちらのバージョンにも存在するということを意味する。ペンローズはこのアイデアを一種の泡あるいは豆のようなものとして、時空の空想面に描いている（図16-4）。

この分離はどれくらい長く続くのだろうか？　ペンローズの回答——彼の波動関数の「客観的収縮」——は、簡単な方程式に要約されている。これはアインシュタインの有名な$E = mc^2$と形式的には似ており、まだよく知られていないかもしれない、$E = h/T$である。ペンローズの方程式では、hはプランク定数であり、hを2πで割ったものである。これはウェルナー・ハイゼンベルクによって物理学に導入された不確定性の基本原理の操作を反映しており、倍率を提供している。Tは、時空の局所的な歪みにおける分離が最終状態——量子波動関数の崩壊——を選ぶことによって再結合する前の時間である。Eは、波動関数をつくっている、完全に重ね合わされた状態の全体性から来る重力の自己エネルギー（gravitational self energy）である。前のパラグラフでは、私は簡略化して、素粒子が同時に2つの状態あるいは位置をとると述べたが、量子力学はこれよりも多数の重ね合わせを許容している。それらの全体が合算されてEの値が決まるのだ。この方程式を見ると、Eの値が大きくなるほどTが短くなることがわかる。この値は、波動関数に入り込む素粒子の状態の数と性質によって、そしてその分離の程度によって、決定される。大雑把にいえば、より多くの状態があるほど、その質量は大きくなり、それらを分ける距離が小さいほど、量子波動関数は崩壊しやすくなる。

波動関数の崩壊は、この公式では、波動関数それ自体の構成要素に依存していることに注目されたい。これが「自己崩壊」の意味するものである。加えて、量子の重ね

合わせとマクロな環境との相互作用はどんなものでも，収縮あるいは「デコヒーレンス」を生じる。しかしながらデコヒーレンスは，収縮の結果がランダムな古典的状態になるという点で，自己崩壊とは異なる。反対に自己崩壊は，量子計算におけるように，重ね合わせの予測可能な結果である状態を引き起こす。また，OR（客観的収縮）においては，崩壊は（上で論じたコペンハーゲン解釈におけるように），人間の測定や観察行為によって誘導されるものではないことにも注目されたい。波動関数に「客観的」収縮があるというのは，この意味においてである。最後に注目してほしいのは，崩壊する時間が，波動関数の可能な状態の全体性の重力エネルギーに逆依存するということは，ペンローズの目標の1つ——すなわち量子力学をアインシュタインの重力と相対性の理論に統合すること——を達成することになる。

　これが物理学内の理論としてどれほど成功しているかは，物理学者の判断次第であろう。私が気づいているかぎりでは，まだ審判は下されていない。これが物理学の内部で却下されたとしたら，これを意識の問題に応用していくことはおそらく失敗するだろう。しかしながら我々は，これが物理学の内部で理論として成立しうると見なすことにして，ハメロフとペンローズが我々の最重要問題——脳はいかにしてクオリアを創造するのか——に答えるのに，この理論をどのように適用するのかという考察へと進んでいこう。

5　量子脳の内部に降りていく

　ペンローズ-ハメロフの理論は，2つの非常に異なるレベルで，意識の問題に適用されている。プランク・スケールと脳機能のレベルである。ここでは，汎心論（プランク・スケール）のスキャンダルは後まわしにして，この第2のレベルから出発しよう。この理論の主要仮説は，これが人間（人間に限定されるわけではないが）の脳内の意識に適用される場合には，「ある瞬間の意識経験は，量子波動関数の客観的な自己崩壊の結果として生じる」というものである。前節で概観したペンローズの方程式によると，量子重ね合わせが築かれてそれが客観的収縮を受ける，そういう物理的条件を提供するシステムが，脳内には存在する，と論じられているのである。

　ペンローズ-ハメロフの理論では，クオリアの創造を支えている重要な脳システムは，各ニューロン内に位置する「微小管（microtubule）」と呼ばれる小構造にある。ハメロフは，これらの細胞小器官（organelles）について，いくつかの命題に基づいて論じている。

① 微小管は，量子の重ね合わせと自己崩壊を支える優れた生物物理学的特徴をもっている。
② 微小管はニューロン群を横断して相互作用することができるので，ペンローズの方程式における重力の自己エネルギー（E）を増大させることができる。
③ したがって，崩壊にかかる時間の計算（同じ方程式のT）は，意識経験の時

間特性と一致する。
④ 微小管は，量子コンピュータとして働き，情報処理を可能にする特性をもつ。
⑤ 微小管は，正常な非意識的情報処理が起こると一般に考えられているニューロンのレベルの脳機能と，相互作用することができる。

ニューロンおよびその他の細胞の内部は，相互に連結された蛋白質ポリマーのネットワークに組織化されている。その中には細胞骨格をつくっている微小管もある（プレート16-1参照）。その名前の意味するように，細胞骨格は細胞に構造的支持を与えるものと考えられる。ハメロフはしかしながら，これらにもっと面白い特徴を与えている。すなわち，これらは情報を処理し，実質的に各個別の神経細胞内での神経系として作用するというのである。この仮説は，ペンローズとハメロフが神経レベルと量子レベルの過程間を交差させるのに必要だとするリンクを与えてくれるのである。微小管は，神経レベルの活動と量子レベルの活動との中間に釣り合いよく位置しているので，このような役割を果たすのによい位置取りをしているようである。

このようなリンクとして作用するためには，微小管は量子と神経の両方のレベルで作用できなければならない。次に，ハメロフ-ペンローズの提案がいかにしてこれを達成しているのかを見ていこう。

相互に作用し合う要素からなる高度に整序された，したがって潜在的に計算機能をもつシステムが，本来的に自己組織化できる方法には，よく知られたものがある。情報科学者はこれらを，各格子要素の状態が，あるルールにしたがいながら，近隣の要素の状態に依存しているという意味で，「格子系 (lattice system)」と呼んでいる。この相互的なルールにしたがうということは，一種の自然の，あるいは「自己」の組織化になる。単純な格子における単純なルールが，複雑な自己組織化された情報パターンへと導いていくのである。1つの例は結晶の成長であるが，自己組織化作用は蛋白質動力学から星雲の形成に至るまで，どんなレベルでも生じうる。

その格好の例では，このくりかえしの要素は蛋白質の下位ユニットであるチューブリンであり，その柱状（コラム）の配列が微小管を形成している。プレート16-1に示したように，これらの分子は六角形の格子を形成する。ハメロフ-ペンローズ仮説によると，各チューブリン分子は2つ（あるいはそれ以上）の立体配座状態 (conformational states)（物理化学的な力と3次元形体の異なる配列）の間で，ナノ秒の時間単位で，スイッチの切り替えができる。このような構造遷移 (conformational transitions) は，化学ではよく知られており，ニューロンの活動への影響も等しくよく知られてきている。これにはたとえば，イオン・チャンネルを開いたり，受容器の感度を変化させたりすることが含まれ，どちらもシナプス間の伝達には重要である。立体配座の変化を生じる要因には，量子力学レベルで作用するものもいくつか含まれている。これらは（量子化学を興した20世紀の物理学者フリッツ・ウォルフガング・ロンドン (Fritz Wolfgang London) にちなんで）「量子力学のロンドン力」と呼ばれている。このようなロンドン力は，格子状に配列された個別のチューブリン分子間の相互作用の基礎を提供しうるはずである。ここまでのところでは，この説明は解剖学的，化学的知識

の受け入れられる範囲内にとどまっている。ハメロフ−ペンローズの仮説がまだ海図のない水域へ連れて行ってくれるのは，次の2ステップにおいてである。

　第1ステップでは，相互作用するチューブリン分子の格子状配列は，単なる潜在的な計算システムではなく，計算システムとして現実的に機能すると提言されている。もしこれが本当に事実であるなら，それは脳の計算力に膨大な増加をもたらす。伝統的なアプローチでは，脳には10^{13}のニューロンがあり，それぞれが1秒に何千回もスイッチを切り替える何千ものシナプスをもつ。したがって，全体では1秒に10^{16}すなわち1京の操作が行われることになる。しかし，この巨大な数も脳の力の表面をこすり取った程度にすぎないかもしれない。我々が論じてきた細胞骨格のレベルでは，各ニューロンでおよそ10^7の微小管蛋白サブユニットがナノ秒単位でスイッチの切り替えを行っているので，1ニューロンにつき毎秒10^{16}の操作を行うことになる（脳全体では約10^{27}の操作になる）。

　第2ステップは，我々を量子力学理論の核心にまで連れて行ってくれる。ここでの提言は，各チューブリン分子の別々の立体配座状態が，ペンローズの方程式により自己崩壊に達するのに十分に長時間，量子重ね合わせの状態で共存しうるということである（プレート16-1）。さらに，これらの量子重ね合わせには，情報処理機能が与えられているので，前パラグラフで記述した既に膨大な層の上に，もう1つの計算層――量子計算――が加えられることになる。

　この仮説がそもそも真面目に取り上げられるためには，ペンローズとハメロフは，この方程式のパラメータのEとTが，現実の脳内で，いかにして自己崩壊の生起に適正な範囲内の値をとりうるのかを，示さねばならない。このことは第1に以下のことを必要とする。すなわち，微小管システム内で生じる量子波の重ね合わせは，このシステムが埋め込まれているマクロな環境との相互作用から保護されていなければならない。こういう相互作用はどんなものでもデコヒーレンスを生じるだろうし，それゆえに，自己崩壊（客観的収縮）は生じず，また，量子重ね合わせによって企てられたどんな計算も結実には至らないだろう。したがって，チューブリン分子――この中で想定された量子波の重ね合わせが生じる――は，何らかの方法で，マクロな環境から隔離されていなければならない。たぶん，ペンローズ−ハメロフの立場に対して物理学者が最もしばしば突きつける批判は，脳には熱があるので，単純にこの隔離が達成されえないというものである。現在のテクノロジーでは，量子コンピュータは隔離と絶対温度のほぼ零度を必要とする。しかし，脳は体温で作動し，60％は水であり，電磁的なノイズをもつ。1つのイオン，光子，あるいは熱振動でも，デコヒーレンスと古典的状態へのランダムな収縮を生じうるのであるから，大規模な量子状態は脳内では不可能だというのが，多くの物理学者の考えである。

　この隔離問題に対してハメロフが提案した解決法は，次のとおりである。なお，説明をしやすくするために，ここでは事実であるかのように記述するが，もちろん，これは事実ではない。しかし，それは実験的に検証可能である。我々はなお科学の領域にとどまっており，哲学には行っていない。（しかし，待ってほしい！）

量子重ね合わせは，微小管の中で隔離された量子状態の位相で生じる。この位相はニューロンの細胞質の状態に依存しながら，古典的位相と交代する。(細胞質は，各生物学的細胞の内部を占有する，水っぽいメディアである。それは1群の細胞内要素——細胞骨格もその1つである——を含んでいる。) 細胞質は2つの位相で存在しうる。すなわちゾルとゲルであり，後者はアクチン重合と結びついた状態である。この蛋白質は微小管と細胞膜との間の橋渡しの役割をする（プレート16-2）。ゾルは液状の位相であり，ここで細胞質のアクチンが解重合され，それによって微小管は環境との間で入出力（すなわち神経細胞膜とのコミュニケーション）が可能になる。ゲルは固形状態の位相であり，ここではアクチンが微小管を密に包み込む。このゲル相では，微小管とアクチン表面の水は整除され，結果的に細胞骨格と結びつけられて，環境としてではなく，量子系のシールドあるいはその1部として作用することになる。これらの（そして他の）メカニズムに基づいて，アクチンのゲル状態にある微小管の束のデコヒーレンスの時間は，数百ミリ秒の範囲にあると計算された。これは意識経験の生理的過程と時間的特性のどちらとも矛盾しない。

　このようにしてハメロフは，ペンローズの方程式で一般的な必要条件を満たす，ある範囲のT値に到達している。次に，彼はこれに対応するE値のセット——これはデコヒーレンスが生じる前に，自己崩壊を起こさせるのに十分な大きさをもつだろう——を獲得する必要がある。ここで，Eは重ね合わされた状態の総和と，その広がりの距離とに依存することを思い起こそう。また，「量子コヒーレンス」においては，個々の素粒子は集合的統一的な波動関数にそのアイデンティティを譲り渡すことも思い起こそう。この種の集合的波動関数は，もとは1924年に純粋理論の練習問題としてボーズとアインシュタインによって提案されたものである。今日では，「ボーズ－アインシュタイン凝縮」を実験室で示す新しい方法の記事が「自然 (Nature)」や「科学 (Science)」に1か月も載らずに過ぎることはないほどである。このような現象が脳内で起こるということは，知られてもいないし，一般には疑われてもいる。しかし，Eが十分に大きな値に達するためには，ハメロフとペンローズはそうなると仮定する必要があるのだ。実際，量子コヒーレンスは，1つの細胞内で微小管を作り上げるチューブリン分子の配列さえも超えて，広がっていかねばならないのだ（プレート16-1に説明したとおり）。また，量子コヒーレンスは異なるニューロンを横断して拡張していく必要もあるのである。

　この付加的な非常に重い（文字通りEは重力エネルギーである）サポートを付与するために，ハメロフはもう1つの量子力学過程——量子トンネル現象 (quantum tunneling)——を所望する。この過程では，波動／粒子（たとえば電子）は，エネルギーの障壁を「トンネルくぐり」によって越えることができ，同時に2つの異なる位置に存在できるだけでなく，同時に2つの異なるマクロ構造の内部に存在することができる。量子力学の残りの部分と同様に，量子トンネル効果は異様ではあるが，実験室では普通に明示されている。好都合なことに，ニューロン間にはある種のよく知られた結合があり，これが量子トンネル現象を支えている可能性がある。これらは「ギ

ャップ結合（gap junction）」と呼ばれている。もっと一般的なシナプス結合では，ニューロン間の伝達はそれらの間の空間に放出された化学的メッセンジャーによってなされるが，ギャップ結合は，これとは違って，直接の電気的伝達によってニューロンをつないでいる。その結果，シナプス結合とは異なって，ギャップ結合は，相互にリンクした細胞の細胞膜における電気的な変化が完全に同期するので，これらは1つの巨大なニューロンのような振る舞いをするということもできよう。

ギャップ結合におけるギャップは典型的にはおよそ4ナノメータの幅であり，理論的には量子トンネルを通り抜けるのに十分に小さい。そして，これがまさに，ハメロフが起こると考えたことなのである。このようにして，彼は重ね合わせて加算された，十分に大きなE値を得ることができた。それはまず，チューブリン分子内で，次に1つのニューロン内のチューブリン分子を横断して，そして最後に，電気的な伝達とギャップ結合を通じた量子トンネル効果によって一時的に結合したすべてのニューロン内のチューブリン分子を横断することによってである。彼とナンシー・ウルフ（Nancy Woolf）は，いかにしてこれが形体，色彩，運動のすべてをもつ視覚刺激の，意識的知覚を生じるように働くのかを説明した。彼らの図式は説明文の中の計算とともに，図16-5に示してある。

この図には2つの重要な時間仮説と，1つの空間仮説が組み込まれている。

第1に，E（縦軸）には多くの連続的増加があり，それぞれが25msほど（横軸）続いていることが見てとれる。この時間は，いわゆる「ガンマ波」あるいは「40Hz振動」に関する多くの現代の電気生理学的な仕事に適合するように，選ばれている。これらは「結合」問題（第4章1節）への解答を提供しうるのではないかと，提唱されてきた。我々は，ネコの視野の別の部分が視覚皮質で結合されるというウルフ・シンガーの実験について，ネコがそれらを同じ対象に属するものとして見るか否か（格子縞 対 格子；図4-3を見よ）によると論じたときに，間接的ながら，既にこのアイデアには出会っている。結合が生じたとき，そしてそのときにのみ，同じ視覚対象の部分を構成する，視野の別の部分に反応性をもつニューロンに，同期的発火が生じるのだ。この種の同期的発火は，ニューロンの発火の全体的パターンが，最も一般的には40Hz（すなわち毎25ms）付近の周波数をもつ，ガンマ波の範囲内（30-70Hz）の周波数で揺れ動くときに，強められる。本章ではこの結合の問題に数回にわたって立ち戻ることにする。ここでは単純に次のことに注目してほしい。ハメロフのモデルは，ほぼ40Hzの周期性をもって生じる情報処理が，結合問題の解決に貢献しうるという考え方を取り入れていることである。図16-5では，この考え方は変形され，Eが毎25msくらいで構成と崩壊をくりかえし，そういうミニイベントの連鎖が連続的に存在するという見解になっている。

第2の時間仮説は，このようなミニイベントが徐々に大きく（Eが大きく）なり，またどんどん速く生起するようになって，最後に大きなピークに達すると，次には完全に崩壊に至るというものである。最後の崩壊までの時間は250msくらいにセットされている。これは，完全に意識的な知覚表象が発達するのに必要な時間と，一般的

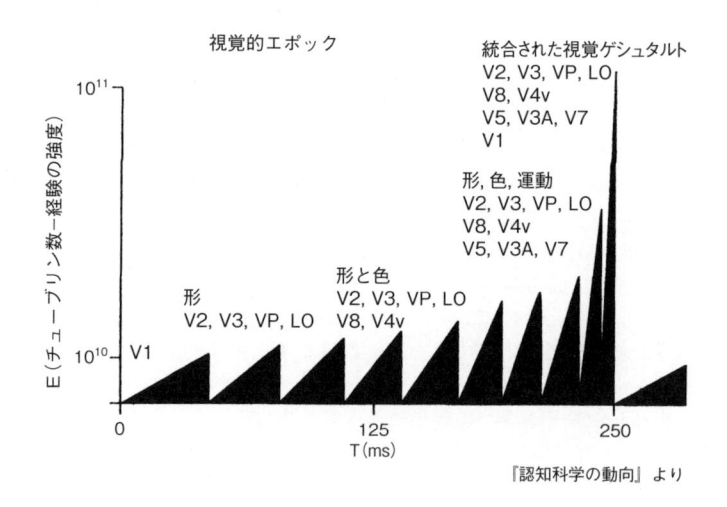

図16-5 数ms-25msの量子計算（すなわち40hz付近の振動）のクレッシェンドの連鎖が250-700ms続いて，1つの視覚的なエポックを構成する。ウルフとハメロフは，視覚的ゲシュタルトが，このエポックの最後に，Orch ORの累積関数として，V1を含むすべての関連する視覚野で生じると提案している。Orch OR（意識的イベントに対する閾値）が不確定性原理によって与えられるまでの時間は，E＝h/Tである（ここで，Eは重ね合わせの大きさに関係。hはプランク定数を2πで割ったもの。Tは自己崩壊までの時間）。したがって，孤立した重ね合わせが，大きくなればなるほど（強度がより強く，経験がより鮮明になるほど），それらの重ね合わせはより速く収縮するだろう。計算が示唆するところでは，T＝25ms（40Hzの時間間隔）に対して，Eは2×10^{10}チューブリン（微小管のサブユニット）と等価になり，約20,000ニューロンを占有する。T＝500msとすると，Eは約10^9チューブリン，すなわち約1000ニューロンとなる。これは，強度と内容の異なる意識的イベントのスペクトラムを意味する。現象としての意識は，皮質の視覚野の，想定されよく知られている機能的役割に対応すると示唆される（cf. プレート2-1と4-1，そして図2-1）。略語：LO＝大規模対象視覚皮質（large-scale object visual cortex），V1-V8＝皮質の視覚野，VP＝腹側後視覚皮質。Woolf & Hameroff（2001）より。

な大きさのオーダーがまったく同じになっている（第2章を見よ）。

空間仮説は，図16-5の連続する各ミニイベントの上に付されたV1, V2等のラベルの順序に示されている。これらは別個の，空間的に分離された（しかし相互に連結された）視覚系のモジュールを意味し（プレート4-1を見よ），視覚対象の形，色，運動などの計算に責任を負っている。これらのモジュールを通過する周知の情報の流れ（まずV1, 次にV2等々）は，ラベルの順序で示されている。この流れの最後には，異なるモジュールの出力が結合されねばならない。不規則な形をもち，青い背景に抗して動く，赤色のパッチは，舞い上がる赤い凧に統合されねばならないのである。この統合がいかにして達成されるかが，視覚系のモード内結合問題の本質（substance）である（第4章1節）。それゆえ，図16-5に組み込まれた空間仮説は，次のとおりである。量子重ね合わせ——その重力の自己崩壊が意識経験を生じさせると考えられている——は，徐々に視覚系の各モジュール内のニューロンにあるチューブリン分子を通過して，より多くのチューブリン分子を抱き込む。そしてこの視覚系が，視覚対象（た

とえば赤い凧が揚がっている）に反応するのである。

　図16-5に見られるEの流れと増大は次のものを反映している。①電気生理学の古典的ルート（視覚路内のあるニューロンから次のニューロンへと軸索を下っていくインパルスの通路）を通って、各視覚モジュールに達する入力、および②量子トンネル現象による量子波の重ね合わせの広がり。これらは、微小管を包む細胞質内のゾルとゲルの位相が交代するときに、やはり相互に交代する。ゾル相では、微小管は細胞膜と接触しており、古典的神経生理学レベルのイベントに影響し、かつ影響されうる。ゲル相では、微小管は細胞膜から離れるので、Eが再び増大しうる。図16-5の各ミニイベントはほぼ25ms持続する。したがって、これもまた、ゾル／ゲル交代の周期性をもつことが要請される。またゲル相では、量子の重ね合わせが量子コンピュータとして働くという仮定を、思い出してほしい。かくしてゾル相では、神経生理学の古典的レベルでの微小管の、ホスト細胞の機能への影響の仕方は、原則として（そしてハメロフは、これが実際にどのように生じるのかについて、いくつかの具体例を示している）、これらの量子計算の結果を反映しうるということになる。またやはりゾル相では、残りの細胞環境（プレート16-2）から微小管の状態に関係してくる影響力は、次のゲル相の量子計算に及びうる。このように、量子重ね合わせの客観的収縮は、ハメロフの用語では、「調節された客観的収縮（orchestrated objective reduction）」（Orch OR）ということになる。これは、古典的レベルで生じ、たとえば頭蓋内の電極などによって観察される、非量子計算によって調節されるORのことである。

　これらの仮説に基づいて、ハメロフはペンローズの方程式が有効に働くようにして、ひとまず満足のいく結果を得ている。すなわち、1つあるいは1群の視覚モジュールからチューブリン分子の適正な数を考え合わせると、EとTの値をもった方程式を解くことができる（図16-5の説明を見よ）。このEとTは、（一般的な40Hzの結合の説明が適正だという、後述のもう1つの仮説に基づいて）視覚結合が生じ、なおかつ完全な視覚表象が形成されるのにかかる時間に、多少とも対応している。また図16-5の、各々の連続的なミニイベントによって生じるE値の増大も計算することができる。この理論では、意識経験の強度は自己崩壊の大きさに、したがって、崩壊が起った時のEに比例すると仮定されている。かくして、図の右側の「統合された視覚ゲシュタルト」（上記の我々の例では、舞い上がる赤い凧の完全な知覚表象）は、意識に入ったどの要素的視覚特徴（図の左側）よりも意識の強度が強いといわれるのである。

　これは、科学の多くのレベルにまたがって統合する卓越した理論である。前に私はその主張の重要な部分をプレビューした。私はここでそれらを再掲し、その後に加えられた細部をも提示することによって、それらがどの程度まで正当化されたのかを、あなた方が評価できるようにする。その主張は以下のとおりである。

　①　微小管は、量子重ね合わせと自己崩壊を支える適正な生物物理学的特性をもつ。
　②　微小管はニューロン群を横断して相互作用でき、それゆえに重力の自己エネルギー（ペンローズの方程式ではE）を増加させていく。
　③　その結果、崩壊にかかる時間計算（この方程式のT）は、意識経験の時間的特

徴と一致する。
④ 微小管は情報処理を可能にする特徴を備えており，量子コンピュータとして作動する。
⑤ 微小管は，ニューロンレベルの脳機能と相互作用ができる。正常な非意識的情報処理は一般にこのレベルで生じると考えられている。

私はこれらの主張がきちんと成立していると正当にいえると思う。しかしこのようにいっても，それはただこの理論が内的に一貫しているといえるだけで，正しいということにはならない。

6 精神物理的同型性

　この理論を支えるのに使われているもう1つの議論の道筋は，現象的な意識の様々な特徴がこの理論で仮定される諸過程の特徴と平行性をもつということを，指摘している。本章の前のほうで見たように，この意識の問題に対する全体的なアプローチは，まずゲシュタルト心理学者によって採用された。彼らはこれを精神物理的同型性（psychophysical isomorphism）と呼んでいる。ウォルフガング・ケーラー（1969, p.66）はこれを，「心理学的事実とこれを支える脳内のイベントは，その構造的特徴が相互に類似している」という仮説として定義している。ゲシュタルト心理学者自身は，この支えになっているイベントが電気的であると考えた。スティーヴン・レハールはこれを高調波共振（harmonic resonance）と考えた。ペンローズとハメロフやその他の理論家は同じ道をたどって，それを量子力学的だと考えた。

　たとえば，もう一度結合問題について考えてみよう。問題を単純にするために，舞い上がる赤い凧の，統合された知覚表象の例にとどまることにする。この知覚表象（そしてこれに類した他のすべて，すなわちこの例のように感覚モダリティを1つしか含まないものでも，多くを含むものでも）は，古典的神経生理学を困難に直面させる。知覚表象を作り上げる特徴（形，色，運動等）は，それぞれが脳の異なる領域のニューロンの発火によって表象されることが知られているからである。それではどこで，これらのすべてがいっしょに集められて，1つの統合された意識的表象を構成するのであろうか？　この古典的な路線で結合問題を解決しようとする最初の試みは，ある領域のニューロンから次の領域のそれへと収斂していく，固定的な解剖学的構造に求めた。したがって，1つのニューロンあるいは局所的につながったニューロンの小さなセットがどこかにあるはずであり，これらが，赤，凧のような形，凧のような動きの，正しいコンビネーションになったときにのみ発火し，それゆえに，舞い上がる赤い凧を「表象」するようになる（そしておそらくは，意識について語ることがタブーであった時代には決していわれなかったはずではあるが，この知覚表象を意識経験に挿入するのである）。この議論で使われた例は，通常，人のおばあさんの例であった。それゆえ，このようなニューロンは「おばあさん細胞（grandmother cells）」と呼ば

れるようになった。しかし今や，おばあさん細胞では結合問題は解決しえないことが認められている。それは，各人が生涯にわたって認識できる特徴の，どんな組み合わせであっても，そのすべてを表象するニューロンが必要になるので，巨大な組み合わせの爆発が生じることになるという理由だけでも，無理なのである。

　現代のアプローチでも，なお古典レベルにあるものは，したがって，別々の特徴に特化した領域のニューロン間の一時的な同盟を強調する。我々が既に出会ったことのあるこのアプローチの1例は，ウルフ・シンガーの研究である。この研究は，遠く離れたニューロンが相互に同期して発火するのは，それらの各ニューロンが，その同じ瞬間の統合された知覚表象を部分的に代表する場合，そしてその場合のみに限定されるということを示している（図4-3）。しかし，これらは非常に心強い発見ではあるのだが，次の疑問をはぐらかしている。同期性（正確にミリ秒の範囲で生じる）はいかにして距離を越えて生じるのか？　離れて作動することは，もちろん，量子力学が最も得意とするところである。プレート16-1は2つの関連のある過程を思い起こさせてくれる。量子コヒーレンスと量子もつれであり，上で論じたように，我々はこれらに量子トンネル現象を加えることができる。

　このように，結合の量子力学モデルは，意識の現象的特徴と，ゲシュタルト心理学者が追究したモデルの構造的特徴との間に，まさにこの種の平行関係を提供することができるのだ。

　精神物理的同型性の第2の例は，図16-2に示したように，波動関数の崩壊と意識的知覚の達成との，それぞれの時間経過にはっきりと認められる。しかしながら，この図，というよりもその基礎をなす概念には，あいまいなところがある。ペンローズ－ハメロフの理論によると，瞬間的な意識は，量子重ね合せの調節された客観的収縮（Orch OR）が生じたときにはいつでも生じる。もしこれが事実なら，およそ25ms毎に別々の意識の瞬間が存在し，その各々が連続的に新しい特徴を加えて行って，最後に統合された知覚表象をつくり上げるのである。しかし，意識的な知覚はそんなふうには作動しない。それはまっすぐに進んで，図に示した時間の流れの最後に，統合された知覚表象になる。それゆえ，知覚の事実に適合させるためには，この時間の流れの最後の波動関数の最終的な大崩壊と，この最終点に至る前のミニイベントとの区別をするべき，いくつかの付加的な原理が必要となるだろう。心理物理的同型性は両刃の剣になりうるのである。

7　クオリアはどこから？

　図16-5にはもう1つ厄介な側面がある。このモデルは，クオリアが（量子波動関数が崩壊するとき）意識に入ってくることを説明しようとする。しかし，量子力学モデルの中には，このモデルをそのクオリアに結びつけるラベルを正当化する根拠はまったく何もない。これらのラベルは，クオリアのタイプ（形，色等々）を，視覚系（V1,

V2等）の対応する解剖学的領域に合わせて，命名しているだけである。それゆえ，ある領域で生じる量子重ね合わせの調節された客観的収縮は，これに対応するタイプのクオリアを生じさせると仮定される。しかし，この量子力学モデルの内には，あるタイプのクオリアをある領域に結びつける根拠は何も存在しない。このモデルは，何やかやを意識にもち込むイベント（波動関数の調節された客観的収縮）の説明はしているが，それが何なのかについては説明していない。「何」の決定は，別のどこかで盗まれた知識によって，このモデル内にもち込まれるのである。盗まれた知識それ自体が，たとえばV4が色彩経験を生じるのはどのようにしてなのかを説明してくれるのなら，そんなことは大した問題ではないのかもしれない。しかし，脳の活動がいかにしてクオリアを生じさせるのかの説明を，我々が既にもっていたとすれば，その説明を量子力学に求める必要はなくなるだろう。我々がもち合わせているのは，一方ではここそこの脳の部分の活動と，他方ではあれこれの種類のクオリアの生起との，一連の粗大な相関にすぎないのだ。

この批判が量子力学モデルに対して設定する基準は，高いものである。それは，いかにしてクオリアがつくられたのかだけでなく，いかにして特定のクオリアが特定の役割に配分されたのかについても，モデルに説明を求めているのである。思うにこれは，実際に究極的によくできた意識モデルなら，当然満たすべき黄金の基準であろう。しかし我々は，この目標からはあまりにも遠いところにいるので，現在の理論を評価するのには，もっと緩い基準を適用すべきであろう。そこで，我々は量子力学モデルに尋ねることにしよう。波動関数の自己崩壊によって生じるクオリア（どんなクオリアでも）は，どこで意識に入り込むのか？

この質問に対するハメロフとペンローズ理論の答えは，最も呑み込み難い部分である。「原意識的（protoconscious）」クオリアは，彼らの言によると，量子の重ね合わせとして，プランク・スケール（上記を見よ）における時空の基礎的配置（fundamental geometry）の中に埋め込まれている。それらは，我々が現在よく知っている意味で，原意識的なのである。量子状態の重ね合わせが自己崩壊するときには，それはまさにこのような1つの状態へと崩壊していく。この状態は，その崩壊がペンローズの定義するように客観的であるならば，完全に意識的になるだろう。（量子関数が崩壊していかなかった）他の状態は，意識的になる能力をもってはいたが，そうはならなかった。つまりそれらは「原意識的」であったのだ。それゆえ我々は，量子の重ね合わせがあるところにはどこにでも，原意識的クオリアを見出せるはずだというのである。

この見通しは，しかしながら，見かけよりもはるかに汎心的でないことがわかった。原意識はあなたの見るところどこにでもありうるが，意識そのものはそうではない。というのも，ペンローズの客観的収縮を許す条件は非常にまれだからである。次の文章は，この主題についてハメロフが私宛に書いてきたeメールである。

　　十分に長く孤立した状態でとどまっていて，客観的収縮の閾値に達した量子の重ね合わせだけが，意識的である。そしてこれは，脳内でのみ満たされ，それ以外ではおそらく満

第16章 物理学をまじめに取り上げる | 259

たされない，かなり厳格な要請なのである。なぜなのか？（デコヒーレンスを避けるためには）適度に短い時間で閾値に達するのに十分に大きな重ね合わせが必要だからである。重ね合わされた状態にある孤立した電子が，1千万年もかけて閾値に達するなどということはなかろう。しかし，大きな重ね合わせは孤立しているのが困難である。蛋白質は（電子にくらべると）かなり大きな塊のようであり，電子の位置のような量子レベルのイベントに敏感な，力学的立体配座状態をもつ独自の特性をもつ。それゆえに蛋白質は「梃子」あるいはアンプになるのだ。蛋白質は，我々のマクロな物理的世界で作用を及ぼすのには十分に大きいが，重ね合わせ状態になるのには十分に小さく，量子レベルのイベントに対しては敏感である。進化（あるいは神）は非常に賢明なのだ。

ペンローズとハメロフはそうなのだといえたかもしれない。この議論によって，彼らは，ニューロン内の微小管のシステムが，自然界では，量子重ね合わせの客観的収縮（そしてもっと強い理由から，調節された客観的収縮）の条件を与えてくれそうな，唯一のものであることを示した。このようにこの理論は，時空の構造の中に何とかきれいに原意識をおさめている。しかしなお，この理論は満開のクオリアをまさにこれらのシステム——我々がクオリアの所在する場であることを知っている脳——だけに限定しているのである。

それではこの理論は，原クオリアを時空の基本構造に結びつけたことによって，もし何か強みがあるとしたら，どんなアドバンテージを引き出したのであろうか？

この問題をはっきりさせるために，クオリアの物理的基礎理論の探求の際にとりうる，3つの異なる出発点について考えてみよう。これらは，機能から，神経生理学的過程から，あるいは量子力学的過程から，引き出されるといえよう。どの場合にも，まずは，一方ではクオリア（赤，緑，バイオリンの高音のC，ミツバチの羽音，バラの香り等々）と，他方では選ばれた過程の変動（機能的，神経生理学的，または量子力学的）との間に，ある種の体系的な関係が存在する必要があろう。このような体系的関係がない場合には，この出発点はよい起動装置(スターター)にはならない。機能と神経生理学については，かなりよく確立された体系的関係が既に存在する。それゆえたとえば，色彩感覚は，特定タイプの面に色名を割り当てる行動（機能）と，視覚系のV4領域の活動（神経生理学）との間に，十分な相関が認められる。（私は，第10章で考察した共感覚に関する研究で，機能主義者の関係のセットにおいて明らかにされた傷（dents）については，さしあたり無視することにする。）

量子力学アプローチは，対照的に，はるかに立ち遅れている。誰もまだどんな量子力学過程の測定さえもしていないので，感覚との相関を算出できる状況にもない。ハメロフとペンローズによって指摘された過程は，その脳組織への適用という点では，まだ完全に理論段階にとどまっている。そして，そのどんな種類の感覚との関係も，図16-5との関係で論じたように，代用品を使って主張されているにすぎない。それでも，科学が進歩して，このような測定が可能になり，適正な種類の量子重ね合わせと，適時の自己崩壊とが，理論の主張通りに生じることを，意気揚々と示せるようになっ

たと考えてみよう．我々は今や，量子力学の出発点をもっともらしくするのに必要な，感覚との体系的関係を獲得したことになる．しかし，ペンローズ–ハメロフ理論の本質からすると，仮にこれが事実となったとしても，量子力学のクオリアとの相関は必然的に他の2種類の相関をただ後追いするだけになるだろう．というのも，ゲルに包まれた微小管の中で実行されると想定される量子計算は，神経生理過程によって実行される非量子計算と，ゾル相で密接につながっているからである．この仮説はこの理論の中に組み込まれている．そして，それはそうでなければならない．機能は最終的に固形のマクロな構造である筋肉に至るまで働き通さねばならないからである．したがって，我々が今もちたいのは，3セットの比較可能な関係につきる．クオリアと，機能，神経生理学，量子力学の各々との間の関係である．

　いずれにせよ，体系的な関係の存在それ自体は，「粗大な相関（brute correlation）」以上のものではない．これを科学理論の地位にまで高めるには，体系的な関係は，何故それが今とっている形をとるのかを説明する必要がある．機能であれ神経生理学であれ，クオリアとの粗大な相関については，これらがバラバラに考えられようがいっしょに考えられようが，誰もまだこのレベルには達していない．量子力学過程とクオリアとの間の粗大な相関が，少しはよくなるのではないかと考える理由は，何かあるのだろうか？

　表面的には，そうなるのかなと思える理由が1つある．機能主義者も生理学者もどちらも，今までのところ，その相関が実際に粗大な状態にあることに満足してきた．どちらも，クオリアの本質については，語るべきものを何ももっていない．これらはまさにそうなのだ——機能と同一視するか，セチェノフ（Sechenov）の図式的用語を借りると脳によって「分泌された」かの，どちらかなのである．ペンローズとハメロフの理論は，これとは対照的に，クオリアの本質について確かに何かを語っている．それらは，「基本的な時空（プランク・スケール）の配置（geometry）の中に埋め込まれた，重ね合わされたパターン」である．もっと正確にいえば，1つのクオリアは，どんな瞬間にも，十分高度に体制化された脳内に位置する微小管システムの中で，調節された客観的収縮によって，クオリアらしさを達成するのに選ばれた，原意識的パターンの中の特別な1つである．クオリアの本質について何かをいえれば，それだけでも既に前進である——それは少なくとも，何かが語られる必要のあることを認めている．しかし，この特定の何かについて，ダン・デネットが嘲笑するように「素晴らしい組織（wonder tissue）！」と皮肉ったとしても，彼は許されるのではなかろうか．

　それでは，この定式化は何を意味するのであろうか？　可能な議論を徹底的に検討してみよう．あなたは青空を背景に赤い凧が揚がっているのを見ている．そして私もそれを見ている．図16-5は，これがペンローズ–ハメロフのモデル内でどんなふうに起こりうるのかを示している．この図の最後の，「統合された視覚ゲシュタルト」を生じる自己崩壊に，注意を集中してみよう．また，（進化によって）我々の脳は十分に類似した様式で構成されており，我々は赤い凧の揚がるのをほとんど同じように経験する——すなわち同じクオリアを経験する——と仮定してみよう．（こういう仮説

をするときには，経験の類似性が事実か否かは絶対に知りえないことを示そうとして，数千年も哲学論議がなされてきたことを，私は意図的に脇においている。）それゆえ，ペンローズ－ハメロフ理論に関しても，あなたの脳内の視覚システムの中の1セットのニューロンの中の1セットの微小管の中の1セットのチューブリンの中の量子重ね合わせの自己崩壊は，基本的な時空において選ばれた（重ね合わせが崩壊する状態のゆえに選ばれた）状態をアクセスしたことになる。我々が共に同じクオリアをもつと仮定すると，同じことが私の脳内でも起こったことになる。この理論では，クオリアは時空の中に埋め込まれているというので，あなたと私が同じクオリアを経験しているのなら，我々の脳は両方とも，基本的な時空内の同じ状態をアクセスしたことになるはずである。

関連のあるイベントのすべてが，あなたと私の，2つの分離した脳内で生じている。どちらの脳にも，基本的時空にアクセスする唯一のルートが，おそらくその脳の内部にある。（この議論のこの段階は，我々がいる既にワイルドな岸辺よりも，もっとワイルドな場にいるダナ・ゾウハー（Dana Zohar）の思索を排除している。その思索とは，1人の脳内の量子力学過程が，その脳の枠外の，そして他者の枠内の，このような過程との重ね合わせに入り込めるというものである。）この思考路線を，重ね合わされた量子状態の本質についてのペンローズの出発点――それらは自己崩壊までは存在する時空の多様な歪み（curvature）であり，この上に時空が1つの最終的な歪み状態をとる――と合体させると，あなたが赤い凧の揚がるのを経験したとき，あなたの脳内の時空は，どういうわけか今までにはもっていなかった歪み状態をとるようになる。そして，もし我々両者が同じクオリアを経験するなら，同じことが私の脳内でも生じるはずなのである。

私は前のパラグラフで「時空の歪み」という語をいくぶん単純化して用いた。人間の脳にはおよそ10^{107}のプランク量があり，それぞれが，エッジの長さやエッジのスピンのような要因に依存しながら，理論的には，非常に多数の状態の中の1つで存在しうる。それゆえ，ハメロフによると，1つのクオリアは1つのパターン（歪みの重ね合わせと状態間の分離），別のクオリアはまた別のこのようなパターン，等々であるのかもしれない。そして，これらはすべてがいろいろな仕方で統合または結合されるのかもしれない。それゆえ，自己崩壊が起こるときには，1つのパターンだけが選ばれるが，そのパターンは非常に複雑な実体である。このようにこの理論は，比較的孤立したクオリア（フルートで演奏される高C音）の単純さと，全体としての意識的な多モードの「シーン」の複雑さの両方に，物理的基礎を提供しようと試みているのである。

さらに考慮するとすれば，我々は3つの疑問に答える必要がある。（私は今までと同様に舞い上がる赤い凧の同じ例に関連して，そして1つの感覚システムに限定して，その問いを発してみたい。しかしながら，これらはすぐに，多くのモダリティを含む例に一般化できる。たとえば，「メロディを聞く」対「そのメロディをひくバイオリンを見る」というように。）この最終的な自己崩壊の状態――たとえばV4における

——は，赤という色のクオリアを，どのようにして決定しているのだろうか？　この決定は，V5の「舞い上がる」という運動クオリアの決定とは，どう違うのだろうか？　なぜ，関連のある原意識的クオリアのアクセスと，最終的な意識的クオリアの選択とが，我々の2つの頭蓋によって隔てられた2つの別の時空の領域において，同じように生起するのであろうか？

ハメロフ－ペンローズ理論は，これらの質問に対して，以下のように部分的な回答を与えている。すなわち，時空における特定のパターンは，特定のクオリアを生じる。それゆえ，V4（色）でアクセスされるクオリアはV5（運動）でアクセスされるものとは，対応する時空の重ね合わせのパターンが異なるので，違っていなければならない。これらのパターンは，各領域内で重ね合わせされうる微小管の立体配座の配列の可能なタイプに依存している。そして，これらは順に，少なくとも次の2要因に依存すると論じられよう。第1に，V4とV5とでは，ニューロン組織に局所的な違いがある。第2に，V4とV5に連絡している他領域からのニューロンには，たとえば視覚システムを下るV1やV2を含めて，違いがある。（これらの議論は，たとえば視覚と聴覚のような異なる感覚システム間の違いを考えた場合には，いっそう強力になる。しかし，このタイプの理論が機能するためには，それはより困難なモード内のクオリアの差異にも適用されなければならない。）しかしこれらの要因は，もう一度いうが，機能的であってそれ自身量子力学的ではないし，どんなレベルでも物理的でさえない。

結　論

したがって，その圧倒的な複雑さにもかかわらず，異なる脳領域の微小管の異なる量子重ね合わせが，いかにして異なるクオリアを生じるのかについての，ハメロフ－ペンローズの理論は，その差異の起源に関しては，神経解剖学的および神経生理学的なものからとってきたものに依存せざるをえないということを，我々はついに理解した。ゴシック構造にもかかわらず，この理論は不完全である。それは，プランク・スケールの違いがクオリア間の差とどのように関係しているのかを説明してくれない。また，1つの脳内の時空の差が，同時に同じシーンを観察しているほかの脳内のそれと，いかに関係づけられるのかについても説明をしてくれない。それにもかかわらず，この理論はクオリアの差の起源について，原則的には，説明を提供している。これが実際に検証可能かどうかはまた別の問題である。しかし，量子力学はそういうばかばかしいことを取上げ，それを実験室で実験し，そのばかばかしいことが現実であることを示すという習慣がある。それゆえ，我々は，ペンローズ－ハメロフをあまり軽々しく捨ててしまわないようにすべきである。クオリアがどうして生じるのかについては，原理的な説明であっても，説明がないよりはましなのである。

第17章

自己の意識：視点

　この前の数章における神経科学と量子力学との熱っぽい現代性は，我々が取り組んでいる問題——意識の本質，外的世界の実在性等々——の，カビの生えたような古めかしさをたぶん曖昧にしてしまったようである。本章で取り組む問題もこれより古びていないわけではない。これらの問題は，あのハード・プロブレムにしっかりと寄り添っている。ともかく，それは誰の意識なのか？　意識経験が自動的に帰属されるこの神秘的な「自己」とは何なのか？（自動的にではあるが，時には間違って帰属されることもある。それは第2章で意志という錯覚について検討したときに見たとおりである。）

　今までの章と同様に，私はたとえば「自由意思」のような，自己とその関連概念に関する膨大な哲学的文献には，直接取り組むつもりはない（気力を萎えさせるかもしれないが徹底的な概説を求める場合には，ギャラファー（Gallagher）とシアー（Shear）編の『自己のモデル（*Models of the Self*）』を見よ）。しかし，やはり今まで同様に，哲学的問題に対する気象観測の目はもち続けることにしよう。これらの問題は（いいすぎか？）経験科学の照明の下で有益に変化したものを見ることで落ち着くのかもしれない。

　本書の中心テーマは意識である。それゆえ，我々が関心をもつのは，哲学を最も悩ませてきた問題——すなわち自己の本質とは，そんなものがあるとしたら，それ自体何なのか——ではない。それよりもむしろ，自己の感覚——我々の誰にも意識的知覚と意識的行為を統合する焦点があるという感覚——を生じさせるものは何か，を理解することである。（この「自己の感覚（sense of self）」は，これよりもずっと狭い概念である「自意識（self-consciousness）」，すなわち人前でスピーチするのを恥ずかしく感じるようなもの，と混同してはならない。）

　心理学と神経科学の見通しのきく地点に立って考えてみると，「自己の意識」に絡まったいくつかの異なる問題が存在する。本章と次の2章では，これらの問題を1つずつ順番に取り扱っていく。時には既にカバーされた地盤をも踏み越えていく。なぜそんなことがなされるのかは，次節ではっきりするだろう。

1 視点

　意識経験は普通，視点を備えて出現することが，広く認められている。この現象学的な事実は，しばしば大量の哲学的な荷物を背負わされている。物理学と化学が非常

に異なっている事実は，視点から独立していることにある，と論じられている。光の速度cは，それがどこにあっても，誰が測定しても，それがそうであるままである（宇宙の歴史の中では進化的変化を蒙るかもしれないという最近の思索はさておき）。量子力学のコペンハーゲン解釈は，（前章で見たように），観察行為が波動関数を崩壊させ，マクロな対象を生じると主張しているが，これでさえ，観察をしている人の個性には役割を与えていない。［しかし］意識経験は違う。それは救い難いほど観察者に関連している。あなたと私が外的世界のまったく同じ部分に注意を向けたとしても，我々は自分自身のバージョンを見（聞き，嗅ぎ等々して），自分流に解釈する。トム・ネーゲル（Tom Nagel）が『どこでもないところからの眺望（The View from Nowhere)』（p. 7）に述べているところによると，

> 世界，人生，そして自分自身については，最大限の客観的視点から見ても，適切には理解できないものが存在する……非常に多くのものが本質的に特定の視点に結びついており，これらの視点を離れて，世界を客観的な用語で説明し尽くそうとする試みは，必然的に誤った還元へと導いてしまうのだ。

このネーゲルからの引用のように，視点に関するこの対照性は，しばしば，物理的な「客観的」世界（これはネーゲルのいわゆる「どこからでもない眺望」に相当）と，意識的な「主観的」世界との間にあるものといわれる。しかし，主観性が意識の領域にいかにして入り込むのかを考える前に，我々はまず，無意識の生物学的世界にそれが既に存在しているのかどうかを，問わなければならない。既に第3章で見たように，生物学は結果による選択（ダーウィン的進化とサイバネティックス・システム）を，物理化学の客観的法則に接合させる。これだけでは意識をもたらすのに十分ではない。しかし，被造物に視点を与えるのには十分なのではなかろうか？

この疑問に答えるために，一連のフィードバック・ループによって支配される複雑な行動の特別な例を見てみよう。

シロアリは非常に込み入った巣をつくる。その構築は昆虫の共同体全体によって実行される。この構築プログラムの重要な特徴は，泥団子からアーチを構成することである（アンディ・クラーク（Andy Clark）『そこにあること（Being There)』，p. 75；図17-1）。

ここに，それがどう働くかを示そう。すべてのシロアリが泥団子をつくり，最初はこれをランダムに置いていく。ただし，この団子にはシロアリによって加えられた化学的痕跡が残っている。シロアリはこの化学的痕跡が最強になるときに，自分の泥団子を好んで落とす。こうして新しい団子は古い団子の上に積重ねられていく。これによって，巣はもっと強い引力を生み出す。……柱はこうしてつくられる。2つの柱がかなり近いときには，隣の柱からの科学的誘引物質のしずくが団子落とし行動に影響し，柱の向かい合う側につけるのを好むようになる。この過程は柱の上部が互いに傾いてアーチを構成するまで続けられる。

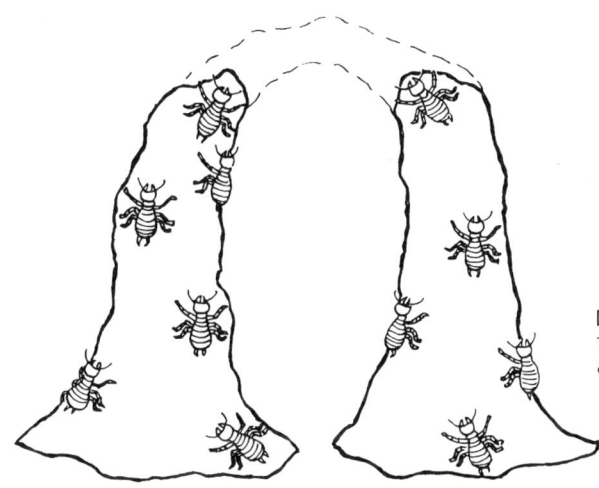

図 17-1 シロアリが巣作り中につくる支柱とアーチ。Michaels & Carello（1981）より。

　この昆虫はほとんど同じようなやり方で，トンネル，小部屋，大部屋などの複雑な構造体を作り続ける。
　これは複雑な社会的行動を注意深く行動分析した美しい例である。そしてこの分析は，この全過程が一連のフィードバック・ループを編み合わせることによって達成されることを示している。これらの各ループは，シロアリ，ほかのシロアリ，そしてその環境を包含する。この環境自体は，シロアリの労働の結果としてダイナミックに変化していき，それゆえに，この昆虫のフィードバック・ループと連続的に異なる相互作用へと入っていく。その究極のループはダーウィン的自然選択であり，第3章で述べたように，低次のループをもつシロアリのほうが，それをもたないものより生存に有利に働いたのである。
　これらのフィードバック・ループに関連して，「視点」について語ることには，何か意味があるのだろうか？　明らかにない。個別のシロアリもその集合も，構築される巣の表象や計画はもっていない。この手のフィードバック・ループが専らシロアリだけに属すると考えるのも意味をなさない。確かにこのループの機構は，この昆虫の脳内で特化されており，他にはどこにも存在しない。しかしその操作は，環境にまで及んでいる。また，環境の拡張も，白アリのフィードバック・ループだけの特異な特徴ではない（この例で特に明瞭にされてはいるが）。その反対である。あらゆる行動的フィードバック・ループに遍く存在する特徴である。その被制御変数は，神経システム内のセンサーと制御メカニズムの影響に，環境による他の影響を加えた混合物である。このようなアマルガムは，必然的に動物の部分と外的世界の部分がいっしょになったものである。
　このタイプの分析は，周辺で素早く動く刺激を中心視できるように頭や目を回転さ

せたり，自転車のバランスを維持したりする活動を，人間の脳内で支える無意識のメカニズムにも，等しく適用される。これらの活動においては，運動出力と感覚入力はいっしょになってフィードバック・ループを作動させ，重要な変数を制御する。ここでは自己と世界との分断はなされていない——したがって，視点は存在しない。視点は意識の領域においてのみ存在するようになる。(しかし，意識に入ってくる他のすべてのものと同様に，視点は無意識に構成されたものである。)

意識経験は必然的に視点に結びつけられる。このことはこの装置の仕様の直接的な結果である。第15章で見たように，この装置の重要な役割は，自己中心的空間のモデル構築を司る下頭頂葉内のニューロンによって演じられる。この空間地図は，いろいろな特徴を結合して1つの知覚対象を構成するのに不可欠である。かくして，(自己中心的空間マップの中心としての，すなわち視点としての) 自己は，知覚行為そのものにおいて，自らを意識的知覚の対象から切り離すのである。

この陳述は，我々一人ひとりが物理的世界における空間的に異なる地点に立っており，それゆえに，これに対応する空間的に異なる視点をもつのだという，自明の事実を越えて，より深いところにまで進んでいく。というのも，脳が意識経験を創造する仕方そのものが，視点と知覚された世界とが同じコインの両面だということを伴っているからである。さらにいえば，各脳は自らの世界を，自らの対応する視点をもって，構築しているので，同じシーンを経験している人でもそれぞれが，必ず別の (緊密に関連しているが) コインの両面を見ていることになる。もちろん，脳がいかにして意識的知覚表象を創造するのかというミステリーも，まだ残っている。しかし，その知覚表象について特定の視点をもって観察する自己が，いかにして，なぜ存在するのかについては，追加的なミステリーはなさそうである。

自己を，意識的知覚とともにやってくる外的世界から，切り離すことによって，その世界についての (それとの相互作用とは区別されるものとしての) 熟考 (contemplation) が，初めて可能になる。それはたとえば単純に夕日を眺めるときのようなものである。このように相互作用から一歩身を引くことは，環境の中へそして外へと連続的に循環するフィードバック・システムでは達成することができない。熟考はまた，意識的知覚が，短い時間スケールのサイバネティックス相互作用を数ケタに及ぶ大きさで拡大して，世界の準永続的な特徴 (第8章) をモデル構築するという事実によっても，可能になる。これらの熟考の力は，しかしながら，強く，激しく，連続的で迅速な行為をしている間は，妨げられる可能性がある。このようなときには，自己の感覚 (sense of self) はずっと弱くなる。これは多くの人がたとえばダンスやスキーをしているときに経験することである。身体運動は自動的になり，勝手に進むようになるのだ。

視点について最後に注目すべき点は，外的世界をモデル化するのと同じ意識過程が，その中で観察する自己をもモデル化することである。第2章と第15章において「他人の手」と「空間無視」症候群の議論で見たように，我々自身の身体イメージは，意識経験のほかのどんな部分とも同様に，脳が構成したものである。そしてこれには，頭，耳，鼻，目等々も含まれる。我々はこれらを通じて，世界を経験する自己自身を経験

するのである（プレート17-1）。

2 所属

　自己はこのように，文字通り空間的な意味での視点を提供し，視点であることによって，知覚の中に入り込む。これが前節での関心であった。しかし，人が「ある視点から」世界を見るということには，もう1つの意味がある。我々が知覚する対象とそれらを知覚する枠組みは，個人的な意味を備えている——それらは我々に，そして我々の個人史に「所属する（belong）」のだ。

　この所属の現れ方は，2通りある。

　第1に，事物と事象はほとんど常にあれこれの何かとして知覚される。この事実は，哲学者が「志向性（intentionality）」について語るときに意味するものの1部である（第4章を見よ）。この原則の例外は，脳の高次領域のある種の損傷の結果（あれこれの「失認」へと導き，事物が正常な意味を失う）か，それとも，次章で論じることになる種類のものかのいずれかである。視覚経験の志向性の素晴らしい例が，ジョン・サール（John Searl）の著書『志向性』（p. 54）に示されている。図17-2を見よ。

　　これは"TOOT"という語にも，テーブルの下に2つの大きな風船があるようにも，数字の1001の上に横線があるようにも，2つのパイプラインが橋の下を通っているようにも，両側にひもの垂れた帽子をかぶっている男の両目，等々のようにも見える。いずれの場合にも，純粋に物理的な視覚刺激，目の前の紙に引かれた線，そこから反射する光などが一定であっても，我々は異なる経験をするのだ。

　人が"TOOT"（あるいはその他のどの感覚入力であっても）を知覚する，その特定の方法は，我々の「構え（set）」によって決定される。すなわち，その瞬間の行動を支配する関心，期待，注意の方向，行為計画等々である。

　第2に，対象はほとんど常に，以前のそして未来を包含する個人史の過程の1部として経験される。これは「自伝的記憶」の過程である。自伝的記憶は日常的な意味の「自己」に最も近いものである。「自己」とは，昨年も昨日も私がそうであったと記憶している人物であり，来週あるいは来年に私がそうなると期待する人物であり，さらに今ここで経験をしている人物でもある。そして，今ここでの経験は，これらの過去と将来の歴史をしみこませているので，それが今とっている形をとるのである。

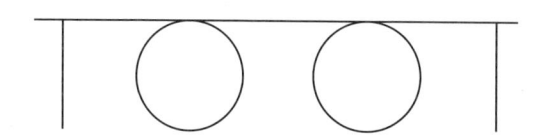

図17-2　視覚経験の志向性の1例（説明は本文を見よ）。Searle（1983）より。

第14章で見たように，この自己感覚を構成するモードは，自己中心的空間マップを構成するのとは異なる脳システムによって，作動させられる。この付加的なシステムは海馬にその中枢がある。この構造はエピソード記憶——意識的に想起できる記憶で，時間，場所，個人史との連合をもつ——の符号化と検索に重要な役割を演じる。このような記憶の空間的枠組みは，典型的には自己中心的というよりも，他者中心的である。ただし，その記憶が符号化されたときにもっていた自己中心的視点も想起はできる。この他者中心的空間構成における重要な役割は，やはり海馬が果たす。私の意識内容の選択に関する「コンパレータ」仮説（第8章）が正しければ，この構造は意識的知覚表象に志向性を与える過程にとっても，等しく中心的な重要性をもつ。この仮説は，エピソード記憶と他者中心的空間認知を海馬に帰属させる仮説ほど，多くの経験的支持を得ているわけではない。しかしながらこの仮説は，これらの3つの過程のすべてを，その基礎にある単一の計算機能に統合するという長所をもっている。

 この分析は，意識内容の志向性という性質に大きな重みをおいている。この強調は，外的世界の意識的認知との関係においても，うまく調和している。しかし，第1章で指摘したように，意識経験は付加的な「空間」——内的身体感覚のそれ——をも占有する。この空間は，志向性やコンパレータ仮説による分析にはしたがいにくい。それはまた，次章で見るように，自己感覚に特別な重要性をおいた，一種の意識経験でもあるのだ。

第18章

身体感覚

　前章では我々は，視点から構成されるものとしての自己の感覚（頭頂葉で計算される）と，所属（海馬系で計算される）について考察した。これらの過程はいずれも，外的世界のモデルを意識内に構築することを求めている。さらに，これらは両方とも非常に認知的である。視点は自己中心的空間地図の構築を求める。そして所属の感覚は，現在の感覚入力の意味的，連想的な解釈を求める。このどちらの点においても，本章で考察する自己の感覚の側面とは，鋭い対照性を示す。それは外的世界に関係しているのではなく，身体状態と関係している。そしてそれは大部分が，認知的処理の特徴である志向性を欠いているのだ。

1 志向性再訪

　私が心に思い描く状態の種類は非常に多様である。いくつか例をあげると，痒み，ピンと針［の感覚］，痛み，眩暈，疲労感，眠気，緊張または警戒，くつろぎ感，性的興奮，苛立ち，抑うつ，不安，パニック的恐怖。これらの感覚はそれら以外の何ものに関するものでもない。あなたは痒みを痒み以外の何かだと解釈することはできないし，それは結局痒みではなく何かほかのものだと考えを変えることもできない（図17-2のサールのTOOTや，図4-1のアヒルが突然ウサギになるような，解釈の変化しやすいものとは違っている）。また，あなたは間違えることもできない。暗闇に浮かぶ恐ろしげな人物は，それがまったくの誤認で，ただの小さな木立だとわかるようなことはある。しかしあなたは，痛みや疼きの誤認はできないはずである。ピンや針の感覚は速やかに消失しうるが，あなたがその感覚を感じたとき，それは錯覚だったと結論はしないだろう。これらのすべてがそうであるように，これらの多様な身体感覚は志向性の特徴を欠いている。そしてこの点において，これらは外的世界の構成にかかわる意識的知覚表象とは根本的に異なっているのである。

　面白いことに，人が身体感覚に関する間違いをするときには，その間違いは，感覚自体に及ぶのではなく，意識の公的空間に構築される外的世界に関係する意味に作用する。たとえば，一連の巧妙な実験では，若い男性が女性あるいは女性の写真を見て，その魅力度の評定を行った。ここで，彼らがあらかじめ生理的覚醒（たとえば電気ショックの脅威によって）生じさせられていると，あるいは単純に偽の生理的フィードバック（たとえば心拍上昇の）が与えられると，彼らはその女性をこういう条件以外

のときよりも魅力的だと評価した。あるいは別の例をあげると，(身体感覚は通常志向的ではないという見解を批判して，マックス・ヴェルマンス (Max Velmans) が述べたところによると) 人が頭の中に経験する痛みは，目の中にあるのだとわかるかもしれない。しかしながらこのようなケースでは，人は経験したクオリア——生理的覚醒（心臓のドキドキ）や痛み——について間違えるのではなく，外的世界についての認知的意識（女性ではなく，ショックの脅威；身体内のある位置ではなくほかの位置）によって同時に構成された外的世界に関連する意味について間違えるのである。このような「原因帰属」は，それらが帰属されるクオリアとは別物なのだ。しかし図4-1をアヒル（やウサギ）として見る場合には，クオリアとその志向的解釈との間では，このような分離は不可能である。

　これは，意識経験と志向性との間の二重解離を完結させる。というのも，我々は先に，（意識を達成できる領域内での）無意識的処理は，意味的な解釈と志向性のあらゆる特質（ホールマーク）を示しうること（1例として第4章4節のグレーガーの実験に関する討論について考えてみよ）を見ているからである。それゆえ人は，意識経験をもたない志向性も，志向性をもたない意識経験も，もちうる。第1章で規定した用語を使えば，志向性は認知的意識の公的空間にも私的空間にも付着しうるが，それは内的身体感覚の私的空間には付着しないのである（図18-1）。

　身体感覚はまた，（他者中心的な空間的枠組みはもちろん）自己中心的な空間的枠組みの中にも位置づけられないという点で，外的世界の知覚表象とは根本的に異なっている。確かに，これらの状態のいくつかは身体空間内に，すぐに位置づけられる。痛みははっきりと歯に限局されるかもしれない。そしてこの点において，今見たように，間違う可能性があるのだ。歯を調べてみても痛みの強くなるところはわからず，耳を調べてみたら痛みが強まるのがわかったというようなことがあるのだ。このような空間的局在化の間違いは，幻肢の痛みの場合のように，持続する可能性さえある。しかしこの空間は，身体を越えた感覚運動的相互作用によって区切られる自己中心的空間とは違っている。下頭頂葉で計算される自己中心的空間は，第15章で見たように，異なる特徴——外的世界に存在するものとして知覚される対象を結合する特徴——を正しく接合 (conjunction) するのに極めて重要である。しかし，身体感覚にはこのような空間が存在しないこととも一致するが，これらの身体感覚は，（私に見えるかぎりでは）特徴の接合を求めてはいない。痛みと痒みは同じ身体領域にある場合でも，色と形，あるいは音声と唇の動きが自己中心的空間の同じ領域に位置づけられるときのように，結合して1つの知覚対象をつくるというようなことにはならないのである。

　外的世界の知覚表象とはこのような違いがあるにもかかわらず，身体感覚が意識的に経験されるということには，何の疑問もない。実際，痛み，めまい，吐き気などはしばしば意識経験を占有して，他のあらゆるものを排除さえしてしまう。したがって，身体感覚が志向性と，頭頂葉や海馬で計算される空間マップへの依存性の，両方を欠如しているという事実には，非常に大きな意味が付与される。というのもこれは，志向性，特徴結合，自己中心的または他者中心的な空間地図の構成，あるいはこれらの

第18章 身体感覚 | 271

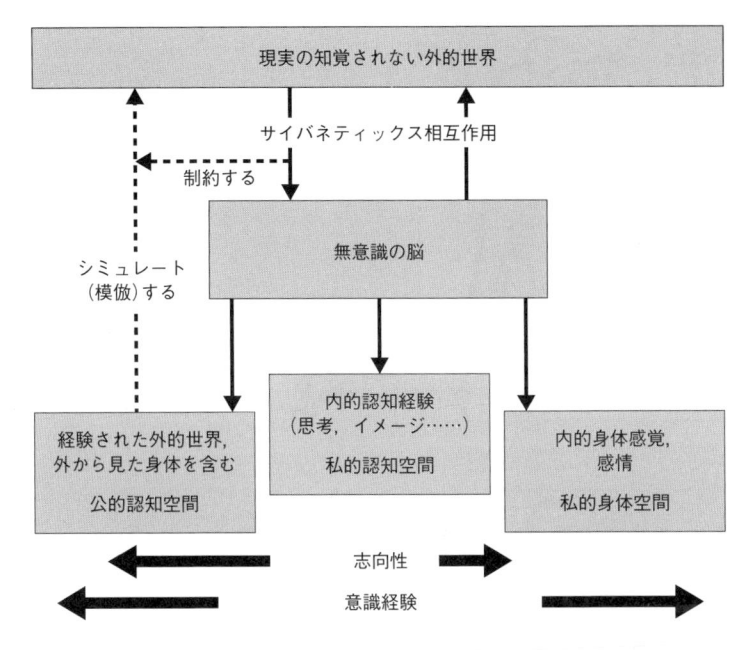

図18-1 この図は，前に見た図1-1を修正したものであるが，構築された意識の世界は，3つの「空間」に分けるのが有益である。すなわち，経験された外的世界を包含し，外から知覚した身体をも含む「公的認知空間」；思考，記憶，イメージのような，内的な認知経験を包含する「私的認知空間」；内的な身体感覚と感情を含む「私的身体空間」である。志向性は前2者におけるたいがいの意識経験の特徴であるが，普通は私的身体空間の意識の特徴ではない。

認知力を媒介する脳領域が，クオリアの創造に必要な役割を果たしていると仮定するどんな仮説をも否定する，決定的なエビデンスになるからである。そして実際，身体感覚は大部分が，まったく別の解剖学的配置をもつ，まったく別の脳領域にその責務を任せているのである。

2 脳幹からのアプローチ

アントニオ・ダマシオ（Antonio Damasio）の本『どうなるのという感覚（*The Feeling of What Happens*）』は，これらの脳領域を詳細に記述している。これらは，大方が正中線の脳室の周りに集まった脳の基底部（脳幹）から上行する一連の連結構造を形成している。この脳室に隣接する位置にあることによって，（血液から脳脊髄液へと）循環して，身体組織と体液，代謝過程，ホルモンのレベル，病気や感染の指標等々に関する直接的な情報を伝える化学的メッセージから，強い影響を受け取ること

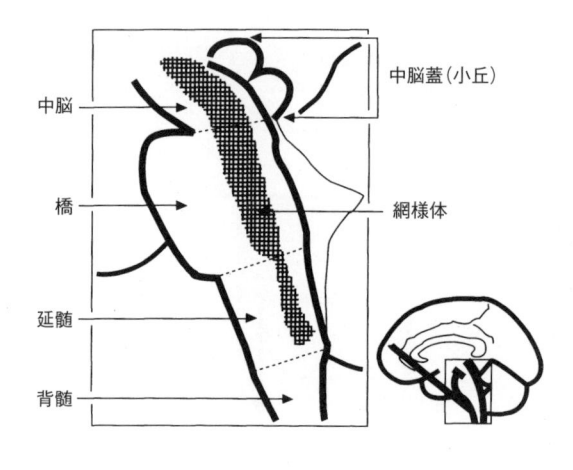

図18-2 脳の正中線から矢状断面に見られる脳幹の主要な解剖学的区分。解剖学的な位置は主図の右側の図の四角で囲まれた部分に示されている。Damasio (1999) より。

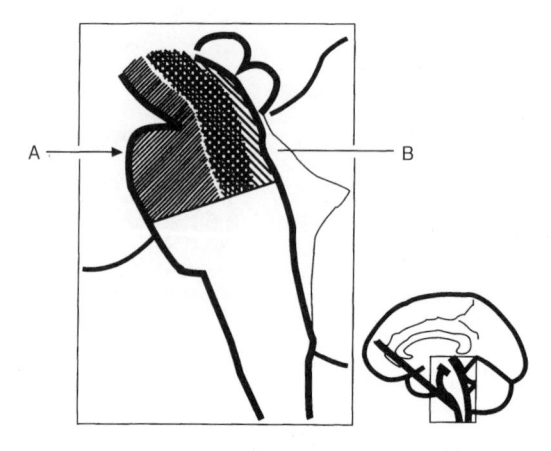

図18-3 (A)金縛り症候群の症例における脳幹損傷の位置。(B)昏睡症例における脳幹損傷の位置。解剖学的な位置は図18-2と同じ。金縛り症候群を生じる損傷は脳幹の前部。混迷を生じる損傷は脳幹の後部に位置する。Damasio (1999) より。

ができるのである。脳の全体的な働きにおいて特に重要な（実際，生命そのものにとっても重要な）役割は，脳幹（図18-2）のレベルに位置する構造体によって演じられる。この領域の損傷は壊滅的な影響をもたらす。これらの影響の性質は，その損傷が脳幹の前部か後部かによって劇的に異なる（図18-3）。脳幹前部の損傷は「金縛り（locked in）」といわれる症候群［意識ははっきりしているが，手足や身体はまったく動かせず，口もきけない無動無言状態になる］を引き起こす。後部の損傷は昏睡を生じる。一見したところでは，これら2つの症候群は，意識の謎を解く脳レベルでの簡潔な鍵を提供してくれるかのような対照性を示している。意識は後部の損傷では失われるが，前部では維持されるのである。

　脳幹前部の損傷後に意識が維持されるのは，この損傷によるその他の壊滅的な結果

を考慮するなら，驚嘆すべきことである。ダマシオ（同書，p. 292）が記述するところでは，

> 骨格筋に信号を伝達する運動神経路が破壊され，唯一，目の垂直運動の神経路のみが時に不完全ながら損傷を免れている。この身動きを不可能にさせる損傷は，昏睡あるいは持続的な植物状態を生じさせる領域のすぐ前方にあったが，それでも身動きできない患者たちは完全な意識を保っていた。彼らは顔，四肢，胴体のどの筋肉も動かせず，彼らのコミュニケーション能力は通常目の上下運動にかぎられ，しかも時には片目だけであった。しかし彼らは，覚醒し，注意深く，自らの精神活動を意識し続けていた。

今一度いうが，我々はこの恐ろしい事例に，行為（ここでは，すべて筋肉運動への最終的な共通の神経経路）と意識を媒介するシステム間の，関係の欠如を見てとることができる。

ちょっと見には，意識の神経的基礎を理解するための王道を提供してくれそうなのは，脳幹後部の領域である（図18-3）。なぜなら，この部位の損傷は昏睡を生じるからである。確かにこれこそが，我々が長く求めてきたデカルトの劇場，すなわち意識経験がすべて集まってくる場ではなかろうか？　残念ながら，ことはそれほど単純ではない。それには2つの理由がある。

第1に，昏睡状態にある人は，あらゆる意識を喪失しているだけでなく，あらゆる覚醒行動（waking behaviour）をも喪失している。どれほど多くの覚醒行動が無意識的なメカニズムによって成し遂げられるのかが明らかになるまでは——本書で何度も見てきたことだが——，この意識の喪失と覚醒の喪失の同時的発生は，解釈上の問題を提起してこなかったはずである。しかし今や我々は，昏睡中の意識の喪失が，後部脳幹の損傷の1次的な結果ではなく，正常な覚醒状態の破壊と，この状態で進行する無意識過程の破壊とによる，2次的な結果だという可能性を認めなければならなくなった。簡潔にいえば，目を閉じたら，意識的な視覚経験をもてなくなる。しかしこのことは，（あなたの目が開いているときに）意識的な気づきがあるかないかによる視覚系の活動の違いについては，何も教えてくれない。

ついでにいえば，覚醒状態と睡眠状態の違いをコントロールする神経メカニズムと，脳幹の損傷がこれらの状態を混乱させるその仕方については，多くのことがわかっている。しかし前と同じ理由で，我々は必ずしもこの知識から何かを演繹して，意識経験をコントロールする神経機構の本質を明らかにできるわけではない。というのも，意識的処理と無意識的処理の違いは，覚醒と睡眠間の違いとは食い違っているからである。多くの覚醒行動は無意識になされる。そして，睡眠中の夢見はもちろん意識的な経験である。それゆえ私は，睡眠と覚醒をコントロールする神経機構については，時間つぶしの記述は行わないことにする。

後部脳幹の損傷後に昏睡が生じても，この領域が重要な「意識と相関する神経活動部位」だということを必ずしも意味しないというのは，なぜなのだろうか。これには第2の理由がある。このような損傷は，この領域にある神経細胞だけでなく，脳内の

高次のセンターへの，あるいはセンターからの，途上で交差する多くの神経繊維の経路にも，必然的にダメージを加えることになる。それゆえ，脳幹損傷後の意識経験の喪失は，このような1つあるいはそれ以上の高次のセンターが意識経験において果たす役割を反映している可能性が十分にあるからである。

　それにもかかわらず，ダマシオもジャーク・パンクセップ（Jaak Panksepp）（彼の著書『感情の神経科学（*Affective Neuroscience*）』において）も，脳幹が意識に重要な役割を果たすと強く論じてきた。彼らは，この系統発生的に古い脳領域を，これに対応する古い形式の意識を創造するものと見なし，視覚，聴覚，その他の遠感覚によって構成される外的世界のモデルを主宰する新皮質の類よりも，基本的なものと見なした。彼らはまたどちらも，このより基本的な形式の意識が我々に「自己」の核心的感情を与えてくれるのだと論じた。この自己の情感（feeling of self）は，我々の瞬間的な身体状態の意識的評価（conscious appreciation）から成り立っている。パンクセップとダマシオのもう1つの一致点は，「情動（emotion）」概念の分析にある。本質的に，彼らは「情動状態」を「身体状態」と同一視している。したがって，ほかの情動よりもむしろある情動（恐怖，怒り，抑うつ，昂揚等々）を構成する，意識的な情感（feeling）を提供するのは，別のそして変動する身体状態の気づきなのである。それゆえ，このより基本的な形の意識と自己の情感は，その本質が情動的であって，視覚や聴覚のような新皮質の感覚系の活動と連合したより認知的な形の意識とは，はっきり区別される。簡潔さのために，私はこれらの2つの想定上の意識形式を，それぞれ「中核（core）」意識と「認知（cognitive）」意識と呼ぶことにする。

　このすべてについて，パンクセップとダマシオは合意している。しかし，中核意識を支える脳幹の重要な活動と見なすものについては，異なっている。パンクセップは，脳幹が身体状態を制御する1群の運動出力系をもっていることを強調する。一方ダマシオにとっては，脳幹の果たす重要な機能は，身体状態からのフィードバックを受け取ることにある。この全般的な脳領域は，多様な身体活動を制御するニューロンと，多様な身体感知器からの入力を受け取るニューロンと，両方が位置する場であるという点では，両者ともに正しい。しかし，これら2つの相補的機能を意識に関係づけるときには，本書の今までの章を読んできた読者には，パンクセップよりもダマシオの見解をより好む強い理由があるといっても，驚かれはしないだろう。

　第1にそして何よりも，意識経験は，私が判断するかぎりでは，その本質が専ら常に知覚的であるという一般的事実がある。そして，この原則に反するような例があるとしたら，それは認知意識の領域に属しており，中核意識には属していない。

　私の知っている中で，このような反対例に最も近いのは，誰にもなじみのあるあの「喉元まで出かかっているのに出てこない」という現象である。これは，言葉，たとえば名前を記憶から呼び起こそうとして失敗してしまうような場合に，最も一般的に見られる。このような状況下では，あなたは思い出せない言葉の「形式」についての「感覚」はもっているのかもしれないが，その語を焦点の合うところまではもってこられない。それは，ジグソーパズルで見つからないピースの形は知っていて，そこに

合いそうなものを探し回るのに似ている。(もちろん，捉えどころのない意識内容を記述しようとする場合にはいつもそうであるように，私はそのポイントを理解してもらうのに，実際には自分の不器用な言語には頼らず，あなた自身が経験した同様の現象に頼ることにする。もしあなたが「喉元まで出かかっている」という経験を1度もしたことがなかったとしたら，あなたは私のいっていることがわからないだろう。)それでは，この「喉元まで出かかっている」のは，知覚的経験か，そうではないのか，いずれであろうか？　私には，それは（思い出せない言葉を構成しようとする音韻の）生まれ出ようとする知覚のように感じられる。しかし人は等しく，思い出せない音韻を創造しようとする（第14章で論じたように，トップ－ダウン処理がなされる）行為システムのように感じられるといいそうにも思われる。[それゆえ]これ以上この内省路線を追求するよりもむしろ，我々はここでは理論に従うことを選択しよう。私は第14章で，意識内容になる項目を選択するコンパレータ・システムのアイデアを展開した。こうして選択された項目はそれぞれが，トップ－ダウン処理（予言されたものを特化すること）とボトム－アップ処理（視床皮質感覚処理システムへの現在の入力を記述すること）との合成物である。この光に照らしてみると，「喉元まで出かかっている」のは，最もよく適合するボトム－アップの感覚入力を，トップ－ダウン的に予測的探索をしているように感じられる。そして，これは記憶のケースであり，実際の知覚ではないので，トップ－ダウンの予言はそれ自体，ボトム－アップの偽感覚入力と最もよく適合するものを，記憶貯蔵から選択する責任を引き受けなければならないのである。

　私は長々と「喉元まで出かかっている」現象を取り上げてきた。その理由は，もしこの現象が，ふだん意識経験が得ている知覚から実際に最も遠くにあるのなら，それは，中核意識と認知意識の間に想定される区別の，認知のポールの端にあるからである。中核意識の様々な身体状態を構成している，痛み，痒み，眠気，眩暈等は，トップ－ダウン処理やコンパレータ・システムによって，人に考えさせるような特徴を帯びてはいない。(そしてこのように，それらは意識経験の説明としてのコンパレータ仮説の一般性を脅かす。これは認知意識の研究から引き出されるほかの仮説を脅かすのと同様である。)

　我々は既に，ダマシオ自身がしているのと同様に，彼の立場の方がパンクセップのそれよりも好ましいという第2の理由を見た。脳幹前部の損傷後に起こる「金縛り」症候群（運動出力は妨げられるが，意識的経験は保存される）である。これほど劇的ではないが，本質的に同じ解離の例は，毎晩あなたが夢を見ているときに生じている。夢見の真っただ中では（いわゆる急速眼球運動（REM）睡眠のときには），筋肉へのあらゆる神経出力が全般的に強く抑制される。これらの事実より，意識経験は運動あるいは運動制御システムとは全然緊密には関係していないと結論しても問題なかろう。

3 情動

　パンクセップよりダマシオの立場の方が好ましいと考える第3の理由は，情動経験それ自体の本質にある。内省してみると，この議論の文脈には，情動経験の2つの強力な特徴が存在する。第1に，ある情動状態にあることの情感（feeling）の要素は，ダマシオの仮説によると，身体状態からのフィードバックより成り立っている。そして第2に，これらの情感は，それらが連合している行動に関連して生起するが，それは，我々が既によく知っている外的世界の意識経験の遅延性よりも，さらに遅くやってくる。

　私がいいたいことの例をあげよう。自らの体験に照らしてすぐにチェックしてほしい。

　第1に，あなたは猛スピードで運転をし，他の車と危うく衝突しそうになったと想像してほしい。あなたが私に似ているとしたら，あなたが「恐怖を感じる」のは，衝突回避の運転操作がうまくできて，数秒たってからであろう。そして，この情感をもつときには，それは次の1つあるいはそれ以上から成り立っているはずである。心臓がドキドキする；手が汗でぬれる；熱い，寒い，あるいはこの一方の後に他方が生じる；鳩尾（みぞおち）に吐き気を感じる；四肢に緊張を感じる。このリストは網羅的なものではないが，我々の目的のためには十分である。これらの情感で面白いのは，それらがすべて，脳が体内で生じるように指令し終わった変化からのフィードバックを，表していることである。そして，意識が関係する場合にはいつもそうなのだが，我々はこの脳の指令そのものを意識することはない。身体はただ自らの仕事をしているだけのようである。しかし，恐怖状態の間に生じている身体の変化は，実際には，脳からの出力によって調整されているのだ。

　それが生じるときには，これらの身体変化がそれぞれ果たしている機能を，我々はよく理解できる。それらはすべて，（ダーウィン的選択の結果として）激しい身体の競争に勝ち抜くチャンスを高めようとするものであり，元型的には捕食動物やほかの人間との闘争あるいは逃走をすることを狙ったものである。それゆえ，手の発汗は把握力を高める；筋肉の緊張は逃げ，叩き，蹴る準備をする；心臓の高鳴りは四肢や脳に必要な酸素を追加的に供給する準備をする；等々。もっと奇妙な症状でさえこの線で理解できる。吐き気の感覚は，血液を胃から引き上げて筋肉や脳に送り，消化よりも緊急性の高い「闘争や逃走」の必要性を満たそうとするために生じる。熱くあるいは冷たくなって，赤くなることについては，これらは犬に直面したネコがそうするように，毛を逆立てて身体を大きく見せようとする空しい結果と理解できる。悲しいことに，あなたの身体は人間がほとんど体毛を失ってしまったことを知らない。身体が達成しているのはすべて，チェシャー・キャット［ルイス・キャロルの『不思議の国のアリス』に登場する架空の猫］が歯をむき出すのと等価な毛穴の反応であり，鳥肌とそれに続く体温管理の反射的変化なのである。

　要するに，あなたは危険に直面している。あなたは適切に熟練した運動行為（たと

えば車の運転) で反応する。それとともに、あなたの脳は、かつては激しい活動に適していたが、現在ではほとんど適切ではないやり方で、あなたの身体が反応するように指令を出す。そして、身体全体にわたって検出された身体的変化が、脳幹の神経にフィードバックされる。このフィードバックが脳幹に届いた後でのみ、クオリアを創造する何か——これが、あなたが恐怖状態にあるという意識的評価を構成するのだ——が存在することになるのである。(この後すぐに見るが、我々は今もなお恐怖が「意識に入る」前の、最後の神経の終点にはまだ到達していないかもしれない。) これらの過程には長い時間がかかる。特に、脳から身体への指示と身体から脳に返すフィードバックは両方とも、神経インパルスを非常にゆっくり伝える、系統発生的に古いタイプの神経繊維を利用している。それゆえ、情動状態の意識的評価は、それを引き起こしたイベントだけでなく、そのイベントに対する自らの反応さえも追いかけるように、かなり遅れて生じるのである。このようなケースでは、意識的な経験は非常に遅いので、これを明らかにするのに、巧妙な実験デザインは必要としない。我々は誰もが、自ら、意識の遅れを文字どおり感じることができるのだ。

しかしながら私は、これらの主張が正しいことを証明するために、皆さんにニアミス事故を起こしてほしいと思っているわけではない。そこで、もう1つのそれほど生命の脅威を感じなくてよい例を考えてみよう。あなたは心から愛している可愛い人(「重要な他者」は、かつてはもっとロマンティックに呼ばれていた)と一見穏やかでたわいのない話をしていると想像してみよう。そのとき彼女(あるいはお好みなら彼)が何か傷つけるような(あるいはやはりお好みなら、拒否するような、また嫉妬させるような)ことをいう。最初、あなたは攻撃的な言葉に気がついただけで、「聞かなかったことにしておこう」とか、「とにかく、そんなに重要なことではない」などと静かに考えて、それまでと同じように話を続ける。しかしその後、数秒が過ぎて、胃の緊張、歯ぎしり、手掌の汗、声の震えなどを感じ始める。傷つける言葉が胸に突き刺さった後に、あなたがそのことに気づくのには少し時間がかかったのである。

ダマシオは、したがって、身体的変化から脳へのフィードバック(これらを変化させるようにという脳の指令ではなく)を、中核意識あるいは「情動」意識の縦糸・横糸として、確かに正しく強調した。それゆえ、もう少しくわしく彼の見解について考察を進めてみよう。

初めに、意識内容は、まず脳のサーボメカニズムによって無意識にコントロールされる変数(ここでは心拍数、手掌の発汗量など)を再表象するものだという。彼の見解が、これらについて本書のとってきた一般的なスタンス(第3章および第8章4節参照)と、どれくらいうまくフィットするのかを見てみよう。実際、情動経験ほどはっきりとこのパターンを示しているものは、他にはどこにも見られない。

また、情動経験の本質に関する上記の2例が、どれほどうまく仮説——意識経験の生存価の重要な側面は遅延性エラー検出器として作用するところにある(第7, 8章を見よ)——に適合するのかを見てみよう。情動混乱が意識的に感じられるようになるまでに、それを引き起こした危難は(運転の例のような場合には)既に過ぎ去って

いるかもしれない。実際，このような危難に対して行動的に反応する迅速な活動機制がなかったとしたら，我々の祖先は生き延びることができなかっただろう。それゆえ我々は，その危難に対する身体的調節からのフィードバックの，特別に意識的な評価から得られる付加的な生存価を，探す必要がある。このような生存価は，将来の行動への便益からのみ得られるはずである。たとえば次回には，もっと慎重な運転習慣を採用するかもしれない。しかし，これについては，あまり楽観的になりすぎてはならない。進化は完全性からは程遠い。情動混乱と警報の，系統発生的に古いシステムの多くの特徴は，現代生活の危難に対する対処には，ほとんど役に立たない（実際には，しばしばいわゆる「ストレス疾患」の形をとって大きな災厄をもたらす）。

次に，意識経験は「想起された現在」だというエーデルマン（Edelman）の簡潔な記述が，情動経験にもきれいに当てはまることを見ておこう。各意識内容は，現在の感覚入力が予測された入力と比較された後でのみ選択されるのであるから，この見解は，意識経験のコンパレータ仮説に暗に含まれている。しかし，外的世界についての意識経験が記憶という性格をもつことについては，比較過程の作動時間のスケールが短いこと（ほぼ100msという「瞬間」），および，知覚の原因（たとえば花瓶の水につかっている1本のバラ）と知覚表象それ自体（脳が，既述のように，知覚されたバラを構成しているので，融合している）とが継ぎ目なく融合していること，の両方によってぼかされている。長時間かかって引き出される情動の過程は，このあいまいさを除去する。最愛の人の発する傷つける言葉は，時間的にも形式的にも，胃の筋肉の緊張――その言葉が引き起こしたものだが，決して似てはいない――と，はっきりと区別される。それよりもむしろ，胃の緊張の意識的な評価は，あなたに情動的な傷を思い起こさせる「想起された現在」である。（痛みは，たまたまこのようにして，傷ついた後で遅れてやってくる，もう1つの想起された現在であり，今回は身体の傷をも想起させるものになるのである。）

最後にもう1つ注意。視覚系には2種類があり，1つは行為のためのもの，今1つは知覚のためのものである。それと同様に，情動系にも2種類があり，1つは行為のためのもの，もう1つは感じるためのものである。我々は今まで感じるほうの情動しか論じてこなかった。情動の行為システムは――やはり視覚の行為システムと同様に――より速く作動する。差し迫った危険に対処するのはこのシステムである。それは，動物が危険の回避や食物の発見をどのようにして学習するかの実験で，特に多くの研究がなされてきた。これらの実験は，異なる情動を，異なる「強化イベント」によって引き起こされる状態として，理解を進めてきた。この強化イベントは，報酬，罰，およびその力をもつイベントであり，これらの生起が行動に随伴させられる場合には，動物（もちろん人間も含む）は行動の仕方を変容させることになる。

さらに，視覚との平行関係が見られるのは，脳が1つの「情動行為」システムではなく，いくつかのそれをもつことである。これらの数や本質については，まだ普遍的な一致は見られていない。私自身の分析（グレイとマックノートンの『不安の神経心理学』を見よ）では，哺乳類の脳はこういうシステムをいくつかもっており，その各々

のシステムが行動に対して広範囲にわたる影響力をもつことを，示している。第1のものは人間のパニックに対応する。それは直近の強い脅威刺激に対する反応に際して，行動を組織化する。第2は人間の恐怖に対応している。この情動は，潜在的だが回避可能な脅威を警告する刺激への反応より成り立っている。第3は人間の不安に対応する。これも脅威を警告する刺激への反応から成り立っているが，これが生じるのは，脅威状況にとどまったり，そこに近づいたりすることさえもが必要な状況においてである。第4は希望に満ちた予期に対応しており，食物，水，慰め，安心等の1次的報酬と連合した刺激に対する反応を組織化する。これらのシステムはいずれも，報酬を最大にして罰を最小にする，1群の特徴的な行動出力を生じる。それゆえ，パニック・システムからの出力は「闘争か逃走」になる。恐怖システムからは退避（withdrawal），不安システムからは現行行動の制止プラス危険の査定，「希望」システムからは，1次的報酬へのアクセスが得られる計画的な「接近行動」になる。この他にも，行動への影響がそれほど一般的ではない情動システムがある。たとえば嫌悪は，潜在的な毒物の摂取を最小にする機能をもっている。

　これらの多様なシステムからの行動出力は，そもそもの活動の引き金になった刺激への反応として，身体的混乱よりもずっと速く生じる。そして，この身体的混乱の脳へのフィードバックが，意識的に感じられる情動にクオリアを提供することになるのである。各システムは脳全体に広く分布しているが，ある領域が他の領域よりももっと指令的な役割を果たす。それゆえ，パニックの場合には，脳幹の中脳水道周囲灰白質（パンクセップが中核意識の理論において強調したまさにその領域）が，闘争・逃走行動の最終的な出力ステーションである。恐怖の場合には，重要な役割は視床下部と扁桃体が演じる。そして不安の場合には，海馬系が，空間ナビゲーションとエピソード記憶（図14-5を見よ）の場合と同じ基本的な計算手続きを使って，舞台の中心に立つ。

　各情動行為システムはそれ自身の神経学をもっているが，これらはまた，広範囲にわたって相互に作用し合う。この相互作用の重要な特徴は，垂直階層の存在であり，この中枢神経軸の上位に位置するシステムは下位に位置するものの制止や興奮をさせることができる（たとえば海馬 → 扁桃体 → 視床下部 → 中心灰白質；図18-4）。機能的には，この配列によって，たとえば海馬系は恐ろしいが望ましい対象や場所（不安を喚起する状況のパラダイム的ケース）に注意深く接近していく行動を調整できる。これが可能になるためには，海馬系は扁桃体で準備された退避と，中心灰白質で準備された闘争・闘争を制止しながら，同時に後者の領域でプログラムされている激しい活動への準備性を維持できなければならない。この階層的配列は，以下で展開するいくつかの議論にとって，重要になるだろう。

4 エラーの信号？

　視覚と他の感覚——我々はこれらによって外的世界との相互作用をしている——が平行関係にあるように，情動の意識的なセットの存在は，一見自足的な情動行為システムのセットと並べてみると，次の疑問を生じる。行為システムが既にその仕事をやり遂げた後まで遅延させられる中核意識は，どんな目的に役立つのであろうか？
　外的世界の意識（第7章）について，この問いが発せられたとき，私が与えた答えは，意識経験は遅延性のエラー検出器として役立つというものであった。ちょっと見には，中核意識のいくつかの——実際，多くの目立った——内容（痛み，めまい，吐き気，極度の暑さや寒さ）に対しては，まったく同じ継ぎ目のない答えを与えることができる。これらはすべて，何かがよくない方向に行ってしまったということを告げている。それゆえ，この全体的なコンパレータ・モデルの中では，一見自然で易しい動きは，それらをエラー信号として扱うことである。しかし，この動きは問題に直面する。そこで，これらの問題が克服できるか否かについて予断をもたれないようにするために，（少なくとも当面の間は）この性質をもつイベントには，別の用語を充てる必要がある。動物の学習理論の用語では，これらは「罰」あるいは「負の強化」と命名されている。そこでここでは，前者の用語（罰）を使うことにする。
　コンパレータ・モデルによると，外的世界の認知意識に適用される「エラー」は，比較過程の操作から直接得られる結果である。無意識に作用するコンパレータ・システムは，世界の予測された状態と現実の状態とを，脳の視床皮質感覚システムに表象されるものとして，比較する。「エラー」はしたがって，これら2つの状態間のズレあるいは「ミスマッチ」にあり，次の瞬間のいくつかの意識内容（典型的には最も顕著なもの）を選択するのに使われる。このエラーの本質を定義する情報は，こうして選択された内容そのものにある。これらは意識にとっては，構成されたアイテム（たとえば花瓶の水の中のクモ）として，そして同時に，何らかの予測されなかった存在（前回この花瓶を見たときにはバラが入っていた）として，立ち現れてくる。この知覚構成体（コンストラクト）とその予期されなさは，しっかりと結び合わされて，志向的な知覚の一般的な働き方にしたがう。このようにエラー信号と，エラーの本質を定義する情報とを，しっかりと結合する仕方を，「本来的エラー（intrinsic error）」と呼ぶことにしよう。
　罰はこんなふうにはまったく働かないようである。この違いを見るために，吐き気について考えてみよう。この感覚の意識への入り方は，ダマシオのモデルによく適合する。感じられるものは，激烈なイベントからのフィードバックであり，通常は毒物を排出するために，脳によって指令され，それが内臓内を逆行（吐き気あるいは「嘔吐」）するときに生じるものである。最も一般的な嘔吐の引き金は，内臓に毒物があることを知らせる神経のメッセージが脳によって検出されることである。この引き金となるメッセージは，それ自体が意識的に気づかれることはなく，無意識のまま嘔吐を進行させるだけである。意識的な吐き気の気分は，内臓がその指令にしたがうというフィードバックを，脳が受け取ったときに生じる。これらの過程のすべては，内臓

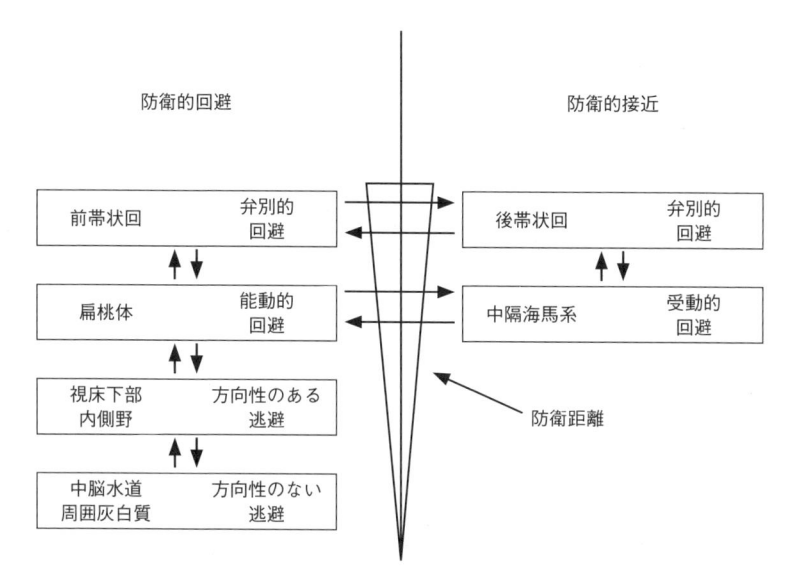

図18-4 階層構造と見られる防衛システム。より高いレベルは，防衛距離（すなわち，脅威となる危険からの距離）を増大させることによって保証される。そしてここには，それぞれ危険を回避するとき，あるいは危険に接近するときに，行動を制御する，2つの平行する流れがある。防衛階層のより高いレベルの活動は，そうでなければ低レベルのものの活性化だけで生じるはずの行動を，覆すことができる。Gray & McNaughton（2000）より。

への指令と内臓からのフィードバックの両方が，脳幹のレベルで調節されるのである。

　この過程の中で，どこにエラーがあるのだろうか？　サイバネティックス的にいえば，どこにも存在しない。反対に，内臓からのフィードバックは，嘔吐が計画に従って進行中であることを，脳に教えているだけである。行動的には（先程の例では），第1に毒物の摂取にある。しかしながら吐き気の感覚は，その物質の性質や摂取の状況については，何の情報も伝えてくれない。実際，普通は，一体何を食ったのかを考えるためには頭をしぼらざるをえず，しかも，しばしば何の役にも立たない。もっと悪いのは，人は吐き気が食中毒によるのかどうかをも確信できないことである——それは病気によるのかもしれないし，妊娠によるのかもしれない。したがって，この観点から，吐き気をエラーの信号として扱ったとしたら，それは認知意識の本来的エラーの，完全な反対命題(アンチテーゼ)になってしまう。吐き気があなたに教えているのは，何か不快でよくないことが起こっているということだけであり，その何かが何であるかではないのだ。（ついでに別のいい方をすれば，これは吐き気が中核意識を構成しているほかの情感と同じように，しかし認知意識の内容とは違って，志向性を欠如しているということである。）何かがよくないというこの種の全般的な信号を「非本来的エラー（extrinsic error）」と呼ぶことにしよう。本来的エラーと非本来的エラーは大きく異なっており，両者がどちらも同じ機能を発動させていると見るには，あまりにも違い

すぎている。

　吐き気は，コンパレータ・モデルの中で中核意識の扱いをするには厄介な，第2の特徴をもっている。このモデルを正当化する理由の1部は，これが意識に生存価を与えるというところにある。これはやってくるのが遅すぎて，特定の意識内容と連合しているオンライン行動には影響を及ぼしえないという問題があっても，なおかつそうなのである。ここで想定される生存価は，遅延性のエラー検出が，「想起された現在」において，何がエラーを生起させたのかを振り返らせて，それによって，多分，次回にはどう修正するべきかを考え出させるというところにある。しかしながら，この過程を離陸させるためには，今うまくいかなかったことと，その直前に起こったこととの，結びつきを見てとることができなければならない。これら［の情報］はいずれも，想起される現在の一瞬間に常に手に入るとはかぎらない。しかし，その後しばしば，エピソード記憶からその直前に何が起こったかについての必要な情報を回復させることができる。このコンパレータ・モデルに関して，意識的知覚と（時間と場所が刻印された）エピソード記憶の意識的想起との間に，これほど緊密な同盟があるのは，この理由による。しかし，我々が今見たように，吐き気の感覚はこの情報にアクセスさせてくれない。実際この点で，吐き気は，ふつう毒物を摂取して何時間もたってから起こるので，特別に教訓的な例である。それゆえ，摂取のイベント［情報］は，吐き気の意識と同じ瞬間には使えない。また典型的には，摂取した物質と吐き気の感じとの間には，意識的に使えるリンクも存在しない。

　我々の想像上の生存価はしたがって，少なくともこの中核意識の内容には適用されそうにない。何か別の選択肢が見つけられるのだろうか？　吐くことについては，できることが何もないとしたら，自然選択は，なぜ我々が吐くときに，こんなに惨めな気持にさせて苦しめるのであろうか？

　問題は，このような不快な気分を，それを生起させた状況と，連合させられるかどうかではない。反対である。条件性味覚嫌悪に関しては，動物がこのような連合を非常に効率よく形成することを示す，膨大な実験的文献がある。このような連合は，学習も遂行も，「古典的」ないしは「パブロフ型」条件づけの一般原理にしたがう。この形式の学習では，動物は「条件刺激」に続いて「無条件刺激」を提示される。無条件刺激は，典型的には生物学的に重要なもの（たとえば食物）であり，この重要な特徴は条件刺激（音や光）とは共有していない。条件刺激のすぐ後に無条件刺激が規則的に来る，数回の「対提示」の後に，動物はこの2つの連合を学習する。それはしばしば，無条件刺激に適した反応を条件刺激に対してすることによって示される。それゆえ，20世紀初頭のイワン・パブロフの古典的実験では，犬は　音→食物の連鎖を経験させられ，音刺激だけで唾液反射をするようになったのである。

　条件性味覚嫌悪の実験では，これと同じパブロフのデザインが用いられている。条件刺激は典型的には特定のフレーバー（酢や蔗糖）をつけた食物または水である。この食物を食べた後で，動物（通常ネズミ）は吐き気を生じさせられる。その後，動物はもう1度同じフレーバーのついた食物を提供されるが，今度はそれを拒否する。そ

れゆえ，フレーバーと吐き気との連合を学習したことがわかる。条件性味覚嫌悪はパブロフ型条件づけが特に有効なタイプである。学習はたった1回のフレーバー・吐き気連合へのエクスポージャだけで成立する（ほかの形式の条件づけの場合にはしばしばずっと多くの対提示を必要とするものだが）。この条件づけは，フレーバーとムカツキとの間隔が何時間にもなる場合でも，生じた（もちろん，条件づけが最も成立しやすいのは通常，条件刺激と無条件刺激が時間的に重なる場合であったが）。そして，食物とムカツキとの間には直接の因果的結びつきも必要ではなかった。それゆえたとえば，ネズミは完全に無害な砂糖液を飲み，その後4時間たってから塩化リチウムの注射でムカツキを生じさせられた。翌日，このネズミに砂糖液を与えると，このネズミは断固として飲むのを拒否した。しかし重要なのは，この実験がこういう効果をもつためには，砂糖のフレーバーが，ムカツキとの連合が最初に作られるときに，新奇でなければならないということである。脳は，最近経験した最も異常なフレーバーと吐き気とを連合させる，特定目的の学習メカニズムを備えるようになったと思われる。このようなメカニズムの生存価は明らかである。よくない結果を伴うことなく，過去に何度も味わったフレーバーは，今までに出会ったことのないフレーバーよりも毒物の信号になる可能性は低いのだ。

それでは，この有効な味覚嫌悪学習があるのなら，吐き気の意識的な気づきからは，どんな付加的な生存価値が得られるのであろうか？　この謎に対する可能な解決は，トニー・ディッキンソン（Tony Dickinson）によって，ムカツキが彼の西瓜に対する感情をいかに変化させたかの説明において，示唆されている。

思い出してほしい（第8章4節を見よ）。ディッキンソンは，若年のとき，夏のイタリアで初めて西瓜を味わい，なかなかうまいと思った。しかし，西瓜を食べてすぐに，そしてこのこととは無関係に，ひどく気分が悪くなった。翌日，彼はもう1度スイカに出くわし，楽しい期待をもってかぶりついた――そして直ちに気がついたのは，極度のムカツキであった。その後，彼は西瓜を避け続けてきた。したがって，これは学習性味覚嫌悪の非常にはっきりした1例である。これはまたネズミの実験とまったく同じで，誤った学習の1例である。無実の西瓜はディッキンソンに何の悪さもしていないのに，罪を着せられたのである。ディッキンソンはもちろん西瓜には責任がないことを知っていたが，嫌悪が形成されるのを止められなかった。彼は実際，今や世界中の誰よりも，この誤った学習の基礎にあるメカニズムをよく知っている。しかし，彼の嫌悪感情はいまだに続いている。この意識的に利用可能な知的知識の影響力のなさは，古典的条件づけに典型的に認められる。このように脳が，最初のムカツキにも，その条件づけられた写し絵にも，意識的クオリアをまとわせているのは，いっそうの謎である。

この謎への回答として，ディッキンソンと彼の同僚のバーナード・バレーン（Bernard Balleine）は次の仮説を提唱した。意識経験の機能は，情動反応（今の例では，それまでは旨かった西瓜への条件性味覚嫌悪）が，認知的および行動的な行為プログラム（西瓜を買う，切る，食べる）と相互作用するインターフェースとして，作用すると

ころにある。これは意識の機能の一般的な説明にはなりえない。それは，たとえば第10章で記述した共感覚経験や音楽を聴くことのような，自然の適用例をもっていない。しかし，この仮説はその縄張り——我々が今到達したテリトリー——で，真剣に考察される価値がある。

5 中核意識？

　ダマシオとパンクセップは身体的情動の「中核」意識を，ある意味では，外的世界の認知意識よりも基本的であると考えた。これはどういう意味なのだろうか？
　その意味するところの1部は，中核意識のほうが認知意識よりも早く進化したということである。この見解は解剖学的事実ともよく合致する。中核意識に割り当てられている脳の領域——脳幹——は，認知意識の主人役を果たすと考えられる領域（新皮質，視床，辺縁系）よりも，進化的にはずっと早く発達している。しかし，中核意識のほうが認知意識にくらべてより「早く進化」したという見解それ自体が，問題を提起する。脊椎動物の脳では，意識は2度進化したのではなかろうか？——1度は，脳幹が身体的変化からのフィードバックをモニターし始めたときに，そしてもう1度は，前脳が外的世界のモデルを構築し始めたときに。この可能性は排除できない。そして実際に，その先例となりうるものが存在する。哺乳動物の視覚系の精細化よりもずっと前に，たとえば光に敏感な受容器が皮膚感覚として進化した。しかしながら意識については，同じようなシナリオを疑う理由がいくつかある。
　第1に生存価の問題がある。既に見たように，認知意識に生存価を認めるのは，結構難しい。身体的変化に単に気づく（いつものように事実の後で）ということに生存価を認めるのは，さらに困難である。内省してみても，この気づきは身体的変化のコントロールに何の利益ももたらさないように思われる。このようなコントロールは，それが利益をもたらすとしても，認知意識から出てくる付加的な気づきを常に含んでいるように思われる。それゆえ，たとえば，私はむかついてきたという感覚を使うことによって，自ら家に帰って，できるだけ早く寝るということができるかもしれない。しかし，これにはある範囲の意識的，無意識的な知識が必要であり，これは確かに脳幹だけでは使えなさそうである。
　ディッキンソンとバレーンの仮説は，この両形式の意識がいっしょに働くことの必要性をはっきりと認めている。彼らの実験（第8章4節に詳述）は，ネズミが条件性味覚嫌悪を発達させるためには，蔗糖の味覚（この後にムカツキを感じた）をもう1度味わわねばならないことを示している。それは，蔗糖液を飲んだとき，それがもはや旨くない（あるいは吐き気さえ催させる）ということを，ネズミがこの情報を使って蔗糖の報酬価を下げる（したがって，蔗糖の報酬を得るためのテコ押し行為をあきらめる）前に，発見する必要があるかのようである。ディッキンソンはしたがって，自らの西瓜の体験を引き合いに出しながら，条件性味覚嫌悪が成立する最終ステップ

は，条件刺激（ネズミにとっての蔗糖，彼にとっての西瓜）と吐き気の条件反応の両方を短い時間単位内で意識的に経験することだと考えている。このメカニズムは，意識的な想起の進化的により早期のバージョンだと見なしうるのではなかろうか（第14章2節と第14章3節を見よ）。この想起によって，最初は時間的に離れているイベントを，意識的な気づきの状態において，並置することが可能になるのである。しかしながら，意識的な想起とは違って，条件性味覚嫌悪は海馬の完全性には依存しない。しかし，脳幹内の構造体がこの機能を発動させる可能性も，まずなさそうである。むしろ，それはもう1つの前脳領域，すなわち島皮質の役目であるように思われる。これについてはすぐ後でもっとくわしく考察する（第18章6節を見よ）。

　ディッキンソンの説明は説得力があり，本書の一般的な立場（第8章4節）——すなわち，意識の重要な機能はフィードバック・ループにおける被制御変数の設定を変えることにある——とも一貫している。しかし，彼の議論のつながりには弱い部分がある。西瓜を2度目に食べたとき，ディッキンソンは2つの意識経験をしている。1つは西瓜の味，香り，姿などの意識経験，そしてそのすぐ後に2つ目の吐き気の経験である。これら2つの経験の神経的基盤は，1つは大部分が前脳に，そして第2は大部分が脳幹にある。議論のつながりの弱い部分はこれである。条件性味覚嫌悪の最終的な設定を可能にする重要な並置は，この2つの意識経験の間にあるのであって，単純にこれらを支える2群の神経イベントなのではない。（これはもちろん，本書全体を通して既に何回も出会っている，一般的な随伴現象説者の問題の特殊なバージョンである。）確かにディッキンソンとバレーンは，ネズミを蔗糖に対して再エクスポージャするときに，嘔吐制止薬のオンダンセトロンを投与すると，条件性味覚嫌悪の形成が防止されることを示した（第8章4節）。しかしこれは，嘔吐に伴う吐き気の意識的な感覚と同時に，嘔吐そのものを司るシステムをも阻止しているのである。

　しかしそれにもかかわらず，中核意識の生存価に関するディッキンソン-バレーン仮説は，現存するものの中では最も優れたものである。それゆえ，ここではこの仮説が正しいと仮定して，その意味連関（インプリケーション）の探索を進めることにしよう。

　これらのインプリケーションは実際，非常に広範囲に及んでいる。もし中核意識の生存価が，前脳内で媒介される外的世界の意識経験にも依存するのなら，中核意識の進化が認知意識の進化に先立って独立に生じうるなどという可能性は，ほとんどなくなるだろう。それゆえ，もしこの推理が正しいなら，「中核」意識は，それが身体の中核部分についての意識だという比較的些細な意味でしか，その名称に価しなくなるだろう。すなわち「中核」意識は，「視覚」や「聴覚」の意識と同レベルの概念になってしまう。その場合には，我々は，クリックとコッホの視覚の扱い方（第13章）でなじみのある線にそって，次のことを問う必要が生じてくる。身体感覚を媒介するシステム内の，どこに中核意識経験と相関する神経部位があるのか？　この問いに対する答えが「脳幹内」にあるとは，決して明確にはいえないのだ。実際，痛みの知覚の研究は非常に異なる位置を強く示唆している。新皮質の中にあるというのだ。

　痛みを媒介する経路は（引き金刺激が皮膚に与えられた場合でも，内部の器官に与

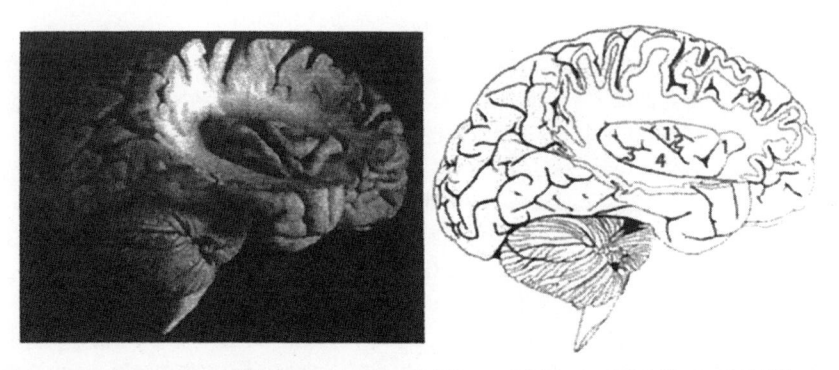

図18-5 表面を覆っている皮質構造を除去した後の島皮質。1：島短回。2：島中心溝。3：島輪状溝。4：島長回。島は，外側溝とその分枝（rami）を区切るリップを除去することによって開かれる窩底部（floor of a fossa）を構成する大脳皮質の，かなりの部分を占めている。これらのリップは前頭，頭頂，および側頭の弁蓋として知られている。これらの切除の後に，島は，多くの溝と回によって標された三角窩隆起（triangular eminence）として現れる。いわゆる輪状溝は，島皮質が島限で，脳の基底面（basal aspect）の前（吻側）穿孔物質（perforated substance）の側方の大脳皮質とつながっている下内側部を除いて，島を取り囲んでいる。島皮質は多くの溝が刻まれており，その1つ——島の中心溝——は他のものよりも深く，目立っている。島の中心溝は，上方および後方に走っており，前頭葉と頭頂葉を区切る大脳皮質の中心溝とほぼ平行している。島の中心溝の前には，若干の短回が島限の近くから放射状に広がる傾向が見られる。この標本では，中心溝の後方に，上後方の端に近い浅い溝によって部分に分割された1つの島長回が存在する。ウィリアムズら『人間の脳』第5章。http://www.vh.org/adult/provider/anatomy/Brain Anatomy/TOC.htmlより。

えられた場合でも），脊髄内を通って脳幹内の中心灰白質へ，そして視床と新皮質へと進んでいく。痛みと最も関係の深い新皮質の領域は，島（図18-5）と前帯状皮質（図18-6）である。この2つの領域は非常に近くにあり，相互に強く結びついている。

条件性味覚嫌悪が除去されるのは，この島（ネズミの脳の）に損傷が生じた場合である。この影響は，島が1次的な皮質の味覚領域（すなわち，味覚の分析に関係するもの）として働くので，意外なものではない。それはまた，食道の刺激から入力を受け取り，胃の障害や嘔吐の際に活動する。人間の場合には，島皮質が嫌悪に果たす役割は，これらの毒物への1次的反応をはるかに越えて，他者の嫌悪表情に対する反応までをも含んでいる。我々はこの役割の1例を第11章で見た（図11-2を見よ）。この島は性的覚醒，暑さ，寒さ，飢えと渇きの感覚，前庭刺激（めまいのようなバランスやその喪失に関する情報を伝達，そして音楽を聴いていて時に経験する情動的戦慄（魅惑的な実験がモントリオールのアン・ブラッド（Ann Blood）とロバート・ザトーレ（Robert Zatorre）によって報告されている）にも反応する。この領域はしたがって，身体感覚を分析するための総合的な皮質中枢を構成しており，まず脳幹で検出された情報の，より高次の再表象を提供するものである。これが実際，ダマシオの島の扱い方である。したがって，ここで追究する議論は彼の全般的な中核意識のモデルと矛盾しない。

人間の島はまた，これらの他の身体感覚に関与するだけでなく，痛みにも関与して

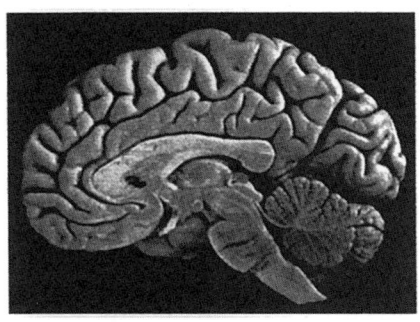

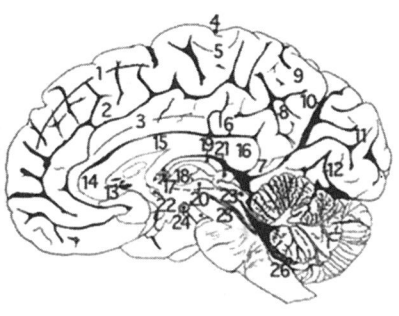

図18-6 脳の内側面にある帯状皮質（3）。1：内側前頭回。2：帯状溝。3：帯状回（帯状皮質）。4：中心溝。5：中心傍小葉。6：脳梁溝。7：帯状回峡部。8：頭頂下溝。9：楔前部。10：頭頂後頭溝。11：楔状葉。12：鳥距溝または鳥距裂。13：脳梁吻。14：脳梁膝。15：脳梁幹。16：脳梁膨大。17：室間孔内の脈絡叢。18：視床間橋。19：手綱三角。20：視床下溝。21：松果体。22：前交（吻側）連。23：中脳蓋。24：乳頭体。25：内側縦束。26：第4脳室脈絡叢。帯状溝は脳梁吻の下から始まり，そこから指1本分の幅だけ距離をおいて，脳梁膝の前でアーチ状に曲がっている。脳梁膨大の上では帯状溝が突如上向きに曲がり，脳半球の上縁に達する。前中心回と後中心回がいっしょになるところでは，中心溝が中心傍小葉に切りこんでいる。帯状回は脳梁を取り囲んでカーブしている皮質の長い帯である。後方では，脳梁膨大の下が非常に狭くなっていて，膨大を鳥距溝または鳥距裂と分かつ峡部でつながっている。帯状回は視床前核と豊かな相互結合をもっており，辺縁系の重要な構成要素である。ウィリアムズら『人間の脳』第5章。http://www.vh.org/adult/provider/anatomy/Brain Anatomy/Ch5Text/Section03.htmlより。

いる。それは，神経画像研究と，この領域に損傷をもつ患者の事例報告に，示されている。特に興味深いのは印象的な症候群——痛みに対する失象徴（asymbolia）——であり，これは脳卒中の結果として，島皮質が破壊された人に生じる。このような患者は，たとえば皮膚をピンで刺すとその痛み刺激を検出できるし，これらの刺激の検出閾値も正常である。しかし，ピンで刺しても，正常な回避行動も情動反応も生じない。1人の患者は次のように記述されている。「彼はピンで刺されても，四肢の軟組織をつねられても，顔をしかめることも手足を動かすこともせずに，長時間耐えていた……時に患者は自ら進んで痛みテストに手を差し出し，刺激されている間に笑いさえした」（Berthier, Starkstein, & Leiguarda, 1988, p.42）。サンドラ・ブレイクスリー（Sandra Blakeslee）との共著『脳の中の幽霊（*Phantom in the Brain*）』の中で，ラマチャンドラン（Ramachandran）は類似の患者たちが「実際に，まるでくすぐられているかのように笑い始めて，突き刺されているようには見えなかった」と表現している。

　これらの観察は，島が，痛みの意識的感知へと導く神経活動の連鎖の中で，あらゆる情動の後遺症を結びつける重要なリンクであることを，強く暗示している。これらの情動的情感が，意識的に評価された身体的変化からのフィードバックよりなるという見解を前提とするなら，この結論はまた，島から脳幹への下行インパルスが，このような情動過程を動かすのに必要とされているかもしれないことを意味している。この仮説は，島の刺激や，この領域を侵すてんかん性の電気活動が，嘔吐を生じ，心拍

と血圧を変化させるという観察によって支持されている。内的器官へのあれこれの出力は，島から扁桃体と前頭前皮質への投射によって送られていく。この扁桃体と前頭前皮質はどちらも，自律神経系によってコントロールされる広範囲の身体変化に，大きなコントロールを及ぼす。したがって，中核意識は脳幹の活動から生じ，この活動は次には脳内のより高次の認知意識にパスされていくという見解は，正確には逆なのかもしれない。情動意識は，認知意識とまったく同様に，脳の高次の皮質および辺縁域に直接リンクしている可能性がある，というか，その可能性が存外高そうである。

　島は，痛みの意識経験と相関する神経系の座として働いているとされる，唯一の皮質領域ではない。この点を評価するために，熱グリルを採用しているいくつかの実験について考えてみよう。

　1994年の「科学」に掲載されたクレーグ（Craig）とブッシュネル（Bushnell）の論文は，やけどの痛みの感覚をつくるために，込み入った新しい方法を記述している。被験者は水平面に平行に並べられた15本の銀のバー——それぞれを別の温度に設定できる——の上に手をおく。すべてのバーが20℃に設定されている場合には，被験者はクールな感覚を報告する。すべてが40℃のときには暖かいと感じるという。ここで20℃と40℃のバーが交互に並ぶように仕組んでみたところ，被験者は「焼けるような」冷たさに似た痛みの感覚を感じた。2年後に同じ科学者グループが，陽電子放出断層撮影法（PET）を使って，この熱グリルに対する反応の際の脳の活動を測定した。この神経画像法では，コントロール条件で得た脳活動パターンを，最も関心のある実験条件のそれから，差し引くことが求められることを，あなたは思い出されるだろう。この熱グリルはこれらの要請に理想的によく適合している。こうしてクレーグらは，熱グリルによって引き出された活動パターンから，その要素的な部分（20℃のみあるいは40℃のみ）によって引き起こされるパターンを差し引くことができた。その結果，島は，無害な刺激でも痛みのあるものでも，どの熱刺激によっても活性化を生じた唯一の皮質領域であった。しかしながら，異なる領域——前帯状皮質——が，グリルによってのみ選択的に活性化され，その要素的な部分（20℃のみあるいは40℃のみ）によっては活性化されなかった。この領域の活動はまた，すべてのバーが痛みを感じるほど冷たいか（5℃），痛いほど熱いか（47℃）の温度に設定されたときにも生じた。

　したがって，島が痛みの意識的評価の重要なセンターであることを示す脳損傷のデータと，前帯状皮質がそれだとする神経画像のデータの間には，ちょっとした緊張がある。しかし，これらの領域はいずれも新皮質の中にあって脳幹にあるのではないので，このような細部の違いは我々の全般的な議論にとってはそれほど重要ではない。

　痛みの意識的感覚が新皮質で表象されるというポジティブなエビデンスがあるのと同時に，痛い皮膚注射に対して中心中脳水道周囲灰白質の活性化が生じないというネガティブなエビデンスもある。ストックホルムのマーティン・イングヴァル（Martin Ingvar）の実験室のシェ（Hsieh）らによる研究では，次の3条件の比較がなされた。①エタノールの痛い注射，②痛い注射を予期する条件下での痛くない生理食塩水の注

射，③はっきり痛くないと教えられて受けた生理食塩水の注射である。その結果，中心灰白質は，第3条件では活性化されなかったが，最初の2条件では活性化された。そしてこの2条件間には中心灰白質の活性化に差が見出されなかった。したがって中心灰白質は，最初の2条件を区別するような痛みではなく，むしろ痛みの予期（第1，第2条件では共有されているが，第3条件ではそれを欠如している）を反映するものであった。この結果は動物における中心灰白質の知見とも一致する。この領域は痛みからの逃避への積極的努力，あるいは痛みの脅威のクローズアップに関わっているのだ。しかしシェの結果は，痛みなどの意識的知覚と相関する神経部位が，中心灰白質に存在するという見解とは矛盾する。

　前帯状皮質は単なる痛みの知覚よりも，意識経験において，より広い役割を演じている。たとえば発作による，この領域の両側性の損傷は「無動無言症（akinetic mutism）」という深刻な無能力状態を引き起こす。その名前が示すように，この患者は動くこともしゃべることもできず，何か月もこの状態にとどまる。ダマシオはこのような患者の1人の残存行動について次のように記述している（『どうなるのという感覚（*The Feeling of What Happens*）』，p. 102）。

> 彼女はしばしば目を見開いて，しかし表情は空虚なまま，ベッドに横たわっていた。時には動いているもの——たとえばベッドの周りを動く私——を捉えることもあった。ほんの瞬間，目と頭を動かして追いかけることもあったが，静かで焦点が定まらない凝視状態にすぐ戻った。彼女の表出の平静さを伝えるには，ニュートラルという語が使えるが，いったん彼女の目を集中して見たなら，あなたは空虚という語のほうがそれに近いと思うだろう。彼女はそこにいたのだが，そこにはいなかったのだ。

　気づきなしの視覚追跡の可能性については，この残存行動を意識経験の指標と受け取ってはならないことを，我々は十分に知っている。そして実際，前に考察した金縛り症候群の患者とは正反対に，無動無言症から最終的に回復したときの患者は，喋れず動けない状態で寝ているときには意識経験はほぼ完全になかったと報告している。これらの報告は，もし正確であるなら，前に見た覚醒と意識との解離に加えられる。というのも，無動無言症の患者は多少とも正常に睡眠と覚醒のサイクルを続けていたからである。しかしながら，報告が正確だという仮定は保証されないかもしれない。無動無言症からの回復後の自己報告は——唯一の可能なエビデンスなのだが——意識経験の欠如ではなく，この経験の記憶を意識的に思い出せないことを示しているだけかもしれないからである。後者の可能性は，帯状皮質と，第14章2節で見たように，意識的なエピソード記憶を媒介する海馬系とが，解剖学的に非常に緊密につながっていることによって，支持されている。これらの結合は，解剖学者パペッツによって1937年に記述されたループの形（図18-7）をとっており，彼の名にちなんでパペッツの回路と命名されている。

　しかしながら，無動無言症は意識経験そのものの喪失を反映しているという見解にこだわってみよう。ダマシオは次にこれらの観察を，彼の意識の一般モデルに照ら

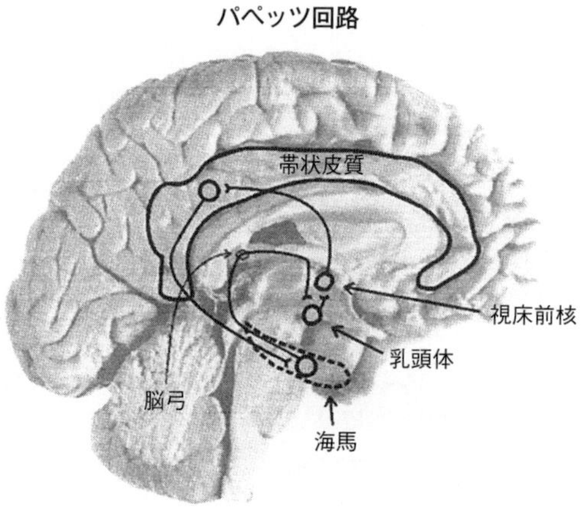

パペッツ回路

図18-7 海馬，帯状皮質，視床前核，視床下部の乳頭体を結合するパペッツの回路。http://www.uokhsc.edu/human_physiology/EEG%20and%20Limbic%20System/Papez.html

て，解釈していく。このモデルでは，完全な意識経験——ダマシオのいわゆる「拡張意識（extended consciousness）」——が生じるためには，自己の意識（脳幹から島と帯状皮質へと上行するシステムによって媒介される）と，外的世界の中の事物やイベントの認知意識との，結合がなければならないと仮定している。これはまた，意識経験の2側面の単なる結合ではない。というのも，ダマシオはさらに，「意識的であるということは，目覚めて注意深くあるということを越えている。それは知るという行為に自己の内的な感覚を求めるのである」（前掲書，p. 250）と主張しているからである。この自己の内的感覚は，さらに，情動的なトーンをもっている。このことは，ダマシオが情動状態の意識的評価を，内的身体状態一般の意識モデルを構成するのと同じシステム（脳幹から新皮質へ上行する）に依存するものとして扱うところから来ている。このような帯状皮質が情動経験の中心だとする見解は，ずっと以前にまで遡る。たとえばパペッツは，乳頭体（視床下部における）と視床（図18-7）から帯状皮質に至る入力パターンから，それが「情動経験を受容する領域と見なせる」と推測している。これは，視覚システムの腹側路（第13章）が視覚経験を受容する領域であるのとほぼ同じだと見なされている。そして，ニール・マックノートンと私は，帯状皮質の機能に関するこの見解を，不安の神経心理学の一般モデルに組み込んだ。

　ダマシオの意識モデルはしたがって，かなりの説明責任を島と帯状皮質に負わせている。彼の議論は，実際，島や帯状皮質の活動が（「知るという行為に内的な自己感覚」をもたせることによって），あらゆる意識経験に必要な特徴でなければならない，という結論へと向かっていく。我々はついにデカルトの劇場の位置（サイト）を見出したことになるのであろうか？　これに対しては，疑いをもつ理由がいくつかある。

　第1に，これは，その損傷が無動無言症を生じさせる，脳の唯一の領域だというわけではない。同じ症候群はたとえば視床の損傷後にも時に生じる。

　第2に，無動無言症を特徴づける意識経験の喪失は，帯状皮質の損傷の直接的な結

果というよりも，環境やその他のいかなるものとも関わろうとする動機づけが（おそらくこれに隣接する補助的運動領域の付加的な損傷に伴って）低下したことによる2次的なものかもしれない。動機づけの低下は，結局のところ，正常な情動経験に決定的に重要な領域が損傷された後に予期されるもの，そのものである。そして，ダマシオの観察はこれが実際に生じたということを明らかにしている。彼が書いているように（前掲書，p.103），患者は「長期間黙っている間に，まったく恐怖を感じず，まったく不安ももたず，コミュニケーションしたいともまったく思わなかった」のである。もちろん，これらの観察がなされても，報告された経験の喪失か，それとも動機づけの喪失か，どちらが1次的かということは，決定できない。しかしこれらの観察は，帯状皮質があらゆる意識経験を支える中心的役割を担うのだと強く主張することには，疑問を投げかけている。

　第3に，普通に内省すれば，情動的混乱があってもなくても，身体感覚がはっきりしている意識状態と，それがはっきりしない意識状態との間には，かなりはっきりした違いがあるように思われる。たとえば本書を書いているときには，私はこのような感覚の多くにほとんど気がついていない。そして気がつくときには，その感覚は，書くことに没頭しているときの私の意識の主要内容に内在するものにではなく，むしろ，たとえば肩が凝って痛いというような，外在的な注意転導要因に向かっている。

　これは必ずしも，意識経験の1部としての「自己の感覚」の遍在性に関するダマシオの主張が間違っていることを意味するわけではない（内的自己の強調は狭量にすぎるが）。というのも，このような自己の感覚の起源として考えうるものは，1つ以上あるからである。前章で見たように，外的世界の構築に際しては，認知意識は必然的にある「視点」を採用する。これは，身体感覚がそうであるのと同じくらい，自己の感覚の起源になっている。さらにいえば，認知意識が外的世界の中に構築する対象には，自らの身体も含まれている。しかし，これは次には，内部からというよりはむしろ，外部から見，聞き，感じられる。たとえばひげをそるのに，あるいは口紅をぬるのに鏡を使ったとしたら，どんなことが起こるか，考えてみよう。鏡を見ればはっきりとした自己の感覚が与えられるが，それは，内的身体感覚のような類のもの——この分析には島と帯状皮質が特化されている——には依存しない。むしろ視点のように，この種の知覚表象は，適切な感覚皮質（ひげをそっている場合には視覚と触覚の）と，頭頂皮質（自己中心的空間を構築するための；第15章）との相互作用に依存する。どちらの種類の自己感覚が外的世界の知覚と結合するかによって，少なくとも部分的には，ある瞬間の感情がどの程度情動的であるかが決定されるであろう。自己の大部分が外部から構成されている場合には，人は比較的情動的でないと感じる。しかし，身体的感覚が多く加えられミックスされると，その経験はより情動的なトーンをもちやすくなる。

6 進化のシナリオ

　それゆえ，私は結論する。中核意識（身体状態の意識とこれらの状態を反映する情動反応の意識）は，脳の位置に関しては，認知意識とそれほど根本的に異なっているわけではないと。両者は，その近接した神経の相互連関については，脳幹の活動ではなく，新皮質の活動に依存しているのである（しかしながら中核意識は，一般に志向性を欠いているという点で，認知意識とは鋭く異なっている）。

　いずれにせよ，これが，今日の人間存在のおかれた状況（state of affairs）のようである。しかしながら我々は，この状況が進化の早い時期とは異なってきているかもしれないことに注目すべきである。脳の進化的発達は，「大脳化（encephalisation）」への着実な傾向を示している。すなわち，進化の早い時点で，中枢神経軸の低い構造によって作動させられる機能は，後の時点になると，より高次の構造にとって代わられる。典型的には，これが起こるときには，より新しくより高度な構造が，低い構造を調節する（興奮，制止，あるいはこの2つの混淆により）能力を獲得することによって，作用するようになるのである。我々は防衛的階層（図18-4）を検討したときに，このような配列の1例を見た。この階層では，扁桃体が視床下部内の調節を行い，これが次には中心灰白質の活動を調節する。この扁桃体の活動それ自体は中枢神経軸のより高い構造，とりわけ海馬，側頭葉，そして島によって調節される。これらは我々が関心をもってきた構造そのものである。それゆえ，中核意識は，進化のある時期には，これらの低い構造の1つの活動に密接に関係していたのだが，この配列はその後さらに高い中枢からのコントロールを受けるようになった，という可能性が1つ考えられる。しかしながら，この仮説は思弁的にすぎ，検証も困難である。真剣に受け取られるようになるためには，現在入手できるものよりもはるかに多くの比較解剖学的および比較行動学的研究のエビデンスが必要である。

　第18章4節で私は，中核意識の情動的にネガティブな特徴（痛み，吐き気，めまい等）がエラー信号として機能するという見解が，ある問題に出くわす可能性があると，示唆した。認知意識のエラー信号はコンパレータ・システムの操作から引き出されるので，エラーの本質に関する本来的情報をもっている。これとは対照的に，中核意識はエラーの非本来的な信号を提供する。何かがうまくいっていないということだけを，その何かが何なのかを特定せずに伝えるのである。上でスケッチした進化的な考察に照らしてみると，我々は今や，こういう非本来的なエラーを認知意識について仮定された多様な本来的エラーと統合することで，進歩することができるのだろうか？

　我々の課題は今や実際に易しくなった。我々は次のように仮定してよかろう。すなわち，脳が外的世界の準永続的なモデルを構築する能力を進化させた1つの時期があり，こうして獲得されたモデルは，遅延性エラー検出を促進するのに使うことができ，将来の応用の機会にはエラー修正の可能性を提供しうる，と。現在では理解できない理由によって，この能力がクオリアの使用を必要としたのだ。さらによくわからないのは，脳が突然クオリアを創造でき読めるようになった，そのメカニズムである。それ

にもかかわらず，我々は一人ひとりが，脳が実際にこれらの能力を進化させたことを証明するものとして，ここに存在する。さらに我々は，中核意識の進化がもしかしたら認知意識のそれに先行したのではないかという考えを棄却したが，このことによって，外的世界のモデル構築のために進化させたのと同じ基本的なメカニズムが，同じ時期に，意識的に知覚される内的身体感覚の構築にも適用されたのだと仮定してもよいのかもしれない。

これと関連した脳幹のフィードバック・システムは，この飛躍的な進化が生じる時期よりも前に，既に準備を整えていた。これらのシステムによってコントロールされる多くの変数は，強い動機づけの力をもっている。いくらか（たとえば組織損傷を示すようなもの）については，望ましい変数の設定値は可能なかぎり低くなっている。他のもの（たとえば栄養物の指標となるもの）については，この設定値はどちらかといえば高くなっている。前者のような類の負の価値をもつ変数（罰）は，新しく進化した意識のシステムによって，非本来的なエラー信号として働くように選出されたのだと，私は示唆しよう。（ポジティブな価値をもつ変数——報酬——は，運動プログラムが正しい路線上にあることを確認する信号を提供する。そしてそれゆえに，同じ一般理論の中に挿入される可能性があるのだ。しかし，私はここではこれらについてはこれ以上考察しない。）非本来的なエラー信号の発生は，それらを引き起こした間違った運動プログラムの同定を促すために（第18章1節の，内的身体意識に影響を及ぼしうる，間違いの種類に関する議論を参照），認知意識の最近のイベントの記録を再活性化するのに使われる。この定式化は，非本来的なエラーの意識的同定に責任を負う神経中枢と，エピソード記憶に責任を負う神経中枢との間に，緊密な関係が存在することを意味する。この推論は解剖学によって支持されている。島と帯状皮質は共に，海馬への皮質の玄関口である嗅内皮質に投射している。島はまた海馬に直接投射もしている。そして帯状皮質は海馬からの主要な出力経路である鉤状回領域に投射している（図14-2と18-7を見よ）。

この理論的な見通しは，なぜ認知意識の内容が中核意識のそれとは違って，志向性をもつのかについての，原理的な説明を与えてくれるという長所をもっている。認知意識の志向性は，コンパレータ・システムの操作から，そしてコンパレータ・システムが働きかける外的世界のモデルから，引き出される本来的なエラーの計算を反映する。したがって，本来的なエラー信号はそのモデルを参照するのだ。これに対して中核意識の非本来的なエラー信号は，この種の計算から出現，あるいは依存するものではない。これらがそれ自身を超えた言及を何もしないのは，このためである。

自己の感覚には，もう1つ考えるべき側面がある。しかし，それが社会に対してもつ意味が非常に遠大になる可能性があるので，それ自身の章を設ける必要がある。

第19章

責任

　前2章では，自己感覚のいくつかの異なる側面を見た．視点，所属感覚，身体の情動的自己である．自己の感覚には最後にもう1つ考えるべき側面がある——行為主体(エージェンシー)の感覚である．

1　エージェンシーの感覚

　エージェンシーの感覚とは，私が第2章で記述したところでは，「意識についての元型的な語り（the archetypal narrative of consciousness）」の「主体（I）」であり，ダニエル・デネットのいわゆる「語りの重心（the centre of narrative gravity）」である．第2章は自己の感覚のこの側面に，「意志という錯覚（illusion of the will）」という表題——この表題はその想起に役立つだろう——をつけて，いくらか細部に踏み込んで論じた．そこで見たように，行為をしようと決断したことの意識的な気づきは，脳が既に無意識にその決断をした後で生じている．さらにいえば，人がその行為に対して責任があるとかないとかいう意識的感覚も，次の2つの方向でエラーを犯す可能性がある．人は行為の責任をとりうるが，その責任に気づいていない．あるいは，自分のしていない行為に対して責任があると意識的に信じている可能性である．要するにこの無意識的な脳は，無意識的な脳が外的世界の意識的なモデルを構築するのとまったく同様に，その世界における行為者としての自己のモデルを構築する．そして，外的世界のモデルとまったく同様に，エージェントとしての自己（self-as-agent）のモデルもイベントに遅れてやってきて，エラーを生じる可能性があるのだ．しかしながら，そして再び外的世界のモデルと同様に，エージェントとしての自己のモデルも，間違っているよりも正しいことのほうが多い．どちらのモデルも（進化の選択圧によって），これらのモデルが行為と生存の利益にかなうように，「そこで（out there）」実際に何が生じているのかという現実に対する，十分に正確な指針になることが保証されているのである．

　外的世界のモデルと自己のモデルとの間の類似性は，さらに深く進んでいく．というのも，脳はどちらのモデルの構築にも本質的に同じ方法を使っているように見えるからである．フランスの神経科学者マーク・ジャンヌロー（Marc Jeannerod）は大量の神経画像実験で集めたデータ——その多くは彼自身の実験室で得たデータ——をレビューして，被験者が自ら実行，あるいは実行していると想像したときに観察され

る活性化のパターンと，他者がこのような行為を行うのを観察したときのそれとの間には，かなりの重なりがあると結論している。このような重なりを示した領域の1つは下頭頂小葉である。第15章で見たように，この領域は，自己中心的空間の構成に，そして特徴を結合して外的世界のモデルを構成するのに，非常に重要な役割を果たしている。

これと同じ結論――脳は自らの行為と他者のそれをモデル化するのに同じ機構を使うというもの――が，サルの脳内の1つひとつのニューロンの記録をとった研究でも出現している。これらの実験では，動物は自らある行為を行うか，他者（サルまたは人間）が同じ行為を行うのを観察するかの，いずれかを行った。この種の実験の1つで，ジャコモ・リツォラッティ（Giacomo Rizzolatti）らは，人間なら前頭前皮質の部分に相当する領域に，彼らのいわゆる「ミラー・ニューロン」があることを記述している。これらのニューロンは，誰がそれをするかに関係なく，すなわちそれが他を観察するサルでも，自己を観察する行為者のサルでも，特定形式の行為（たとえば食物をつかむ）に対して反応する際に，発火するのである。同じような発見は，その後人間の神経画像実験においても報告されている。

これらの結果は，比較的微小なスケールにおいてであるが，自分自身の行為と見なすものの計算が，外的世界の全般的な計算に参加する神経機構によって遂行されることを示している。自己は，いわば，自己自身の行動を外部から観察し，これらの観察をふまえて，その役割をエージェントだと推測するのである。この結論はもっと複雑なレベルの行動データにおいても反復される。たとえば，患者が不安障害に対する行動療法を受けるとき，改善はまず行動のメジャーに見られる。その後数週間の時間的ラグをへて，この改善は患者の自己評価にも反映されるようになる。患者の自己の状態についての見方は，あたかも他者の行動を見てその見解を形成するように，自分自身の行動観察によって獲得されたかのように見える。

脳は行為をモデル化するのに，その行為が自己のものか他者のものかに関係なく，同じ機構を使うという事実は，次の疑問を生じる。それでは脳は，この2つをどう区別しているのか？　短く答えるのは難しい。が，この例のいくつかは第2章で見た。

ジャンヌローのグループはこの困難さをさらに分析している。彼らの実験の1つでは，被験者は手袋をはめて，試行ごとにある手の運動をすること，たとえば親指や，親指と人さし指を伸ばすことを求められた。実験は図19-1のようにアレンジされており，ここで被験者が見たのは，ある試行では自分自身の手袋をはめた手，別の試行では対応する動きをする他者の手であった。観察するのが他者の手の場合には，その他者の手は被験者がするように教示されたのと同じ動きをする場合と異なる場合があった。各試行の後に，被験者は，彼らの見た手が自分自身のものか，それとも他者のものかを尋ねられた。この判断の正確さは，あなたもそう予期されるのではないかと思われるが，被験者が自分自身の手を見ているとき，および，他者の手の動きが被験者自身のそれと異なる場合には，非常によかった。しかし，観察された手が被験者自身の手と同じ動きをするが，それが実際には他者の手である場合には，正確さは急落し，他

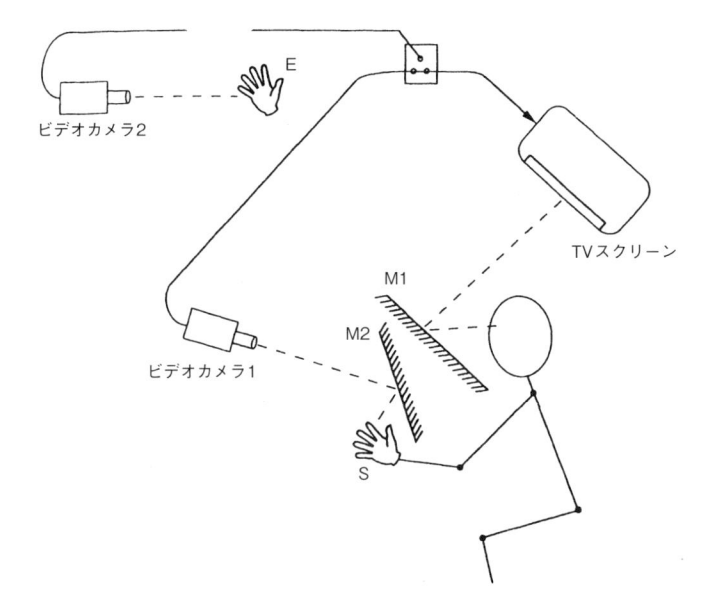

図 19-1 自分の手（手 S，ビデオカメラ 1 で鏡 M2 を通して撮影された），または他人の手（手 E，ビデオカメラ 2 で撮影された）を被験者に提示するのに用いた，実験ディスプレイの図式的表示。被験者は TV スクリーン上にどちらの手も鏡 M1 を通して見ることができた。両手には同じ手袋がはめられた。被験者と実験者は別室にいた。各試行の初めに，被験者も実験者も手を動かしてみるようにという教示を受けた。しかしながら，特定の試行では，実験者が教示で求められたのとは違う動きをした。手は動かしている間ずっと見ることができた。各試行の終わりに，被験者は彼が見た手は自分自身のものかどうかを言語報告するように求められた。Jeannerod（1999）より。

者の手を自分の手と間違うことが 30％になった。

このような実験から，ジャンヌローは次のような結論を導き出した。エージェンシーの判断は，コンパレータ・システムの作用によって変わってくる。これは，「親指を伸ばせ」という運動の指令と，親指を伸ばすのを知覚することとの，一致を捜すことになる。これがうまく一致していたなら，このシステムは，実際にはそうでない場合でも，観察された指は被験者自身のものだと結論する。これはもちろん，私が外的世界のモデル構築に与ると仮説してきたコンパレータとまったく同じ，一般的なメカニズムである。したがって，ジャンヌローの分析は，これを，外的世界についてのほかの内容の認知意識と同等と見なす，エージェンシーの感覚の見解と一致している。

ラマチャンドランは，脳の機能のこの側面を使って，幻肢の患者に対する天才的な治療法を思いついた。次に，このような 1 人の患者についての記述を示そう。

　　ロバート・タウンゼントは知的な 55 歳の技師で，癌のために腕を肘から上 15cm まで失っていた。私が切断術後 7 か月たって彼を見たとき，彼は非常にはっきりした幻肢――し

ばしば不随意に痙攣して拳を握りしめるに至る——を経験していた。「それは私の爪が私の幻の手に食い込んでいるかのようだ」とロバートはいっている。そこにすべての注意を集中しても，彼は見えない手を開いて痙攣から救い出すことができなかった。

ロバートを治療するために，ラマチャンドランは「ミラー・ボックス」を使った。この単純な装置は，垂直のミラーによって2つに区切られている。ミラーのどちら側にも穴があいていて，そこから手が突っ込めるようになっている。ロバートはよい方の右手を右側の穴に突っ込んで，ミラーの反射像が，左の穴に突っ込んだと感じる幻の手に，重ね合わさるように，ミラーを使った。次に彼はよいほうの手で握りこぶしを作った。このようにしてロバートは今や左手の2つの像をもつことになった。幻として感じているものと，彼の現実の右手がミラーに映って見えるものである。ラマチャンドランはここでロバートに「両」手を開こうと試みるように求めた。よい方の右手を開けばもちろん，左手を開く視覚イメージをミラー内につくることができる。これを行った初回に，「ロバートは幻のこぶしがよい方のこぶしといっしょに開くのを感じた」と叫んだ。これはその前にはまったく不可能なことであった。さらに良かったのは，痛みも消失したことである（『脳の中の幽霊』，pp. 52-53）。

2 責任の概念

　このエージェンシーの感覚が当てにならない脳の構築物だとする理解の仕方は，明らかに，人間の責任性の概念に危険な結果を招く可能性がある。人はもちろん，このような危険性が避けられるように，科学的な探究の結果をしつらえることなどできない。世界もその中にいる我々自身も，あるがままに存在している。そして，それが何であるかを見出すのは，科学の仕事である。長い目で見れば，怠慢によろうが計画的であろうが，間違った思い込みをするのは誰にとってもよくないだろう。それにもかかわらず，今日では，責任の概念を倫理的な景観から取り除こうとする多くの圧力が存在する。しかし，我々は思慮もなくこのような圧力を加えるべきではない。

　責任概念に対する攻撃は，通常，決定論者の行為分析から生まれてくる。その議論はこうだ。あなたはある行為をしようと自由に意思決定したと思っているかもしれないが，あなたの決定は実際には先行するあれこれの因果の連鎖によって完全に決定されていたのだと。どんな特定のケースにおいても，人は犯罪の因果的連鎖を同定したり記述したりすることができないかもしれない——実際，人は普通その近くには来ていない。ところが，何かこういう連鎖が存在すると確信できるのである。本章と第2章でレビューした実験的事実は，この（決定論者の）議論を大きく強化するように見える。なぜなら，これらの事実は，あなたが明らかに意識的に行った決定が，実際には無意識になされていることを示しているからである。あなたが自分の判断を揺れ動かしたと信じる種々の理性的な賛否の議論は，その見かけにもかかわらず，あなたの

決断とは何の関係もない。これはあなたの脳の機構の無意識的な仕事から出現したものにすぎないのである。

この責任への攻撃をもっと近しく吟味する前に，そこから脱出するべきはっきりしたポイントが存在する。

いくらかの行為は，上記の分析には全然うまく当てはまらない。というのも，多くの場合，人は，特定の行為を企てることへの賛否の理由を意識的にあげながら，多少とも長期にわたる内省を経ているからである。これらのケースでは，行為の理由についての意識的内省が，最終的に行う選択に影響を及ぼさないと考える理由は，本書の立場では存在しない。その反対である。私は意識経験が単なる随伴現象にすぎないと見ることに，反対の議論をがんばって主張してきた。実際，随伴現象論者の訴訟を受理することは，著しく反生物学的である。しかしそれは，意識的に検討した理由の選択と行為への影響が，その基盤となる神経機構から独立している，ということではもちろんない。我々はそのメカニズムがどんなものなのかをまだ知らない——それが意識のハード・プロブレムの存在する理由なのだ——しかし，神経メカニズムがまったく存在しないという可能性もまずなさそうである。この見解に代わるもの——二元論，自由意思等——は常に，絶望的な矛盾と混乱に終わっている。

それにもかかわらず，意識的内省が意思決定に役割を演じているように見えるケースがある。これらのケースでは，決定論者の責任の概念への攻撃は，意識的な決断（volition）の遅さや錯覚の起こしやすさに，さらなる力を求めることができない。しかしこのとき，この攻撃は既に強力である。そしてとにもかくにも，まったく自己分析なしに決定と行為が生じる場合が他にもたくさんある。有名な例（イギリス人の読者にとって）は，当時のジョン・プレスコット副首相が，向こう見ずにも彼をめがけて粉を投げかけた妨害者に対して殴りかかったところをカメラで完璧に捉えられたときのことである。プレスコット氏の動きは驚くほど速かった——あまりにも速くて内省ができなかった。しかし，このパンチで彼が法廷に立たされたとしたら，この速さは十分な弁護にはならなかったはずである。内省がなされてもなされなくても，彼は自分の行為の責任をとらされたはずである。しかしながら，法律は私がしている区別を認識はしている。計画的（premeditated）な行為は，通常のものよりも厳しく罰せられる。しかし，通常のものでも相当の罰を引き受けさせられる。それゆえ，決定論者による責任への攻撃から防御しようとするなら，これが我々の出発点になる。計画的ではない決定と行為のケースにおける責任概念の上手な防衛法は，計画的なものの場合にも成功しそうである。

それでは，本書で追究してきた分析に照らしてみると，決定論者の攻撃に対しては，どんな防衛がありうるのであろうか？　驚くべきことのように見えるかもしれないが，私には強力なものが存在するように思われる。

この防衛は，第3章でなされた種類の異なる2つの法則過程の区別——これにはあらゆる生物学がしばられている——にかかっている。その1つは物理学と化学の法則，今1つはサイバネティックス・システムの資産である。デレック・ボルトン（Derek

Bolton) とジョナサン・ヒル (Jonathan Hill) は，彼らの著書『心，意味，精神障害 (*Mind, Meaning, and Mental Disorder*)』において，この区別をエレガントに探究して，精神病理に適用している。彼らが指摘しているように，人は，たとえば抑うつや不安の説明を，患者の人生におけるイベントの意味か，それとも脳の物理化学的特徴か，どちらかに頼ることによって，探究できる。そして第4章で見たように，「意味」は，ステファン・ハルナッドが「記号接地 (symbol grounding)」問題の処理においてうまく分析しているように，原則としてサイバネティックス・マシンの作用から生じると見なしうるのだ。

　それでは，このタイプの分析をジョン・ドゥーの裁判に適用してみよう。ジョンは交通渋滞のイライラで発作的にメアリー・スミスを殺したことで告訴された。ジョンはメアリーを殺したことについては争わなかった——目撃者がおり，ジョンもとにかくそれを認めた。ジョンの弁護は，彼の行為に至った因果の連鎖を考慮するなら，彼にはほかの行動をとることができず，やってしまったのだというものであった。この弁論を分析するに際しては，我々は2つのタイプのありうる原因を区別する必要がある——サイバネティックスなものと物理化学的なものである。

　かなり純粋の物理化学的な弁護の例はこんなふうであろう。殺人の直前にジョンは発作（これ自身，血管の機械的な機能障害による）を起こし，これが，脳の前頭葉の1部を破壊した。脳の機能が正常であれば，衝動的行為を抑制するはずであったのだが。発作さえ起こらなければ，彼の衝動がどれほど殺人的であったとしても，ジョンのまったき脳は衝動を行動に移すのを阻止できたはずである。しかし，メアリーにとって不幸なことに，ジョンの衝動を抑制するフィードバック・システムの決定的に重要なちょっとしたものが，まさにそのとき存在していなかったのだ。

　これとは対照的な，2つのサイバネティックス・タイプの弁護を考えてみよう。どちらも，成人のパーソナリティは遺伝的要因の影響（受精卵の受け継いだもの）と，その人が育ってきた環境因のミックスしたものによるという確立された知識に基づいている。最初の弁論は遺伝的な要因を強調する。ジョン・ドゥーは悪い遺伝カードをひいており，これによって，彼を善良な市民にしようとする社会の試みは影響力をもたなく (impervious) なってしまったのだ。第2の弁護は，街の貧困な地域で犯罪者の両親によって育てられたというジョンの不幸な生い立ちを強調する——これによって，やはり社会の試みに影響されなくなってしまったのだ。ジョンの利口な弁護士はこの2つの因果の連鎖を結びつける（実際，現実にしばしばなされているように）。ジョンは悪い遺伝子とひどい育ちの両方をもっている。それゆえ，メアリーを殺す以外に何ができたであろうか？

　この弁論を聞いて同情の涙を流す前に，あなたは次の問いを発するべきであろう。（彼をトラブルに巻き込んだのはその悪い遺伝子のせいだとしても）彼を善良な市民にしようとする社会（あるいは父母）の試みに対して，ジョンが「影響されない」ということは，実際に何を意味するのであろうか？

　最初の接近として，これらの試みは，報酬（よい行動に対する）と罰（悪い行動に

対する）の適用にあり，あわせて何を善とし悪とするかの説明にある。報酬と罰はサイバネティック・システムへのフィードバックとして作用することで働く。これらのシステムは系統発生的には古く，食物を見出し，捕食者を回避する等々のためには，何をなすべきかを学習できるように進化してきたものである。しかし，これらはまた非常に柔軟である。この柔軟性の基礎は「2次強化」の原理にある。「1次的」な報酬と罰（食物，痛み，性等々）が機能するためには，それらが報酬や罰になることを学習する必要がない——これらは進化によってこのシステムに内蔵されるようになったからである。2次強化は，最初は報酬にならなかった他のものに，まったく同じ報酬（または罰）特性を与えることによって，機能するものである。その仕掛けは連合にある。ネズミが我が家のゴミ箱には餌を見つけるが，隣家にはネコを見つける場合には，ネズミは我が家には出没するが，お隣は回避するようになるだろう。あなたが街の異なる場所に対してもつようになる好悪も，同様の作用をする——道徳教育も同じである。生涯にわたる学習によって，あなたは社会（そしてよい家族）が好ましいとする行為を好み，社会が嫌がる行為はやめようとするようになる。法律は，他のすべてが失敗するときに呼び込まれる，この過程の1部にすぎない。

　要するに，物理化学的な弁護とサイバネティックな弁護との違いはここにある。もしジョンが発作を起こしていたのなら，衝動抑制のフィードバック・システムは破壊されている。もし彼が悪い遺伝子と悪い養育を受けていたとしたら，彼のフィードバック・システムの設定は，社会が割り当てた報酬と罰に対して，十分には敏感でなかったのだ。ジョンがサーモスタットであったとしたら，我々は最初のケースなら修理屋を送り込むことになるだろう。しかし第2のケースなら，設定温度を変えることになるだろう。

　どちらの場合にも，ジョンは裁判官と陪審員に無罪放免を要求する。我々はどう対応すべきであろうか？

　寛大さをとるなら，発作をもつジョンに対しては同情と思慮ということになろう。しかし，第2のサイバネティックのケースでは，寛大さは文明社会の構造の土台を揺るがしかねず，多くの読者が心配で落ち着かない気持ちになるのではないかと，私には思われる。この気持ちには十分根拠がある。なぜならば，司法の判断は，社会が市民の行動を導く賞罰のフィードバック・システムに，望ましい設定値をインストールする機構の1部になっているからである。被告の設定値が正しくなかったことで寛大さを示すのは，この関係者をはるかに越えたところにまで影響を及ぼすことになる。それは，みんなのための設定値を決定するバランスのとれた影響力を変えることになるからである。それゆえ，このような根拠に基づいて罰を免除するよりも，むしろ，ジョンのような人間にもっと網をかけられるように科料を高くすることも可能である。これはもちろん，よく知られている抑止力重視の議論である。ジョンには遅すぎた。彼は既に殺人を犯してしまったのだから。しかし，我々は他者を勇気づけるために彼を罰する必要もある。抑止力からの議論には道徳的反感を抱く人もおり，こういう人は多い。彼らは別の聖書の引用に向かう。「1人の人が民のために死ぬのは益である」

パリサイ人の大祭司カイアファス（カヤバ）の語った有名な言葉である。

あなたにとってそれが道徳的に嫌悪すべきか否かにかかわらず，抑止力に基づく議論は，生物的にも社会的にも，行動的事実によくフィットする。人の行為に対する責任は本質的に社会的に構成されたものである。しかしそれは，そのスムーズな機能が神経機構に依存するものであり，その機構は生存に役立つという生物学的に重要な目的をもっている。社会の一般的態度は──自由主義と科学主義が結託して道徳的なコンセンサスを少しずつ削り取っていく前は──一般に標準的な条件下では賞罰によって影響を受ける，まさにこの種の行為（心理学者が「道具的行動」と呼ぶもの）の責任を，人々に負わせるものであった。反対に，人は一般に賞罰とは無関係な「反射」（膝蓋腱を叩かれて，蹴ってしまうような）については，また，てんかん発作中に自動的になされる行為のような，脳損傷に原因が求められる行動については，説明をしつこく求められることはない。これは私には，バランスをとるのによい適所であるように思われる。大きな個人差があることを考慮するならば，社会が賞罰を固定してしまわないことが，誰にとってもうまくいくのである。ところで，いつの時代にも，規則に従わず，罰を受ける個人がいくらかはいる。彼らがしたがわないのは，常に，あれこれの因果的連鎖の結果だということは自明の理である。しかし因果的連鎖が，主として，我々を今あるものにしているフィードバック・システムの設定に依存している場合には，それは罪を免れさせてくれるものにはならない。むしろそれは，責任が何なのかということの1部を構成しているのである。

私は本章がこんなに短いことにいくぶん狼狽している（読者は救われたかもしれないが）。ここには，決定論と個人責任論との長期にわたる諍いを和解させる本質が含まれていると信じるので，狼狽しているのである（ヴェルマンス（2003）も同じような和解を勧めている）。

これは全体に意識とどんな関係があるのだろうか？　大した関係はない──しかし，それがポイントなのだ。責任は，個人の環境の賞罰との相互作用をコントロールするフィードバック・システムの，正しい働きに関係していなければならない。これらは大方は無意識に作用する。行為の決定とそれに続く行為を，私の決定，私の行為として意識的に認識することは，そのイベントの後にやってくる。しかしそれにもかかわらず，それらは私のものである（錯覚や実験的操作による比較的まれなケースを除けば）。道具的行動に対する責任は，無意識的な部分も意識的な部分と同じくらい，「私(me)」である全システムとともにある。意識的な気づきに入ってくる，このほかのちょっとしたもの──ある行為を自分のものと認めること，行為に対する責任を意識的に引き受けること等々──は，これらの本質を変えるものではない。それらはせいぜい法的な科料をわずかに上下させるだけなのである。

第20章

総括

　我々は本書の始まりから長い道のりを旅してきた。それは，しばしば曲がりくねった，しかも大方は上り坂の道に見えたはずである。この最後の章では，我々は今までの旅を振り返ってみる。我々はどこに到着したのか？　我々は本当にどこかに到着したのか？　結局のところ，哲学者は2千年以上にわたって同じ旅をしてきた（そしてそれが，まさに我々がそれについて知っていることである）。しかし相次ぐ世代が，完全に新しいスタートの切りなおしを求め続けてきたように思われる。現代科学のハイテク機器の急成長によって，何かよりよい研究が可能になったのだろうか？　確かに，いくらかの進歩はしたかもしれないが，しかしなお，まだ道のりは遠い。我々は，登っているときには途方もなく高いと思われた峰のうちの1つの頂上に何とかたどりついた。しかしここまで来て，それはあなたの眼前になおも無限に広がるヒマラヤ本体の，ふもとの丘陵にすぎないことがわかった。

　しかし，そのふもとの丘陵からでも，今までにたどってきた道のりを振り返ってみると，新たに現われたパノラマ風景が見えてくる。それゆえこの最終章は，この本を読み始めるのによい出発点になることがわかるだろう。このために，私はこれをある程度自足的なまとめとして書いた。よって，必ずしもすべての議論がその出現の順序にしたがっているわけではない。まとめにふさわしくするために，過去のものとなった古い材料を反復せざるをえなかったところもある。しかし，ここで述べるのがふさわしいと思われる場合には，若干ながら新しい材料も加えた。

1 問題：クオリアとただのクオリア

　意識のハード・プロブレムは知覚経験のみに関係する。哲学用語の「クオリア」（単数はquale，複数はqualia）は，知覚経験の本質的な要素（赤色，痒み，ジャスミンの香り等々）を指す便宜的な用語法である。それゆえ，私はこの用語を，まさにそれだけを意味するものとして使用し，哲学的なお荷物をつけ加えることはしない。多くの著者は，意識経験が何かこのような基本的な構成要素に砕けるという見解について論争してきた。しかしながら我々は，その有用性を示す多くの経験的な発見——それは共感覚（第10章）から，視覚の区分けされた性質に関する実験（第13章）へ，そしてバリント症候群患者の出会う特徴結合の困難さ（第15章）にまで及ぶ——について考察を進めてきた。したがって科学的な視点から見たときには，意識のハード・

プロブレムは，最も単純なレベルでは次のものに煮詰まっている。脳はいかにしてクオリアを創造するのか？（いくつかの副次的な疑問はあるが，それらについては後で論じる。）クオリアを含まない心的過程は，原則として，科学的な分析には何の困難ももたらさない。

　この結論は，科学の世界でも哲学の世界でも，ある程度まで既に広く受け入れられている。しかしながらこの受容は，クオリアが，その率直で質的な「ナマの感触（raw feel）」の知覚をはるかに越えた，ある範囲の特徴を必然的にそなえるものとして，通常は捉えられている。このナマの感触とは，単純に，赤の経験を緑のそれや，バイオリンの高C音や，痒みなどと異ならしめるものという意味である。しかし多くの見解は，クオリアには必然的に，さらに志向性のような特徴や，特徴結合のような特別の過程から生じる結果なども含まれるべきだとしている。（志向性は，ジョン・サールの1981年発行の同名の著書の第1ページで，「それらが世界の中の事物と状態に対して（at），あるいはそれらについて（about），あるいはそれらの（of）指令を受ける，心的状態とイベント」の特徴，と定義されている。そして「結合（binding）」とは，舞い上がる赤い凧の色，形，運動が同一モード内で集まって1つの見える対象を構成する過程や，あなたの動く唇の間からあなたが発する声を多モード的に聞く，そういう過程のことだと定義される。）

　私はこれらの余分な特徴と過程の必要性を確信はしていない。というのも，我々は「ナマの感覚」がそれらから解離しうることを見てきたからである。これらの乖離は，第18章で見たように，特に（ユニークではないが）身体状態（かゆみ，疼き，疲労感，眠気など）について考えたときに，はっきりする。これらが志向性を欠いているのは，外界についての意識的表象がこれをもっているのとほとんど同じくらい一般的なのである。志向性をもたない意識経験のエビデンスを補足するなら，志向性が無意識に作動しうる他のエビデンス（たとえばグレーガーの実験：図4-2）もある。この志向性のクオリアからの「二重解離（double dissociation）」は，広範囲に及ぶ結果を生じる。

　ついでに見ておこう。一般にこのハード・プロブレムを，精神科学と神経科学の「より易しい（easier）」側面と一線を画する方向で見ていくなら，環境と相互作用するロボット・システムが，意味と志向性のあらゆる特質をもつカテゴリー化の過程（第4章）を，いかにして展開させうるのかは，原理的にかなりうまく理解できる。しかし対照的に，このようなロボット・システム（あるいは我々自身の神経系）がいかにしてクオリアを展開させうるのかについての理解は，ここにはまったくない。

　志向性の欠如は，身体感覚の意識的知覚表象に限定されない。外的世界の意識的知覚表象（あるいは第1章と第17章で私が「認知意識」と呼んだもの）についても，同じことがいえる。しかしながら，認知意識における志向性の欠如は，脳損傷の事例に限られているようである。これに関連する障害は「失認症」として知られている。この障害はどんな感覚系にも影響を及ぼしうる。これらは正確には，普通なら関係する感覚系の刺激と生得的に結びついている意味を喪失することにある。それゆえ，脳の損傷の位置によって，人はパイプや顔がまとまりのある対象として見えなくなったり

（その代わりに1群の無意味な線になる），スピーチの理解が停止してしまったり（無意味な雑音になる）するかもしれない。神経学者のオリヴァー・サックスは，彼の著書「妻を帽子と間違えた男」の中で，この種の事例を多数，感動的に記述している。これらの病理的な事例を，身体感覚の完全に正常な事例と考え合わせるなら，我々は，志向性と意識的知覚とが完全に切り離されうると，安全に結論することができる。

意識的知覚に内在するとしばしば見られているもう1つの特徴は，それらが空間的枠組み内に位置づけられるということである。それは，他者中心的（世界中心的）でも，自己中心的（観察者自身に中心化されている）でも，あるいはその両方でもありうる。しかしこれらの空間的枠組みもまた，身体感覚にとっては必須でない。内的身体空間は，他者中心的および自己中心的空間——これらの空間は外的世界の意識に適用される——とは，まったく別物である。そして，まさにこの特別な内的身体空間が，眠気，苛立ち，抑うつなどの意識経験では，はっきりしないようなのである。あなたはこれらをどこかに位置づけることができるだろうか？

身体感覚はまた，特徴の結合にもっともらしく割り当てられている役割を限定する。我々は外的世界を知覚する際の特徴結合について心理学的，神経科学的な考察を行ったが（第15章），このときに見たように，これは下頭頂葉で計算される自己中心的な空間的枠組みの共局在化（co-localisation）に，決定的に依存しているように見える。しかしこの枠組みは，身体感覚に対しては，本質的な役割を果たしていない。それゆえ，これらが一般に特徴結合という特色をもたないのは，驚くにあたらない。たとえば私は飢えと渇きの感覚をブレンドして，上位の意識経験を構成することはない（誰かがあなたに話しかけるとき，聴覚経験と視覚経験が一体化されることと，対比してみよう）。実際，今までに私は，身体感覚間の特徴結合のよい例をたった1つも思いつくことができなかった。

志向性の場合と同様に，身体感覚では普通のこと——特徴結合の不在——が，外的世界の認知意識でも明らかにすることができる。しかし，それは脳損傷の後に限られる。「同時失認（simultanagnosia）」として知られている驚くべき症状について考えてみよう。これは，バリント症候群の1部（下頭頂葉の両側性の損傷の結果として，自己中心的空間的枠組みを喪失したもの）である。このような患者が，それぞれ2つの特徴をもつ2つのもの（たとえば青い十字架と赤い円）を同時に提示されると，彼はしばしば誤った結合をして，赤い十字架のみ，あるいは青い円のみを知覚する（第15章2節）。したがって，特徴の結合は，それらが同時に同じ空間に位置づけられたとしても，間違うのだ。しかも，間違って結びつけられた特徴の意識は持続するのである。

それゆえ私は，「ナマの感触」はそれだけのものだと結論する。それらは，志向性，空間的枠組み，特徴結合といった仰々しい装飾品なしに，生起しうる。それらは同様に，いわゆる実行過程（注意，作動記憶，意思決定等々）——これらは「グローバルな作業空間（ワークスペース）」の概念に非常にはっきりと形象化されている（第11章）——によるどんな操作も受けずに，生起しうる。歯痛は，それを感じないようにいくら努力しても，

その存在を感じさせられてしまう。第10章で述べた共感覚者は、聞こえてきた言葉に反応して生じる色彩経験が、他のやろうとしていることを妨害して入り込んでくるとき、これを消すことができない。そして、非共感覚者はどんな実行過程を使っても、色聴を起こすことができない。

しかしながら、クオリアはいったんつくられると、非常に多様な認知過程に役立ちうることが明らかである。これらのクオリアは、バラ、顔、声、多モードのシーン、空間地図などの志向対象を構成するのに使われうる。これらは複雑な命題を、他者にスピーチとして、あるいは自らに思考として、伝達するのに使われうる。これらは（限界はあるが）注意を向けたり無視したり、記憶したり忘れたりすることができる（ここは実行過程が真価を発揮する場所なのだ）。しかしながらクオリアは、それが実在するために、これらのどれにも依存はしない。このために、意識のハード・プロブレムは直接的な問い——いかにして脳はクオリアを創造するのか？——に還元されうるのである。

2 還元

ハード・プロブレムを1つの疑問に還元できれば、単純さの増加になりうると、私は期待している。しかし、科学はこの「還元（reduction）」がさらに大きくなることを目指している。よりいっそう希望するのは、あるレベルで出会う現象、あるいはさらに良いのは、これらを説明するのに使われる科学法則が、より一般的なレベルで遭遇する現象や法則に賛同することによって、撤廃（「還元」）されうることを示すことである。この種の還元が成功すれば、意識的な経験は、より一般的な生物学や物理学のレベルで作用する原理によって、完全に説明されうることが示されるはずである。

このような還元が原理的にとりうる可能な道は2つある。生物学は一般に物理法則にサイバネティックス工学の原理、特にフィードバックと結果による選択の原理、を加えることによって働いていることを、思い起こそう（第3章）。またサイバネティックスの原理それ自体は、物理法則には還元できないことを思い起こそう——もちろん、前者は後者を尊重しなければならないが。したがって意識経験の還元は、これが物理法則またはサイバネティックスの原理によって説明できることを示すという形をとるはずである。もしクオリアが志向性や空間的枠組みの構築等々と完全に絡み合ったままだったとしたら、我々はもしかしたら、意識経験の還元が物理学とサイバネティックスの両方に対していっしょになされる場合を思い描いていたかもしれない。しかし、我々が説明しなければならないのがクオリアそのもの（「ナマの感触」）であるのなら、その還元がともかく可能であるとするなら、2つ以上の還元の道が必要になるとは考えにくい。

サイバネティックスのルートによる還元は、機能主義——すなわち、クオリアはそれらが連合した機能以上のものではないという学説——の狙うところである（ここで

の「機能」は，環境からの入力，環境に返す出力，そしてこの両者間にある情報と神経過程，の対応するセットにある）。この機能主義の学説は，クオリアとこれと連合する機能とが，すべて細部まで考慮されるときには，まったく同一だということを意味している。それゆえ，2つの異なるクオリアが同じ機能と連合することはありえないし，2つの異なる機能が同じクオリアと連合することもない。しかしこの原則には，共感覚という現象に，1つの例外が見られる。「色聴」共感覚者はたとえば，色のついた面を見たときにも，話し言葉を聞いたときにも——この2つは根本的に異なる機能ではあるが——色彩のクオリアを経験する。このような現象に関する我々の実験（第10章に記述）は，他の研究者による追跡実験がまだなされてはいないが，我々の発見もここから引き出された推論も，どちらも正しいと私は考える。機能主義は意識経験の完全に一般的な説明を提供しようとするものなので，このたった1つのネガティブな事例でも，それを不完全なものとして排除する十分な理由になる。それゆえ私は，クオリアは機能と同一視できないし，還元へのサイバネティックスのルートは閉ざされていると結論する。

　この結論は，前に到達した結論——特にクオリアと志向性が二重解離しうるというもの——と考えあわせるなら，いくつかの面白い帰結へと導いてくれる。というのも，（ハルナッドの「記号接地」問題に関する研究が示しているように：第4章），おなじみのサイバネティックスの原理が，意味と志向性を十分に説明しうると期待してよい，あらゆる理由を備えているからである。しかしながら，もしこれらの原理が同時にクオリアをも説明できるのでなければ，意味と，意味をくるんでいるクオリアとの関係は，多少とも恣意的だと推測してもよかろう。

　志向性には，この推測が当てはまりそうな別個の領域が2つある。第1は言語の領域で，これはほぼ自明の真実である。第2は，知覚であり，これは対照的に，強く反直感的である。

　まず2つの言語，例として英語と仏語を取り上げてみよう。英語のhouseと仏語のla maisonは同じではないが，大部分が確実に重なり合う。しかし，その意味をくるんでいるクオリア（2つの語の音声）は完全に異なっている。この些細な例からも，自然言語における意味とクオリアとの関係は，恣意的であることがわかる。この同様に柔軟な音声と意味との関係は，1つの言語の中でも明らかにできる。半世紀以上も前に，「意味飽和（semantic satiation）」として知られている単純な現象が明らかにされた。ある語を何度も何度もくりかえし唱えていると，それは次第に意味を失っていく。しかしその音声は聞こえ続ける。一方の変化は他方を変化させるものではないのである。

　自然言語は，意味（意味論）とそれをまとっている音声（音声学）との関係を媒介する，特別なお膳立てを進化させてきた。脳は意味論と音声学との間に，統語あるいは文法という第3層を挿入した。心理言語学では多くの実験がなされており，脳損傷による多くの不幸な結果はさておき，これらの研究は，この3層がそれぞれ比較的独立に作用することを明らかにしている。それゆえたとえば，言語の産出においては，

意味層でアクセスされた意味は，音声レベルで2つ以上の語あるいは語群に変換されうる。そして逆に言語の理解は，音声的に分析された入力を解釈して，2つ以上の意味的な結果を生じうる。トニー・マーセルがプライミングの実験で用いた多義語（第9章3節で記述した）は，この点に関するよい例である。

　私が思うに，ここにはダーウィン的選択を可能にする状況との平行性——したがって，生物世界全体との平行性——が存在する。第3章で見たように，物理学と化学の法則は，二重螺旋のDNAのストレッチを構成しているヌクレオチドの鎖の形成の各ポイントで，エネルギー拘束（energy constraint）を満足する2つの可能性を開いたままにしている。自然選択が，生存価の高いものを選択することによって作用しうるのは，この異なる可能性の範囲による。ヌクレオチドをこの鎖の中の位置に割り当てるのに柔軟性がなかったとすれば，自然選択はうまく働かなかったであろう。ほとんど同じように，自然言語も異なる音声に意味を割り振る柔軟性によって進化してきた。音声と意味とが柔軟性をもたずに結びついていたとしたら，この進化もやはりうまくいかなかったであろう。おそらく犬を「ワンワン」というような，擬音語の類に限定された，たった1つの硬直した言語しか存在しなかったはずである。

　この同じ柔軟性が知覚の領域に適用されたとしたら，それはどんな意味をもつだろうか？　もしかしたら我々は，パヴァロッティの歌うベルディの「愛する美しい乙女よ」を，数色の渦巻く知覚表象（古いディズニー映画のファンタジアのような）とリンクすることを，恣意的に選択できたのかもしれない。いや，それは（映画以外では）明らかに不可能である。うん，そう，こういう選択をすることは，どんな人間存在にも不可能である（この種の経験はまさに「色彩−音楽」共感覚者がしていることではあるが）。意識経験は所与である。本書全体を通じてしばしば強調してきたように，それは招かれないのに，自動的に，そして意図しないのに（色彩−音楽共感覚者に，そして他の誰のところにも同様に）やってくる。私は今自分がしている以外の経験を自分の経験として選択することはできない（眼を閉じるとか，耳を枕にうずめるとかいうような，くだらぬ手段を使う以外には）。しかし，意味とクオリアとのリンクが——ただの可能性ではあるが——言語におけるのと同じように，知覚においても恣意的であるかもしれないような，別のレベルが存在する。それは生物学的な進化のレベルである。

　これがそうだということを見るために，共感覚に戻ってみよう。この現象は，同じ意識的感覚が2つのまったく異なる機能的ルートによってつくられうることを示している。特に一般的な形式の共感覚は，我々が第10章で述べた実験で研究したものであるが，色聴，すなわち話し言葉に対する反応として色を知覚することである。しかし他にも，音楽への反応として，また痛み，味覚，性的オーガズムなどへの反応として，色を経験する人がおり，また形に対する反応として味覚を経験する人などもいる（共感覚の組み合わせは非常に多様である）。このような人は比較的稀ではあるが，それにもかかわらず，これらはいずれも一方のクオリアと，他方の機能または意味との関係が不変ではないことを証明している。このことを前提にすると，母親進化（Mother

Evolution）は，実際には（我々の多くにとって，多くの時に）彼女がしたのとは異なるやり方で，クオリアを複数の知覚モダリティに（あるいはモダリティ内の複数の実体に）割り当てたのではなかろうか？　この文脈において，私は，共感覚経験で最も頻繁に見られる感覚モダリティ——3色型色覚のそれ——は，人間においてはもっとも最近に進化したものであるという事実に心を打たれる。それはほとんど，たまたまスペアのクオリアのセットがそこらに転がっていて，これと特に当てはまりのよい1つの機能のセットが見出されるまで，進化はそれら——波長[1]の関数として反射の仕方が異なる反射面の知覚——を試し続けてきたかのようである。

　したがってこの進化の段階では，知覚のクオリアと機能との関係は，普通の言語がクオリア（音声学）と意味（意味論）との間でもっている柔軟性を，少なくともいくらかはもっているのかもしれない。この思考路線を進めていくと，あのハード・プロブレムを新しい興味深い光の中に投じることになる。知覚表象と機能との間の関係で見失われているように見えるのは，言語における統語に対応するレベルである。このハード・プロブレムに対する解決法は，一方で機能がそこに入り込み，他方でクオリアがそこからこぼれ出るような，1種の統語エンジンを見出すことにあるのではなかろうか？（これは実際に，ペンローズとハメロフによって開発された意識の奇妙な量子力学理論の1つの思考法である。第16章を見よ。）

　意味とクオリアの間の適合性には柔軟性があるという，この「恣意性」の推測はまた，芸術の理解にも関係してくる。芸術作品はすべて必然的にクオリアを含んでいる。とにかく私は，それ自体をまったく無意識に伝達する芸術形式を想像することができない（このことは，あらゆるほかの人間の活動と同様に，芸術もまたそれほど強くは無意識的処理に依存しているわけではないといっているのではない）。しかし，芸術が意味をもつ程度にはずっと大きなばらつきがある。散文体の小説は，強く意味に依存する。詩，歌，具象絵画は意味とクオリアのバランスがよくとれている。一方，抽象絵画とボーカルでない音楽はほとんどもっぱらクオリアに依存している。

　この最後のケースでは，私は「ほとんど」を削除しようという誘惑にかられる。私はモンドリアンの絵画（プレート7-2を見よ）にも，バッハのフーガにも，レニー・トリスターノ四重奏団が1949年に演奏したジュディにも，まったく意味を見出せない。もしあなたがこの時点で必死に意味を見出したいと思うなら，バッハの宗教的安らぎの感覚や，トリスターノの優雅な静謐さにしがみつきたくなるだろう。しかし，宗教的あるいは静謐な音楽は他にも無数にある。そのスタイルとクオリティの違いは，こ

---

[1] この引用はジョン・モロン（John Mollon）からのものである。この本では適切に考察するには遅きに失したが，非常に面白いので見落とすのが惜しい，次のコメントが付されている。「哺乳動物の祖先は，今日の多くの鳥がそうであるように，4つの錐体色素をもつ4色視であった（その証明は，現代の鳥の遺伝子配列と現代のヤツメウナギのそれとの相同性である）。そこで——そして私はあなたの談話を現在の目的のためだけに採用すると——使われていないクオリアは，過去に1度も使われたことのないものではなく，初期哺乳動物の長い夜の間に捨てられたものであるのかもしれない。」

れらの曖昧な「意味」を示してくれるわけではないのだ。それらが明らかにしてくれるのは，クオリアと統語法との結合――メロディ，ハーモニー，フーガ構造，音色，リズム等々――である。というのも，音楽はそれ自体の統語法――音（それがどんな音であっても）のシーケンスと次のシーケンスを関係づけて，フーガや，あるテーマの一連のビバップ変奏をつくりあげる法則――をもっているからである。これらのルールは，それ自体はクオリアではない。あなたは書かれた楽譜にそれを見分けることができる。その楽譜を演奏する楽器の音にもそれが見分けられるように。したがって，言語の統語法のルールのように，音楽のルールも特定のクオリアの例示とは独立なのである。しかし言語とは違って，音楽は意味論を免除されている。（第5章で論じたような表象や信号に関する見解が，音楽に非常に当てはめにくいのは，このためである。）意味をもたない音楽が単純に存在するということは，その強力な審美的効果はさておき，クオリアが機能とは独立だという証拠になる。

意味とクオリアとの適合の柔軟性は，その意味とクオリアが比較的平等にバランスをとっている詩や歌のような形式の芸術においても，明らかである。「美わしきラッパ水仙よ，汝かくもせわしく去りゆくを見て，われ泣きぬれる」，そして「バラのつぼみを集めむ，そがかなううちに，古き時はなおも逃げ逝く」（どちらもロバート・ヘリックによる）は，古いラテン語のいいまわし「光陰矢のごとし」に関する，多くの言語の無数のほかのバリエーションが表現しているのと，実際目的にとっては，正確に同じことを意味している。あなたは（本当に望むなら）これらすべてを「人の命は短い」と置き換えることもできる。それぞれを違うものにして，あるものをほかのものよりいとおしませるのが，クオリア（その音声，その韻律，花，動き等のそのイメージ）なのである。詩の質は，そのクオリア（意図的な言葉遊び）に，そして確かにその意味との適合性の良さにある。しかし，この適合性が強く規定されている場合には，詩になる余地はなくなってしまう。

このような思弁も最後の章では許されるのではないかと，私は期待している。しかし，議論を本筋に戻すべきときが来た。機能主義の土台を掘り崩すことによって，我々は，サイバネティックスを可能なルート――これによって意識は現存する生物学の原理の集成に還元される――から，はずしてしまった（これは現在主流の科学と哲学に対する言語道断の公然たる無視だと警告しておこう）。このことは，物理法則を唯一の選択肢として残すことにつながる。このルートは後で考察することにする。

3 意識経験の機能

前節は，クオリアと機能とが必然的な関係をもつという考えを切り崩すことにささげられた。したがって，本節のタイトル――意識経験の機能――には驚かれるかもしれない。しかしここでは，異なる問題に向かっていく。意識経験は，少なくとも1つの生物学的種，つまり我々自身に存在する。したがって，ダーウィン的選択の一般原理に

よれば，意識経験は生存価をもっていなければならない。この生存価は，（再び一般的なダーウィン的議論によれば），個人の生存に対する，あるいは個人の遺伝子の再生産に対する（あるいはこの両方に対する）機能的な貢献にあるはずである。それゆえ，クオリアの機能に対するはっきりした配分量は厳密には決められないこと（正確にいえば機能主義がそれをもちたがっている）を受け入れたとしても，我々はなお次の問いを発する必要がある。クオリアはただ存在するだけで，（クオリアがたまたま機能に配分されていたとしても），どのように生存を助けるのであろうか？　この状況は決して稀なものではない。蛋白質の特性はその物理学と化学によって説明されねばならない。しかし，特定種における蛋白質の豊かさは，ダーウィン的適応への貢献によって説明される必要がある。同様に我々は，特定の種におけるクオリアの存在とそのクオリアと特定機能との結合を，このアレンジメントがダーウィン的適応に果たす貢献度によって，説明を追求することができる。ただし一方では，このようなクオリアの特性自体の，まったく別の（未知の）説明を求めつつ，そうするのである。

　もし我々が中途半端であっても満足できるダーウィン側の物語のスケッチを提供しようとするのなら，しっかりと心にとどめておくべき事実がたくさんある。

　第1に，意識経験と緊密に連合しているように見えるほとんどの行動は，実際にはまったく意識からの介入なしに，過ぎ去ってしまう（第2章を見よ）。場合によっては，関連する意識経験の欠如はすべてにわたっており，人は脳がそれをコントロールしているとか，時にはそれがとにかく起こっているとかいう事実にさえ気づかないほどである。脳による体温や瞳孔の大きさのコントロールが，内的な代謝要因や周囲の外光の変化に対する反応として生じていることも，好適な例である。別の例（たとえば自転車乗り）では，あなたは何かをしていることは意識しているが，遠く離れたところで（手足などが）どんなふうにそれをしているのかについては意識していない。さらに別の例では，あなたは今自分がしていることについて非常にはっきりと，またどんなふうにしているかについてもある程度まで意識している。が，実際には，意識的な気づきがやってくる前に，すべてが終わっている。文字列の中にXを見つけたら，その瞬間にボタンを押すという実験も，この種の（実際には行動の後に意識が来るという）実験室の例としてよく知られている。それゆえ，意識経験がどんな機能を作動させるとしても，我々がこの世界で働かせている能力全体のほんの1部に影響するだけなのである。

　第2に意識経験は，それが機能を伴う場合でさえ，その到来がいつも遅すぎて，速やかにオンライン行動に影響を及ぼすことができない。私はこの点を明らかにするために，テニスの試合の例をくりかえし用いてきた。飢えたライオンから逃げるのも，しばしば同じような進化の例であり，自然選択に劇的に影響を及ぼすものであろう。通常，この意識経験の遅延性は，1/10秒から1/4秒くらいまでであるが，時にはもっと遅いこともある——痛みはそのよい例であり，不安や抑うつなどの情動混乱はもう1つのよい例である。

　第3に，意識経験が無意識的処理よりも，ずっとゆっくりした時間ベースで作用す

る仕方がもう1つある。脳は非常に多くの無意識的処理を20-30ミリ秒以内に達成する。しかし意識的処理は，刺激がおよそ30ミリ秒は続かないと，スタートしない。それゆえ，視覚刺激（たとえば語や顔）が30ミリ秒提示され，これに続いて逆向マスキング——すなわち別のもう少し長く続く刺激が第1刺激にかぶさるように提示——がなされると，第1刺激はふつう意識的には知覚されない。それは，無意識に分析されていることが，他のテストによって明らかな場合でも，意識的には知覚されないのだ（顔をマスキングした例は第11章2節を見よ）。これに関連した現象は，オックスフォードのエドムンド・ロールズ（Edmund Rolls）とマーティン・トヴィー（Martin Tovee）がマスキングした顔とマスキングしない顔を使って，サルの脳の1つのニューロンからの記録をとった研究でも明らかにされている。ある顔がサルに対してわずかに20ミリ秒だけ提示され，その後にそれがマスキングされなかった場合には，（人間なら顔に選択的に反応する領域である側頭葉の領域にある）細胞が，200-300ミリ秒の間，連続して発火した。このような条件下では，人間の観察者ならその顔の完全に意識的な知覚をもったはずである。しかし，顔が20ミリ秒提示されて，今度はその直後にマスキング刺激が提示されると，顔選択ニューロンはたったの20-30ミリ秒発火しただけで，発火率も大きく減少した。人間の観察者は，こんな条件下では，顔の意識的知覚はほとんどできなかったはずである。したがって，意識的知覚が生じるためには，知覚を生じるニューロン・プールの中で最小限の持続的なニューロンの発火が必要なのだと推測できよう。これらの実験から，この最小限の持続時間は30-200ミリ秒の間にあるようである。補足すると，いったんある刺激の意識的な知覚が達成されると，その効果は，同じ刺激が無意識に捉えられた場合に及ぼす効果よりも，長く持続する。それゆえたとえば，グリーンワルド（Greenwald）の意味プライミングの実験（第9章3節）は，マスキングされたプライム刺激が影響を及ぼすのは100ミリ秒以下だが，マスキングされなかったら，同じプライムの影響が400ミリ秒にまで及ぶことが示されている。

　第4に，ほとんどの意識経験は，我々が外部の現実世界であると自然に捉えているものに関係している（そして直接実在論 direct realism——あるがままの世界の知覚——を信じる哲学者もそのように捉え続けている）。しかしながら，心理学と神経科学から得られた膨大なエビデンスによれば，次のように結論せざるをえない（これは他の哲学者たちが遠の昔に到達した結論でもある）。すなわち，我々が経験している外的世界は，完全に脳によって構成されたものである（確かに，現実の,しかし未知覚の外的世界から発せられる情報によって，制約を受けてはいるが）と。脳によって構成された世界と現実の外的世界とは，明らかに非常によく一致している。もしそうでなかったとしたら，我々は知覚された世界を，行為の指針として，現在利用しているほどにはうまく利用できなかったはずである。この一致は，生存のための自然選択の結果である。同様に，あなたの脳の外的世界の構成の仕方と私の脳のそれとは非常によく一致している。そうでなかったとしたら，我々は社会的相互作用と言語を基礎づける合意を欠くことになっただろう。確かに，人が違えば住む世界も違うので，大き

な不一致もいくらかは存在する。そのよく知られている例は色盲であり，またそれほど知られてはいないが，もっと驚くべきものは共感覚である。この外的世界の構成における全般的な間主観的一致は，これもまた，自然選択によって保障されているのだ。我々は非常に協調的な種なのである。我々が個人的に構成した外的世界のモデルの共通項に対して向けられる行為について相互に伝達し合う能力は，もう1つの生存に不可欠なものなのである。

　我々が心にとどめておくべき第5の事実は，意識経験のゆっくりした時間ベースと，知覚された世界を構築する能力とを，融合させることである。行為する主体と環境との間で無意識に生じる相互作用は，素早く動き素早く変化する。意識は対照的に，変化を均して外的世界を構成する。1例をあげると，あなた（あるいはあなたの祖先のサル）がまだらに光のあたる木々の間を，果物やベリー類を求めて素早く移動しているところを想像されたい。あなたが動くたびに，あなたの前の情景，それを見る角度，葉や果物の表面から反射する光の波長，木陰の量や位置等々が変化する。あなたがベリーを摘みとっているなら，あなたの脳は，数ミリ秒の時間ベースで，このようなそれぞれの変化（とその他の多く）を考慮に入れながら，手を伸ばしてつかまえるのを方向づけ，再方向づけしている。あなたの網膜は視覚的情景の計算を，一時に数光子(フォトン)の割合でずっと更新し続けている。しかしそのすべてを包含する一瞬一瞬の混乱にもかかわらず，あなたの意識的知覚はある安定した世界を構成し，木々や果物は不変の色，形，位置を頑固に維持している。構成された知覚世界が準永続的な見かけをとるのは，この均一化の操作によるのである。ここで注目。この特殊な時間スケールの意識によって占有されることについては，何か運命的なものがあるとしても，我々にはそれが何かはまったくわからない。考えてみると，我々はもしかしたら，無意識的行為を導くのと同じ高速の時間スケールで，意識的知覚が生じるように進化することもできたのかもしれない。しかし，我々の意識はそんな時間スケールでは働かないのが，意識に関する事実である。それゆえたぶん，意識を生み出す過程には，実際にゆっくりと作動させる必要のある何かがあるのだろう。

　意識の生存価を捜す際には，我々はこれらの事実をすべて考慮に入れねばならない。たとえば意識経験の機能が素早い行為のガイダンスにあるなどと仮定しても，何の役にも立たない。というのも，こういった行為は，我々がそれを実行していることに気づくよりも前に完了しているからである。同様に，最も顕著な意識経験の機能は，我々がいない場面を想像する力にあると仮定するのも，また無益である。というのは，それよりももっと顕著な意識経験の側面は，我々が現存する場面を構成する力にあるからである。

　これらの要請の満足を追求する前に，我々はそもそも意識の生存価を探求することに意味があるのかどうかを問う必要がある。というのは，意識経験それ自体は，因果的影響力を欠いた随伴現象（意識を生起させる神経活動が及ぼす因果的影響とは截然と区別されるもの）ではないかという，よく知られ，うまく弁護されている見解があるからである。

我々は本書のいくつかのポイントでこの見解を注意深く考察して，これを棄却してもよい十分な理由があると結論した。しかし，その理由の大方は一般的な性質のものであった。それゆえ，たとえば私は，言語，科学，美の鑑賞——前節で強化された議論——は，知覚世界を構成する意識的構成体なしには，すべて不可能になるだろうと論じた（第9章2節）。思うに，これらが意識経験の存在による重要な因果的結果だということは否定のしようがない。しかしこれらは，意識経験が，意識経験を生み出す脳の働きに，因果的役割を果たすことを，そして脳が意識経験を生じるときに因果的役割を果たすことを，示すまでには至っていない——これは第9章3節で私が「進行中の因果的効力（ongoing causal efficacy）」と呼んだものである。意識経験の遅延性と，このような経験が常にその前の無意識的脳処理の連鎖の結果だという豊富なエビデンスとを考えあわせると，脳内の意識が進行中の因果的効力をもつというエビデンスが欠けているのは，おそらく驚くべきことではなかろう。しかし，それは悩ましいことではある。それは，進行中の脳の活動に関するかぎり，意識経験は実際に随伴現象だという可能性が残されているからである。その見かけの因果的効果は，外部の備忘録の及ぼす効果（第9章1節）に似ている。脳は備忘録がないよりもあるほうがずっと多くのことを達成できる。しかし備忘録それ自体は因果的には不活性である。このことは意識経験についても同じであろう。

　しかし，曖昧さがないわけではないが，意識経験が進行中の因果的効力をもちうることを示す実験結果が，わずかながらある。この問題が解決できていないので，私は第9章では，意識が自然界では十分に因果的役割を果たしているという仮説を前進させるべきだと結論した。この仮説を，自然科学の閉ざされた因果性に，概念的混乱なしに適合（フィット）させるのは困難である。しかしながら，システムのマクロな特徴が，いかにしてその要素であるミクロな特徴から出現するのかに関するサールの概念モデル（第4章2節）は，原理的にこの適合（フィット）性を達する方法を提供している——ただし，彼のモデルの意識への適用の詳細はまだ提案されてはいないが。

　それでは，上記の制約の中で，意識にはどんな生存価が見出されるのだろうか？

　この問いに答えるために，私は，意識が遅延性のエラー検出器として作用するという提案を行った。第7, 8章ではこの提案を詳細に提示した。その根拠はここではくりかえさない。第8章で要約したように，この提案には次の主張が含まれている。意識経験は3つの関連する機能を果たす。

① それは比較的持続的な外的世界の特徴のモデルを含んでおり，このモデルはそれが外的世界の特徴であるかのように経験される。

② このモデルによって提供される枠組みの中では，進行中の運動プログラムに特に関係している特徴，または予期したものからズレている特徴が，モニターされ，強調される。

③ このモデルによって提供される枠組みの中では，脳の無意識的サーボメカニズムの被制御変数とセットポイントとは，エラーが将来の行為の機会に修正されうるように，並置され，結合され，調整される。

このポイントの②と③は，ともに，意識に最初の生存価（系統発生的にいえば）を与える「遅延性エラー検出」を構成している。外的世界のモデル（ポイント1）は，遅延性の検出を作動させうる本質的媒体を提供している。

この意識経験の遅延性——意識経験はその行動機能が既に無意識に達成された後で続いて生じるという事実——は，その作用がエラー検出に役立つ「コンパレータ」の働き（図7-2を見よ）に，自然な説明を見出す。コンパレータは，エラーが脳の感覚系（大体は新皮質と視床に位置し，そのために「視床皮質系」と呼ばれる）によって検出されるように，次に起こりそうな世界の状態を予測する。そしてこの予測を実際の感覚世界の状態と比較する。このすべてが無意識になされる。意識に入ってくるものは，したがって，この比較の結果より成り立っている。既に見たように，意識に入ってくるのは，予測が外れたもの（生起はしたが，起こると予測していなかったイベント，あるいは起こると予測していたが起こらなかったイベント）を，そして，現在の目標を達成するのに特に重要なイベントを，特に強調して取り上げる。この比較過程には時間がかかる。これを支えていると思われる回路に基づいて推測すると，それは100ミリ秒単位の値になる。この持続時間は大体のところでは意識経験の時間特性と一致している。

第18章で分析したように，コンパレータ・システムは2つのタイプのエラー信号を利用する。非本来的と本来的である。

「非本来的エラー」の信号は，何かが間違っていると教えてくれるが，その何かが何であるのかについては，非常に一般的な情報しか提供してくれない。パラダイム的な例は，痛み，吐き気，目まいである。非本来的なエラー信号は，身体感覚によって伝達される——すなわち，外的世界の状態とは区別され，主として身体状態についての情報を運ぶ信号である。上で（そして第18章で）見たように，このような信号は志向性を欠いている——もっと正確ないい方をするなら，これらが伝えている情報は非常に一般的である。身体感覚は系統発生的に古く，これに対応して，その計算は脳幹のどちらかといえば古い構造に依存している。これらの感覚は，意識的知覚の進化の第1歩をなしていたと，いくらかの科学者（中でもアントニオ・ダマシオとジャーク・パンクセップ）は信じている。

私はこの仮説を2つの根拠に基づいて棄却する。第1に，エラー検出は，それがエラーの修正を可能にするような情報と並置できるようになるまでは，ほとんど生存価をもたなかったはずだからである。それが可能になるには，外的世界のモデル構築が必須の要件であり，それはもっと後に進化した，より高次の脳領域で計算されるからである。第2に，ダマシオ－パンクセップ仮説を拒否した最初の理由とも一貫しているが，人間の神経画像研究によると，痛みの意識経験（身体感覚の重要なモダリティ）は，系統発生的に古い脳幹ではなく，より最近に進化した新皮質（特に前帯状回）の活動と連合していることが示されているからである。

しかしながら，私のダマシオ－パンクセップ仮説に対する拒否感情は和らいでいる。第1の棄却の根拠に関しては，内的身体状態の意識的知覚は，外的世界に向けられた

行為プログラムのエラー修正以外の目的のために，最初は進化したのかもしれないからである。ある生物学的特徴が最初にもっていた生存価が，その後の進化段階で達成した生存価と大きく異なることは，ありふれたことなのである。第2の棄却の理由も，脳の発達においてはありふれたことである。脳のより高次でより後に進化する構造は，低次の神経階層の関連機能を遂行する構造の活動を，制止あるいはコントロールするからである。それゆえ，系統発生の初期段階では，脳幹が意識経験と連合した機能を最初に発動させていたのだが，後の段階になってこの機能を喪失したか，あるいはこれらの機能が意識経験との連合を喪失した可能性があるのである。しかしながら，これらの可能性は，第18章で受け入れたもの——つまり身体感覚は，距離感覚（distance sense）（嗅覚，触覚，聴覚，視覚）が外的世界の意識的モデルを構成する能力を発達させるまでは，意識経験に入る能力を獲得していなかったが，この能力を発達させた時点で，身体感覚はコンパレータ・システムといっしょに選択されて，エラーの非本来的な信号として働くようになったのだというもの——よりも起こりそうにない。

　対照的に本来的なエラーは，コンパレータそのものの出力，すなわち予測からのズレの検出である。これが私の提案の核心である。意識経験の主要な生存価は，エラーを検出し，修正する能力にある。本来的なエラー信号は，何がまずかったのかについて，かなり正確な情報を伝えてくれる。本質的に同じことをいいかえると，本来的エラー信号が自動的に計算されるその様式が，それらの信号に志向性を与えるのだ。加えて，その計算様式が必然的にその瞬間の意識経験を過去と未来の両方に結びつける。エラーは，次に起こりそうな（構成された）外的世界の状態について，予測に照らしてみたときにのみ，検出されうる。そしてこの予測は，今現在の状況と類似した状況に前回いたとき，何が起こったのかという過去経験（記憶として貯蔵された）に照らしてみたときにのみ，なされうるのだ。それゆえ，過去とのリンクなのである。エラーの検出は，無意識に作用している運動プログラムが既に間違ってしまった後で生じる。したがってその修正は，将来のこの運動プログラムの実行に適用されねばならない。したがって未来とのリンクになるのだ。

　意識経験のこれらの側面は，ジェラルド・エーデルマン（Gerald Edelman）の「記憶された現在（the remembered present）」という適切な言葉によってうまく捉えられている。本来的エラーの検出が可能になるためには，そうであった，そうである，そうなると予想される，という外的世界のモデルの存在が必要である。このようなモデルは，サーボメカニズムの迅速な作動には十分な，束の間の交流（インターコース）よりも，もっと持続的な時間ベースに基づくものでなければならない。かくして，知覚された世界のすべての栄光ある豊かさと複雑さは，いわば「（罪と）過ちからの解放」（T. S. エリオット『リトル・ギディング』）としてまとめられるのである。

4 脳はどこでクオリアを創造するのか？

　意識経験に生存価を仮定することと，脳がいかにして意識経験を生み出すのかを示すこととは，まったく別のものである。ここで我々はハード・プロブレムの一番ハードな部分に到達した。私は，脳がいかにしてクオリアを創造するのかという問題への解答は，どんなものであっても，余分なコストをかけずに，脳がいかにしてクオリアを読み取るのかという問題への解答をもたらしてくれるはずだと頭から信じて（第4章），これによって状況をいくらか単純化した。この信頼が間違いかどうかがわかるまでには，長い時間がかかりそうである。

　私は，機能主義者の路線（クオリアは，それが連合している入出力の関数と同一だという）には，今なお魅力を感じながらも，拒絶してきた。けれども，その拒絶の重大性はまだやっと感じられ始めたばかりである。意識の経験的基礎についての現存するすべての仮説は——いま要約した私自身のものも含めて——明示的な場合でも，（第16章で考察したペンローズ－ハメロフの量子力学理論のように）暗黙の仮説の場合でも，本質的には機能主義者のものである。それゆえ，機能主義の終焉は——もしそれが終焉であるなら——理論構成に対するまったく新しいアプローチを必要とするだろう。

　もし我々が機能主義を捨てるなら，クオリアの自然科学的説明を探究できる他の唯一の場は，脳のノンシステム特性にある。これらは，特に神経学的または生物学的な脳の特性であるかもしれないし，また，あらゆる物質に共通の，物理学や化学に由来する特性なのかもしれない。

　この最初のものに関するかぎり，我々の物語は短い。私の知るかぎりでは，脳を構成する細胞のノンシステム的な生物学的特性——その生物物理学や生化学——がいかにしてクオリアを生じうるかについては，まだ誰もどんな種類の理論も提案していない。これに最も近づいているのは，クリストフ・コッチ（Christof Koch）による遺伝子の探求である。ここで，遺伝子の表現は，彼とフランシス・クリック（Francis Crick）のいわゆる「意識と相関する神経活動部位（neural correlates of consciousness）」に入る脳内の細胞のみを特徴づけると仮定されている。これはもちろん理論ではないし，また，このような遺伝子の探求をしても未だ何が見出されたわけでもない。大方の神経科学者は機能主義者の陣営に加わり，クオリアはあるタイプの行動や認知機能の不可避の結果だと考えることで満足してきた。したがって，彼らがしていることは，これらの機能を媒介する脳システムの機能主義者的な動物寓話的記述を加えることだけである。

　機能主義者にとって本質的な相関ゲームは，したがって，2つの平行したレベルでプレイされうる。①心理実験室で研究される，クオリアと行動的ないしは認知的機能との間の相関，そして，②神経生理学や神経画像法で研究されている，クオリアと神経系との相関である。しかし，これらの3方向［クオリアと，行動的・認知的機能，および神経系の機能］の相関がどれほど精巧になっても，これらだけでは，脳がどの

ようにしてクオリアをつくるのかという理解にはつながりそうにない。またこれらはそれだけでは，脳以外のシステムによって作動させられる同じ機能（たとえばデジタル・コンピュータやコンピュータ制御ロボット）が，同じ――ないしは何かの――クオリアとの相関を維持しうるのかどうかの問題に，取り組むこともできない。認知科学者と神経科学者（どちらも機能主義者の課題を追求している）の間の主要な（私が知るかぎり，はっきりとは述べられていない）違いは，この質問に対して前者が概して「イエス」と答えるのに対して後者は「ノー」と答えるところにある。ただしどちらの回答も，実質的な経験的基礎も理論的基礎ももってはいない。

このことは，意識と相関する神経活動の部位を探すのが時間の無駄だということではない。反対に，現在の意識の経験科学においては，最も実りの多い活動であることが証明されているようである。というのも，特定内容の意識に入るのを支える，必要十分な神経イベントをうまく描写することは，（第13章で詳細にレビューした視覚意識と相関する部位の探究の場合のように），データベースを築くことになり，これが次には未来の理論家のイマジネーションをふくらませてくれるだろうからである。実際，このことは既に生じつつあり，今までは哲学のグラウンドでのみ闘わされていた論争が，急速に科学的実験室の中に入ってきている。

第11-15章で見たように，意識と相関する神経活動部位を探す人々の出発時の直観は，驚くほど異なっている。一方の極には，ダン・デネットとマーセル・キンズバーンがいて，脳全体というのは問題外としても，意識経験の座になりうる何らかのユニットがありうるという見解を嘲笑している。他方の極には，たとえば視覚系の色彩選択領域V4の（十分な）活動は色彩の経験に必要かつ十分であるという，セミール・ゼキの仮説がある。この両者の間には，シャンジュー（Changeux）とドゥアンヌ（Dehaene），そしてエーデルマン（Edelman）とトノーニ（Tononi）によって提案された仮説があり，この仮説では，脳内に非常に広く分布はしているが脳全体からは明瞭に区切られたネットワークが求められている。この論争を終結させるのは，疑うまでもなくまだ早すぎる。しかしながら，ある結論には既に達している。

脳全体というのは確かに，意識経験に相関する神経部位としては，除外することができる。これには2つの理由がある。第1に，かなり大きな神経処理を必要とするが，無意識にとどまっている行動群がある。これらにはたとえば，第2章で述べた視覚行為システムと，第14章で論じた手続き学習が含まれる。したがって，これらの行動群を支えている神経活動は，意識と相関する神経活動部位には加わっていないと，合理的に推論してよかろう。第2に，脳はしばしば非常に広範囲の多様な形の損傷を受けることがあるが，この場合でも意識経験には障害のないことがありうる。

「グローバルなニューロンの作業空間（ワークスペース）」に対する多様な提案は，意識経験の神経学的基盤を，複雑なネットワークに求めている。すなわちこのネットワークでは，新皮質の多くにまたがる長軸索の正接投射（long-axoned tangential projections）によって，異なる部位間のコミュニケーションが行われると見なす（第12章を見よ）。これらはすべて共通に前頭前皮質に強いフォーカスをあてている。この部位（人という種では

特に大きく成長している）は，複雑な行動の（いわゆる「実行機能」による）コントロールに不可欠なので，これが意識経験と相関する神経部位で重要な役割を果たすということには，疑うべき強い理由が存在する。

　まずこの領域は，大きな損傷を受けても，意識経験自体には見かけ上の変化を生じることなく，もちこたえられる脳の部分である。第2に，前頭前部が強く関与しているエビデンスがあるという意識経験の側面は，概して，意識の「私的」空間（第1章）——空想すること，内密に注意を向けること，声を出さずにリハーサルすること，心の中で問題解決することのような機能——を処理している。これらは意識生活の重要な特徴ではある。しかしながらこれらは，外的世界の「公的」意識経験の広大な領域に比べると，その重要性は色あせてしまう。脳がいかにして公的経験を創造するのかがいったん理解できたなら，意識の私的空間の説明は単純な派生物扱いをされるのではないかと，私は危惧している。第3に，神経画像実験では，意識経験は前頭前皮質の活動を伴っていないという報告が多数出てきている。これを伴っているときには，活性化された前頭前野は非常に多様であった。この多様性は，前頭前皮質が意識機能の私的空間に関連して作動する実行機能の多様性を考慮するなら，理解できる。したがって，神経画像研究の結果は，ネガティブであれポジティブであれ，前頭前皮質が意識経験それ自体に特別な役割を果たすということを示してはいない。

　意識経験を理解する1つの方法は，「トップ－ダウン」処理と「ボトム－アップ」処理の混合（アマルガム）として見ることである。この視点は，意識の「中間水準」理論を提唱したレイ・ジャッケンドフ（Ray Jackendoff）によって強く，そして説得的に進められてきた（第14章）。この理論の主張によれば，人は概念的解釈の影響を受けていない感覚にも，また純然たる概念構造にも，普通は気づかず，この2つの相互の調和を最適にする混合にのみ気がつく。概念構造はトップ－ダウン処理から，感覚はボトム－アップ処理から来るものであり，意識経験はこの2つの処理形式が出会うところで生じるのだ。この分析は，外的世界の認知意識にはほぼ当てはまるようだが，身体感覚の多くには（たぶんどれにも）当てはまらない。これは後者が概して志向性を欠いていることの，いいかえである。それでも，ジャッケンドフの仮説は，認知意識には適用されるので，追究してみる価値はある。

　認知意識に必要なトップ－ダウン処理を提供すると認められている前脳には，2つの領域がある。上のグローバルなワークスペース・モデルで考察した前頭前皮質と，海馬系である。私は後者が，遅延性エラー検出の基礎となり，したがって，意識経験に進化的な生存価（上述を見よ）を与える，コンパレータ・システムの神経基盤であると提案した。しかしながら，注目されたい。海馬が意識経験の神経基盤だという示唆は，それが果たすと考えられるコンパレータ機能とは，概念的に別物なのだ。意識内容の選択はコンパレータ・システムによって達成されるが，この機能は海馬によって作動させられるものではないというのが，正しいのかもしれない。あるいは，海馬は意識経験において重要な役割を果たしているが，コンパレータ・システムとは何の関係もないというのが真相かもしれない（そしてもちろん，この仮説のどちらの部分

も間違っているかもしれない)。実際，私は（1995年に初めてこの仮説を提案したときにとった立場から退却して），今では，海馬系がそれ自体でコンパレータ機能を発動させることはないという見解に傾いてきている。

この退却の理由は，次の事実を含んでいる。前頭前皮質もそうなのだが，海馬系の広範囲の損傷は，一見正常に見える意識経験の維持と両立しうる（しかし，第14章の患者，クライブ・ウェアリングの記述を見よ）。また神経画像研究では，海馬は前頭前皮質と同様に，意識経験との連合において一貫した活動を示していない。このネガティブなエビデンスは，もしかしたら方法論的な基盤［の弱さ］に基づいて，割り引いて考えたほうがよいのかもしれない。特に神経画像実験は，コントロール条件中に観察された活動を，実験条件中に観察された活動から差し引いたものに依存している。この実験の被験者は，実験条件でもコントロール条件でも，どちらの局面でも，必ずあれこれの何かに意識的に気づいている。それゆえ，海馬（あるいは実際には前頭前皮質も）が意識内容の選択に関与しているのなら，それはどちらの局面でも活性化されているはずであり，この活動性は結果から差し引かれているはずである。これは，次の事実がなかったとしたら，合理的な弁護になっていたであろう。すなわち現在では，海馬は意識経験のより限局された側面——すなわちエピソード記憶の想起経験（第14章）——に関与するという，神経画像のよいエビデンスが存在するということである。

しかし，ほかの神経画像研究の結果は，もっと実質的な撤退の必要性を示唆している。つまり，単に私の仮説からの退却だけでなく，意識経験における過大な役割をトップ−ダウン処理に与えすぎている全仮説からの撤退である。というのも，これらの結果（第13章でレビュー）は，ゼキの仮説——すなわち視覚的な意識経験は，視知覚系のただ1つのモジュールの活動から生じて，実行機能を担う高次の皮質領域でも，視覚系の低次の部分でも，付加的な活動はほとんど必要としない——に有効な支持を与えているからである。実際，少なくともある条件下では，V4の活動だけで十分に色彩経験を生じ，V5の活動もこれだけで運動経験を生じうるといったことがわかっている。この種の例の中でも特に劇的なものはドミニク・フィッチェの，シャルル・ボネ症候群患者に生じる，幻覚と相関する神経画像についての研究である。たとえば顔や事物などの複雑な幻覚は，このタイプの視知覚に特化された紡錘状回（視知覚系の腹側層の1部）の領域の活動のみを伴うだけで，これ以外の前頭前皮質の活動は見られなかった（海馬系については，この記述に含まれていなかった）。

科学においては，ネガティブな結果に頼るのは常に危険であり，神経画像実験の場合も事情は変わらない。それにもかかわらず，この種の結果は，クオリアが今までに思われていた以上に，トップ−ダウン処理の認知的影響から独立だという可能性を，まじめに取り上げるべきだということを示している。この神経画像実験から引き出された結論は，うれしいことに，本章の最初の節でまったく異なる根拠から引き出された結論とも一致している。そこでは，私は「ナマの感触 (raw feels)」がまさにそれだという結論を出した。それらの感触は，志向性，空間的枠組み，特徴の結合等々のど

んな罠にかかることもなく，生じうる。それらは同様に，実行過程（注意，作動記憶，意思決定等々）の操作もまったく受けることなしに生じている。私は本書を書き始めたときには，このような見解はもっていなかった。しかし，多様な異なる種類の観察の集積効果が，今その採用を求めているようである。将来の実験研究の重要な課題は，視覚——現存するデータのほとんどがここから引き出されている——以外の感覚を調べる神経画像実験から，同じパターンが出現するかどうかを見ることであろう。このような将来の実験に判断を委ねることにして，さしあたっては，別タイプのクオリア（色彩，運動視，香り，痛み等々）はそれぞれが，対応するタイプの情報分析に特化され，限局された新皮質の領域の活動から生じてくる，と結論するのが合理的であろう。

　この結論はもちろん，クオリアが実行過程による操作にしたがわないことを意味しているわけではない。したがって，前頭前皮質や海馬系が，選択的注意や作動記憶のループを通して，あるいは問題解決や葛藤解決に役立つように，感覚新皮質内に意識経験を構成することを受け入れない理由はない。このようなトップ−ダウン過程の中で，私はコンパレータが最高位を保持すると考え続けている。非常に多くの意識経験の特徴がこの仮説の観点から見るとわかりやすいからである（第7，8章を見よ）。この機能を発動させる可能性の最も高い脳領域は，広い意味での海馬系（第14章）のままである。今まで見てきたように，エビデンスは，海馬それ自体がエピソード記憶の想起経験を支えるという，より限局された役割を果たすことを示している。この意味で海馬は，その意識経験との関係においては，視覚システムの特化されたモジュールの1つと似ているのかもしれない。すなわち，V4の活動が色彩経験に十分でありうるのと同様に，海馬の活動は本物の自伝的なエピソード記憶の経験に十分なのかもしれない。しかしながら，この限局された役割でさえ，少なくとも以下の3点で特別な意味をもつことに，注目されたい。

　第1に，エピソード記憶は多モード的である。それゆえ海馬は，すべての感覚が集まって1つの統合された意識経験に到達する1つの可能な場（領域）なのである。実際，海馬は今までのところ意識経験においてこのように多様な役割を果たすことが知られている唯一の領域である。海馬は，それが代表するモダリティの範囲において，視床（実質的にすべての感覚入力が新皮質への途上で集まる場である）さえもしのいでいる。それは，海馬が（視床を経由せずに）嗅覚入力を直接受容するからである。

　第2に，最近の重要な研究において，クレイマン（Kreiman），コッチ（Koch），およびフリード（Fried）は，人間の脳の1つひとつのニューロンの活動を記録している（この記録は脳の機能状態のマップをつくるために，手術前のてんかん患者で行われた）。これによって，海馬のニューロンは，記憶刺激にも知覚刺激にも，どちらにも反応するという重要な共通点がわかってきた。患者は絵を見せられてから，今見たものをイメージするようにと求められた。いくらかの海馬のニューロン（そして，いくらかのこれに隣接したより広い海馬系のニューロン）は，見た刺激に対してもイメージした刺激に対しても反応し，描画（顔，物体，空間的レイアウトなど）であれイ

メージであれ，どちらのタイプの材料に対しても，まったく同じ特定性をもつ反応を示した。それゆえ，1つのモダリティ内では，刺激が記憶されたもののときでも知覚されたもののときでも，海馬はほとんどまったく同じように活性化されたというわけである。[したがって]知覚されたあるいは想起された色，形，音，香り等々の意識経験が，すべていっしょに集まって1つの統合されたシーンを構成するときには，脳の中では何が起っているのかを明確にすることが，将来の研究にとって重要な課題になる。この結合問題は，単純に特化した領域のそれぞれの神経活動を並置するだけで解決するのであろうか，それとも，何らかの付加的な領域がそのすべてを結合する責任を負うのであろうか？　もし実際にこのような付加的領域が存在するのだとしたら，私の見解では，海馬がなお有力な候補として残るはずである。

　第3に，意識経験の生存価は，私の示唆したように，遅延性エラー検出と将来の行為の修正にあるのだとすれば，（第14章で提示したように）これはまさに，海馬によって媒介される類の，文脈に特化した記憶が決定的な役割を果たすタイプの機能だということになる。

5 量子力学に入る

　ゆっくりとしかし確実に，我々はいくつかの驚くべき結論へと導かれてきた。その中には，本書を書き始めたときには予想もしていなかったものがかなり含まれている。確かに，それぞれの驚きは，警告によってまったく適切に和らげられてきた。今はこれらの結論を受け入れて，なおも前進を企てることにしよう。

　我々は機能主義を決定的に見限った。したがって我々の探究は，今や，クオリアがくっついている機能とは関係なく，クオリアの物理的基礎へと向かっている。意識と相関する神経活動部位，特に視覚的な種類のものの研究は，次のことを示唆している。すなわちこの探究は，どんなときにも，多モードの意識的情景の全体を構成する各要素的特徴——色，運動，顔，音色，香り等々の特徴——との関係において，最もうまく行われる。これに対応して，そして最初にゼキとフィッチェによって明確にされた仮説にも一致して，これらの要素の各々の物理的基礎は，比較的局された新皮質の領域内——色はV4，運動はV5等——にあるようである。おそらく，いったんクオリアがこの限定された方法で，まずは自然選択に利用できるようになると，脳は次にはクオリアを，外的世界のモデル構築に，そして遅延性エラー検出と修正のメカニズムの構築にも使えるようになったのである。私のコンパレータ仮説が正しければ，このメカニズムはさらなる進化のための生存価を与えることになったのである。

　機能主義を見捨てた重要な理由は，第10章で詳細に論じたように，色彩経験が聴覚刺激によって共感覚的に誘導されうること，そしてこの経験が，視覚刺激から生じるもっと一般的な非共感覚的色彩経験とまったく同様に，V4の活動に依存することが示されたことにある。もしこれらの議論が信じられるなら，V4には，適切な条件

下で色彩経験を生じさせる何かがあるはずだということになる。そしてこの何かは，必ずしも，脳のより広い機能システムにV4を組み込むような，そういう結合の中にあるわけではない。

　このような推論は次の疑問を生じる。これらの「適切な条件」とは何か？　それらはたとえばペトリ皿に分離されたV4に関連するといえるのか？　もちろん，この問題に合理的な回答をする方法は今のところない。脳組織がいかにして意識経験を生み出すのかに関する理論もなければ，仮に分離された脳の組織片に意識経験が存在するとしても，それを検出する方法ももちあわせていないからである。しかし，この答えが当然「ノー」であると決めつけるべきではない。分離された脳組織の一片が意識経験を支えうるなどという見解は奇怪ではあるが，まったく異なる材料で作られたコンピュータのようなシステムがそれをなしうるという見解よりも，奇怪だとはいえない。しかも，後者はおそらく機能主義者のほとんどによって当然のことと認められている。そして，今日の意識の科学と哲学においては，これらが支配的勢力なのである。

　神経組織の特に神経的あるいは生物的特徴がいかにしてクオリアをつくるのかについては，今までに少なくともある種の理論モデルが提示されていてしかるべきだと，読者は期待されていたかもしれない。しかし今のところ，まだ何も述べられてはいない。このようなモデルが提案されないのなら，そしてその提案がなされるまでは，唯一の残された道は，物理学と化学の法則の中にあるということになる。

　この物理化学的法則から出発するモデルは，原則として2つの形式をとりうる。

　単純なほうは，現在我々が知っている物理と化学の法則を変えずに，そのままにしておこうとする。したがって，このようなモデルは組織（organization）の特定の複雑さのレベル（すなわち，脳細胞のレベルであって，脳細胞を含むサイバネティックスのレベルの組織ではない）において，物理法則がいかにして不可避的にクオリアを生じるのかを，示す必要があるだろう。1つのアナロジーとしては，まだどんな分子が出現するよりも以前の宇宙に存在した物理法則が，その後の宇宙の進化によって，非常に多様な化学的形態と相互作用を生み出したという道筋があげられよう。もしレハールのモデル（第16章）が高調波共振の法則を呼び出すことによって，意識的知覚の特徴の説明に成功していたとしたら，これがその1例になったはずである。しかしながらこのモデルも，これと広範囲にわたって家族的類似性を共有しているほかのモデル，たとえばケーラーの電場に基づくモデル（第16章）も，いずれも，知覚の仮説的物理的な基盤（高調波共振や電場など）がいかにしてクオリアを生み出せるのかを示すという点で，ついでにいえば実験的検証という点でも，何の前進もしていない。

　もう1つの選択肢は，現存する物理学と化学の法則をこのように新しくアレンジしなおしても，うまくいかないだろうと考える。物理学の基本法則そのものが補充される必要があるというものである。[しかし]いかにして新しい基本法則が生物進化の間だけ働くようになりえたのかは，理解し難い。あるいは，これらの法則は基本的ではなかったのだろうか。そうすると，基本的な物理過程によって意識を説明しようと

する理論は，どれも「汎心論」を含むものにならざるをえない。いいかえれば，意識経験の要素は，生あるものもないものも，大きなものも小さなものも，どんなものにでも非常にうまく見出されるはずだという理論になろう。多くの人々にとって，この見通しは，コンピュータや脳スライスに意識を認める理論よりも，はるかに口当たりの悪いものに思えるだろう。しかし，この恐ろしい分野に対する我々の無知状態は非常に深刻なので，何事もばかげているという根拠だけでアプリオリに排除するべきではない。量子力学のばかばかしさを心にとどめておこう！

この種のより複雑な理論のうち最もよく練り上げられた理論は，ロジャー・ペンローズとスチュアート・ハメロフによって提案された量子力学モデルである。このモデルは第16章でかなりくわしく紹介した。それゆえここでは，このモデルが本書で考察した他のアプローチよりも，ハード・プロブレムの有意味な解決に少しでも近づきうるのかどうかということだけを簡単に問うことにする。

私が思うに，ペンロフの理論（マックス・ヴェルマンと私は心底疲れる3日間の会議の終わりにこう呼ぶことにした）が，他の競合理論よりも少なくとも小さな前進をしている点が2つある。

第1の前進は，その汎心論そのものから生じる。クオリアの創造へと進んでいく過程が，初めからずっと存在していたと仮定することによって，意識の進化の問題それ自体を巧みに処理するのだ。そうすると，人は複雑な有機体の進化と，クオリアが利用されうる用途のみを考えればよくなる——したがって，ずっと扱いやすい問題になるのだ。さらにいえば，ペンロフの理論は，汎心論の予期される対価の支払いを巧妙に回避しながら，これをなしとげている——すべての原子，小枝，石ころに意識経験を共有させることによってである。この理論は，クオリアを生み出す条件が，事実上，脳内で見出されるような類の高度に発達した細胞だけに見出されるとアレンジすることによって，この魅惑的な成果を達成している（第16章7節でくわしく説明したように）——そして，クオリアを生み出す任を負う過程が，宇宙開闢以来ずっとその時期を待ち続けてきたという事実にもかかわらず，こうなのである。

ペンロフの理論が概念的前進を表していると思われる第2の点は，この理論では，クオリアが物理的世界の過程と単に相関しているということではなく，この過程によってクオリアが実際に創造されうる道筋をスケッチしていることにある。この理論によると，クオリアは潜在的には（「原意識的」実体として），諸変数（エッジの長さ，スピン等々）の可能な特定の布置として，プランク・スケールにおける時空内に埋め込まれた状態で，ずっと存在している。これらは次には，量子力学の過程によって，完全に意識的なクオリアとして選択され，神経細胞内の特定の構造の中で作動するようになる。これが，原意識的クオリアのセットの量子重ね合わせの崩壊を生じて，最終的に選ばれた意識のセットになるのだ（詳細は第16章を見よ）。これは，物理的過程がいかにしてクオリアをつくりうるのかの，完全な説明にはまだなっていない。そのためには，我々は加えて，プランク・スケールの変数のどんな特定の布置が，どんな特定のクオリアを生じさせる（あるいはそれと同一と見なせる）のか，そのルール

とメカニズムを明確にする提案を必要としているはずである。が，ペンロフの理論はまだそういう提案を行っていない。

　ペンロフの理論が脳の現実の過程を正確に記述している可能性は極端に低い。オリンポス山上で神々を攻撃する巨人のように，それは別々の仮説を蓄積してオッサ山の上にペリオン山を積み上げる（状況を悪くさせる）。しかも，これらの仮説はすべてがありそうもなく，各々が，量子重力と量子力学の基礎物理学から特別な神経解剖学と神経生理学の細部に至るまでの，めまいのするような行程において，異なる概念レベルを占めている。しかし，少なくともこれらの仮説のいくつかは実験的に検証が可能である。そしてこの理論は，まじめにハード・プロブレムを取り上げるという，究極のメリットをもっている。それはクオリアを説明する試みであり，それを追放したり，それと接する程度の関係しかもたない何か他のものを説明したりする試みではない。それにもかかわらず，その汎心的な，実際にはプラトン的な基礎仮説——すなわちクオリアは世界に浸透しており，脳がそれにアクセスするのを待っているという仮説——を受け入れる準備はまだほとんどできていない。

終わりの言葉

　我々は意識について発展可能な理論をもたずに，本書に着手した。我々は今もまだそれをもっていない。しかし，どんな形の建築をする場合でも，最初のそして最も重要なステップは，その敷地の片づけである。この点では，私は実際に進歩があったと信じる。意識の問題は哲学の純粋に言語的なツールにはしたがわないという，2千年の証言を我々はもっている。今やこれに代えて，自然科学的アプローチを試みる時期が来た。しかし，このアプローチの刃先（エッジ）は今までのところ，吟味も検証もされない一連の仮説によって，鈍らせられてきた。これらは，答えの発見を妨げたのはもちろん，最も重要な実験的な問いかけをも妨げてきたのである。

　これらの仮説のうちのいくつかは，我々の一人ひとりに，そして全員の中に見出されると，民俗心理学者によって強く主張されている。その中には「意識的な語り（*conscious narrative*）」を構成する仮説（第2章）——実際よりもずっとずっと多くの行動が意識経験によってコントロールされるという錯覚——と，「直接実在論（*direct realism*）」仮説——我々が意識的に知覚する世界は我々が知覚しているとおりにそこにある——が含まれている。他の仮説は職業的な科学者や哲学者の思考により多く見出される傾向がある。これらには，「随伴現象説」——意識経験それ自体は因果的効果をもちえない——と，「機能主義」——意識経験それ自体の説明に必要なのは，行動と神経機能の徹底的な分析だけで十分である——が含まれている。これらの仮説は1つのパッケージになるものではない——たとえば，意識的な語りと随伴現象説の仮説は相互に直接的に矛盾する。しかしながら，あなたがこの本を読み始める時点で，これらの仮説のどれかを共有していた場合には，私は今あなたの信念が揺り動かされていること

を期待する。なぜならば，科学的な意識のハード・プロブレムの本筋が明確になり始めるのは，これらの仮説が捨てられたときだけだからである。

　今までに提案された理論はいずれも，このハード・プロブレムの解答としては，まだ目標に届いていない。しかし，いくつかの正しい問いが今発せられて，関連データも集められ始めた。そして，初めてというわけではないが，この問題に対する究極的な科学的解答は，既に現段階でも，結果的には今までになされてきたどんな哲学的瞑想よりも，はるかに驚異的なものになりそうに思われる。

文 献

Aleksander, I. (2000). *How to build a mind.* Weidenfeld and Nicolson, London.

Baars, B. J. (1988). *A cognitive theory of consciousness.* Cambridge University Press, Cambridge.

Baddeley, A. D. (1976). *The psychology of memory.* Basic Books, New York.

Baddeley, A. (2002). The concept of episodic memory. In *Episodic memory: new directions in research* (ed. A. Baddeley, M. Conway and J. Aggleton), pp. 1–10. Oxford University Press, Oxford.

Balleine, B. and Dickinson, A. (1998). Consciousness—the interface between affect and cognition. In *Consciousness and human identity* (ed. J. Cornwell), pp. 57–85. Oxford University Press, Oxford.

Banks, G., Short, P., Martinez, J., Latchaw, R., Ratliff, G. and Boller, F. (1989). The alien hand syndrome: clinical and post-mortem findings. *Archives of Neurology,* **46**, 456–9.

Baron-Cohen, S., Harrison, J., Goldstein, L. H. and Wyke, M. (1993). Coloured speech perception: is synaesthesia what happens when modularity breaks down? *Perception,* **22**, 419–26.

Berthier, M., Starkstein, S. and Leiguarda, R. (1988). Asymbolia for pain: a sensory-limbic disconnection syndrome. *Annals of Neurology,* **24**, 41–9.

Bisiach, E and Luzzatti, C. (1978). Unilateral neglect of representational space. *Cortex,* **14**, 129–33.

Blackmore, S., Brelstaff, G, Nelson, K. and Troscianko, T. (1995). Is the richness of our visual world an illusion? Transsaccadic memory for complex scenes. *Perception,* **24**, 1075–81.

Blakemore, C. and Greenfield S. (ed.) (1987). *Mindwaves.* Basil Blackwell, Oxford.

Blood, A. J. and Zatorre, R. J. (2001). Intensely pleasurable responses to music correlate with activity in brain regions implicated in reward and emotion. *Proceedings of the National Academy of Science USA,* **98**, 11818–23.

Bolton, D. and Hill, J. (1996). Mind, meaning, and mental disorder: the nature of causal explanation in psychology and psychiatry. Oxford University Press, Oxford.

Broadbent, D. E. (1958). *Perception and communication.* Pergamon Press, London.

Burgess, N., Jeffery, K. J. and O'Keefe, J. (ed.) (1999). *The hippocampal and parietal foundations of spatial cognition.* Oxford University Press, Oxford.

Castelo-Branco, M., Goebel, R., Neuenschwander, S. and Singer, W. (2000). Neural synchrony correlates with surface segregation rules. *Nature,* **405**, 685–9.

Chalmers, D. (1996). *The conscious mind: in search of a fundamental theory.* Oxford University Press, New York.

Changeux, J.-P. and Dehaene, S. (1989). Neuronal models of cognitive function. *Cognition*, **33**, 63–109.

Chen, W., Kato, T., Zhu, X. H., Ogawa, S., Tank, D. W. and Ugurbil, K. (1998). Human primary visual cortex and lateral geniculate nucleus activation during visual imagery. *NeuroReport*, **9**, 3669–74.

Clark, A. (1997). *Being there: putting brain, body, and world together again.* MIT Press, Cambridge, Mass.

Cohen, M. S., Kosslyn, S. M., Breiter, H. C., DiGirolamo, G. J., Thompson, W. L., Anderson, A. K., Bookheimer, S. Y., Rosen B. R. and Belliveau, J. W. (1996). Changes in cortical activity during mental rotation: a mapping study using functional MRI. *Brain*, **119**, 89–100.

Cowey, A. and Stoerig, P. (1999). Spectral sensitivity in hemianopic macaque monkeys. *European Journal of Neuroscience*, **11**, 2114–20.

Craig, A. D. and Bushnell, M. C. (1994). The thermal grill illusion: unmasking the burn of cold pain. *Science*, **265**, 258–60.

Craig, A. D., Reiman, E. M., Evans, A. and Bushnell, M. C. (1996). Functional imaging of an illusion of pain. *Science*, **384**, 252–5.

Crick, F. H. C. (1994). *The astonishing hypothesis: the scientific search for the soul.* Scribner, New York.

Cumming, B. G. and Parker, A. J. (1997). Responses of primary visual neurons to binocular disparity without depth perception. *Nature*, **389**, 280–3.

Damasio, A. (1999). *The feeling of what happens.* Harcourt, San Diego.

Dawkins, R. (1997). *Climbing mount improbable.* Penguin Science, London.

Dehaene, S. and Naccache, L. (2001). Towards a cognitive neuroscience of consciousness: basic evidence and a workspace framework. *Cognition*, **79**, 1–37.

Dennett, D. C. (1991). *Consciousness explained.* Little, Brown, Boston.

Dennett, D. C. and Kinsbourne, M. (1992). Time and the observer: the where and when of consciousness. *Behavioral and Brain Sciences*, **15**, 183–247.

Dimberg, U., Thunberg, M. and Elmehed., K. (2000). Face to face: unconscious emotional communication. *Psychological Science*, **11**, 86–9.

Donald, M. (2002). *A mind so rare.* Norton, New York.

Driver, J. and Vuilleumier, P. (2001). Perceptual awareness and its loss in unilateral neglect and extinction. *Cognition*, **79**, 39–88.

Edelman, G. M. and Tononi, G. (2000). *A universe of consciousness: how matter becomes imagination.* Allen Lane, London.

Ekman, P. and Friesen, W. (1976). *Pictures of facial affect.* Consulting Psychologists Press, Palo Alto, CA.

Eldridge, L. L., Knowlton, B. J., Furmanski, C. S., Bookheimer, S. Y. and Engel, S. A. (2000). Remembering episodes: a selective role for the hippocampus during retrieval. *Nature Neuroscience*, **3**, 1149–52.

ffytche, D. H. and Zeki, S. (1996). Brain activity related to the perception of illusory contours. *NeuroImage*, **3**, 104–8.

ffytche, D. H., Howard, R. J., Brammer, M. J., David, A., Woodruff, P. and Williams, S. (1998). The anatomy of conscious vision: an fMRI study of visual hallucinations, *Nature Neuroscience*, **1**, 738–42.

Fodor, J. (1979). *The language of thought*. Harvard University Press, Cambridge, Mass.

Friedman-Hill, S. R., Robertson, L. C. and Treisman, A. (1995). Parietal contributions to visual feature binding: evidence from a patient with bilateral lesions. *Science*, **269**, 853–5.

Frith, C. (1995). Consciousness is for other people. *Behavioral and Brain Sciences*, **18**, 682–3

Gaffan, D. (1994). Scene-specific memory for objects: a model of episodic memory impairment in monkeys with fornix section. *Cognitive Neuroscience*, **6**, 305–20.

Gallagher, S. and Shear, J. (ed.) (1999). *Models of the self*. Imprint Academic, Thorverton UK.

Geldard, F. A. and Sherrick, C. E. (1972). The cutaneous 'rabbit': a perceptual illusion. *Science*, **178**, 178–9.

Ghirardi, G.C., Rimini, A. and Weber, T. (1986). Unified dynamics for microscopic and macroscopic systems. *Physical Reviews D*, **34**, 470–91.

Goebel, R., Khorram-Sefat, D., Muckli, L., Hacker, H. and Singer, W. (1998). The constructive nature of vision: direct evidence from functional magnetic resonance imaging studies of apparent motion and motion imagery. *European Journal of Neuroscience*, **10**, 1563–73.

Goebel, R., Muckli, L., Zanella, F. E., Singer, W. and Stoerig, P. (2001). Sustained extrastriate cortical activation without visual awareness revealed by fMRI studies of hemianopic patients. *Vision Research*, **41**, 1459–74.

Gray, J. A. (1987). *The psychology of fear and stress*, 2nd edn. Cambridge University Press, Cambridge.

Gray, J. A. (1995). The contents of consciousness: a neuropsychological conjecture. *Behavioral and Brain Sciences*, **18**, 659–722 (including commentary and reply).

Gray, J. A. and McNaughton, M. (2000). *The neuropsychology of anxiety* (2nd ed.). Oxford University Press, Oxford.

Gray, J. A, Chopping, S, Nunn, J., Parslow, D., Gregory, L., Williams, S., Brammer, M. J. and Baron-Cohen, S. (2002). Implications of synaesthesia for functionalism: theory and experiments. *Journal of Consciousness Studies*, **9** (12), 5–31.

Greenfield, S. (2000). *The private life of the brain*. Allen Lane, London.

Greenwald, A. G., Draine, S. C. and Abrams, R. L. (1996). Three cognitive markers of unconscious semantic activation. *Science*, **273**, 1699–702.

Gregory, R. L. (1997). *Eye and brain: the psychology of seeing*. Princeton University Press, Princeton.

Groeger, J. A. (1988). Qualitatively different effects of undetected and unidentified auditory primes. *Quarterly Journal of Experimental Psychology*, **40A**, 323–39.

Grush, R. (2001). Self, world and space: on the meaning and mechanisms of egocentric and allocentric spatial representation. *Brain and Mind*, **1**, 59–92.

Gur, M. and Snodderly, D. M. (1997). A dissociation between brain activity and perception: chromatically opponent cortical neurons signal chromatic flicker that is not perceived. *Vision Research*, **37**, 377–82.

Hadjikhani, N., Liu, A. K., Dale, A. M., Cavanagh, P. and Tootell, R. B. (1998). Retinotopy and color sensitivity in human visual cortical area V8. *Nature Neuroscience*, **1**, 235–41.

Haggard, P. and Eimer, M. (1999). On the relation between brain potentials and the awareness of voluntary movements. *Experimental Brain Research*, **126**, 128–33.

Hameroff, S. (2001). Consciousness, the brain, and spacetime geometry. In *Cajal and consciousness: scientific approaches to consciousness on the centennial of Ramon y Cajal's Textura* (ed. P. C. Marijuan), Annals of the New York Academy of Science, **929**, 74–104.

Harnad, S. (1990). The symbol grounding problem. *Physica*, **D42**, 335–46.

Harnad, S. (2002). Turing indistinguishability and the blind watchmaker. In *Evolving consciousness* (ed. J. Fetzer), pp. 3–18. John Benjamins, Amsterdam.

He, S., Cavanagh, P. and Intriligator, J. (1996). Attentional resolution and the locus of visual awareness. *Nature*, **383**, 334–7.

Hobson, P. (2002). *The cradle of thought*. Macmillan, London.

Howard, R. J., ffytche, D. H., Barnes, J., McKeefry, D., Ha, Y., Woodruff, P. W., Bullmore, E. T., Simmons, A., Williams, S. C., David A. S. and Brammer, M. (1998). The functional anatomy of imagining and perceiving colour. *NeuroReport*, **9**, 1019–1023.

Hsieh, J.-C., Ståhle-Bäckdahl, M., Hägermark, Ö, Stone-Elander, S., Rosenquist, G. and Ingvar, M. (1995). Traumatic nociceptive pain activates the hypothalamus and the periaqueductal gray: a positron emission tomography study. *Pain*, **64**, 303–14.

Huk, A. C. and Heeger, D. J. (2002). Pattern-motion responses in human visual cortex. *Nature Neuroscience*, **5**, 72–5.

Humphrey, N. K. (1974). Vision in a monkey without striate cortex: a case study. *Perception*, **3**, 241–55.

Humphrey, N. (1983). *Consciousness regained*. Oxford University Press, Oxford.

Hurley, S. (1998). *Consciousness in action*. Harvard University Press, Cambridge, Mass.

Hurley, S. (2004). The shared circuits hypothesis: a unified functional architecture for control, imitation, and simulation. In *Perspectives on imitation: from neuroscience to social science*, vol. 1 (ed. S. Hurley and N. Chater). MIT Press, Cambridge, Mass.

Hurley, S. and Noë, A. (2003). Neural plasticity and consciousness. *Biology and Philosophy*, **18**, 131–168.

Jackendoff, R. (1987). *Consciousness and the computational mind.* MIT Press, Cambridge, Mass.

Jeannerod, M. (1999). The 25th Bartlett Lecture. To act or not to act: perspectives on the representation of action. *Quarterly Journal of Experimental Psychology*, **52A**, 1–29.

Kandel, E. R., Schwartz, J. H. and Jessell, T. M. (2000). *Principles of neural science* (4th ed.). McGraw-Hill, New York.

Kinsbourne, M. (1987). Mechanisms of unilateral neglect. In *Neurophysiological and neuropsychological aspects of spatial neglect* (ed. M. Jeannerod), pp. 235–58. North-Holland, Amsterdam.

Klein, I., Paradis, A. L., Poline, J. B., Kosslyn, S. M. and Le Bihan, D. (2000). Transient activity in the human calcarine cortex during visual-mental imagery: an event-related fMRI study. *Journal of Cognitive Neuroscience*, **12**, Suppl. 2, 15–23.

Kleiser, R., Wittsack, J., Niedeggen, M., Goebel, R. and Stoerig, P. (2001). Is V1 necessary for conscious vision in areas of relative cortical blindness? *NeuroImage*, **13**, 654–61.

Koch, C. and Crick, F. C. R. (2000). Thoughts on consciousness and neuroscience. In *The cognitive neurosciences*, 2nd edn. (ed. M. S. Gazzaniga), pp. 1285–94. MIT Press, Cambridge, Mass.

Koch, C. and Crick, F. C. R. (2001). The zombie within. *Nature*, **411**, 893.

Köhler, W. (1969). *The task of Gestalt psychology.* Princeton University Press, Princeton NJ.

Kolers, P. A. and von Grünau, M. (1976). Shape and color in apparent motion. *Vision Research*, **16**, 329–35.

Kosslyn, S. M., Thompson, W. I., Kim, I. J. and Alpert, N. M. (1995). Topographical representations of mental imagery in primary visual cortex. *Nature*, **378**, 496–8.

Kreiman, G., Koch, C. and Fried, I. (2000). Imagery neurons in the human brain. *Nature*, **408**, 357–61.

Kumari, V., Gray, J. A., Honey, G. D., Soni, W., Bullmore, E. T., Williams, S. C., Ng, V. W., Vythelingum, G. N., Simmons, A., Suckling, J., Corr, P. J. and Sharma, T. (2002). Procedural learning in schizophrenia: a functional magnetic resonance imaging investigation. *Schizophrenia Research*, **57**, 97–107.

Lamme, V. A. F., Zipser, K. and Spekreijse, H. (1998). Figure-ground activity in primary visual cortex is suppressed by anaesthesia. *Proceedings of the National Academy of Science USA*, **95**, 3263–8.

Lehar, S. (2003). *The world in your head: a Gestalt view of the mechanism of conscious experience.* Lawrence Erlbaum, Mahwah NJ.

Lehar, S. (2003). Gestalt isomorphism and the primacy of subjective conscious experience: a Gestalt Bubble model. *Behavioral and Brain Sciences*, **26**, 375–444.

Libet, B. (1985). Unconscious cerebral initiative and the role of conscious will in voluntary action. *Behavioral and Brain Sciences*, **6**, 529–66.

Logothetis, N. (1998). Single units and conscious vision. *Philosophical Transactions of the Royal Society B*, **353**, 1801–18.

Mack, A. and Rock, I. (1998). *Inattentional blindness*. MIT Press, Cambridge, Mass.

Macphail, E. (1998). *The evolution of consciousness*. Oxford University Press, Oxford.

Maguire, E. A. (2002). Neuroimaging studies of autobiographical event memory. In *Episodic memory: new directions in research* (ed. A. Baddeley, M. Conway and J. Aggleton), pp. 164–80. Oxford University Press, Oxford.

Maguire, E. A., Gadian, D. G., Johnsrude, I. S., Good, C. D., Ashburner, J., Frackowiak, R. S. and Frith, C. D. (2000). Navigation-related structural change in the hippocampi of taxi drivers. *Proceedings of the National Academy of Science USA*, **97**, 4398–403.

Marcel, A. J. (1980). Conscious and preconscious recognition of polysemous words: locating the effect of prior verbal context. In *Attention and performance VIII* (ed. R. S. Nickerson), pp. 435–57. Lawrence Erlbaum, London.

Mattingley, J. B., Rich, A. N., Yelland, G. and Bradshaw, J. L. (2001). Unconscious priming eliminates automatic binding of colour and alphanumeric form in synaesthesia. *Nature*, **410**, 580–2.

Mayes, A., Isaac, C. L., Holdstock, J. S., Hunkin, N. M., Montaldi, D., Downes, J. J., MacDonald, C., Cezayirli, C. and Roberts, J. N. (2001). Memory for single items, word pairs, and temporal order of different kinds in a patient with selective hippocampal lesions. *Cognitive Neuropsychology*, **18**, 97–123.

McCrone, J. (1999). *Going inside: a tour round a single moment of consciousness*. Faber and Faber, London.

Mechsner, F., Kerzel, D., Knoblich, G. and Prinz, W. (2001). Perceptual basis of bimanual coordination. *Nature*, **414**, 69–73.

Mellet, E., Petit, L., Mazoyer, B., Denis, M. and Tzourio, N. (1998). Reopening the mental imagery debate: lessons from functional anatomy. *NeuroImage*, **8**, 129–39.

Merikle, P. M. and Joordens, S. (1997). Parallels between perception without attention and perception without awareness. *Consciousness and Cognition*, **6**, 219–36.

Merikle, P. M., Joordens, S. and Stolz, J. A. (1995). Measuring the relative magnitude of unconscious influences. *Consciousness and Cognition*, **4**, 422–39.

Merikle, P. M., Smilek, D. and Eastwood, J. D. (2001). Perception without awareness: perspectives from cognitive psychology. *Cognition*, **79**, 115–34.

Michaels, C. F and Carello, C. (1981). *Direct perception*. Prentice-Hall, Englewood Cliffs NJ.

Milner, A. D and Goodale, M. A. (1995). *The visual brain in action*. Oxford University Press, Oxford.

Mishkin, M., Suzuki, W., Gadian, D. G. and Vargha-Khadem, F. (1999). Hierarchical organisation of cognitive memory: interactions between parietal and hippocampal systems in space and memory. In *The hippocampal and parietal foundations of spatial cognition* (ed. N. Burgess, K. J. Jeffery and J. O'Keefe), pp. 290–302. Oxford University Press, Oxford.

Mollon, J. D. (1999). Color vision: opsins and options. *Proceedings of the National Academy of Science USA*, **96**, 4743–5.

文献 | 333

Moutoussis, K. and Zeki, S. (2002). The relationship between cortical activation and perception investigated with invisible stimuli. *Proceedings of the National Academy of Sciences, USA,* **99**, 9527–32.

Nagel, T. (1974). What is it like to be a bat? *Philosophical Review,* **4**, 435–50.

Nagel, T. (1986). *The view from nowhere.* Oxford University Press, Oxford.

Neisser, U. (1976). *Cognition and reality.* Freeman, New York.

Nunn, J. A., Gregory, L. J., Brammer, M., Williams, S. C. R., Parslow, D. M., Morgan, M. J., Morris, R. G., Bullmore, E. T., Baron-Cohen, S. and Gray, J. A. (2002). Functional magnetic resonance imaging of synesthesia: activation of V4/V8 by spoken words. *Nature Neuroscience,* **5**, 371–5.

O'Craven, K. M. and Kanwisher, N. (2000). Mental imagery of faces and places activates corresponding stimulus-specific brain regions. *Journal of Cognitive Neuroscience,* **12**, 1013–23.

O'Keefe, J. and Nadel, L. (1978). *The hippocampus as a cognitive map.* Clarendon Press, Oxford.

Panksepp, J. (1999). *Affective neuroscience.* Oxford University Press, Oxford.

Penrose, R. (1989). *The emperor's new mind.* Oxford University Press, Oxford.

Penrose, R. (1994). *Shadows of the mind.* Oxford University Press, Oxford.

Phillips, M. L., Young, A.W., Senior, C., Brammer, M., Andrew, C., Calder, A. J., Bullmore, E. T., Perrett, D. I., Rowland, O., Williams, S. C. R., Gray, J. A. and David, A. S. (1997). A specific neural substrate for perceiving facial expressions of disgust. *Nature,* **389**, 495–8.

Phillips, M. L., Williams, L. M., Young, A. W., Russell, T., Herba, C. M., Heining, M., Andrew, C., Bullmore, E. T., Brammer, M. J., Williams, S. C. R., Morgan, M. and Gray, J. A. (2004). Differential neural responses to overt and covert presentations of facial expressions of fear and disgust. *NeuroImage,* **21**, 1486–98.

Polanyi, M. and Prosch, H. (1975). *Meaning.* University of Chicago Press, Chicago.

Pribram, K.H. (1971). Languages of the brain: experimental paradoxes and principles in neuropychology. Prentice-Hall, Englewood Cliffs, NJ.

Ramachandran, V. S. and Blakeslee, S. (1998). *Phantoms in the brain.* Morrow, New York.

Ramachandran, V. S. and Hubbard, E. M. (2001). Psychophysical investigations into the neural basis of synaesthesia. *Proceedings of the Royal Society of London B,* **268**, 979–83.

Rees, G., Kreiman, G. and Koch, C. (2002). Neural correlates of consciousness in humans. *Nature Reviews in Neuroscience,* **3**, 261–70.

Rees, G., Wojciulik, E., Clarke, K., Husain, M., Frith, C. and Driver, J. (2000). Unconscious activation of visual cortex in the damaged right hemisphere of a parietal patient with extinction. *Brain,* **123**, 1624–33.

Regan, B. C., Julliot, C., Simmen, B., Viénot, C., Charles-Dominique, P. and Mollon, J. D. (2001). Fruits, foliage and the evolution of primate colour vision. *Philosophical Transactions of the Royal Society B,* **356**, 229–83.

Rizzolatti, G., Fadiga, L., Fogassi, L. and Gallese, V. (1999). Resonance behaviors and mirror neurons. *Archives Italiennes de Biologie*, **137**, 85–100.

Robertson, L. C. (2003). Binding, spatial attention and perceptual awareness. *Nature Reviews in Neuroscience*, **4**, 93–102.

Rolls, E. T. and Tovee, M. J. (1994). Processing speed in the cerebral cortex and the neurophysiology of visual masking. *Proceedings of the Royal Society of London B*, **257**, 9–15.

Sacks, O. (1986). *The man who mistook his wife for a hat*. Picador, London.

Searle, J. R. (1980). Minds, brains, and programs. *Behavioral and Brain Sciences*, **3**, 417–24.

Searle, J. R. (1983). *Intentionality: an essay in the philosophy of mind*. Cambridge University Press, Cambridge.

Searle, J. R. (1987). Minds and brains without programs. In *Mindwaves* (ed. C. Blakemore and S. Greenfield), pp. 209–33. Basil Blackwell, Oxford.

Shallice, T. (1988). *From neuropsychology to mental structure*. Cambridge University Press, Cambridge.

Simons, D. J. and Levin, D. T. (1998). Failure to detect changes to people during real-world interaction. *Psychonomic Bulletin and Review*, **5**, 644–9.

Stickgold, R., Malia, A., Maguire, D., Roddenberry, D. and O'Connor, M. (2000). Replaying the game: hypnagogic images in normals and amnesics. *Nature*, **290**, 350–3.

Stoerig, P. and Cowey, A. (1992). Wavelength discrimination in blindsight. *Brain*, **115**, 425–44.

Tootell, R. B. H., Reppas, J. B., Dale, A. M., Look, R. B., Sereno, M. I., Malach, R., Brady, T. J. and Rosen, B. R. (1995). Visual motion aftereffect in human cortical area MT revealed by functional magnetic resonance imaging. *Nature*, **375**, 139–41.

Treisman, A. (1998). Feature binding, attention and object perception. *Philosophical Transactions of the Royal Society B*, **353**, 1295–306.

Tulving, E. (2002). Episodic memory and common sense: how far apart? In *Episodic memory: new directions in research* (ed. A. Baddeley, M. Conway and J. Aggleton), pp. 269–87. Oxford University Press, Oxford.

Van Essen, D. C., Anderson, C. H. and Felleman, D. J. (1992). Information processing in the primate visual system: an integrated systems perspective. *Science*, **255**, 419–23.

Vargha-Khadem, F., Gadian, D. G. and Mishkin, M. (2002). Dissociations in cognitive memory: the syndrome of developmental amnesia. In *Episodic memory: new directions in research* (ed. A. Baddeley, M. Conway and J. Aggleton), pp. 153–63. Oxford University Press, Oxford.

Velmans, M. (1991). Is human information processing conscious? *Behavioral and Brain Sciences*, **14**, 651–69.

Velmans, M. (2000). *Understanding consciousness*. Routledge, London.

Velmans, M. (2003). Preconscious free will. *Journal of Consciousness Studies*, **10**(12), 42–61.

Virley, D., Ridley, R. M., Sinden, J. D., Kershaw, T. R., Harland, S., Rashid, T., French, S., Sowinski, P., Gray, J. A., Lantos, P. L. and Hodges, H. (1999). Primary CA1 and conditionally immortal MHP36 cell grafts restore conditional discrimination learning and recall in marmosets after excitotoxic lesions of the hippocampal CA1 field. *Brain*, **122**, 2321–35.

von der Heydt, R., Peterhans, E. and Baumgartner, G. (1984). Illusory contours and cortical neuron responses. *Science*, **224**, 1260–2.

Vuilleumier, P., Sagiv, N., Hazeltine, E., Poldrack, R. A., Swick, D., Rafal, R. D. and Gabrieli, J. D. (2001). Neural fate of seen and unseen faces in visuospatial neglect: a combined event-related functional MRI and event-related potential study. *Proceedings of the National Academy of Science USA*, **98**, 3495–500.

Wegner, D. M. and Wheatley, T. (1999). Apparent mental causation: sources of the experience of will. *American Psychologist*, **54**, 480–92.

Weiskrantz, L. (1997). *Consciousness lost and found*. Oxford University Press, Oxford.

Weiskrantz, L., Cowey, A. and Hodinott-Hill, I. (2002). Prime-sight in a blindsight subject. *Nature Neuroscience*, **5**, 101–2.

Williams, T. H., Gluhbegovic, N. and Jew, J.Y. *The human brain*, Chapter 5. http://www.vh.org/adult/provider/anatomy/BrainAnatomy/TOC.html

Wilson, B. A. (1999). *Case studies in neuropsychological rehabilitation* (Chapter 6, pp. 72–87). Oxford University Press, New York.

Woolf, N. J. and Hameroff, S. (2001). A quantum approach to consciousness. *Trends in Cognitive Sciences*, **5**, 472–8.

Zeki, S. (2003). The disunity of consciousness. *Trends in Cognitive Sciences*, **7**, 214–8.

Zeki, S. (1993). *A Vision of the brain*. Blackwell Scientific Publications, Oxford.

Zeki, S. (1999). *Inner vision*. Oxford University Press, Oxford.

Zeki, S. and ffytche, D. H. (1998). The Riddoch syndrome: insights into the neurobiology of conscious vision. *Brain*, **121**, 25–45.

Zeki, S., Watson, J. D. G. and Frackowiak, R. S. J. (1993). Going beyond the information given: the relation of illusory visual motion to brain activity. *Proceedings of the Royal Society of London B*, **252**, 215–22.

Zohar, D. and Marshall, I (1993). *The quantum society*. Bloomsbury, London.

索引

(50音順)

【ア 行】

ア
- アイコン的表象 …… 51
- あいまい図形 …… 42, 46
- アインシュタインの相対性理論 …… 247
- 新しい被制御変数の付加 …… 100
- アニマル・スピリッツ(動物精気) …… 151
- アレクサンダー, イゴール …… 136
- 暗算 …… 162
- 暗点 …… 222, 231
- アンラーニング …… 142

イ
- 閾値 …… 47
- 意識 …… 33, 47, 79, 149, 174, 180, 181, 246, 257
  - ──経験 …… 3, 35, 40, 42, 108, 128, 131, 150, 162, 164, 249, 254, 266, 268, 270, 299
  - ──の機能 …… 310
  - ──の空間的特徴 …… 36
  - ──の時間的特徴 …… 36
  - ──の時間ベース …… 81
  - ──の実在性 …… 123
  - ──の創造 …… 266
  - ──の多モード性 …… 36
  - ──の遅延性 …… 75, 81, 115, 311
  - ──の見かけの統一性 …… 37
  - ──の連続性 …… 80
  - 選択的な── …… 91
  - ──的 …… 86, 223
  - ──気づき …… 32, 169
  - ──クオリア …… 262
  - ──経験 …… 285
  - ──決定 …… 23
  - ──自己 …… 21
- ──処理 …… 228
- ──想起 …… 285
- ──知覚 …… 70, 81, 84, 85, 86, 109, 111, 112, 116, 178, 266, 305
  - ──システム …… 61
  - ──内の項目に関係するフィードバック …… 113
  - ──の喪失 …… 195
  - ──の達成 …… 257
  - ──表象 …… 131, 151, 269
  - ──な意志力の気づき …… 24
  - ──内省 …… 299
  - ──な語り …… 325
  - ──の閾値 …… 48
  - ──弁別 …… 158
- ──と相関する神経活動部位(NCC) …… 140, 157, 185, 195, 233, 234, 273, 317, 322
- ──との連合 …… 32
- ──内容の選択 …… 213
- ──のあるコンピュータ …… 130
- ──のあるロボット …… 130
- ──の劇場 …… 37
- ──の元型的なナラティブ …… 44, 46
- ──の私的空間 …… 319
- ──の十分条件 …… 33, 184, 189
- ──の状態 …… 2
- ──の進化 …… 118
- ──の生存価 …… 76
- ──の中間水準理論 …… 199, 319
- ──の統一性 …… 36
- ──の内容 …… 2
- ──のハード・プロブレム …… 66
- ──の必然性 …… 90
- ──のメディア …… 200

──モデル
　──の強いバージョン　164
　──の弱いバージョン　164
意思決定　21, 23, 299
意志という錯覚　21, 295
痛み　14, 68, 76, 92, 285, 288, 311
　──に対する失象徴　287
　──の意識経験　315
　──の予期　289
1次感覚路　202
1次視覚皮質　187
　──（V1）　195
1次的推論　133
1人称の視点　111
遺伝子　234, 317
　悪い──　300
イベントの意味　300
意味　44, 46, 91, 107, 128, 304, 307, 309
　──記憶　207, 210
　──とクオリアの間の適合性　309
　──の計算　127, 130
　──の喪失　41
　──プライミング（プライム）　48, 115, 312
　──飽和　307
　──ルート　116
　──論　126, 307
イメージされた刺激　231
因果性　107
因果的影響　87, 108
　──力　112
因果律　42
イングヴァル, マーティン　288
陰性残像　193

ウ

ヴァーレイ, デイヴィッド　208
ヴァルガーカーデム, ファラネー　209
V1の損傷　195
V4　141
　──領域　138
ウィルソン, バーバラ　217
ウェアリング, クライヴ　217
ウェグナー　24

ウェルトハイマー, マックス　152
ヴェルマンス, マックス　9, 15, 43, 67, 91, 111
ウルフ, ナンシー　253
運動
　──錯視　191
　──残効　140
　──出力　234
　──知覚　189
　──プログラム　79, 108, 113, 212

エ

ACE（異質色彩効果）　141, 146
エヴァレット, ヒュー　245
エージェンシー（主体）の感覚　22, 295, 298
エーデルマン, ジェラルド　176, 179, 278, 316, 318
エックルス, ジョン　149
エニグマ（謎）　189
エピソード記憶　205, 207, 210, 216, 268, 282, 320
fMRI（磁気共鳴画像）　12, 135, 158, 161, 189, 192, 194
エラー　76, 108, 280
　──信号　92, 280, 292
　──の修正　108
　──の非本来的な信号　292
エルドリッジ, ローラ　209
縁上回　220

オ

おばあさん細胞　256
音韻プライム　48
音韻ルート　116
音楽　10, 14
音声学　307
オンライン行動　68
オンライン処理　91

【カ 行】

カ
　ガー　194
　回帰的な相互作用　232

索引

外的世界
　——との直接接触 ………………… 89
　——の意識 …………………………… 2
　　　——経験 …………………… 285
　——の準永続的な特徴 …………… 213
　——の認知意識 ……………………… 41
　——の比較的持続的な特徴 ………… 96
　　　——のモデル構成 ……………… 96
　——の非現実性 ……………………… 57
　——のモデル ………………… 295, 316
　　　——構築 ………………… 107, 322
海馬 …………………… 201, 228, 231, 268, 321
　——機能性の統合 ………………… 205
　——系 ……………… 201, 217, 228, 279, 319
　　　——の広範囲の損傷 ………… 320
　——の両側性の損傷 ……………… 208
　——傍皮質 ………………………… 228
解剖学的基礎 ………………………… 43
　　　——な断線 …………………… 216
開幕の(意識に入ってくる)時間 …… 152
カウエイ, アラン ……………………… 86
顔選択ニューロン …………………… 168
科学 …………………………………… 314
　——的還元 …………………………… 27
　——的知識 ………………………… 114
学習 ………………………………… 119, 130
　——の過程 ………………………… 32
覚醒 ………………………………… 2, 273
　　　——行動 ……………………… 273
拡張意識 ……………………………… 290
確認する信号 ………………………… 293
隔離問題 ……………………………… 251
過去とのリンク ……………………… 316
重ね合わせ ……………………… 244, 248
数—色彩共感覚者 …………………… 135
語りの重心 …………………………… 295
葛藤や脅威状況 ……………………… 212
カテゴリー的表象 ………… 50, 51, 53, 130
下頭頂小葉 ……………… 221, 223, 228, 296
可動的, 自己中心的な3次元の枠組み
　……………………………………… 228
金縛り ………………………………… 272
カニッツァ …………………………… 187
　——の四角形 ……………………… 223

構え(セット) ………………………… 267
カラー・ファイ(色が変化するファイ) … 152, 156
感覚
　——運動的行為 …………………… 221
　　　——システム ………………… 89
　——運動的相互作用 ……………… 75
　——運動的地図 …………………… 222
　——系 ………………… 201, 213, 315
　——検出 …………………………… 81
　——データ ………………………… 90
　——入力 ……………………… 42, 101
　——分析 …………………………… 79
観客 ………………………………… 152
眼球運動システムの事前の活性化 … 45
環境条件C …………………………… 44
環境入力の検出 ……………………… 45
還元 …………………………… 27, 306
監視注意システム …………………… 162
慣習的なシグナル …………………… 59
間主観的一致 ……………………… 313
完全な3次元のレイアウト ………… 109
完全に出来上がった志向性 ………… 51
カント, イマヌエル ……………… 84, 96
ガンマ波 …………………………… 253

キ

記憶 ………………………………… 207
　　　——された現在 ……………… 316
　　　——刺激 ……………………… 321
　　　——貯蔵庫 ……………………… 79
危険の査定 ………………………… 279
基底核 ……………………………… 180
機能 …………… 47, 132, 136, 146, 150, 259
　——主義 ……… 125, 131, 134, 137, 146, 149, 306, 325
　——者 ……………………………… 233
　——的 ……………………………… 43
　——意味論 ………………………… 44
　——ルート ……………………… 145
希望に満ちた予期 ………………… 279
客観的収縮 …………………… 251, 258
　——(OR)理論 …………………… 245
客観的な自己崩壊 ………………… 249

逆向マスキング............................ 167, 312
ギャップ結合................................ 252
ギャファン, デイヴィッド............ 214
嗅周皮質....................................... 228
急進的な行動主義者................... 123
旧世界の霊長類............................. 85
急速眼球運動(REM)................... 194
嗅内皮質................................ 201, 213
キュービズム絵画.......................... 46
キュービット................................ 246
強化イベント................................ 278
強化子の価値の修正................... 103
共感覚.............. 36, 117, 131, 303, 307, 308, 313
　　　──群................................... 135
　　　──実験............................... 234
強化子の価値の修正................... 103
共局在化....................................... 305
共進化...................................... 60, 86
強制選択推測法.............................. 21
共通のコミュニケーション・プロトコル
.... 173
共通のレファラント(指示対象群)...... 113
共同注意....................................... 120
　　　──の3項関係................... 120
共同登録....................................... 221
恐怖...................................... 158, 279
鏡面対称....................................... 101
局所的特徴................................... 237
均一化の操作................................ 313
キンズバーン, マーセル...... 91, 150, 222, 318

ク
空間
　　　──解像度........................... 193
　　　──地図....................... 266, 270
　　　──的局在化....................... 270
　　　──的時間的枠組み............... 96
　　　──的な推論....................... 154
　　　──的な地図....................... 204
　　　──的3次元....................... 200
　　　──的文脈............................. 99
　　　──的枠組み........... 99, 305, 320
　　　──ナビゲーション...... 205, 212
　　　──の学習........................... 210

クオリア..... 45, 47, 65, 66, 90, 114, 116, 120, 124,
132, 134, 146, 147, 153, 155, 175, 230, 234,
249, 257, 259, 262, 270, 277, 279, 292, 303,
304, 306, 307, 309, 317, 320
　　　──と機能との関係........... 309
　　　──と機能の同一性........... 133
　　　──の創造........................... 324
　　　──の同一性....................... 145
　　　──の物理的基礎............... 322
　　　──の類似性....................... 145
具象化.................................. 02, 38, 239
グッデイル, メル............. 16, 20, 43, 237
　　　──の実験............................. 43
クラーク, アンディ................... 264
クライザー................................... 194
グラッシュ, リック................... 228
クラドニ図形................................ 240
グリーンフィールド, スーザン... 91, 158, 161
グリーンワルド..................... 116, 312
クリック, フランシス...... 140, 185, 195, 317
　　　──とコッチの仮説........... 194
グリュナウ, フォン................... 152
クレイマン................................... 321
グレーガー............................... 47, 116
クレーグ....................................... 288
グローバルなニューロンのワークスペース(作業空間)............................ 165, 182, 318
グローバルな利用可能性............ 165
グローバル・ワークスペース(作業空間)
.... 98, 165, 173, 175, 176, 179

ケ
計画.. 79
　　　──的な行為....................... 299
計算システム................................ 251
芸術... 309
　　　──的才能............................. 68
系統発生....................................... 118
警報... 278
ゲート開閉................................... 215
ケーラー, ウォルフガング...... 237, 256, 323
ゲシュタルト心理学者............... 237
ゲシュタルト的特性................... 241
ゲシュタルトの原理................... 236

結果による選択 ……………… 29, 124, 306
結合 ……………………………… 50, 181
　　アクティブな—— ……………… 52
　　——問題 …… 35, 36, 50, 108, 151, 175, 253, 322
決定論者 ……………………………… 298
ゲル ……………………………… 252, 255
ゲルダード, フランク ……………… 154
原意識的クオリア ……………… 258, 262
原意識的実体 ……………………… 324
原因帰属 ……………………………… 270
嫌悪 ……………………………… 158, 279
幻覚体験 ……………………………… 140
元型的なナラティブ(物語) ……… 7, 25
　　——構造 …………………………… 21
言語 …………… 32, 52, 90, 112, 307, 314
現行行動の制止 …………………… 279
言語野 ……………………………… 135
顕在的記憶 ………………………… 207
検索 ………………………………… 208
幻肢 ………………………………… 297
幻視 ………………………………… 192
幻肢痛 ……………………………… 14
現実世界 …………………………… 84
　　——のモデル ……………………… 81
現実の外的世界 …………………… 312
現実の世界のシミュレーション … 10
現出 ………………………………… 238
現象的な意識 ……………………… 256
健忘症 ……………………… 208, 215
健忘性解離 ………………………… 216

【コ】

語彙決定課題 ……………………… 115
行為 ……………………… 46, 114, 180
　　——システム …… 16, 17, 21, 37, 43, 97
　　——の過程 ………………………… 66
　　——の結果 ………………………… 66
　　——の引き金 ……………………… 66
　　——のモデル化 ………………… 296
　　——分析 ………………………… 298
　　——への意図 ……………………… 22
格子系 ……………………………… 250
格子縞 ……………………………… 191

高次の視覚モジュール …………… 195
恒常的な知覚表象の再構築 ……… 81
高水準のコンピュータ言語 ……… 174
高調波共振 …………………… 256, 323
　　——装置 ………………………… 241
　　——理論 ………………………… 238
公的意識経験 ……………………… 319
公的な空間 ………………………… 2
公的な再現可能性 ………………… 114
行動 ………………………………… 3
　　——傾向性 ……………………… 130
　　——主義者 ……………………… 129
　　——出力 …………………… 42, 101
　　——するロボット ……………… 130
　　——テスト ……………………… 67
　　——反応レパートリ …………… 129
ゴールドスタイン, ローラ ……… 134
語幹完成課題 ……………………… 168
後催眠暗示 ………………………… 24
個人史への所属 …………………… 267
コスリン …………………………… 193
個体発生 …………………………… 118
コッホ, クリストフ … 186, 195, 234, 317, 321
異なるユーザー間のコンセンサス(一致)
 …………………………………… 113
コフカ, クルト …………………… 238
コペンハーゲン解釈 ……………… 244
コミュニケーション ……………… 121
コメントする能力 ………………… 169
コラーズ …………………………… 152
昏睡 ………………………………… 272
コンパレータ(比較器) … 92, 108, 297, 315
　　——仮説 …………………… 81, 268
　　——機能 ………………………… 210
　　——・システム … 75, 77, 81, 275, 297, 319
　　——の出力 ……………………… 79
　　——・モデル ……………… 280, 282
コンピュータ ……………………… 33
　　——制御ロボット ……………… 318

【サ 行】

サ——
サーボメカニズム(自動制御機構) …… 17, 31,

43, 66
　　　——の行動 … 44
　　　——のリセット … 104
　サーモスタット … 29
　サール, ジョン … 39, 127, 267
　　　——のモデル … 39
　　　　マクロな特徴 … 39
　　　　ミクロな要素 … 39
　再帰的相互作用 … 212
　最近のイベントの記録の再活性化 … 293
　サイバネティックス … 29, 35
　　　——工学の原理 … 306
　　　——・システム … 299
　　　——・タイプ … 300
　　　——の原理 … 306
　細胞骨格 … 250
　細胞質 … 255
　細胞集成体 … 177
　サイモンズ … 94
　逆さメガネ … 62
　錯視 … 18, 19, 20, 231
　　　運動—— … 191
　　　——の信頼性 … 19
　サッカード … 92
　錯覚 … 7, 24, 60, 61, 143, 187
　　　——体験 … 140
　　　——の色彩 … 192
　　　——のパラドックス … 61
　サックス, オリヴァー … 41
　作動記憶 … 162, 178
　ザトーレ, ロバート … 286
　サル … 69, 187
　3次元の世界の構成 … 18
　3色型 … 85
　　　——色覚 … 13, 60, 85
　残像 … 193, 231

シ

　自意識 … 263
　思惟するもの … 151
　恣意性 … 309
　シェ … 288
　シェリック, カール … 154
　シェリントン, チャールズ … 149

　視覚
　　　——系 … 15
　　　——のモジュール … 254
　　　——の領域 … 135
　　　——行為システム … 45, 84, 318
　　　——色素 … 82
　　　——失行症 … 225
　　　——性運動失調 … 17, 20, 225
　　　——的気づき … 194
　　　——的クオリア … 185
　　　——的行為システム … 86, 278
　　　——的知覚システム … 37, 86
　　　——的なエポック … 254
　　　——的な気づき … 194
　　　——的ポップアウト … 134
　　　——入力 … 84, 234
　　　——路 … 228
　時間
　　　——スケール … 85
　　　——的構造 … 8, 214
　　　——的逐次的 … 200
　　　——的同時性 … 175, 180, 181
　　　——的な推論 … 153
　　　——的枠組み … 97
　　　——の量子化 … 78, 79, 81
　色覚 … 81, 82, 84, 151, 192
　　　——の進化 … 85
　色彩経験 … 234
　色彩残像 … 140
　色彩—書記素共感覚 … 117
　色聴 … 12, 131, 151, 157, 192, 307
　色盲 … 12, 313
　軸索 … 82
　自己 … 25, 263
　　　——意識 … 3
　　　——中心的 … 97, 268
　　　——(身体中心的)空間 … 204, 219
　　　——空間 … 205, 220, 227, 231, 266, 296
　　　——地図 … 222
　　　——な空間的枠組み … 270
　　　——の意識 … 263, 290
　　　——の感覚 … 263, 266, 291
　　　——の情感 … 274
　　　——の内的感覚 … 290

——のモデル　295
　　——崩壊　254
志向性　40, 42, 44, 45, 46, 70, 78, 107, 267, 269, 270, 281, 293, 304, 307, 315, 316, 320
志向対象の構成　306
志向的　49, 90, 128
自主的行為の計画　186
視床　284, 290, 321
　　——下部　279
　　——皮質　180
　　　　——感覚システム　78, 280
　　　　——系　315
システムS　196
自然科学的アプローチ　73
自然選択(淘汰)　27, 28, 30, 31, 60, 73, 124, 312
持続時間(刺激の)　168
持続的で他者中心的な3次元の枠組み　227
持続的な特徴のモデル化　85
実行過程　200, 305, 306, 321
実行機能　162, 164, 167, 169, 178, 185, 233, 319
知っている(know)　207
失認　267
　　——症　41, 304
失敗試行　52
私的な空間　2
視点　263, 266, 267, 291
自伝的記憶　267
シナプス結合　253
自発的かつ無意識の模倣　159
島　158, 286, 287, 288
　　——から脳幹への下行インパルス　287
　　——皮質　285
社会的相互作用　54
社会的に構成されたもの　302
ジャコビーの排除課題　169
ジャッケンドフ, レイ　199, 319
視野闘争　68
シャルル・ボネ症候群　192, 196, 320
シャンジュー, ジャン・ピエール　165, 173, 318
ジャンヌロー, マーク　295, 297
自由意志　169, 263, 299

修正のメカニズム　322
柔軟性　169, 308
重力の自己エネルギー　248
重力理論　247
熟考　266
出力層　51
シュテーリッヒ, ペトラ　86
シュレーディンガー, エルヴィン　244
　　——のネコ　245
準永続的な見かけ　313
準永続的なモデル　85, 292
順応　191
準備電位　22
松果腺　151
条件性味覚嫌悪　103, 282
情動　159, 276, 287
　　——意識　277, 288
　　——経験　290
　　——混乱　278
　　——状態　274
　　——的なトーン　290
　　——的にネガティブな特徴　292
　　——の行為システム　278
　　——反応の意識　292
上頭頂小葉　221, 223
賞罰　30
　　——フィードバック・システム　301
情報　127
　　——処理　127
　　　　——システム　129
　　——操作　162, 200
　　——の直接表象　162
　　——の法則　35
消滅　178, 222
将来の行為の修正　322
所記　59
所属　267
触覚　15
　　——の錯覚　154
シリアル(逐次的)　167
進化　13, 34
　　——の選択圧　90
シンガー, ウルフ　49, 175, 189, 253
新奇性　76, 108, 208

神経
　——科学 33
　　——理論 40
　　——画像実験 319
　　——幹細胞の移植 208
　　——系 317
　　——細胞 149
　　——生理学 151
　　　——的過程 259
　　——ネットワーク 318
　　　——の隠れた層 51
　　　——の出力層 51
　　　——の入力層 51
　　　——のルール 52
信号(シグナル) 58, 59, 60
　　——S 44
　　——の通過 60
進行中の因果的効力 115, 314
真実の知覚 192, 231
新神秘主義者 6, 124
身体感覚 269, 286, 291, 305, 315
　——の意識的知覚表象 304
身体空間 270
身体状態 274
　——の意識 292
身体的変化 277
　——から脳へのフィードバック 277
新皮質 284, 288, 292, 315, 322
シンボルグラウンディング(記号接地) 45, 307
　——問題 300
信頼性 134
新理論のスタンス 5

ス
錐体 82
随伴現象 71, 115, 299, 313
　——説 73, 107, 110, 118, 325
睡眠 2, 273
数理通信理論 127
スケッチ 109
スティックゴールド, ロバート 215
ステレオスコープ(立体鏡) 68
ストループ 168

　——効果 117, 142
ストレス疾患 278
スノッダリ 194

セ
制御装置 29
成功試行 52
成熟 119
精神物理的同型性 182, 256, 257
正接的結合 176
性選択 60, 68
生存価 30, 68, 86, 90, 283, 284, 311
生の躍動 28
生物学 306
　——的強化子 54
世界
　——の構成 152
　——の準永続的な特徴 266
　——を経験する自己自身の経験 266
ゼキ, セミール 81, 157, 161, 188, 189, 196, 318
　——の仮説 219, 230, 234, 320
責任 24, 295, 298, 299, 302
　——帰属 24
　——の意識 24
接近行動 279
セットポイント(設定点) 29
　——の修正 98
節約の原理 68
宣言的記憶 207
潜在的記憶 205
全身麻酔 50
前帯状回(前帯状皮質, 前帯状領域) 178, 186, 286, 288, 289, 315
全体としての特徴 237
選択的注意 47
前頭前皮質 176, 178, 186, 318, 319
前頭皮質 192, 212
　——への投射路 196
前頭葉 201
前脳 319

ソ
双安定知覚表象 237

相関	150
──関係	147
想起されたイベント	231
想起された現在	278, 282
相互に伝達しあう能力	313
ゾウハー, ダナ	247, 261
相補的な推論	133
測定	124, 259
側頭葉	208
組織	136
──アプローチ	137
素朴(直接)実在論	136, 312, 325
ゾル	252, 255
損傷	318
ゾンビ	65

【タ 行】

タ

ダーウィン的適応	311
ダーウィン的な生存	13
第1性質	59
第3者的(3人称の)視点	111
対象中心的無視	223
帯状皮質	290
第2性質	59
大脳化	292
大脳基底核	212
大脳皮質	176
──細胞	151
退避	279
大普遍理論	235
多義語	115
滝の錯視	191
他者中心的(世界中心的)	97, 268
──空間	204, 213
──な空間地図	99
──な空間的枠組み	270
多重安定性	238, 239
他人の手症候群	24
ダマシオ, アントニオ	274, 289, 315
──の意識モデル	290
多モード	200
──的	321

──のフィールド	201
タルヴィング, エンデル	207
単語－色彩共感覚	131
単純なサーボメカニズム	53
──の被制御変数	50
単純反復接触	54
蛋白質	259

チ

チェイター, ニック	30
遅延性エラー検出	75, 76, 92, 107, 108, 292, 319, 322
──器	75, 314
遅延ニューロン	178
知覚	163, 180, 307
──学習	54
──過程	200
──経験	303
──された世界	84
──刺激	321
──システム	16, 17, 21, 43, 97, 185
──実在論	136
──世界	75
──的シグナル	59
──的な解釈の完了	130
──の本質	96
──表象	87
知能	68
チャルマーズ, デイヴィッド	4
注意	163, 178, 221
──増幅	179
──の失敗	222
中核意識	274, 277, 281, 284, 292
──経験と相関する神経部位	285
──の生存価	285
中国語の部屋	127, 129
中心窩	82
中脳水道周囲灰白質	279
チューブリン	250
──分子	254
チューリング・テスト	126
聴覚皮質	135, 138
長期記憶	205
長軸索の正接投射	318

346

調節された客観的収縮（Orch OR）　255, 259
直接知覚　11
直接的な知覚表象　152
直接的な符号化　200
貯蔵のサイト　208
地理的記録　231

ツ
通常科学　125
　――のスタンス　4

テ
DNA　27
　――の情報内容　28
定常波　241
低水準の機械語　174
ディスプレイ　111
　――のメディア　108
ティチェナーの円　19
ディッキンソン, トニー　103, 283
　――とバレーンの仮説　284
ディンバーグ, ウルフ　159
データ駆動型処理　49
デカルト
　――的二元論　22, 162
　――の劇場　38, 151, 162, 182, 186, 273
　「――の劇場は存在しない」仮説　158
　――モデル　161
デコヒーレンス　245, 249, 251, 252, 259
手続き学習　206, 216, 318
デネット, ダン　6, 37, 124, 150, 152, 155, 260, 318
てんかん患者　321
電場　323

ト
ドゥアンヌ, スタニスラス　165, 173, 176, 177, 179, 218
トヴィー, マーティン　312
トゥーテル　191
等価仮説　161
同期性　227, 257
動機づけ　291
　――の喪失　103

同期的発火　50, 227, 253
道具的行動　302
統語　307
　――エンジン　309
　――論　126
統合失調症　216
同時失認（症）　225, 305
同時遂行課題からの妨害　166
闘争か逃走　279
頭頂皮質（頭頂葉）　17, 176, 178, 219, 227, 231
動物の意識　90
ドーキンス, リチャード　60
特徴結合　270, 303, 304, 305, 320
　――課題　226
特徴選択領域　189
特徴統合の理論モデル　227
特定目的の学習メカニズム　283
特化されたモジュール　173, 195, 321
特化した視覚系のモジュールの活性化　140
トップ－ダウン　179
　――処理　199, 275, 319
ドナルド, マーリン　119
トノーニ, ジュリオ　176, 179, 318
ドライバー, ジョン　223, 230
トレイスマン, アン　225

【ナ 行】

ナ
ナイーブなスタンス　4
ナイサー, ウルリッヒ　199
内省　110, 124
　――学派　157
内的身体意識　2
内的身体感覚　268
　――の構築　293
内的身体空間　305
内的な身体経験の意識　2
ナカッシュ, ライオネル　173, 177, 179
ナビゲーション　109, 210
ナマの感触　304, 320
ナン, ジュリア　135

ニ

二元論 　　　　　　　111, 118, 182, 299
2次強化 　　　　　　　　　　　　301
二重解離 　　　　　　164, 270, 304, 307
2焦点のパースペクティブ(見方) 　28, 33, 35, 55
2色型色覚者 　　　　　　　　　　 85
入射光の波長構成 　　　　　　　　 83
乳頭体 　　　　　　　　　　　　 290
入眠時心像 　　　　　　　　　　 215
入力―メカニズム―出力 　　　　　 132
ニューロン・セット 　　　　　　　 59
人間同士で共有される表象 　　　　 213
認知
　　――閾 　　　　　　　　　　 48
　　――意識 　 2, 274, 281, 284, 290, 292, 293, 304, 319
　　――駆動型処理 　　　　　　　 49
　　――力 　　　　　　　　　　 271

ネ

ネーゲル, トム 　　　　　　　45, 264
ネコ 　　　　　　　　　　　　　 50
熱グリル 　　　　　　　　　　　 288

ノ

脳 　　　　　　　　　　　　42, 149
　　――活動 　　　　　　　　　 40
　　――過程 　　　　　　　　　146
　　――幹 　　　　　 277, 284, 288, 292, 315
　　　　――後部の損傷 　　　　　272
　　　　――前部の損傷 　　　　　272
　　――磁図(MEG) 　　　　　　238
　　――全体にわたる電磁場 　　　238
　　――損傷 　　　　　　　　　304
　　――によって構成された世界 　312
　　――の活動 　　　　　　　33, 35
　　――のクオリア創造能力 　　　185
　　――の状態 　　　　　　　　 42
　　――のスライス 　　　　　　234
　　――の物理化学的特徴 　　　　300
　　――波(計)(EEG) 　　　　22, 238
　　――領域 　　　　　　　　　150
ノエ, アルヴァ 　　　　　　　　　 37

望ましいセットポイント 　　　　　100
「喉元まで出かかっているのに出てこない」という現象 　　　　　　　　　　274

【ハ　行】

ハ

バース, バーナード 　　　　　　98, 165
ハード・プロブレム 　 4, 76, 87, 123, 132, 163, 303, 306, 324
ハーレイ, スーザン 　　　　30, 37, 62, 101
配線 　　　　　　　　　　　　　137
背側路 　　　　　　　　　16, 223, 228
ハイト, フォン・デア 　　　　　　187
ハイブリッド(合成物) 　　　　　　200
バウムガルトナー 　　　　　　　　187
パヴロフ, イワン 　　　　　　　　103
吐き気 　　　　　　　　　　　　280
ハク 　　　　　　　　　　　　　191
パターン運動 　　　　　　　　　 49
罰 　　　　　　　　　　32, 280, 293, 299, 300
ハックスレー, トーマス 　　　　　 71
波動関数の崩壊 　　　　　　　　257
パニック 　　　　　　　　　　　279
ハバード, エド 　　　　　　　　　134
パペッツの回路 　　　　　　　　289
ハメロフ, スチュアート 　　　243, 324
パラレル(並列的) 　　　　　　　166
バリント症候群 　　　　　225, 303, 305
ハルナッド, ステファン 　　45, 51, 72, 73, 117, 130, 146, 300, 307
　　――のモデル 　　　　　　　 50
バレーン, バーナード 　　　　103, 283
バロン―コーエン, サイモン 　　　134
パンクセップ, ジャーク 　　　274, 315
反射率 　　　　　　　　　82, 85, 147
汎心的 　　　　　　　　　　　　235
汎心論 　　　　　　　　　　243, 324
半側空間無視 　　　　　　　219, 230
反対側無視症候群 　　　　　　　178
反対色ニューロン 　　　　　　　194
ハンフリー, ニック 　　　　　　　170

ヒ ─────────────

PET（陽電子放出断層撮影法） …… 188, 288
ヒーガー …… 191
非意識的なサーボメカニズム …… 44
非意識的な入力 …… 151
ピーターハンス …… 187
非科学的スタンス …… 5
比較過程 …… 200
比較的持続的な特徴のモデル化 …… 90
比較プラス選択過程 …… 80
光色素 …… 12, 85
非局所的な量子のもつれ …… 247
ビシアッチ …… 222
皮質－皮質結合 …… 176
微小管 …… 249, 252, 255, 259
被制御変数 …… 31
　──の並置 …… 98, 108
ひどい育ち …… 300
非同時性 …… 157
美の鑑賞 …… 114, 314
皮膚うさぎ …… 154
備忘録 …… 314
非本来的エラー …… 281, 292
　──信号 …… 293, 315
表象的自己中心的空間 …… 222, 223, 228
表象の座 …… 31
平等主義的な脳 …… 155
表面の反射率 …… 83
比率の比率 …… 83
ヒル, ジョナサン …… 44, 300

フ ─────────────

ファイ（仮現運動） …… 152, 156
　──現象 …… 97
不安 …… 279, 290
フィードバック …… 29, 277, 306
　（聴覚と構音に関する）── …… 113
　──・システム …… 31
　──の設定 …… 301, 302
　──になる重要な変数 …… 100
　──・メカニズム …… 33
　──・ループの活性化 …… 45
　──・ループの成功裡の完了 …… 45
　──を含むある形式の反射回路 …… 177

フィードーバック …… 179
フィードーフォワード …… 179
フィッチェ, ドミニク …… 140, 188, 192, 320
フィリップス, メアリー …… 158
フォーダー, ジェリー …… 108
フォトン（光子） …… 82
不可侵のプライバシー …… 19
付加的な領域 …… 322
腹側路 …… 16, 223, 228, 290
符号化 …… 208
不注意盲 …… 167
物質と精神 …… 151
ブッシュネル …… 288
物理化学的な弁護 …… 300
物理化学的法則 …… 32, 35
物理学と化学の法則 …… 299
物理主義 …… 146
物理法則 …… 306
負の結論 …… 121
不変性 …… 238, 239
プライム（プライミング） …… 47, 118, 207
　──語 …… 169
フラコウィアック …… 189
ブラックモア, スーザン …… 93
ブラッド, アン …… 286
プランク・スケール …… 248, 262
プランク定数 …… 248
フリード …… 321
フリス, クリス …… 213
フリッカー（点滅） …… 194
プリブラム, カール …… 242
ブレイクスリー, サンドラ …… 287
ブローカ野 …… 138
ブロードベント, ドナルド …… 47
「ブロック（街区）で最大の子ども」仮説 …… 158, 161, 196
文章完成課題 …… 48
文脈的なタグ …… 210
文脈の曖昧さの除去 …… 210
文脈の安定性 …… 80
分離したモジュール …… 38
分類ホルダー …… 165

ヘ

並置	285
ヘイニング, マイケル	159
ヘッブ, ドナルド	177
辺縁系	180, 284
変化盲	92
扁桃体	158, 279
ペンローズ, ロジャー	243, 324
──ハメロフの理論	236, 248

ホ

ホイートリ	24
防衛的階層	292
報告	31
報酬	32, 293, 300
紡錘状回	196, 320
ボーア, ニールス	244
ボーズ-アインシュタイン凝縮	252
発作	300
ホッジス, ヘレン	208
ボトムアップ	199
──処理	275, 319
──信号	179
ボトルネック	166
哺乳類	85
ホブソン, ピーター	120
ホメオスタシス	29
ポラーニ, マイケル	27, 55
ボルトン, デレック	44, 299
ホログラフィ	242
本来的エラー	280, 292, 316
本来的情報	292

【マ 行】

マ

マーシャル, イーアン	247
マーセル, トニー	115
前意識	91
マクローン, ジョン	8
マグワイアー, エレナー	205, 209
麻酔	233
マスク(マスキング)	116, 117, 159, 169
マックノートン, ニール	79, 210
マックフェイル, ユアン	119
マッチ(一致)	79, 80, 200
マッティングレー, ジェイソン	117
マルティプルドラフト(多重草稿)	153
──・モデル	155, 158, 160, 161, 175, 180

ミ

右側の下頭頂皮質の損傷	195
ミシュキン, モーティマー	228
ミスマッチ(不一致)	79, 80, 200
3つの異なる出発点(基礎理論探求の際の)	259
ミニイベント	253
ミラー・ニューロン	296
ミラー・ボックス	298
未来とのリンク	316
ミルナー, デイヴィッド	16, 43

ム

無意識	91, 223, 318
──過程のカプセル封入	165
──的	86
────感覚検出	75
────感覚処理	81
────決定	23
────志向性	43, 50
────処理	46, 228
────な感覚処理	61
────な感覚分析	78
────弁別	158
────の脳過程	115
無限の後退	152
無視症候群	219
無動無言症	289, 290
ムトーシス	161, 196

メ

メイズ, アンドリュー	215
メカニズム	34
メディア	107
メヒスナー, フランツ	101
メリクル, フィリップ	118, 167, 168
メレット	193
メロディー色彩連合	138

モ

盲視 ……………… 20, 86, 109, 167, 170, 193, 195
網膜細胞 ……………… 82
燃え上がりの瞬間 ……………… 155
モード内結合問題 ……………… 37, 38, 254
目標変動性 ……………… 43
モジュール ……………… 165, 320
モダリティの結合 ……………… 96
物語構造 ……………… 7
物自体 ……………… 84
模倣 ……………… 30
モロン, ジョン ……………… 86
モンドリアン ……………… 83, 140

【ヤ 行】

ヤ
ヤング, アンディ ……………… 158

ユ
夢 ……………… 194

ヨ
予期スキーマ ……………… 199, 200
抑止力重視 ……………… 301
予測 ……………… 79
40Hz 振動 ……………… 253

【ラ 行】

ラ
ラクリン, ハワード ……………… 123
ラマチャンドラン ……………… 134, 287, 297
ラメ, ヴィクトール ……………… 232
ランド, エドウィン ……………… 84

リ
リエントリー（再入） ……………… 179
リツォラッティ, ジャコモ ……………… 296
立体配座状態 ……………… 250
リッチ, アンナ ……………… 117
リハーサル ……………… 76
リベット, ベンジャミン ……………… 22, 91
両眼分離提示 ……………… 69

量子
——重ね合わせ ……………… 252, 254
——の客観的収縮 ……………… 255
——の崩壊 ……………… 324
——計算 ……………… 246, 251, 255
——コヒーレンス ……………… 247, 252, 257
——コンピュータ ……………… 250, 255
——状態の収縮 ……………… 243, 246
——トンネル現象 ……………… 252, 257
——の崩壊 ……………… 246
——波動関数 ……………… 244, 249, 257
——の客観的収縮（OR） ……………… 247
——の収縮 ……………… 244
——もつれ ……………… 257
——力学的 ……………… 256
——過程 ……………… 259
——力学モデル ……………… 324
——力学理論 ……………… 247
利用可能な情報 ……………… 199, 200
両手の対称性 ……………… 101
輪郭錯視 ……………… 187, 191

ル
ルツァッティ ……………… 222

レ
レヴィン ……………… 94
レハール, スティーヴン ……………… 9, 238, 256
——のモデル ……………… 323
連合 ……………… 59
——学習 ……………… 137
——仮説 ……………… 137

ロ
ロールズ, エドムンド ……………… 168, 312
ロゴテティス, ニコス ……………… 69
ロック, ジョン ……………… 59
ロバートソン, リン ……………… 226
ロボット ……………… 129, 130
——・システム ……………… 304
ロンドンのタクシー・ドライバー ……………… 205
ロンドン力 ……………… 250

【ワ 行】

ワ——————————
ワイスクランツ, ラリー ……… 20, 169, 170, 193

私が見る視点 ……………………… 228
ワトソン, ジェームズ ……………… 185, 189

訳者あとがき

　本書の著者ジェフリー・グレイは，パーソナリティを，3つのシステム——BAS (Behavioral Approach System；行動接近システム)，BIS (Behavioral Inhibition System；行動制止システム)，FFFS (Fight-Flight-Freeze System；闘争・逃走・凍結システム)——に分化して捉える「強化感受性理論 (Reinforcement Sensitivity Theory)」を提唱し，研究を進めている心理学者として著名であり，わが国でもよく知られている。この理論は，知覚，学習，動機づけ，情動，異常心理等々の広範囲の研究に関係づけて体系化されており，適用範囲は広い。本書の主題である「意識」は，このようなグレイの研究の通奏低音あるいは地 (バックグラウンド) を構成している部分であるが，これを図地反転させて，図として見直してみたものである。死の直前に総力をあげて書き残した遺書のような作品といえよう。
　思えば，意識や無意識の研究は，今まではもっぱら精神分析，哲学，あるいは宗教学などの領域で取り扱われてきた。しかし近年では，認知心理学，進化学，神経科学，計算科学，量子力学等々の立場からも，科学的・実証的な研究がなされるようになり，その成果もあがってきている。パーソナリティ研究者であり臨床家でもあるグレイは，これらのすべての領域に深い関心をもち研究を進めているが，グレイが自ら研究をしているのは，もちろん，科学的実証的な意識の心理学であり，その豊かな学識に裏打ちされた新たな境地を切り開いている。
　さて，意識がどういうものであるかは，誰もが自らの経験からよく知っている。しかし，よく知っていることと，その定義の容易さとは必ずしもパラレルではない。そして，意識はまさにこのような容易には定義し難いものの1つである。この点についてグレイは，意識の「定義は問題解決の前ではなく，後から出てくる」ものなので，意識の定義を本書の出発点とはしないと宣言している。もちろん，議論は定義を最初に定めて，これの指し示す方向に進めていくのが楽だしわかりやすい。しかし，よくわからないものを最初に定義して枠づけをしてしまうと，議論が硬直しやすく新たな展開を期待し難くなるかもしれない。それゆえにグレイは，本書ではまず意識を分類・記述するところから始めて，徐々に他の変数との関係を探索し，その本質に迫っていく。
　ここでグレイは，意識という難問(ハード・プロブレム)の探求を，高くそびえるヒマラヤによじ登る旅にたとえている。そして，まだ意識の定義もなく，有効なガイドマップもない状況で，読者にこの旅を一緒に楽しもうではないかと誘いかけている。しかし当然のことながら，この旅は物見遊山の気楽な旅ではない。それどころか彼自身が認めるように，道は定かではなく，たいがいは曲がりくねって見通しの悪い，上り坂である。先人の足跡もいくらかは残っていても，多くは迷いの跡であり，あまり頼りにはならない。そこには，深い森，ガレ場，雪渓，急峻な絶壁等々が待ち受けている。おまけに山の天気は変わりやすく，いつ突風が吹き，吹雪になり，雪崩に巻き込まれるかもわからない。これでは，

はたして山頂までたどり着けるのか，また無事に下山できるのかといった不安も浮かんでくるだろう。したがって，グレイから誘われても，恐れをなして旅立つのをためらう人も少なくないはずである。

　しかし，そこはグレイ先生。自らの豊かな学識と科学的手法にたよりながら，ひるむことなくこの恐ろしげな世界に分け入っていく。それゆえ読者は，ひたすら彼の後を追っていけばよいのだ。彼の助けがあれば，1人ではとうてい登れない山でも，何とか登れるようになる。そしてそれさえ無理なら，休んだり迂回路をとったりすることも許されている。しかし，いったん歩き始めれば，多くの読者はこの魅力あふれる旅をどうしても続けたくなるはずだし，ひたすらこの先達を信じてつきしたがっていくことになるだろう。訳者自身がそうであったように。

　こうして，目くるめくようなスリルや恐怖とともに，処々に現れる美しいお花畑や眺望などに足をとめて至福を味わっていくことになる。ここで大切なのは，グレイがこの旅で課題にぶつかったとき，どのような問いを発し，どのような手がかりを使ってそれに取り組み，どのように考察を加えて解決していくのか，読者はその現場に立ち会えるということである。グレイの議論は説得的ではあるが，読者に押しつけるようなことは決してしない。それゆえ私たちは，彼の提起した多くの問題や仮説を自ら自由に検討することができる。また，結果的にグレイの見た風景を再確認するだけかもしれないが，新たな発見をした気分になり，満足も得られる。ここにこの旅の醍醐味がある。

　本書の旅は20合目でようやく峰の頂上に達して終わる。ここでグレイは読者とともに，この長い旅を振り返り，新たに開けたすばらしい眺望に感動し満足をおぼえているようである。しかし見渡してみると，ここはまだヒマラヤ本体の頂上ではなく，その山麓の1つの峰にすぎないことがわかった。それゆえ彼の目は，なおも高くそびえたつエベレストに向かう。しかし残念ながら，この旅はグレイの死によってここで終わる。それでも，ここまで来た読者なら，エベレストの頂上へのルートも少しは見えてきて，今後の課題もはっきりしてきたのではなかろうか。

　本書はこのように独自の構成とスタイルをもっている。それゆえ私は，あえて余計で稚拙な解説は加えないことにした。読者がグレイとともに自らこの旅の辛酸をなめ，恍惚を体験されることこそが，本書の最もよい読み方だと思うからである。

　さて，このような大著の翻訳は，浅学菲才の私には荷が重すぎると感じられた。しかし，出版以来10年にもなるのに，まだ誰も訳に手をつけていないこと，また10年たった現在でも本書は少しも古びることなく異彩を放っていることなどを鑑みるなら，私のつたない翻訳でも，本書をわが国の読者に届ける価値があるのではないかと思われた。そこで，旧知の北大路書房の奥野浩之氏に本書の翻訳出版の相談をしてみたところ，翻訳権の取得から出版に至るまでの作業を，快く引き受けてくださった。こうしてようやく出版の運びとなったわけである。氏および北大路書房には，心より感謝を申し上げたい。

　※なお，本書に記載のURLは原書が発刊された2004年時点のものである。

辻　平治郎

原著者紹介

　ジェフリー・グレイは，アカデミックな心理学の領域において稀に見る優れた研究活動を，40年にもわたって行っている。彼はまずオックスフォード大学で終身ポストを獲得した後，ロンドンの精神医学研究所でも終身ポストを得て，心理学部門の長をつとめ，名誉教授となっている。彼は稀に見る該博な知識と関心の持ち主であり，特に臨床に関連のある，あるいは概念的にチャレンジングな大問題(ビッグイシュー)に魅了されて，取り組んでいる。彼は，異なる分野をまたいで簡単に往き来できる能力と，精緻な理論化の能力をあわせもっており，この能力によって，不安と統合失調症の理解に特に顕著な貢献をしている。この理解は，分子レベルから哲学レベルにまで広範にわたっている。意識に関する本書は，これらの関心を総合した究極の書である。彼は2004年4月に69歳で没した。

訳者紹介

辻　平治郎（つじ　へいじろう）

1941年　京都府に生まれる。
1967年　京都大学大学院文学研究科心理学専攻修士課程修了
1967～1973年　京都市児童院（現京都市児童福祉センター）勤務
1973～2012年　甲南女子大学勤務
現在　甲南女子大学名誉教授

〈主著・論文〉
登校拒否児の自己意識と対人意識（単著）　児童精神医学とその近接領域　22巻, 182-192　1981年
登校拒否児童・生徒の内的世界と行動（単著）　第一法規　1993年
自己意識と他者意識（単著）　北大路書房　1993年
パーソナリティの特性論と5因子モデル：特性の概念，構造，および測定（共著）　心理学評論, 40巻, 239-259　1997年
5因子性格検査の理論と実際（編著）　北大路書房　1998年
心理学における基礎と臨床——分析的理解と物語的理解の観点から（単著）　現代のエスプリ　392号, 25-30　2000年
臨床認知心理学（共著）　東京大学出版会　2008年
森田理論の実証研究1（共著）　森田療法学会雑誌　20巻, 175-192　2009年
森田理論の実証研究2（共著）　森田療法学会雑誌　21巻, 141-155　2010年

意 識
――難問(ハード・プロブレム)ににじり寄る――

2014年7月10日　初版第1刷印刷	定価はカバーに表示
2014年7月20日　初版第1刷発行	してあります。

著　者　　ジェフリー・グレイ

訳　者　　辻　平治郎

発行所　　㈱北大路書房
〒603-8303　京都市北区紫野十二坊町12-8
電　話　(075) 431-0361㈹
ＦＡＸ　(075) 431-9393
振　替　01050-4-2083

© 2014　　　　　　　　　印刷・製本／創栄図書印刷㈱
検印省略　落丁・乱丁本はお取り替えいたします。
ISBN978-4-7628-2864-5　　　Printed in Japan

・ JCOPY 〈㈳出版者著作権管理機構 委託出版物〉
本書の無断複写は著作権法上での例外を除き禁じられています。
複写される場合は，そのつど事前に，㈳出版者著作権管理機構
（電話 03-3513-6969,FAX 03-3513-6979,e-mail: info@jcopy.or.jp）
の許諾を得てください。